KB085995

제1회
온라인 SKCT

SK그룹 역량검사

〈쿠폰번호〉

도서 동형 온라인 모의고사(4회분 수록)	ASUJ-00000-22EF4

〈문항 및 시험시간〉

SK그룹 온라인 SKCT		
영역	문항 수	영역별 제한시간
언어이해	20문항	15분
자료해석	20문항	15분
창의수리	20문항	15분
언어추리	20문항	15분
수열추리	20문항	15분

※ 검사 시간이 모두 완료된 후 종료 가능

※ 이전 문항으로 이동 불가

제1회 모의고사

제 1 영역 언어이해

01 다음 글의 주제로 가장 적절한 것은?

> 아이슬란드에는 각종 파이프와 열교환기, 화학물질 저장탱크, 압축기로 이루어져 있는 '조지 올라 재생가능 메탄올 공장'이 있다. 이곳은 이산화탄소로 메탄올을 만드는 첨단 시설로, 과거 2011년 아이슬란드 기업 '카본리사이클링인터내셔널(CRI)'이 탄소 포집·활용(CCU) 기술의 실험을 위해서 지은 곳이다.
>
> 이곳에서는 인근 지열발전소에서 발생하는 적은 양의 이산화탄소(CO_2)를 포집한 뒤 물을 분해해 조달한 수소(H)와 결합시켜 재생 메탄올(CH_3OH)을 제조하였고, 이때 필요한 열과 냉각수 역시 지열발전소의 부산물을 이용했다. 이렇게 만들어진 메탄올은 자동차, 선박, 항공 연료는 물론 플라스틱 제조 원료로 활용하는 등 여러 곳에 활용이 되었다.
>
> 하지만 이렇게 메탄올을 만드는 것이 미래 원료 문제의 근본적인 해결책이 될 수는 없었다. 메탄올이 만드는 에너지보다 메탄올을 만드는 데 들어가는 에너지가 더 필요하다는 문제점과 액화천연가스 LNG를 메탄올로 변환할 경우 이전보다 오히려 탄소 배출량이 증가했고, 탄소 배출량을 감소시키기 위해서는 태양광과 에너지 저장장치를 활용해 메탄올 제조에 필요한 에너지를 모두 조달해야만 했기 때문이다.
>
> 또한 탄소를 포집해 지하에 영구 저장하는 탄소포집 저장방식과 달리, 탄소를 포집해 만든 연료나 제품은 사용 중에 탄소를 다시 배출할 가능성이 있어 이에 대한 논의가 분분한 상황이다.

① 탄소 재활용의 득과 실
② 재생 에너지 메탄올의 다양한 활용
③ 지열발전소에서 탄생한 재활용 원료
④ 탄소 재활용을 통한 미래 원료의 개발
⑤ 미래의 에너지 원료로 주목받는 재활용 원료, 메탄올

02 다음 글의 제목으로 가장 적절한 것은?

우리 고유의 발효식품이자 한식 제1의 반찬인 김치는 천 년이 넘는 역사를 함께해 온 우리 삶의 일부이다. 채소를 오래 보관하여 먹기 위한 절임 음식으로 시작된 김치는 양념을 버무리고 숙성시키는 우리만의 발효과학 식품으로 변신하였고, 김장은 우리 민족의 가장 중요한 행사 중 하나가 되었다. 다른 나라에도 소금 등에 채소를 절인 절임 음식이 존재하지만, 절임 후 양념으로 2차 발효시키는 음식으로는 우리 김치가 유일하다. 김치는 발효과정을 통해 원재료보다 영양이 한층 더 풍부하게 변신하며, 암과 노화, 비만 등의 예방과 억제에 효과적인 기능성을 보유한 슈퍼 발효 음식으로 탄생한다.

김치는 지역마다, 철마다, 또 특별한 의미를 담아 다양하게 변신하여 300가지가 넘는 종류로 탄생하는데, 기후와 지역 등에 따라서 다채로운 맛을 담은 김치들이 있으며, 주재료로 채소뿐만 아니라 수산물이나 육류를 이용한 독특한 김치도 있고, 같은 김치라도 사람에 따라 특별한 김치로 재탄생되기도 한다. 지역과 집안마다 저마다의 비법으로 담그기 때문에 유서 깊은 종가마다 비법으로 만든 특별한 김치가 전해오며, 김치를 담그고 먹는 일도 수행의 연속이라 여기는 사찰에서는 오신채를 사용하지 않은 김치가 존재한다.

우리 문화의 정수이자 자존심인 김치는 현대에 들어서는 문화와 전통이 결합한 복합 산업으로 펼쳐지고 있다. 김치에 들어가는 수많은 재료에 관련된 산업의 생산액은 3.3조 원이 넘으며, 주로 배추김치로 형성된 김치 생산은 약 2.3조 원의 시장을 형성하고 있고, 시판 김치의 경우 대기업의 시장 주도력이 증가하고 있다. 소비자 요구에 맞춘 다양한 포장 김치가 등장하고, 김치냉장고는 1.1조 원의 시장을 형성하고 있으며, 정성과 기다림을 상징하는 김치는 문화산업의 소재로 활용되며, 김치 문화는 관광 관련 산업으로 활성화되고 있다. 김치의 영양 기능성과 김치 유산균을 활용한 여러 기능성 제품이 개발되고, 부식뿐 아니라 새로운 요리의 식재료로서 김치는 39조 원의 외식산업 시장을 뒷받침하고 있다.

① 김치의 탄생
② 우리 민족의 축제, 김장
③ 김치 산업의 활성화 방안
④ 지역마다 다양한 종류의 김치
⑤ 우리 민족의 전통이자 자존심, 김치

※ 다음 글의 내용으로 가장 적절한 것을 고르시오. [3~4]

03

미디어 플랫폼의 다변화로 콘텐츠 이용에 관한 선택권이 다양해졌지만 장애인은 OTT로 콘텐츠 하나 보기가 어려운 현실이다.

지난 2023 장애인 미디어 접근 콘퍼런스에서 한국시각장애인연합회 정책팀장은 "올해 한 기사를 보니 한 시각장애인 분이 OTT는 넷플릭스나 유튜브로 보고 있다고 돼 있었는데, 두 가지가 다 외국 플랫폼이었다는 것이 마음이 아팠다. 외국과 우리나라에서 장애인을 바라보는 시각의 차이가 바로 이런 것이구나 생각했다."며 "장애인을 소비자로 보느냐 시혜 대상으로 보느냐 사업자가 어떤 생각을 갖고 있느냐에 따라 콘텐츠를 어떻게 제작할 것인가의 차이가 있다고 본다."고 말했다.

실제 시각장애인은 OTT의 기본 기능도 이용하기 어렵다. 국내 OTT에서는 동영상 재생 버튼을 설명하는 대체 텍스트(문구)가 제공되지 않아 시각장애인들이 재생 버튼을 선택할 수 없었으며 동영상 시청 중에는 일시정지할 수 있는 버튼, 음량 조정 버튼, 설정 버튼 등이 화면에서 사라졌다. 재생 버튼에 대한 설명이 제공되는 넷플릭스도 영상 재생 시점을 10초 앞으로, 또는 뒤로 이동하는 버튼은 이용하기 어렵다.

이에 국내 OTT 업계의 경우 장애인 이용을 위한 기술을 개발·확대한다는 계획을 밝히며 정부 지원이 필요하다고 덧붙였다. 정부도 규제와 의무보다는 사업자의 자율적인 부분을 인정해주고 사업자 노력을 드라이브 걸 수 있는 지원책을 마련하여야 한다. 이는 OTT 시장이 철저한 자본에 의한 경쟁시장이며, 자본이 있는 만큼 서비스가 고도화되고 고도화를 통해 이용자 편의성을 높일 수 있기 때문이다.

① 국내 OTT 플랫폼은 장애인을 위한 서비스를 제공하고 있지 않다.
② 외국 OTT 플랫폼은 장애인을 위한 서비스를 활발히 제공하고 있다.
③ 우리나라 장애인은 외국인보다 상대적으로 OTT 플랫폼의 이용이 어렵다.
④ 외국 OTT 플랫폼은 국내 플랫폼보다 장애인을 시혜 대상으로 바라보고 있다.
⑤ 정부는 OTT 플랫폼에 장애인 편의 기능을 마련할 것을 촉구했지만 지원책은 미비했다.

04

예술과 도덕의 관계. 더 구체적으로는 예술작품의 미적 가치와 도덕적 가치의 관계는 동서양을 막론하고 사상사의 중요한 주제들 중 하나이다. 그 관계에 대한 입장들로는 '극단적 도덕주의', '온건한 도덕주의', '자율성주의'가 있다. 이 입장들은 예술작품이 도덕적 가치판단의 대상이 될 수 있느냐는 물음에 각기 다른 대답을 한다.

극단적 도덕주의 입장은 모든 예술작품을 도덕적 가치판단의 대상으로 본다. 이 입장은 도덕적 가치를 가장 우선적인 가치이자 가장 포괄적인 가치로 본다. 따라서 모든 예술작품은 도덕적 가치에 의해서 긍정적으로 또는 부정적으로 평가된다. 또한 도덕적 가치는 미적 가치를 비롯한 다른 가치들보다 우선한다. 이러한 입장을 대표하는 사람이 바로 톨스토이이다. 그는 인간의 형제애에 관한 정서를 전달함으로써 인류의 심정적 통합을 이루는 것이 예술의 핵심적 가치라고 보았다.

온건한 도덕주의는 오직 일부 예술작품만이 도덕적 판단의 대상이 된다고 보는 입장이다. 따라서 일부의 예술작품들에 대해서만 긍정적인 또는 부정적인 도덕적 가치판단이 가능하다고 본다. 이 입장에 따르면, 도덕적 판단의 대상이 되는 예술작품의 도덕적 가치와 미적 가치는 서로 독립적으로 성립하는 것이 아니다. 그것들은 서로 내적으로 연결되어 있기 때문에 어떤 예술작품이 가지는 도덕적 장점이 그 예술작품의 미적 강점이 된다. 또한 어떤 예술작품의 도덕적 결함은 그 예술작품의 미적 결함이 된다.

자율성주의는 어떠한 예술작품도 도덕적 가치판단의 대상이 될 수 없다고 보는 입장이다. 이 입장에 따르면, 도덕적 가치와 미적 가치는 서로 자율성을 유지한다. 즉, 도덕적 가치와 미적 가치는 각각 독립적인 영역에서 구현되고 서로 다른 기준에 의해 평가된다는 것이다. 결국 자율성주의는 예술작품에 대한 도덕적 가치판단을 범주착오에 해당하는 것으로 본다.

① 톨스토이는 극단적 도덕주의를 비판하면서 예술작품은 인류의 심정적 통합 정도에만 기여해야 한다고 주장했다.

② 온건한 도덕주의에서는 미적 가치와 도덕적 가치의 독립적인 지위를 인정해야 한다고 본다.

③ 자율성주의는 도덕적 가치판단은 작품을 감상하는 각자에게 맡겨야 한다고 주장한다.

④ 자율성주의는 예술작품의 미적 가치를 도덕적 가치보다 우월한 것으로 본다.

⑤ 온건한 도덕주의에서 도덕적 판단의 대상이 되는 예술작품은 극단적 도덕주의에서도 도덕적 판단의 대상이 된다.

05 다음 글의 내용으로 적절하지 않은 것은?

베토벤의 '교향곡 5번'은 흔히 '운명 교향곡'으로 널리 알려졌다. '운명'이라는 이름은 그의 비서였던 안톤 쉰들러가 1악장 서두에 대해 물었을 때 베토벤이 '운명은 이처럼 문을 두드린다!'라고 말했다는 사실을 베토벤 사후에 밝힌 것에서 시작되었다. 그러나 운명 교향곡이라는 별칭은 서양에서는 널리 쓰이지 않고, 일본과 우리나라를 포함한 동양 일부에서만 그렇게 부르고 있다.

베토벤은 이 곡을 3번 교향곡 '영웅'을 완성한 뒤인 1804년부터 작곡을 시작했는데, 다른 곡들 때문에 작업이 늦어지다가 1807~1808년에 집중적으로 작곡하여 완성시켰다. 이 곡을 작업할 당시 그는 6번 교향곡인 '전원'의 작곡도 병행하고 있었다. 때문에 5번 교향곡의 초연이 있던 1808년 12월 22일에 6번 교향곡의 초연이 같이 이루어졌는데, 6번 교향곡이 먼저 연주되어 세상에 공개된 것은 5번 교향곡이 6번 교향곡보다 나중이라는 것도 흥미로운 사실이다.

이 곡을 작곡할 당시 베토벤은 30대 중반으로 귀의 상태는 점점 나빠지고 있었으며, 나폴레옹이 빈을 점령하는 등 그가 살고 있는 세상도 혼란스러웠던 시기였다. 그런 점에서 이 교향곡을 운명을 극복하는 인간의 의지와 환희를 그렸다고 해석하는 것도 그럴 듯하다. 곡을 들으면 1악장에서는 시련과 고뇌가, 2악장에서는 다시 찾은 평온함이 느껴지고, 3악장에서는 쉼 없는 열정이, 4악장에서는 운명을 극복한 자의 환희가 느껴진다.

이 곡은 초연 직후 큰 인기를 얻게 되었고 많은 사랑을 받아 클래식을 상징하는 곡이 되었다. 특히 서두의 부분이 제2차 세계대전 당시 영국의 BBC 뉴스의 시그널로 쓰이면서 더욱 유명해졌는데, BBC가 시그널로 사용한 이유는 서두의 리듬이 모스 부호의 'V', 즉 승리를 표현하기 때문이었다. 전쟁 시에 적국의 작곡가의 음악을 연주하는 것은 꺼리기 마련임에도, 독일과 적이었던 영국 국영 방송의 뉴스 시그널로 쓰였다는 것은 이 곡이 인간 사이의 갈등이나 전쟁 따위는 뛰어넘는 명곡이라는 것을 인정했기 때문이 아니었을까?

① 베토벤의 5번 교향곡의 별명은 '운명 교향곡'이다.
② 베토벤의 5번 교향곡은 1804년에 작곡을 시작했다.
③ 베토벤의 5번 교향곡 1악장에서는 시련과 고뇌가 느껴진다.
④ 베토벤이 5번 교향곡을 작곡할 당시 제2차 세계대전이 발발했다.
⑤ 영국의 BBC 뉴스는 적국 작곡가의 음악을 시그널로 사용했다.

06 다음 글의 서술상 특징으로 가장 적절한 것은?

> 내가 감각하는 사물들이 정말로 존재하는가? 내가 지금 감각하고 있는 이 책상이 내가 보지 않을 때에도 여전히 존재하는지, 혹시 이것들이 상상의 산물은 아닌지, 내가 꿈을 꾸고 있는 것은 아닌지 어떻게 알 수 있는가? 내 감각을 넘어서 물리적 대상들이 독립적으로 존재한다는 것을 증명할 길은 없다. 데카르트가 방법적 회의를 통해서 보여 주었듯이, 인생이 하나의 긴 꿈에 불과하다는 '꿈의 가설'에서 어떤 논리적 모순도 나오지 않기 때문이다. 그러나 논리적 가능성이 진리를 보장하지는 않으므로 꿈의 가설을 굳이 진리라고 생각해야 할 이유도 없다.
>
> 꿈의 가설보다는 나의 감각들은 나와 독립적으로 존재하는 대상들이 나에게 작용하여 만들어 낸 것들이라는 '상식의 가설'이 우리가 경험하는 사실들을 더 잘 설명한다. 개 한 마리가 한순간 방 한편에서 보였다가 잠시 후 방의 다른 곳에 나타났다고 해보자. 이 경우에 그것이 처음 위치에서 일련의 중간 지점들을 차례로 통과하여 나중 위치로 연속적인 궤적을 따라서 이동하였다고 생각하는 것이 자연스럽다. 그러나 그 개가 감각들의 집합에 불과하다면 내게 보이지 않는 동안에는 그것은 존재할 수가 없다. 꿈의 가설에 따르면 그 개는 내가 보고 있지 않은 동안에 존재하지 않다가 새로운 위치에서 갑자기 생겨났다고 해야 한다.
>
> 그 개가 내게 보일 때나 보이지 않을 때나 마찬가지로 존재한다면, 내 경우에 미루어 그 개가 한 끼를 먹고 나서 다음 끼니 때까지 어떻게 차츰 배고픔을 느끼게 되는지 이해할 수 있다. 그러나 그 개가 내가 보고 있지 않을 때에 존재하지 않는다면, 그것이 존재하지 않는 동안에도 점점 더 배고픔을 느끼게 된다는 것은 이상해 보인다. 따라서 나의 변화하는 감각 경험은 실재하는 개를 표상하는 것으로 간주하면 아주 자연스럽게 이해되지만, 단지 나에게 감각되는 색깔과 형태들의 변화에 지나지 않는다고 간주하면 전혀 설명할 길이 없다. 사람의 경우 문제는 더 분명하다. 사람들이 말하는 것을 들을 때 내가 듣는 소리가 어떤 생각, 즉 내가 그러한 소리를 낼 때에 갖는 생각과 비슷한 어떤 생각을 표현하는 것이 아니라고 여기기는 어렵다. 그러므로 '최선의 설명을 제공하는 가설을 택하라.'는 원칙에 따르면 나 자신과 나의 감각 경험을 넘어서 나의 지각에 의존하지 않는 대상들이 정말로 존재한다는 상식의 가설을 택하는 것이 합당하다.
>
> ― 러셀, 『철학의 문제들』

① 정의를 통해 새로운 개념을 소개하고 있다.
② 구체적인 사례를 통해 독자의 이해를 돕고 있다.
③ 객관적 자료를 활용하여 자신의 주장을 강화하고 있다.
④ 권위 있는 학자의 주장을 인용하여 내용을 전개하고 있다.
⑤ 상반된 이론을 제시한 후 절충적 견해를 이끌어 내고 있다.

07 다음 글에 대한 반론으로 가장 적절한 것은?

> 현대인은 타인의 고통을 주로 뉴스나 영화 등의 매체를 통해 경험한다. 타인의 고통을 직접 대면하는 경우와 비교할 때 그와 같은 간접 경험으로부터 연민을 갖기는 쉽지 않다. 더구나 현대 사회는 사적 영역을 침범하지 않도록 주문한다. 이런 존중의 문화는 타인의 고통에 대한 지나친 무관심으로 변질될 수 있다. 그래서인지 현대 사회는 소박한 연민조차 느끼지 못하는 불감증 환자들의 안락하지만 황량한 요양소가 되어 가고 있는 듯하다.
>
> 연민에 대한 정의는 시대와 문화, 지역에 따라 가지각색이지만, 다수의 학자들에 따르면 연민은 두 가지 조건이 충족될 때 생긴다. 먼저 타인의 고통이 그 자신의 잘못에서 비롯된 것이 아니라 우연히 닥친 비극이어야 한다. 다음으로 그 비극이 언제든 나를 엄습할 수도 있다고 생각해야 한다. 이런 조건에 비추어 볼 때 현대 사회에서 연민의 감정은 무뎌질 가능성이 높다. 현대인은 타인의 고통을 대부분 그 사람의 잘못된 행위에서 비롯된 필연적 결과로 보며, 자신은 그러한 불행을 예방할 수 있다고 생각하기 때문이다.

① 현대인들은 자신의 사적 영역을 존중받길 원한다.
② 직접적인 경험이 간접적인 경험보다 연민의 감정이 쉽게 생긴다.
③ 사람들은 비극이 나에게도 일어날 수 있다고 생각할 때 연민을 느낀다.
④ 연민이 충족되기 위해선 타인의 고통이 자신의 잘못에서 비롯된 것이어야 한다.
⑤ 교통과 통신이 발달하면서 현대인들은 이전에 몰랐던 사람들의 불행까지도 의식할 수 있게 되었다.

08 다음 글에서 지적한 정보화 사회의 문제점에 대한 반대 입장의 논거로 적절하지 않은 것은?

> 정보화 사회에서 지식과 정보는 부가가치의 원천이다. 지식과 정보에 접근할 수 없는 사람들은 소득을 얻는 데 불리할 수밖에 없다. 고급 정보에 대한 접근이 용이한 사람들은 부를 쉽게 축적하고, 그 부를 바탕으로 또 다른 고급 정보 획득에 많은 비용을 투입할 수 있다. 이렇게 벌어진 정보 격차는 시간이 갈수록 심화될 가능성이 높아지고 있다. 정보나 지식이 독점되거나 진입 장벽을 통해 이용이 배제되는 경우도 문제이다. 특히 정보가 상품화됨에 따라 정보를 둘러싼 불평등은 더욱 심화될 것이다.

① 정보 기기의 보편화로 인한 정보 격차 완화
② 인터넷이나 컴퓨터 유지비 측면에서의 격차 발생
③ 인터넷의 발달에 따라 전 계층의 고급 정보 접근 용이
④ 일방적 정보 전달에서 벗어나 상호작용의 의사소통 가능
⑤ 정보의 확산으로 기존의 자본주의에 의한 격차 완화 가능성

09 다음 글의 주장에 대한 반박으로 가장 적절한 것은?

우리 마을 사람들의 대부분은 산에 있는 밭이나 과수원에서 일한다. 그런데 마을 사람들이 밭이나 과수원에 갈 때 주로 이용하는 도로의 통행을 가로막는 울타리가 설치되었다. 그 도로는 산의 밭이나 과수원까지 차량이 통행할 수 있는 유일한 길이었다. 이러한 도로가 사유지 보호라는 명목으로 막혀서 땅 주인과 마을 사람들 간의 갈등이 심해지고 있다.

마을 사람들의 항의에 대해서 땅 주인은 자신의 사유 재산이 더 이상 훼손되는 것을 간과할 수 없어 통행을 막았다고 주장한다. 그 도로가 사유 재산이므로 독점적이고 배타적인 사용 권리가 있어서 도로 통행을 막은 것이 정당하다는 것이다.

마을 사람들은 그 도로가 10년 가까이 공공으로 사용되어 왔는데 사유 재산이라는 이유로 갑자기 통행을 금지하는 것은 부당하다고 주장하고 있다. 도로가 막히면 밭이나 과수원에서 농사를 짓는 데 불편함이 크고 수확물을 차에 싣고 내려올 수도 없는 등의 피해를 입게 되는데, 개인의 권리 행사 때문에 이러한 피해를 입는 것은 부당하다는 것이다.

사유 재산에 대한 개인의 권리가 보장받는 것도 중요하지만, 그로 인해 다수가 피해를 입게 된다면 사익보다 공익을 우선시하여 개인의 권리가 제한되어야 한다고 생각한다. 만일 개인의 권리가 공익을 위해 제한되지 않으면 이번 일처럼 개인과 다수 간의 갈등이 발생할 수밖에 없다.

땅 주인은 사유 재산의 독점적이고 배타적인 사용을 주장하기에 앞서 마을 사람들이 생업의 곤란으로 겪는 어려움을 염두에 두어야 한다. 공익을 우선시하는 태도로 조속히 문제 해결을 위해 노력해야 할 것이다.

① 공익으로 인해 침해된 땅 주인의 사익은 적절한 보상을 통해 해결될 수 있다.

② 마을 사람들과 땅 주인의 갈등은 민주주의의 다수결의 원칙에 따라 해결해야 한다.

③ 해당 도로는 10년 가까이 공공으로 사용되었기 때문에 사유 재산으로 인정받을 수 없다.

④ 땅 주인은 개인의 권리 추구에 앞서 마을 사람들과 함께 더불어 살아가는 법을 배워야 한다.

⑤ 땅 주인의 권리 행사로 발생하는 피해가 법적으로 증명되어야만 땅 주인의 권리를 제한할 수 있다.

10

효(孝)가 개인과 가족, 곧 일차적인 인간관계에서 일어나는 행위를 규정한 것이라면, 충(忠)은 가족이 아닌 사람들과의 관계, 곧 이차적인 인간관계에서 일어나는 사회적 행위를 규정한 것이었다. 그런데 언제부터인가 우리는 효를 순응적 가치관을 주입하는 봉건 가부장제 사회의 유습이라고 오해하는가 하면, 충과 효를 동일시하는 오류를 저지르는 경향이 많아졌다.

"부모에게 효도하고 형제를 사랑하는 사람은 윗사람의 명령을 거역하는 경우가 드물다. 또 윗사람의 명령을 어기지 않는 사람은 난동을 일으키는 경우도 드물다. 군자는 근본에 힘쓴다. 근본이 확립되면 도가 생기기 때문이다. 효도와 우애는 인(仁)의 근본이다."

위 구절에 담긴 입장을 기준으로 보면 효는 윗사람에 대한 절대 복종으로 연결된다. 곧 종족 윤리의 기본이 되는 연장자에 대한 예우는 물론이고 신분 사회의 엄격한 상하 관계까지 포괄적으로 인정하는 것이다. 하지만 이 구절만을 근거로 효를 복종의 윤리라고 보는 것은 성급한 판단이다. 왜냐하면 원래부터 효란 가족 윤리 또는 종족 윤리로서 사회 윤리였던 충보다 우선시되었을 뿐만 아니라, 유교의 기본 입장은 설사 부모의 명령이라 하더라도 옳고 그름을 가리지 않는 맹목적인 복종은 그 자체가 불효라고 보았기 때문이다.

유교에서는 부모와 자식의 관계가 자연에 의해서 결정된다고 한다. 이 때문에 부모와 자식의 관계는 인위적으로 끊을 수 없다고 본다. 이에 비해 임금과 신하의 관계는 공동의 목표를 위한 관계로서 의리에 의해 맺어진 관계로 본다. 의리가 맞지 않는다면 언제라도 끊을 수 있다고 생각하는 것이다.

① 유교적 윤리에 따르면 부모와 윗사람의 명령은 거역할 수 없다.
② 인(仁)의 원리에 따르면 충을 다하면 효는 자연스럽게 따라온다.
③ 효는 봉건 가부장제 사회의 영향 아래 규정된 가족 관계에서의 행위이다.
④ 충은 상호 신뢰를 바탕으로 이루어진 임금과 신하 사이의 관계에서 지켜져야 한다.
⑤ 임금의 명령으로 인해 부모에 대한 효를 지키지 못했다면 이는 불효가 아닐 것이다.

11

모필은 붓을 말한다. 이 붓은 종이, 먹과 함께 문인들이 인격화해 불렀던 문방사우(文房四友)에 속하는데, 문인들은 이것을 품성과 진리를 탐구하는 데에 없어서는 안 되는 중요한 벗으로 여기고 이것들로 글씨를 쓰거나 그림을 그렸다. 이렇게 그려진 그림을 동양에서는 문인화(文人畵)라 불렀으며 이 방면에 뛰어난 면모를 보인 이들을 문인화가라고 지칭했다. 그리고 문인들은 화공(畵工)과는 달리 그림을, 심성을 기르고 심의(心意)와 감흥을 표현하는 교양적 매체로 보고, 전문적이고 정교한 기법이나 기교에 바탕을 둔 장식적인 채색풍을 의식적으로 멀리했다. 또한 시나 서예와의 관계를 중시하여 시서화일치(詩書畵一致)의 경지를 지향하고, 대상물의 정신 그리고 고매한 인품을 지닌 작가의 내면을 구현하는 것이 그림이라고 보았다. 이런 의미에서 모필로 대표되는 지·필·묵(紙·筆·墨, 종이·붓·먹)은 문인들이 자신의 세계를 표현하는 데 알맞은 매체가 되면서 동양의 문화현상으로 자리 잡게 되었던 것이다.

중국 명나라 말기의 대표적 문인인 동기창(董其昌)은 정통적인 화공들의 그림보다 문인사대부들이 그린 그림을 더 높이 평가했다. 동양에서 전문적인 화공의 그림과 문인사대부들의 그림이 대립되는 양상을 형성한 것은 이에서 비롯되는데, 이처럼 두 개의 회화적 전통이 성립된 곳은 오로지 극동 문화권뿐이다. 전문 화가들의 그림보다 아마추어격인 문인사대부들의 그림을 더 높이 사는 이러한 풍조야말로 동양 특유의 문화 현상에서만 나타나는 것이다.

동양에서 지·필·묵은 단순한 그림의 매체라는 좁은 영역에 머무는 것이 아니라 동양의 문화를 대표한다는 보다 포괄적인 의미를 지닌다. 지·필·묵이 단순한 도구나 재료의 의미를 벗어나 그것을 통해 파생되는 모든 문화적 현상 자체를 대표하는 것이다. 나아가 수학(修學)의 도구로 사용되었던 지·필·묵이 점차 자신의 생각과 예술을 담아내는 매체로 발전하면서 이미 그것은 단순한 도구가 아니라 하나의 사유 매체로서 기능을 하게 되었다. 말하자면 종이와 붓과 먹을 통해 사유하게 되었다는 것이다.

① 정통적인 화공(畵工)들은 주로 문인화(文人畵)를 그렸을 것이다.
② 동양 문화와 같이 서양 문화에도 두 개의 회화적 전통이 성립되어 있었을 것이다.
③ 서양 문화에서는 문인사대부들보다 전문 화가들의 그림을 더 높게 평가할 것이다.
④ 동기창(董其昌)은 정교한 기법이나 기교에 바탕을 둔 그림을 높이 평가했을 것이다.
⑤ 지·필·묵은 동서양의 문화적 차이를 극복하고 사유 매체로서의 기능을 담당하였을 것이다.

12 다음 글을 읽고 추론할 수 있는 내용으로 적절하지 않은 것은?

미국과 영국은 1921년 워싱턴 강화회의를 기점으로 태평양 및 중국에 대한 일본의 침략을 견제하기 시작하였다. 가중되는 외교적 고립으로 인해 일본은 광물과 곡물을 수입하는 태평양 경로를 상실할 위험에 처하였다. 이에 대처하기 위해 일본은 식민지 조선의 북부 지역에서 광물과 목재 등 군수산업 원료를 약탈하는 데 주력하게 되었다. 콩 또한 확보해야 할 주요 물자 중 하나였는데, 콩은 당시 일본에서 선호하던 식량일 뿐만 아니라 군수산업을 위한 원료이기도 하였다.

일본은 확보된 공업 원료와 식량 자원을 자국으로 수송하는 물류 거점으로 함경도를 주목하였다. 특히 청진·나진·웅기 등 대륙 종단의 시발점이 되는 항구와 조선의 최북단 지역이던 무산·회령·종성·온성을 중시하였다. 또한 조선의 남부 지방에서는 면화, 북부 지방에서는 양모 생산을 장려하였던 조선총독부의 정책에 따라 두만강을 통해 바로 만주로 진출할 수 있는 회령·종성·온성은 양을 목축하는 축산 거점으로 부상하였다. 일본은 만주와 함경도에서 생산된 광물자원과 콩, 두만강변 원시림의 목재를 일본으로 수송하기 위해 함경선, 백무선 등의 철도를 잇따라 부설하였다. 더불어 무산과 회령, 경흥에서는 석탄 및 철광 광산을 본격적으로 개발하였다. 이에 따라 오지의 작은 읍이었던 무산·회령·종성·온성의 개발이 촉진되어 근대적 도시로 발전하였다. 일본의 정책들은 함경도를 만주와 같은 경제권으로 묶음으로써 조선의 다른 지역과 경제적으로 분리시켰다.

철도 부설 및 광산 개발을 위해 일본은 조선 노동자들을 강제 동원하였고, 수많은 조선 노동자들이 강제 노동 끝에 산록과 땅 속 깊은 곳에서 비참한 삶을 마쳤다. 1935년 회령의 유선탄광에서 폭약이 터져 800여 명의 광부가 매몰돼 사망했던 사건은 그 단적인 예이다. 영화 「아리랑」의 감독 겸 주연이었던 나운규는 그의 고향 회령에서 청진까지 부설되었던 철도 공사에 조선인 노동자들이 강제 동원되어 잔혹한 노동에 혹사되는 참상을 목도하였다. 그때 그는 노동자들이 부르던 아리랑의 애달픈 노랫가락을 듣고 영화 「아리랑」의 기본 줄거리를 착상하였다.

① 축산 거점에서 항구까지 부설된 철도가 있었다.
② 영화 「아리랑」 감독의 고향에서 탄광 폭발사고가 발생하였다.
③ 조선 최북단 지역의 몇몇 작은 읍들은 근대적 도시로 발전하였다.
④ 군수산업 원료를 일본으로 수송하는 것이 함경선 부설의 목적 중 하나였다.
⑤ 일본은 함경도를 포함하여 한반도와 만주를 같은 경제권으로 묶는 정책을 폈다.

13

탁월함은 어떻게 습득되는가, 그것을 가르칠 수 있는가? 이 물음에 대하여 아리스토텔레스는 지성의 탁월함은 가르칠 수 있지만, 성품의 탁월함은 비이성적인 것이어서 가르칠 수 없고, 훈련을 통해서 얻을 수 있다고 대답한다.

그는 좋은 성품을 얻는 것을 기술을 습득하는 것에 비유한다. 그에 따르면, 리라(Lyra)를 켬으로써 리라를 켜는 법을 배우며 말을 탐으로써 말을 타는 법을 배운다. 어떤 기술을 얻고자 할 때 처음에는 교사의 지시대로 행동한다. 그리고 반복 연습을 통하여 그 행동이 점점 더 하기 쉽게 되고 마침내 제2의 천성이 된다. 이와 마찬가지로 어린아이는 어떤 상황에서 어떻게 행동해야 진실되고 관대하며 예의를 차리게 되는지 일일이 배워야 한다. 훈련과 반복을 통하여 그런 행위들을 연마하다 보면 그것들을 점점 더 쉽게 하게 되고, 결국에는 스스로 판단할 수 있게 된다.

그는 올바른 훈련이란 강제가 아니고 그 자체가 즐거움이 되어야 한다고 지적한다. 또한 그렇게 훈련받은 사람은 일을 바르게 처리하는 것을 즐기게 되고, 일을 바르게 처리하고 싶어하게 되며, 올바른 일을 하는 것을 어려워하지 않게 된다. 이처럼 성품의 탁월함이란 사람들이 '하는 것'만이 아니라 사람들이 '하고 싶어 하는 것'과도 관련된다. 그리고 한두 번 관대한 행동을 한 것으로 충분하지 않으며, 늘 관대한 행동을 하고 그런 행동에 감정적으로 끌리는 성향을 갖고 있어야 비로소 관대함에 관하여 성품의 탁월함을 갖고 있다고 할 수 있다.

다음과 같은 예를 통해 아리스토텔레스의 견해를 생각해 보자. 갑돌이는 성품이 곧고 자신감이 충만하다. 그가 한 모임에 참석하였는데, 거기서 다수의 사람들이 옳지 않은 행동을 한다고 생각했을 때 그는 다수의 행동에 대하여 비판의 목소리를 낼 것이며 그렇게 하는 데에 별 어려움을 느끼지 않을 것이다. 한편, 수줍어하고 우유부단한 병식이도 한 모임에 참석하였는데, 그 역시 다수의 행동이 잘못되었다는 판단을 했다고 하자. 이런 경우에 병식이는 일어나서 다수의 행동이 잘못되었다고 말할 수 있겠지만 그렇게 하려면 엄청난 의지를 발휘해야 할 것이고 자신과 힘든 싸움도 해야 할 것이다. 그런데도 병식이가 그렇게 행동했다면 우리는 병식이가 용기있게 행동하였다고 칭찬할 것이다. 그러나 아리스토텔레스가 보기에 성품의 탁월함을 가진 사람은 갑돌이다. 왜냐하면 _____ 우리가 어떠한 사람을 존경할 것인가가 아니라, 우리 아이를 어떤 사람으로 키우고 싶은가라는 질문을 받는다면 우리는 아리스토텔레스의 견해에 가까워질 것이다. 왜냐하면 우리는 우리 아이들을 갑돌이와 같은 사람으로 키우고 싶어 할 것이기 때문이다.

① 그는 옳은 일을 하는 천성을 타고났기 때문이다.

② 그는 주체적 판단에 따라 옳은 일을 하기 때문이다.

③ 그는 내적인 갈등이 없이 옳은 일을 하기 때문이다.

④ 그는 자신이 옳다는 확신을 가지고 옳은 일을 하기 때문이다.

⑤ 그는 다른 사람들의 칭찬을 의식하지 않고 옳은 일을 하기 때문이다.

14

조선 시대의 금속활자는 제작 방법이나 비용의 문제로 민간에서 제작하기도 어려웠지만, 그 제작 및 소유를 금지하였다. 때문에 금속활자는 왕실의 위엄과 권위를 상징하는 것이었고 조선의 왕들은 금속활자 제작에 각별한 관심을 가졌다. 태종이 1403년 최초의 금속활자인 계미자(癸未字)를 주조한 것을 시작으로 조선은 왕의 주도하에 수십 차례에 걸쳐 활자를 제작하였고, 특히 정조는 금속활자 제작에 많은 공을 들였다. 세손 시절 영조에게 건의하여 임진자(壬辰字) 15만 자를 제작하였고, 즉위 후에도 정유자(丁酉字), 한구자(韓構字), 생생자(生生字) 등을 만들었으며 이들 활자를 합하면 100만 자가 넘는다. 정조가 많은 활자를 만들고 관리하는 데 신경을 쓴 것 역시 권위와 관련이 있다. 정조가 만든 수많은 활자 중에서도 정리자(整理字)는 이러한 측면을 가장 잘 보여주는 활자라 할 수 있다. 정리(整理)라는 말은 조선 시대에 국왕이 바깥으로 행차할 때 호조에서 국왕이 머물 행궁을 정돈하고 수리해서 새롭게 만드는 일을 의미한다. 1795년 정조는 어머니인 혜경궁 홍씨의 회갑을 기념하기 위해 대대적인 화성 행차를 계획하였다. 행사를 마친 후 행사와 관련된 여러 사항을 기록한 의궤를 『원행을묘정리의궤(園幸乙卯整理儀軌)』라 이름하였고, 이를 인쇄하기 위해 제작한 활자가 바로 정리자이다. 왕실의 행사를 기록한 의궤를 금속활자로 간행했다는 것은 그만큼 이 책을 널리 보급하겠다는 뜻이며, 왕실의 위엄을 널리 알리겠다는 것으로 받아들여진다. 이후 정리자는 『화성성역의궤(華城城役儀軌)』, 『진작의궤(進爵儀軌)』, 『진찬의궤(進饌儀軌)』의 간행에 사용되어 왕실의 위엄과 권위를 널리 알리는 효과를 발휘하였다. 정리자가 주조된 이후에도 고종 이전에는 과거 합격자를 기록한 『사마방목(司馬榜目)』을 대부분 임진자로 간행하였는데, 화성 행차가 있었던 을묘년 식년시의 방목만은 유독 정리자로 간행하였다. 이 역시 화성 행차의 의미를 부각하고자 했던 것으로 생각된다. 정조가 세상을 떠난 후 출간된 그의 문집 『홍재전서(弘齋全書)』를 정리자로 간행한 것은 아마도 이 활자가 _____

① 희귀하였기 때문이 아닐까?
② 문집 제작에 널리 쓰였기 때문이 아닐까?
③ 정조를 가장 잘 나타내기 때문이 아닐까?
④ 문집 제작에 적절한 서체였기 때문이 아닐까?
⑤ 정조가 가장 중시하고 분신처럼 여겼던 활자이기 때문이 아닐까?

15

소독이란 물체의 표면 및 그 내부에 있는 병원균을 죽여 전파력 또는 감염력을 없애는 것이다. 이때, 소독의 가장 안전한 형태로는 멸균이 있다. 멸균이란 대상으로 하는 물체의 표면 또는 그 내부에 분포하는 모든 세균을 완전히 죽여 무균의 상태로 만드는 조작으로, 살아있는 세포뿐만 아니라 포자, 박테리아, 바이러스 등을 완전히 파괴하거나 제거하는 것이다.

물리적 멸균법은 열, 햇빛, 자외선, 초단파 따위를 이용하여 균을 죽여 없애는 방법이다. 열(Heat)에 의한 멸균에는 건열 방식과 습열 방식이 있는데, 건열 방식은 소각과 건식오븐을 사용하여 멸균하는 방식이다. 건열 방식이 활용되는 예로는 미생물 실험실에서 사용하는 많은 종류의 기구를 물 없이 멸균하는 것이 있다. 이는 습열 방식을 활용했을 때 유리를 포함하는 기구가 파손되거나 금속 재질로 이루어진 기구가 습기에 의해 부식할 가능성을 보완한 방법이다. 그러나 건열 멸균법은 습열 방식에 비해 멸균 속도가 느리고 효율이 떨어지며, 열에 약한 플라스틱이나 고무제품은 대상물의 변성이 이루어져 사용할 수 없다. 예를 들어 많은 세균의 내생포자는 습열 멸균 온도 조건(121℃)에서는 5분 이내에 사멸되나, 건열 멸균법을 활용할 경우 이보다 더 높은 온도(160℃)에서도 약 2시간 정도가 지나야 사멸되는 양상을 나타낸다. 반면, 습열 방식은 바이러스, 세균, 진균 등의 미생물들을 손쉽게 사멸시킨다. 습열은 효소 및 구조단백질 등의 필수 단백질의 변성을 유발하고, 핵산을 분해하며 세포막을 파괴하여 미생물을 사멸시킨다. 끓는 물에 약 10분간 노출하면 대개의 영양세포나 진핵포자를 충분히 죽일 수 있으나, 100℃의 끓는 물에서는 세균의 내생포자를 사멸시키지는 못한다. 따라서 물을 끓여서 하는 열처리는 _____ 멸균을 시키기 위해서는 100℃가 넘는 온도(일반적으로 121℃)에서 압력(약 1.1kg/cm²)을 가해 주는 고압증기멸균기를 이용한다. 고압증기멸균기는 물을 끓여 증기를 발생시키고 발생한 증기와 압력에 의해 멸균을 시키는 장치이다. 고압증기멸균기 내부가 적정 온도와 압력(121℃, 약 1.1kg/cm²)에 이를 때까지 뜨거운 포화 증기를 계속 유입시킨다. 해당 온도에서 포화 증기는 15분 이내에 모든 영양세포와 내생포자를 사멸시킨다. 고압증기멸균기에 의해 사멸되는 미생물은 고압에 의해서라기보다는 고압하에서 수증기가 얻을 수 있는 높은 온도에 의해 사멸되는 것이다.

① 더 많은 세균을 사멸시킬 수 있다.

② 멸균 과정에서 더 많은 비용이 소요된다.

③ 멸균 과정에서 더 많은 시간이 소요된다.

④ 소독을 시킬 수는 있으나, 멸균을 시킬 수는 없다.

⑤ 멸균을 시킬 수는 있으나, 소독을 시킬 수는 없다.

16

(가) 이와 같이 임베디드 금융의 개선을 위해서는 효과적인 보안 시스템과 프라이버시 보호 방안을 도입하여 사용자의 개인정보를 안전하게 관리하는 것이 필요하다. 또한 디지털 기기의 접근성을 개선하고 사용자들이 편리하게 이용할 수 있는 환경을 조성해야 한다.

(나) 임베디드 금융은 기업과 소비자 모두에게 이점을 제공한다. 기업은 제품과 서비스에 금융 기능을 통합함으로써 자사 플랫폼 의존도를 높이고, 수집한 고객의 정보를 통해 매출을 증대시킬 수 있으며, 고객들에게 편리한 금융 서비스를 제공할 수 있다. 소비자의 경우는 모바일 앱을 통해 간편하게 금융 거래를 할 수 있고, 스마트기기 하나만으로 다양한 금융 상품에 접근할 수 있어 편의성과 접근성이 크게 향상된다.

(다) 그러나 임베디드 금융은 개인정보 보호와 안전성에 대한 관리가 필요하다. 사용자의 금융 데이터와 개인정보가 디지털 플랫폼이나 기기에 저장되므로 해킹이나 데이터 유출과 같은 사고가 발생할 수 있다. 이는 사용자의 프라이버시 침해와 금융 거래 안전성에 대한 심각한 위협이 될 수 있다. 또한 모든 사람이 안정적인 인터넷 연결과 임베디드 금융이 포함된 최신 기기를 보유하고 있지는 않기 때문에 디지털 기기에 익숙하지 않은 사람들은 임베디드 금융 서비스를 제공받는 데 제한을 받을 수 있다.

(라) 임베디드 금융은 비금융 기업이 자신의 플랫폼이나 디지털 기기에 금융 서비스를 탑재하는 것을 뜻한다. 삼성페이나 애플페이 같은 결제 서비스부터 대출이나 보험까지 임베디드 금융은 제품과 서비스에 금융 기능을 통합하여 사용자에게 편의성과 접근성을 높여준다.

① (가) - (다) - (라) - (나)
② (나) - (가) - (다) - (라)
③ (나) - (라) - (다) - (가)
④ (라) - (나) - (다) - (가)
⑤ (라) - (다) - (나) - (가)

17

(가) 인간의 도덕적 자각과 사회적 실천을 강조한 개인 윤리로 '충서(忠恕)'가 있다. 충서란 공자의 모든 사상을 꿰뚫고 있는 도리로서, 인간 개인의 자아 확립과 이를 통한 만물일체의 실현을 위한 것이다.

(나) 또한 '서(恕)'란 '여심'이다. '내 마음과 같이 한다.'는 말이다. '공자는 내가 하고자 하지 않는 것을 남에게 베풀지 말라 내가 서고자 하면 남도 서게 하고 내가 이루고자 하면 남도 이루게 하라.'고 하였다.

(다) 이때, '충(忠)'이란 '중심'이다. 주희는 충을 '자기의 마음을 다하는 것'이라고 설명하였다. 이것은 자신의 내면에 대한 충실을 의미한다. 이는 자아의 확립이며 본성에 대한 깨달음이다.

(라) 즉, 역지사지(易地思之)의 마음을 지닌 상태가 '서'의 상태인 것이며 인간의 자연스러운 마음이라는 것이다.

① (가) – (다) – (나) – (라) ② (가) – (라) – (나) – (다)
③ (나) – (가) – (다) – (라) ④ (나) – (가) – (라) – (다)
⑤ (다) – (가) – (나) – (라)

18

(가) 재작년 정부 통계에 따르면 우리 연안 생태계 중 갯벌의 면적은 산림의 약 4%에 불과하지만 연간 이산화탄소 흡수량은 산림의 약 37%이며 흡수 속도는 수십 배에 달합니다.

(나) 연안 생태계는 대기 중 이산화탄소 흡수에 탁월합니다. 물론 연안 생태계가 이산화탄소를 얼마나 흡수할 수 있겠냐고 말하는 분도 계실 것입니다. 하지만 연안 생태계를 구성하는 갯벌과 염습지의 염생 식물, 식물성 플랑크톤 등은 광합성을 통해 대기 중 이산화탄소를 흡수하는데, 산림보다 이산화탄소 흡수 능력이 뛰어납니다.

(다) 지난해 통계에 따르면 우리나라의 이산화탄소 배출량은 세계 11위에 해당하는 높은 수준입니다. 그동안 우리나라는 이산화탄소 배출을 줄이려 노력하고, 대기 중 이산화탄소 흡수를 위한 산림 조성에 힘써 왔습니다. 그런데 우리가 놓치고 있는 이산화탄소 흡수원이 있습니다. 바로 연안 생태계입니다.

(라) 또한 연안 생태계는 탄소의 저장에도 효과적입니다. 연안의 염생 식물과 식물성 플랑크톤은 이산화탄소를 흡수하여 갯벌과 염습지에 탄소를 저장하는데 이 탄소를 블루카본이라 합니다. 산림은 탄소를 수백 년간 저장할 수 있지만 연안은 블루카본을 수천 년간 저장할 수 있습니다. 연안 생태계가 훼손되면 블루카본이 공기 중에 노출되어 이산화탄소 등이 대기 중으로 방출됩니다. 그러므로 블루카본이 온전히 저장되어 있도록 연안 생태계를 보호해야 합니다.

① (가) – (나) – (다) – (라) ② (나) – (다) – (가) – (라)
③ (다) – (가) – (나) – (라) ④ (다) – (나) – (가) – (라)
⑤ (다) – (라) – (나) – (가)

19

(가) 우리는 보통 공간을 배경으로 사물을 본다. 그리고 시간이나 사유를 비롯한 여러 개념을 공간적 용어로 표현한다. 이처럼 공간에 대한 용어가 중의적으로 쓰이는 과정에서 일상적으로 쓰는 용법과 달라 혼란을 겪기도 한다. (나) 공간에 대한 용어인 '차원' 역시 다양하게 쓰인다. 차원의 수는 공간 내에 정확하게 점을 찍기 위해 알아야 하는 수의 개수이다. (다) 특정 차원의 공간은 한 점을 표시하기 위해 특정한 수가 필요한 공간을 의미한다. (라) 따라서 다차원 공간은 집을 살 때 고려해야 하는 사항들의 공간처럼 추상적일 수도 있고, 실제의 물리 공간처럼 구체적일 수도 있다. 이러한 맥락에서 어떤 사람을 1차원적 인간이라고 표현했다면 그것은 그 사람의 관심사가 하나밖에 없다는 것을 의미한다. (마)

〈보기〉

집에 틀어박혀 스포츠만 관람하는 인간은 오로지 스포츠라는 하나의 정보로 기술될 수 있고, 그 정보를 직선 위에 점을 찍은 1차원 그래프로 표시할 수 있는 것이다.

① (가) ② (나)
③ (다) ④ (라)
⑤ (마)

20

루트비히 판 베토벤(Ludwig van Beethoven)의 〈교향곡 9번 d 단조〉 Op. 125는 그의 청력이 완전히 상실된 상태에서 작곡한 교향곡으로 유명하다. (가) 1824년에 완성된 이 작품은 4악장에 합창 및 독창이 포함된 것이 특징이다. 당시 시대적 배경을 볼 때, 이는 처음으로 성악을 기악곡에 도입한 획기적인 작품이었다. (나) 이 작품은 베토벤의 다른 작품들을 포함해 서양 음악 전체에서 가장 뛰어난 작품 가운데 하나로 손꼽히며, (다) 현재 유네스코의 세계기록유산으로 지정되어 있다. (라) 또한 4악장의 전주 부분은 유럽 연합의 공식 상징가로 사용되며, 자필 원본 악보는 2003년 런던 소더비 경매에서 210만 파운드에 낙찰되기도 했다. (마)

〈보기〉

이 작품에 '합창 교향곡'이라는 명칭이 붙은 것도 바로 4악장에 나오는 합창 때문이다.

① (가) ② (나)
③ (다) ④ (라)
⑤ (마)

01 다음은 지난해 8대 아이스크림 유통 기업의 매출액에 대한 자료이다. 매출 상위 2개 기업의 매출액의 합이 전체 매출액에서 차지하는 비율은?(단, 소수점 둘째 자리에서 반올림한다)

〈8대 아이스크림 유통 기업 매출액〉

(단위 : 억 원)

구분	매출액	구분	매출액
A기업	432.7	E기업	255.6
B기업	237.6	F기업	360.2
C기업	118.5	G기업	192.7
D기업	305.9	H기업	156.6

① 33.7%
② 35.2%
③ 36.8%
④ 38.5%
⑤ 39.4%

02 다음은 10개 도시의 2023년 6월 및 2023년 12월의 부동산 전세 가격지수 동향에 대한 자료이다. 2023년 6월 대비 2023년 12월 부동산 전세 가격지수의 증가량이 가장 적은 도시의 증감률은?

〈10개 도시 부동산 전세 가격지수 동향〉

구분	2023년 6월	2023년 12월	구분	2023년 6월	2023년 12월
A도시	90.2	95.4	F도시	98.7	98.8
B도시	92.6	91.2	G도시	100.3	99.7
C도시	98.1	99.2	H도시	92.5	97.2
D도시	94.7	92.0	I도시	96.5	98.3
E도시	95.1	98.7	J도시	99.8	101.5

① 약 −2.9%
② 약 −1.5%
③ 약 1%
④ 약 1.7%
⑤ 약 2.1%

03 다음은 연도별 국내은행 대출 현황에 대한 자료이다. 이에 대한 설명으로 옳은 것은?

〈연도별 국내은행 대출 현황〉

(단위 : 조 원)

구분	2015년	2016년	2017년	2018년	2019년	2020년	2021년	2022년	2023년
가계대출	403.5	427.1	437.5	450.0	486.4	530.0	583.6	621.8	640.6
주택담보대출	266.8	289.7	298.9	309.3	344.7	380.6	421.5	444.2	455.0
기업대출	404.5	432.7	447.2	468.0	493.3	527.6	539.4	569.4	584.3
부동산담보대출	136.3	153.7	168.9	185.7	205.7	232.8	255.4	284.4	302.4

※ (은행대출)=(가계대출)+(기업대출)

① 2020년의 은행대출은 2015년 대비 40% 이상 증가했다.

② 2021년 대비 2023년 주택담보대출의 증가율은 기업대출의 증가율보다 높다.

③ 2016 ~ 2023년 동안 전년 대비 가계대출이 가장 많이 증가한 해는 2021년이다.

④ 부동산담보대출이 세 번째로 많은 해의 주택담보대출은 가계대출의 70% 미만이다.

⑤ 2017 ~ 2022년 주택담보대출의 전년 대비 증가액은 부동산담보대출보다 매년 높다.

04 다음은 최근 5개년 동안의 연령대별 평균 데이트폭력 경험횟수에 대한 자료이다. 이에 대한 설명으로 옳지 않은 것은?

〈연도별 각 연령대의 평균 데이트폭력 경험횟수〉

(단위 : 회)

구분	2019년	2020년	2021년	2022년	2023년
10대	3.2	3.9	5.7	7.9	10.4
20대	9.1	13.3	15.1	19.2	21.2
30대	8.8	11.88	14.2	17.75	18.4
40대	2.5	5.8	9.2	12.8	18
50대	4.1	3.8	3.5	3.3	2.9

① 연도별 평균 데이트폭력 경험횟수가 가장 높은 연령대는 동일하다.

② 2023년 40대의 평균 데이트폭력 경험횟수는 2019년의 7.2배에 해당한다.

③ 30대의 2022년 전년 대비 데이트폭력 경험횟수 증가율은 2020년보다 크다.

④ 10대의 평균 데이트폭력 경험횟수는 매년 증가하고 있지만, 50대는 매년 감소하고 있다.

⑤ 2021년 이후 20대와 30대의 평균 데이트폭력 경험횟수의 합은 전 연령대 평균 데이트폭력 경험횟수의 절반 이상이다.

05 다음은 2015 ~ 2023년 공연예술 장르별 공연 건수에 대한 자료이다. 이에 대한 설명으로 옳은 것은?

〈공연예술 장르별 공연 건수〉

(단위 : 건)

구분	2015년	2016년	2017년	2018년	2019년	2020년	2021년	2022년	2023년
양악	2,658	2,658	2,696	3,047	3,193	3,832	3,934	4,168	4,628
국악	617	1,079	1,002	1,146	1,380	1,440	1,884	1,801	2,192
무용	660	626	778	1,080	1,492	1,323	미집계	1,480	1,521
연극	610	482	593	717	1,406	1,113	1,300	1,929	1,794

① 이 기간 동안 매년 국악 공연 건수가 연극 공연 건수보다 더 많다.
② 연극 공연 건수가 무용 공연 건수보다 많아진 것은 2022년부터이다.
③ 2022년 대비 2023년 공연 건수가 가장 많이 증가한 장르는 국악이다.
④ 2015년 대비 2023년 공연 건수의 증가율이 가장 높은 장르는 국악이다.
⑤ 이 기간 동안 매년 양악 공연 건수가 국악, 무용, 연극 공연 건수의 합보다 더 많다.

06 다음은 가구원 수별 평균 실내온도에 따른 일평균 에어컨 가동시간에 대한 자료이다. 이에 대한 설명으로 옳은 것은?

〈가구원 수별 평균 실내온도에 따른 일평균 에어컨 가동시간〉

(단위 : 시간/일)

가구원 수	평균 실내온도	26℃ 미만	26℃ 이상 28℃ 미만	28℃ 이상 30℃ 미만	30℃ 이상
1인 가구		1.4	3.5	4.4	6.3
2인 가구	자녀 있음	3.5	8.4	16.5	20.8
	자녀 없음	1.2	3.1	10.2	15.2
3인 가구		4.2	10.4	17.6	16
4인 가구		4.4	10.8	18.8	20
5인 가구		4	11.4	20.2	22.8
6인 이상 가구		5.1	11.2	20.8	22

① 3인 가구의 경우 26℃ 이상 28℃ 미만일 때의 에어컨 가동시간은 30℃ 이상일 때의 65% 수준이다.
② 6인 이상 가구에서 평균 실내온도에 따른 일평균 에어컨 가동시간은 5인 가구일 때 보다 많다.
③ 2인 가구는 자녀의 유무에 따라 평균 실내온도에 따른 일평균 에어컨 가동시간이 항상 2배 이상 차이난다.
④ 가구원 수가 4인 이상일 때 평균 실내온도가 28℃ 이상이 되면 일평균 에어컨 가동시간이 20시간을 초과한다.
⑤ 1인 가구의 경우 평균 실내온도가 30℃ 이상일 때 일평균 에어컨 가동시간은 26℃ 미만일 때보다 5배 이상 많다.

07 다음은 어느 지역의 주화공급에 대한 자료이다. 이에 대한 설명으로 옳은 것을 〈보기〉에서 모두 고르면?

〈주화공급량 및 공급기관 수에 따른 액면가〉

구분	액면가				
	10원	50원	100원	500원	합계
공급량(만 개)	3,469	2,140	2,589	1,825	10,023
공급기관 수(개)	1,519	929	801	953	4,202

※ (평균 주화공급량)$=\dfrac{(주화종류별\ 공급량의\ 합)}{(주화종류\ 수)}$

※ (주화공급액)=(주화공급량)×(액면가)

─────〈보기〉─────

㉠ 주화공급량이 주화종류별로 각각 200만 개씩 증가한다면 이 지역의 평균 주화공급량은 2,700만 개 이상이다.

㉡ 주화종류별 공급기관당 공급량은 10원 주화가 500원 주화보다 적다.

㉢ 10원과 500원 주화는 각각 10%씩, 50원과 100원 주화는 각각 20%씩 공급량이 증가한다면 이 지역의 평균 주화공급량의 증가율은 15% 이하이다.

㉣ 총 주화공급액 규모가 12% 증가해도 주화종류별 주화공급량의 비율은 변하지 않는다.

① ㉠, ㉡
② ㉠, ㉢
③ ㉢, ㉣
④ ㉠, ㉢, ㉣
⑤ ㉡, ㉢, ㉣

08 다음은 방송사별 연간 방송시간 및 편성 비율에 대한 자료이다. 이에 대한 설명으로 옳지 않은 것을 〈보기〉에서 모두 고르면?

〈방송사별 연간 방송시간 및 편성 비율〉

(단위 : 시간)

구분	보도시간	교양시간	오락시간
A방송사	2,343	3,707	1,274
B방송사	791	3,456	2,988
C방송사	1,584	2,520	3,243
D방송사	1,586	2,498	3,310

〈보기〉

㉠ 4개 방송사의 총 연간 방송시간은 교양시간, 오락시간, 보도시간의 순이다.
㉡ A방송사의 연간 방송시간 중 보도시간 비율은 D방송사의 교양시간 비율보다 높다.
㉢ 각 방송사의 연간 방송시간 중 보도시간 비율이 가장 높은 곳은 A방송사이다.
㉣ 4개 방송사의 총 연간 방송시간 중 오락시간 비율은 40% 이상이다.

① ㉠, ㉡
② ㉠, ㉢
③ ㉡, ㉢
④ ㉡, ㉣
⑤ ㉢, ㉣

09 다음은 연령별 카페 음료 선호도에 대한 자료이다. 이에 대한 설명으로 옳은 것을 〈보기〉에서 모두 고르면?

〈연령별 카페 음료 선호도〉

(단위 : %)

구분	20대	30대	40대	50대
아메리카노	42	47	35	31
카페라테	8	18	28	42
카페모카	13	16	2	1
바닐라라테	9	8	11	3
핫초코	6	2	3	1
에이드	3	1	1	1
아이스티	2	3	4	7
허브티	17	5	16	14

〈보기〉

㉠ 연령대가 높아질수록 아메리카노에 대한 선호율은 낮아진다.
㉡ 아메리카노와 카페라테의 선호율 차이가 가장 적은 연령대는 40대이다.
㉢ 20대와 30대의 선호율 하위 3개 메뉴는 동일하다.
㉣ 40대와 50대의 선호율 상위 2개 메뉴는 각 연령대 전체 선호율에서 70% 이상을 차지한다.

① ㉠, ㉡
② ㉠, ㉣
③ ㉡, ㉢
④ ㉡, ㉣
⑤ ㉢, ㉣

10 다음은 6대 광역시의 평균 학자금 대출 신청건수 및 평균 대출금액에 대한 자료이다. 이에 대한 설명으로 옳지 않은 것은?

〈6대 광역시의 평균 학자금 대출 신청건수 및 대출금액〉

구분	2022년		2023년	
	대출 신청건수(건)	평균 대출금액(만 원)	대출 신청건수(건)	평균 대출금액(만 원)
대구	1,921	558	2,320	688
인천	2,760	640	3,588	775
부산	2,195	572	2,468	644
대전	1,148	235	1,543	376
광주	1,632	284	1,927	317
울산	1,224	303	1,482	338

① 2023년 총 학자금 대출금액은 대구가 부산보다 많다.
② 대전의 2023년 학자금 평균 대출금액은 전년 대비 1.6배 증가하였다.
③ 2023년 총 학자금 대출 신청건수는 2022년 대비 20.5% 증가하였다.
④ 학자금 대출 신청건수가 가장 많은 지역은 2022년과 2023년이 동일하다.
⑤ 2022년 전체 학자금 대출 신청건수 중 광주 지역이 차지하는 비율은 15%이다.

11 S사 홍보실의 A사원은 명절 KTX 이용자들의 소비심리를 연구하기 위해 4인 가족(어른 2명, 아동 2명)을 기준으로 귀성길 교통수단별 비용을 조사하였다. 이에 대한 설명으로 옳지 않은 것은?

〈4인 가족 귀성길 교통수단별 비용〉

(단위 : 원)

구분	경차	중형차	고속버스	KTX
어른요금(2명)	45,600	74,600	68,400	114,600
아동요금(2명)	12,500	25,100	34,200	57,200

※ 경차의 경우 4인 가족 승차 시 아동요금에서 30% 할인됨
※ 중형차의 경우 4인 가족 승차 시 아동요금에서 20% 할인됨
※ 고속버스의 경우 4인 가족 승차 시 전체요금에서 20% 할인됨
※ KTX의 경우 4인 가족 승차 시 전체요금에서 30% 할인됨

① 4인 가족이 경차를 이용하는 비용이 가장 저렴하다.
② 4인 가족의 경우 KTX를 이용할 때 가장 비용이 많이 든다.
③ 4인 가족이 중형차를 이용할 경우 94,680원의 비용이 든다.
④ 4인 가족의 경우 중형차를 이용하는 비용이 세 번째로 많다.
⑤ 4인 가족이 고속버스를 이용하는 것이 중형차를 이용하는 것보다 더 저렴하다.

12 다음은 S사 체육대회 결과에 대한 자료이다. 이에 대한 설명으로 옳은 것을 〈보기〉에서 모두 고르면?

〈종목별 체육대회 결과〉

- S사는 청팀과 백팀으로 나누어 체육대회를 진행하였다.
- 각 팀에 속한 부서의 점수를 합산하여 청팀과 백팀의 최종점수를 산정하며, 최종점수가 더 높은 쪽이 승리한다.
- 종목별로 각 부서가 획득한 승점은 다음과 같다.

(단위 : 점)

구분		청팀			백팀		
		재정부	운영부	기획부	전략부	기술부	지원부
구기 종목	축구	590	742	610	930	124	248
	배구	470	784	842	865	170	443
육상 종목	50m 달리기	471	854	301	441	653	321
	100m 달리기	320	372	511	405	912	350

〈보기〉

㉠ 모든 종목에서 가장 높은 승점을 획득한 부서는 운영부이며, 가장 낮은 승점을 획득한 부서는 기술부이다.
㉡ 청팀이 축구에서 획득한 승점은 청팀이 구기 종목에서 획득한 승점의 45% 미만이다.
㉢ 체육대회 결과, 백팀의 최종점수는 청팀의 최종점수의 75% 이상이다.
㉣ 백팀이 구기 종목에서 획득한 승점은 백팀이 육상 종목에서 획득한 승점의 85% 이상이다.

① ㉠, ㉡
② ㉠, ㉢
③ ㉡, ㉢
④ ㉡, ㉣
⑤ ㉢, ㉣

13 다음은 연도별 국가지정문화재 현황에 대한 자료이다. 이에 대한 설명으로 옳은 것을 〈보기〉에서 모두 고르면?

〈연도별 국가지정문화재 현황〉

(단위 : 건)

구분	2018년	2019년	2020년	2021년	2022년	2023년
합계	3,385	3,459	3,513	3,583	3,622	3,877
국보	314	315	315	315	317	328
보물	1,710	1,758	1,774	1,813	1,842	2,060
사적	479	483	485	488	491	495
명승	82	89	106	109	109	109
천연기념물	422	429	434	454	455	456
국가무형문화재	114	116	119	120	122	135
중요민속문화재	264	269	280	284	286	294

〈보기〉

㉠ 2019년에서 2023년 사이 전년 대비 전체 국가지정문화재가 가장 많이 증가한 해는 2023년이다.

㉡ 국보 문화재는 2018년 대비 2023년에 건수가 증가했으며, 전체 국가지정문화재에서 차지하는 비율 또한 증가했다.

㉢ 2018년 대비 2023년 국가지정문화재의 증가율이 가장 높은 문화재 종류는 명승 문화재이다.

㉣ 조사기간 중 사적 문화재는 매해 국가무형문화재의 4배가 넘는 수치를 보이고 있다.

① ㉠, ㉡
② ㉠, ㉢
③ ㉡, ㉢
④ ㉡, ㉣
⑤ ㉢, ㉣

14 다음은 A국의 지난해 10 ~ 12월 산업분류별 상용근로일수, 임시 일용근로일수 및 월 평균 근로시간 현황에 대한 자료이다. 이에 대한 설명으로 옳은 것을 〈보기〉에서 모두 고르면?

〈산업분류별 상용근로일수, 임시 일용근로일수 및 월 평균 근로시간 현황〉

(단위 : 일)

구분	10월			11월			12월		
	상용 근로 일수	임시 일용 근로 일수	월 평균 근로 시간 (시간)	상용 근로 일수	임시 일용 근로 일수	월 평균 근로 시간 (시간)	상용 근로 일수	임시 일용 근로 일수	월 평균 근로 시간 (시간)
전체	20.6	13.6	163.3	20.7	13.7	164.2	20.7	13.6	163.9
광업	21.8	10.8	175.5	21.9	10.8	176.6	21.9	10.7	176.6
제조업	20.6	14.8	176.3	20.8	14.9	177.4	20.7	14.8	177.1
전기, 가스, 증기 및 수도 사업	19.0	17.5	160.6	19.2	17.6	162.1	19.2	17.6	162.1
하수·폐기물처리, 원료 재생 및 환경복원업	21.7	13.5	177.0	21.8	13.2	177.9	21.8	13.2	177.8
건설업	20.5	12.9	138.0	20.7	12.9	138.7	20.6	12.9	138.5
도매 및 소매업	20.9	13.4	164.4	21.1	13.5	165.4	21.0	13.5	165.2
운수업	21.0	18.2	166.1	21.1	18.2	166.8	21.1	18.3	166.5
숙박 및 음식점업	23.0	13.9	159.3	23.1	13.9	159.7	23.1	13.8	159.7
출판, 영상, 방송통신 및 정보서비스업	19.8	16.1	160.7	19.9	16.2	162.0	19.9	16.2	161.6
금융 및 보험업	19.6	19.3	160.2	19.7	19.3	161.3	19.6	19.2	160.9
부동산업 및 임대업	19.4	17.0	178.4	19.5	17.0	179.1	19.5	16.9	178.9
전문, 과학 및 기술서비스업	19.8	16.5	159.6	19.9	16.7	160.8	19.9	16.6	160.4
사업시설관리 및 사업지원서비스업	20.2	13.5	162.6	20.3	13.5	163.4	20.3	13.5	163.2
교육 서비스업	19.8	11.5	142.0	20.0	11.4	142.8	20.0	11.2	142.3
보건업 및 사회복지 서비스업	20.7	17.3	161.8	20.8	17.5	162.7	20.8	17.4	162.5
예술, 스포츠 및 여가관련서비스업	20.5	15.3	157.2	20.6	15.3	157.9	20.5	15.3	157.7
협회 및 단체, 수리 및 기타개인서비스업	21.5	11.7	161.3	21.6	11.6	162.1	21.6	11.6	162.0

<보기>

㉠ 산업 전체에서 10월부터 12월까지 월 평균 근로시간은 매월 증가하였다.

㉡ 11월 건설업의 상용근로일수는 광업의 상용근로일수의 80% 이상이다.

㉢ 10월에 임시 일용근로일수가 가장 높은 산업은 10월 대비 12월에 임시 일용근로일수가 증가하였다.

㉣ 월 평균 근로시간이 가장 높은 산업은 11월과 12월에 동일하다.

① ㉠, ㉡ 　　　　　　　　　　② ㉠, ㉢

③ ㉡, ㉢ 　　　　　　　　　　④ ㉡, ㉣

⑤ ㉢, ㉣

15 S사원은 본사 이전으로 인해 집과 회사가 멀어져 회사 근처인 K시에 집을 구하려고 한다. K시에 있는 빌라와 아파트 총 세 곳의 월세와 거리당 교통비를 알아본 S사원이 판단한 내용으로 가장 적절한 것은?

〈K시 빌라 및 아파트 조건〉

구분	월세	거리(편도)
A빌라	280,000원	2.8km
B빌라	250,000원	2.1km
C아파트	300,000원	1.82km

※ 월 출근일 : 20일

※ 교통비 : 1km당 1,000원

① 월 예산 40만 원으로는 세 집 모두 불가능하다.

② C아파트의 교통비가 가장 많이 든다.

③ C아파트는 A빌라보다 한 달 금액이 20,000원 덜 든다.

④ B빌라에 살 때 회사와 집만 왕복하면 한 달에 33만 4천 원으로 살 수 있다.

⑤ B빌라에 두 달 살 경우, A빌라와 C아파트의 한 달 금액을 합친 것보다 비싸다.

16 다음은 연도별 회식참여율에 대한 자료이다. 이에 대한 설명으로 옳지 않은 것은?

〈연도별 회식참여율〉

(단위 : %)

구분		2000년	2010년	2020년
성별	남성	88	61	44
	여성	72	55	34
연령대별	20대	94	68	32
	30대	81	63	34
	40대	77	58	47
	50대	86	54	51
직급별	사원	91	75	51
	대리	88	64	38
	과장	74	55	42
	부장	76	54	48
지역별	수도권	91	63	41
	수도권 외	84	58	44

① 20대의 2020년 회식참여율은 2010년 대비 36%p 감소하였다.

② 2000년과 2010년의 회식참여율 차이가 가장 큰 직급은 대리이다.

③ 2020년 남성과 여성의 회식참여율 차이는 2000년 대비 37.5%p 감소하였다.

④ 조사연도에서 수도권 지역과 수도권 외 지역의 회식참여율의 차이는 감소하고 있다.

⑤ 2000년에는 연령대가 올라갈수록 회식참여율이 감소하는 반면, 2020년에는 연령대가 올라갈수록 회식참여율이 증가하고 있다.

17 다음은 2022년부터 2023년까지의 시도별 화재발생현황에 대한 자료이다. 이에 대한 설명으로 옳지 않은 것은?

〈시도별 화재발생건수 및 피해자 수 현황〉

(단위 : 건, 명)

행정구역별	2022년			2023년		
	화재건수	사망자	부상자	화재건수	사망자	부상자
전국	43,413	306	1,718	44,178	345	1,852
서울특별시	6,443	40	236	5,978	37	246
부산광역시	2,199	17	128	2,609	19	102
대구광역시	1,739	11	83	1,612	8	61
인천광역시	1,790	10	94	1,608	7	90
광주광역시	956	7	23	923	9	27
대전광역시	974	7	40	1,059	9	46
울산광역시	928	16	53	959	2	39
세종특별자치시	300	2	12	316	2	8
경기도	10,147	70	510	9,799	78	573
강원도	2,315	20	99	2,364	24	123
충청북도	1,379	12	38	1,554	41	107
충청남도	2,825	12	46	2,775	19	30
전라북도	1,983	17	39	1,974	15	69
전라남도	2,454	21	89	2,963	19	99
경상북도	2,651	14	113	2,817	27	127
경상남도	3,756	29	101	4,117	24	86
제주도	574	1	14	751	5	19

① 대구광역시의 2023년 화재건수는 경상북도의 50% 이상이다.

② 2022년 화재건수 대비 사망자 수는 경기도가 강원도보다 많다.

③ 화재발생건수가 가장 많은 시·도는 2022년과 2023년에 동일하다.

④ 2023년 화재로 인한 부상자 수는 충청남도가 충청북도의 30% 미만이다.

⑤ 부산광역시의 경우, 화재로 인한 부상자 수가 2023년에 전년 대비 10% 이상 감소하였다.

18 다음은 10년간 국내 의사와 간호사 인원 현황에 대한 자료이다. 이에 대한 설명으로 옳은 것을 〈보기〉에서 모두 고르면?(단, 비율은 소수점 셋째 자리에서 버림한다)

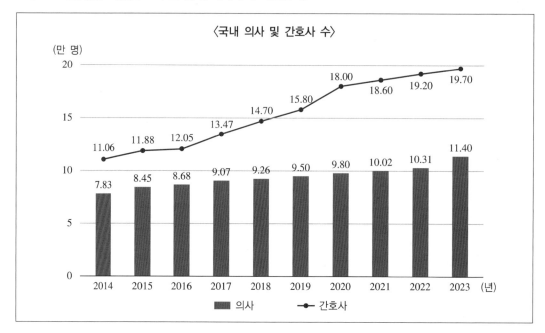

〈보기〉

㉠ 2021년 대비 2023년 의사 수의 증가율은 간호사 수의 증가율보다 5%p 이상 높다.

㉡ 2015 ~ 2023년 동안 전년 대비 증가한 의사 수가 2천 명 이하인 해의 의사와 간호사 수의 차이는 5만 명 미만이다.

㉢ 2014 ~ 2018년 동안 의사 한 명당 간호사 수가 가장 많은 해는 2018년이다.

㉣ 2017 ~ 2020년까지 간호사 수의 평균은 15만 명 이상이다.

① ㉠

② ㉠, ㉡

③ ㉡, ㉣

④ ㉢, ㉣

⑤ ㉠, ㉢, ㉣

19 다음은 A지역의 연도별 상·하반기 공립 및 사립 유치원과 어린이집 수에 대한 자료이다. 이에 대한 설명으로 옳지 않은 것은?

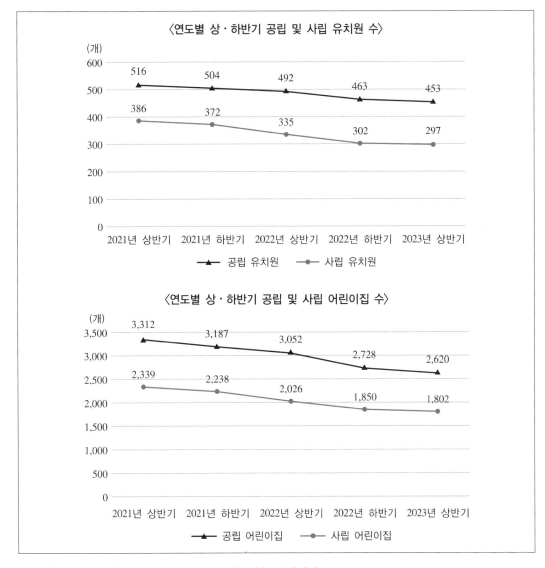

① 전체 유치원 수와 전체 어린이집 수는 감소하는 추세이다.
② 매 시기 공립 어린이집 수는 공립 유치원 수의 6배 이상이다.
③ 2021년 상반기 대비 2023년 상반기의 공립 유치원 수 감소율은 20% 미만이다.
④ 2021년 상반기 대비 2023년 상반기의 사립 유치원 수는 70개 이상 감소하였다.
⑤ 공립 어린이집의 감소폭이 가장 클 때와 사립 어린이집의 감소폭이 가장 클 때는 다르다.

20 다음은 A국가의 2023년 월별 반도체 수출액 동향에 대한 자료이다. 이를 참고하여 작성한 그래프로 적절하지 않은 것은?(단, 그래프 단위는 모두 '백만 달러'이다)

〈2023년 월별 반도체 수출액 동향〉

(단위 : 백만 달러)

기간	수출액	기간	수출액
1월	9,681	7월	10,383
2월	9,004	8월	11,513
3월	10,804	9월	12,427
4월	9,779	10월	11,582
5월	10,841	11월	10,684
6월	11,157	12월	8,858

① 월별 반도체 수출액

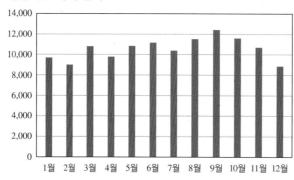

② 월별 반도체 수출액

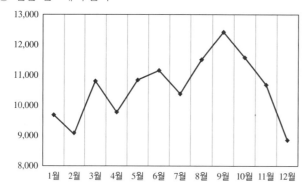

③ 월별 반도체 수출액

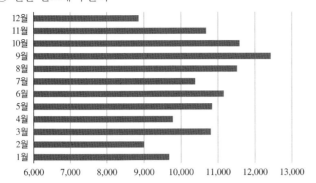

④ 2 ~ 12월의 전월 대비 반도체 수출 증감액

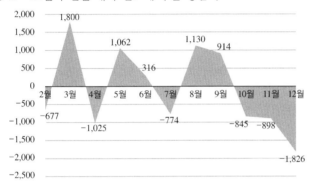

⑤ 2 ~ 12월의 전월 대비 반도체 수출 증감액

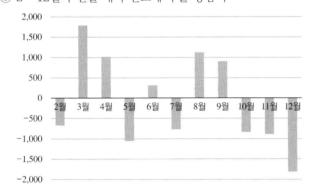

01 영채는 길이가 30km인 강을 배를 타고 이동하고자 한다. 강을 거슬러 올라가는 데 걸린 시간이 5시간이고 강물의 흐르는 방향과 같은 방향으로 내려가는 데 걸린 시간이 3시간일 때, 흐르지 않는 물에서 배의 속력은?(단, 배와 강물의 속력은 일정하다)

① 5km/h   ② 6.5km/h

③ 8km/h   ④ 10km/h

⑤ 12km/h

02 희경이의 회사는 본사에서 지점까지의 거리가 총 50km이다. 버스를 타고 60km/h의 속력으로 20km를 갔더니 지점에서의 미팅시간이 얼마 남지 않아서, 택시로 바꿔 타고 90km/h의 속력으로 갔더니 오후 3시에 도착할 수 있었다. 본사에서 나온 시각은?(단, 본사에서 나와 버스를 기다린 시간과 버스에서 택시로 바꿔 탄 시간은 생각하지 않는다)

① 오후 1시 40분   ② 오후 2시

③ 오후 2시 20분   ④ 오후 2시 40분

⑤ 오후 3시

03 혜영이가 자전거를 타고 300m를 달리는 동안 지훈이는 자전거를 타고 400m를 달린다. 두 사람이 길이가 1,800m인 원 모양의 연못 둘레를 같은 지점에서 같은 방향으로 동시에 출발하여 달린 지 15분 후 처음으로 만날 때 혜영이와 지훈이가 이동한 거리의 합은?

① 7,200m   ② 8,800m

③ 9,400m   ④ 12,600m

⑤ 16,800m

04 설탕물 200g이 들어있는 비커에서 물 50g을 증발시킨 후 설탕 5g을 더 녹였더니 처음 농도의 3배가 되었다. 처음 설탕물의 농도는?

① 약 0.5%   ② 약 1.2%

③ 약 1.9%   ④ 약 2.6%

⑤ 약 3.3%

05 농도 15% 소금물 800g에서 소금물을 조금 퍼내고, 150g의 물을 다시 부었다. 이때 소금물의 농도가 12%였다면 처음에 퍼낸 소금물의 양은?

① 100g

② 150g

③ 200g

④ 250g

⑤ 300g

06 농도가 각각 12%인 A설탕물 200g, 15%인 B설탕물 300g, 17%인 C설탕물 100g이 있다. A, B설탕물을 합친 후 300g만 남기고 버린 다음, 여기에 C설탕물을 합친 후 다시 300g만 남기고 버렸다. 마지막 300g 설탕물에 녹아있는 설탕의 양은?

① 41.5g

② 42.7g

③ 43.8g

④ 44.6g

⑤ 45.1g

07 다음의 내용을 바탕으로 할 때, A ~ E사원 5명의 일일업무량의 총합은?

- A사원의 일일업무량은 B사원의 일일업무량보다 5만큼 적다.
- B사원의 일일업무량은 D사원 일일업무량의 $\frac{1}{4}$ 수준이다.
- D사원과 E사원의 일일업무량을 합친 것은 C사원의 업무량에 258을 더한 것과 같다.
- C사원이 이틀 동안 일한 업무량과 D사원이 8일 동안 일한 업무량의 합은 996이다.
- E사원이 30일 동안 진행한 업무량은 5,280이다.

① 262

② 291

③ 359

④ 373

⑤ 379

08 A와 B는 생선을 파는 상인이다. 첫째 날 A와 B의 전체 생선의 양은 각각 k마리, $2k$마리가 있었다. A는 둘째 날에 첫째 날 양의 $\frac{2}{3}$를 팔았고, 그다음 날부터는 남은 양의 $\frac{2}{3}$씩 팔았다. B는 둘째 날부터 꾸준히 $\frac{5}{6}$씩 팔았다면, A의 남은 생선 양이 B보다 많아지는 날은 몇째 날부터인가?

① 첫째 날　　　　　　　　　　② 둘째 날
③ 셋째 날　　　　　　　　　　④ 넷째 날
⑤ 다섯째 날

09 S부품공장에 분당 100개의 나사를 생산하는 A기계와 분당 150개의 나사를 생산하는 B기계가 있다. 총 15,000개의 나사를 두 기계가 동시에 생산하는 데 걸리는 시간은?

① 1시간　　　　　　　　　　② 2시간
③ 3시간　　　　　　　　　　④ 4시간
⑤ 5시간

10 A와 B가 시장에 가서 각각 두 번에 걸쳐 물건을 사는 데 총 32,000원이 들었다. A는 두 번째 구매 시 첫 번째보다 50% 감소한 금액을, B는 두 번째 구매 시 첫 번째보다 50% 증가한 금액을 지불했다. 나중에 서로 비교해보니 B가 A보다 5,000원을 더 지불한 것을 알게 되었다고 할 때, A가 첫 번째로 지불한 금액은?

① 7,400원　　　　　　　　　② 8,500원
③ 9,000원　　　　　　　　　④ 9,700원
⑤ 10,300원

11 어느 과수원에서 작년에 생산된 사과와 배의 개수를 모두 합하면 500개였다. 올해는 작년보다 사과의 생산량은 절반으로 감소하였고 배의 생산량은 두 배로 증가하였다. 올해 사과와 배의 개수를 합하여 모두 700개를 생산했을 때, 올해 생산한 사과의 개수는?

① 100개
② 200개
③ 300개
④ 400개
⑤ 500개

12 소민이는 7일 일한 후 2일 쉬고, 민준이는 10일 일하고 2일 쉰다고 한다. 두 사람이 같은 날 일을 시작한 후 처음으로 동시에 2일 연속 쉬는 날이 같은 날은 며칠 후인가?

① 31일 후
② 32일 후
③ 33일 후
④ 34일 후
⑤ 35일 후

13 첫째와 둘째, 둘째와 셋째의 나이 차이가 일정한 3명의 형제가 있다. 둘째 나이의 3배는 아버지의 나이와 같고, 아버지의 나이에서 첫째의 나이를 빼면 23살이다. 내년에 아버지의 나이는 셋째 나이의 4배보다 4살 적게 될 때, 올해 셋째의 나이는?

① 8살
② 9살
③ 10살
④ 11살
⑤ 12살

14 올해 시행한 어느 자격증 시험에서 80점 이상을 얻어야 합격을 한다고 한다. 이 시험에 응시한 30명 중 합격자는 10명이고 합격한 사람의 평균점수는 불합격한 사람의 평균점수의 2배보다 33점이 낮다. 불합격한 사람의 평균점수는 응시자 전체의 평균점수보다 9점이 낮을 때, 응시자 전체의 평균점수는?

① 60점 ② 63점

③ 66점 ④ 69점

⑤ 72점

15 S카페는 하루 평균 고객이 100명이다. 모든 고객은 음료를 포장을 하거나 카페 내에서 음료를 마신다. 한 사람당 평균 6,400원의 수익을 발생시키며, 카페 내에서 음료를 마시는 고객 한 사람당 서비스 비용으로 평균 1,500원이 들고, 가게 유지비용은 하루에 53만 5천 원이 든다. 하루에 수익이 발생하기 위해서 필요한 포장 고객의 수는 최소 몇 명인가?

① 25명 ② 28명

③ 31명 ④ 34명

⑤ 37명

16 S랜드는 회원제 시스템을 운영 중이다. 비회원은 매표소에서 자유이용권 1장을 20,000원에 구매할 수 있고, 회원은 자유이용권 1장을 20% 할인된 가격에 구매할 수 있다. 회원 가입비가 50,000원이라 할 때, S랜드를 최소 몇 번 이용해야 회원 가입을 하는 것이 이익인가?(단, 회원 1인당 1회 방문 시 자유이용권 1장을 구매할 수 있다)

① 11회 ② 12회

③ 13회 ④ 14회

⑤ 15회

17 A ~ I 9명이 2명, 3명, 4명씩 나누어 앉을 수 있는 경우의 수는?

① 1,220가지   ② 1,240가지

③ 1,260가지   ④ 1,280가지

⑤ 1,300가지

18 A는 설을 맞이하여 귀성길에 오르는데, 친가와 외가를 한 번에 가려고 한다. 친가는 대전, 외가는 부산에 있으며, 서울에서 출발하려고 한다. 서울에서 대전까지는 승용차, 버스, 기차, 대전에서 부산 또는 부산에서 대전까지는 버스, 기차, 서울에서 부산까지는 비행기, 기차, 버스로 갈 수 있다. 친가와 외가를 가는 방법의 경우의 수는?(단, 돌아오는 방법은 생각하지 않는다)

① 10가지   ② 12가지

③ 14가지   ④ 16가지

⑤ 18가지

19 0, 1, 2, 3, 4가 적힌 5장의 카드가 있다. A와 B는 이 중 3장의 카드를 뽑아 큰 숫자부터 나열하여 가장 큰 세 자리 숫자를 만든 사람이 이기는 게임을 하였다. A가 0, 2, 3을 뽑았을 때, B가 이길 확률은?

① $\dfrac{1}{10}$ ② $\dfrac{3}{10}$

③ $\dfrac{5}{10}$ ④ $\dfrac{7}{10}$

⑤ $\dfrac{9}{10}$

20 S사는 면접시험을 통해 신입사원을 채용했다. 다음의 내용을 만족할 때, 1차 면접시험에 합격한 사람은 몇 명인가?

- 2차 면접시험 응시자는 1차 면접시험 응시자의 60%이다.
- 1차 면접시험 합격자는 1차 면접시험 응시자의 90%이다.
- 2차 면접시험 합격자는 2차 면접시험 응시자의 40%이다.
- 2차 면접시험 불합격자 중 남녀 성비는 7 : 5이다.
- 2차 면접시험에서 남성 불합격자는 63명이다.

① 240명   ② 250명

③ 260명   ④ 270명

⑤ 280명

01 작곡가 A~D 네 사람은 각각 피아노, 바이올린, 트럼펫, 플루트를 연주한다. 또한 피아노를 연주하는 사람은 재즈를, 트럼펫과 바이올린을 연주하는 사람은 클래식을, 플루트를 연주하는 사람은 재즈와 클래식 모두를 연주한다. A~D 중 한 사람만 진실을 이야기했을 때, 반드시 참인 것을 〈보기〉에서 모두 고르면?(단, 악기는 중복 없이 한 사람당 한 악기만 연주할 수 있고 거짓은 모든 진술을 부정한다)

• A : 나는 피아노를 연주하지 않고, D는 트럼펫을 연주해.
• B : A는 플루트를 연주하지 않고, 나는 바이올린을 연주해.
• C : B는 피아노를 연주하고, D는 바이올린을 연주해.
• D : A는 플루트를 연주하고, C는 트럼펫을 연주하지 않아.

〈보기〉

㉠ A는 재즈를, C는 클래식을 연주한다.
㉡ B는 클래식을 연주한다.
㉢ C는 재즈와 클래식을 모두 연주한다.

---

① ㉠
③ ㉢
⑤ ㉡, ㉢

② ㉡
④ ㉠, ㉡

02 일남, 이남, 삼남, 사남, 오남 5형제가 둘러앉아 마피아 게임을 하고 있다. 이 중 1명은 경찰, 1명은 마피아이고, 나머지는 시민이다. 다음 5명의 진술 중 2명의 진술이 거짓일 때 반드시 참인 것은?(단, 모든 사람은 진실 또는 거짓만 말한다)

• 일남 : 저는 시민입니다.
• 이남 : 저는 경찰이고, 오남이는 마피아예요.
• 삼남 : 일남이는 마피아예요.
• 사남 : 확실한 건 저는 경찰은 아니에요.
• 오남 : 사남이는 시민이 아니고, 저는 경찰이 아니에요.

---

① 일남이가 마피아, 삼남이가 경찰이다.
② 이남이가 마피아, 사남이가 경찰이다.
③ 사남이가 마피아, 삼남이가 경찰이다.
④ 사남이가 마피아, 오남이가 경찰이다.
⑤ 오남이가 마피아, 이남이가 경찰이다.

03 사무실에 도둑이 들었다. 범인은 2명이고, 용의자로 지목된 A~E 5명이 다음과 같이 진술했다. 이 중 2명이 거짓말을 하고 있다고 할 때, 다음 중 동시에 범인이 될 수 있는 사람끼리 짝지어진 것은?

> • A : B나 C 중에 1명만 범인이에요.
> • B : 저는 확실히 범인이 아닙니다.
> • C : 제가 봤는데 E가 범인이에요.
> • D : A가 범인이 확실해요.
> • E : 사실은 제가 범인이에요.

① A, B   ② B, C
③ B, D   ④ C, E
⑤ D, E

04 4개의 상자 A~D 중 어느 하나에 2개의 진짜 열쇠가 들어 있고, 다른 어느 한 상자에 2개의 가짜 열쇠가 들어 있다. 또한 각 상자에는 다음과 같이 2개의 안내문이 쓰여 있는데, 각 상자의 안내문 중 하나는 참이고 다른 하나는 거짓이다. 다음 중 항상 옳은 것은?

> 〈안내문〉
> • A상자
>   – 어떤 진짜 열쇠도 순금으로 되어 있지 않다.
>   – C상자에 진짜 열쇠가 들어 있다.
> • B상자
>   – 가짜 열쇠는 이 상자에 들어 있지 않다.
>   – A상자에는 진짜 열쇠가 들어 있다.
> • C상자
>   – 이 상자에 진짜 열쇠가 들어 있다.
>   – 어떤 가짜 열쇠도 구리로 되어 있지 않다.
> • D상자
>   – 이 상자에 진짜 열쇠가 들어 있다.
>   – 가짜 열쇠 중 어떤 것은 구리로 되어 있다.

① B상자에 가짜 열쇠가 들어 있지 않다.
② C상자에 진짜 열쇠가 들어 있지 않다.
③ D상자의 첫 번째 안내문은 거짓이다.
④ 모든 가짜 열쇠는 구리로 되어 있다.
⑤ 어떤 진짜 열쇠는 순금으로 되어 있다.

05 A~G 7명은 주말 여행지를 고르기 위해 투표를 진행하였다. 다음 〈조건〉과 같이 투표를 진행하였을 때, 투표를 하지 않은 사람을 모두 고르면?

─〈조건〉─
- D나 G 중 적어도 1명이 투표하지 않으면, F는 투표한다.
- F가 투표하면, E는 투표하지 않는다.
- B나 E 중 적어도 1명이 투표하지 않으면, A는 투표하지 않는다.
- A를 포함하여 투표한 사람은 모두 5명이다.

① B, E   ② B, F
③ C, D   ④ C, F
⑤ F, G

06 김대리는 체육대회에 참여할 직원 명단을 작성하고자 한다. 6명의 직원들 A~F가 다음 〈조건〉에 따라 참여한다고 할 때, 체육대회에 반드시 참여하는 직원의 수는?

─〈조건〉─
- A가 참여하면 F는 참여하지 않고, B는 체육대회에 참여한다.
- C가 체육대회에 참여하면 D는 체육대회에 참여하지 않는다.
- E가 체육대회에 참여하지 않으면 C는 체육대회에 참여한다.
- B와 E 중 1명만 체육대회에 참여한다.
- D는 체육대회에 참여한다.

① 2명   ② 3명
③ 4명   ④ 5명
⑤ 6명

07 S사의 비품실에는 6개 층으로 된 선반이 있다. 다음 〈조건〉에 따라 항상 선반의 정해진 층에 회사 비품을 정리한다고 할 때, 항상 옳은 것은?

〈조건〉
- 선반의 홀수 층에는 2개의 물품을 두고, 짝수 층에는 1개만 둔다.
- 간식은 2층 선반에 위치한다.
- 볼펜은 간식보다 아래층에 있다.
- 보드마카와 스테이플러보다 위층에 있는 물품은 1개이다.
- 믹스커피와 종이컵은 같은 층에 있으며 간식의 바로 위층이다.
- 화장지와 종이 사이에는 2개의 물품이 위치하며, 화장지가 종이 위에 있다.
- 볼펜 옆에는 메모지가 위치한다.

① 보드마카 위에는 간식이 위치한다.
② 화장지는 4층에, 종이는 3층에 있다.
③ 간식과 종이컵 사이에는 메모지가 있다.
④ 메모지보다 아래층에 있는 물품은 2가지이다.
⑤ 종이 아래에 있는 물품은 5가지이며, 그중 하나는 종이컵이다.

08 S사에 근무하는 A ~ C 3명의 직원은 협력업체를 방문하기 위해 택시를 타고 가고 있다. 다음 〈조건〉을 참고할 때, 직급과 코트 그리고 팀이 바르게 연결된 것은?

〈조건〉
- 3명의 직급은 각각 과장, 대리, 사원이다.
- 3명은 각각 검은색, 회색, 갈색 코트를 입었다.
- 3명은 각각 기획팀, 연구팀, 디자인팀이다.
- 택시 조수석에는 회색 코트를 입은 과장이 앉아 있다.
- 갈색 코트를 입은 연구팀 직원은 택시 뒷좌석에 앉아 있다.
- 3명 중 가장 낮은 직급의 C는 기획팀이다.

① A – 대리, 갈색 코트, 연구팀
② A – 과장, 회색 코트, 디자인팀
③ B – 대리, 갈색 코트, 연구팀
④ B – 과장, 회색 코트, 디자인팀
⑤ C – 사원, 검은색 코트, 기획팀

※ 제시된 명제가 모두 참일 때, 다음 중 빈칸에 들어갈 명제로 가장 적절한 것을 고르시오. [9~11]

09

- 포유류는 새끼를 낳아 키운다.
- 고양이는 포유류이다.
- _____

① 포유류는 고양이이다.
② 고양이는 새끼를 낳아 키운다.
③ 고양이가 아니면 포유류가 아니다.
④ 새끼를 낳아 키우는 것은 고양이이다.
⑤ 새끼를 낳아 키우는 것은 포유류가 아니다.

10

- 홍보실은 워크숍에 간다.
- _____
- 출장을 가지 않으면 워크숍에 간다.

① 출장을 가면 홍보실이 아니다.
② 홍보실이 아니면 출장을 간다.
③ 출장을 가면 워크숍에 가지 않는다.
④ 홍보실이 아니면 워크숍에 가지 않는다.
⑤ 워크숍에 가지 않으면 출장을 가지 않는다.

11

- 회사원은 야근을 한다.
- _____
- 늦잠을 자지 않는 사람은 회사원이 아니다.

① 늦잠을 자면 회사원이다.
② 회사원이면 늦잠을 자지 않는다.
③ 야근을 하는 사람은 늦잠을 잔다.
④ 회사원이 아니면 야근을 하지 않는다.
⑤ 야근을 하지 않는 사람은 늦잠을 잔다.

12

> • 현명한 사람은 거짓말을 하지 않는다.
> • 건방진 사람은 남의 말을 듣지 않는다.
> • 거짓말을 하지 않으면 다른 사람의 신뢰를 얻는다.
> • 남의 말을 듣지 않으면 친구가 없다.

① 건방진 사람은 친구가 있다.

② 거짓말을 하지 않으면 현명한 사람이다.

③ 건방지지 않은 사람은 남의 말을 듣는다.

④ 현명한 사람은 다른 사람의 신뢰를 얻는다.

⑤ 다른 사람의 신뢰를 얻으면 거짓말을 하지 않는다.

12

> • 경환은 덕진의 손자이다.
> • 수환은 휘영의 아들이다.
> • 진철은 경환의 아버지이다.
> • 휘영은 덕진의 형이다.

① 휘영은 진철의 조카이다.

② 휘영은 경환의 삼촌이다.

③ 덕진은 수환의 삼촌이다.

④ 수환은 덕진의 아들이다.

⑤ 진철은 수환이보다 나이가 적다.

14

> • 달리기를 못하면 건강하지 않다.
> • 홍삼을 먹으면 건강하다.
> • 달리기를 잘하면 다리가 길다.

① 다리가 길면 홍삼을 먹는다.

② 건강하지 않으면 다리가 길다.

③ 달리기를 잘하면 홍삼을 먹는다.

④ 홍삼을 먹으면 달리기를 못한다.

⑤ 다리가 길지 않으면 홍삼을 먹지 않는다.

15 제시된 명제가 모두 참일 때, 다음 중 반드시 참이 아닌 것은?

> • 커피를 좋아하는 사람은 홍차를 좋아하지 않는다.
> • 탄산수를 좋아하지 않는 사람은 우유를 좋아한다.
> • 녹차를 좋아하는 사람은 홍차를 좋아한다.
> • 녹차를 좋아하지 않는 사람은 탄산수를 좋아한다.

① 홍차를 좋아하는 사람은 커피를 싫어한다.
② 탄산수를 좋아하는 사람은 홍차를 좋아한다.
③ 커피를 좋아하는 사람은 탄산수를 좋아한다.
④ 커피를 좋아하는 사람은 녹차를 좋아하지 않는다.
⑤ 탄산수를 좋아하지 않는 사람은 녹차를 좋아한다.

16 지영이의 생일을 맞이하여 민지, 재은, 영재, 정호는 함께 생일을 축하하고, 생일 케이크를 나눠 먹기로 하였다. 지영이가 다섯 조각으로 자른 케이크의 크기는 서로 다르며 각자 케이크 한 조각씩을 먹었다고 할 때, 먹은 케이크의 크기가 작은 순서대로 5명을 나열한 것은?

> • 생일 주인공이 가장 큰 조각의 케이크를 먹었다.
> • 민지의 케이크 조각은 가장 작지도 않고, 두 번째로 작지도 않다.
> • 재은이의 케이크 조각은 지영이의 케이크 조각보다 작지만, 민지의 케이크 조각보다는 크다.
> • 정호의 케이크 조각은 민지의 케이크 조각보다는 작지만, 영재의 케이크 조각보다는 크다.

① 지영 – 재은 – 민지 – 영재 – 정호
② 정호 – 재은 – 민지 – 영재 – 지영
③ 영재 – 정호 – 민지 – 재은 – 지영
④ 영재 – 재은 – 민지 – 정호 – 지영
⑤ 영재 – 정호 – 재은 – 민지 – 지영

17 A ~ E 5명은 한국사 시험에 함께 응시하였다. 시험 도중 부정행위가 일어났다고 할 때, 다음 〈조건〉을 통해 부정행위를 한 사람을 모두 고르면?

〈조건〉

- 2명이 부정행위를 저질렀다.
- B와 C는 같이 부정행위를 하거나 같이 부정행위를 하지 않았다.
- B나 E가 부정행위를 했다면, A도 부정행위를 했다.
- C가 부정행위를 했다면, D도 부정행위를 했다.
- E가 부정행위를 하지 않으면, D도 부정행위를 하지 않았다.

① A, B
② A, E
③ B, C
④ C, D
⑤ D, E

18 다음은 혜진이가 지원한 A아울렛 입사 지원 현황을 조사한 자료이다. 혜진이가 패션디자인팀에 지원했다는 결론을 이끌어내기 위해 필요한 명제는?

- 비주얼 머천다이징팀과 광고그래픽팀에 둘 다 지원하는 사람은 패션디자인팀에도 지원했다.
- 광고홍보팀과 경영지원팀에 둘 다 지원하는 사람은 패션디자인팀에도 지원했다.
- 지원자 모두 인테리어팀이나 액세서리 디자인팀 가운데 적어도 한 팀에 지원했다.
- 인테리어팀에 지원하는 사람은 모두 비주얼 머천다이징팀에 지원했다.
- 액세서리 디자인팀에 지원하는 사람은 모두 광고홍보팀에 지원했다.

① 혜진이는 인테리어팀과 광고홍보팀에 지원했다.
② 혜진이는 광고홍보팀과 광고그래픽팀에 지원했다.
③ 혜진이는 광고그래픽팀과 경영지원팀에 지원했다.
④ 혜진이는 비주얼 머천다이징팀과 경영지원팀에 지원했다.
⑤ 혜진이는 액세서리 디자인팀과 비주얼 머천다이징팀에 지원했다.

19 S사의 A ~ C 3명은 이번 신입사원 교육에서 각각 인사, 사업, 영업 교육을 맡게 되었다. 다음 〈조건〉을 참고할 때, 담당 교육과 시간이 바르게 연결된 것은?

┌─────────────────── 〈조건〉 ───────────────────┐
- 교육은 각각 2시간, 1시간 30분, 1시간 동안 진행된다.
- A, B, C 중 2명은 과장이며, 나머지 1명은 부장이다.
- 부장은 B보다 짧게 교육을 진행한다.
- A가 가장 오랜 시간 동안 사업 교육을 진행한다.
- 교육 시간은 인사 교육이 가장 짧다.
└──┘

	직원	담당 교육	교육 시간
①	B과장	인사 교육	1시간
②	B부장	영업 교육	1시간
③	C부장	인사 교육	1시간
④	C부장	인사 교육	1시간 30분
⑤	C과장	영업 교육	1시간 30분

20 A ~ D사원 4명은 각각 홍보부, 총무부, 영업부, 기획부 중 하나의 부서 소속으로 3 ~ 6층의 서로 다른 층에서 근무하고 있다. 이 중 1명만 거짓말을 하고 있다고 할 때, 다음 중 바르게 추론한 것은?(단, 각 팀은 서로 다른 층에 위치한다)

┌──┐
- A사원 : 저는 홍보부와 총무부 소속이 아니며, 3층에서 근무하고 있지 않습니다.
- B사원 : 저는 영업부 소속이며, 4층에서 근무하고 있습니다.
- C사원 : 저는 홍보부 소속이며, 5층에서 근무하고 있습니다.
- D사원 : 저는 기획부 소속이며, 3층에서 근무하고 있습니다.
└──┘

① 기획부는 3층에 위치한다.
② 홍보부는 4층에 위치한다.
③ A사원은 홍보부 소속이다.
④ B사원은 영업부 소속이다.
⑤ D사원은 5층에서 근무하고 있다.

※ 일정한 규칙으로 수를 나열할 때, 빈칸에 들어갈 알맞은 수를 고르시오. **[1~17]**

01

$$\frac{2}{3} \quad \frac{4}{5} \quad \frac{8}{7} \quad \frac{16}{9} \quad (\quad) \quad \frac{64}{13} \quad \frac{128}{15}$$

① $\dfrac{24}{10}$ ② $\dfrac{24}{11}$

③ $\dfrac{32}{11}$ ④ $\dfrac{32}{12}$

⑤ $\dfrac{32}{13}$

02

$$\frac{1}{200} \quad \frac{2}{180} \quad \frac{4}{161} \quad \frac{7}{143} \quad (\quad) \quad \frac{16}{110} \quad \frac{22}{95} \quad \frac{29}{81}$$

① $\dfrac{11}{135}$ ② $\dfrac{11}{126}$

③ $\dfrac{12}{126}$ ④ $\dfrac{12}{121}$

⑤ $\dfrac{13}{121}$

03

$$3\frac{6}{7} \quad 5\frac{7}{11} \quad 7\frac{8}{15} \quad (\quad) \quad 11\frac{10}{23} \quad 13\frac{11}{27}$$

① $8\dfrac{8}{17}$ ② $8\dfrac{8}{19}$

③ $9\dfrac{9}{17}$ ④ $9\dfrac{9}{19}$

⑤ $10\dfrac{10}{19}$

04

	$\frac{100}{100}$	$\frac{102}{98}$	$\frac{97}{103}$	$\frac{105}{95}$	( )	$\frac{108}{92}$	$\frac{91}{109}$	

① $\frac{90}{106}$

② $\frac{90}{103}$

③ $\frac{92}{106}$

④ $\frac{92}{103}$

⑤ $\frac{94}{106}$

05

	0.03	0.07	0.23	0.87	( )	13.67	54.63	

① 0.99

② 1.35

③ 1.89

④ 3.43

⑤ 5.71

06

	11	10.89	10.67	10.34	9.9	( )	8.69	7.92	7.04	

① 9.15

② 9.2

③ 9.25

④ 9.3

⑤ 9.35

07

0.02	0.03	0.05	0.07	0.11	0.13	( )	0.19	0.23	0.29

① 0.14 ② 0.15

③ 0.16 ④ 0.17

⑤ 0.18

08

2.45	7.35	3.85	11.55	8.05	( )	20.65	61.95	58.45

① 21.75 ② 22.35

③ 22.95 ④ 23.55

⑤ 24.15

09

1	1	7	31	109	349	( )

① 567 ② 746

③ 888 ④ 948

⑤ 1,075

10

1	2	5	12	27	58	121	( )

① 209 ② 213

③ 225 ④ 248

⑤ 279

11

| 24 60 120 ( ) 336 504 720 |

① 190 ② 210
③ 240 ④ 260
⑤ 280

12

| 132 156 182 210 240 ( ) 306 342 |

① 270 ② 272
③ 285 ④ 288
⑤ 293

13

| 266 250 ( ) 251 264 252 263 |

① 210 ② 234
③ 265 ④ 275
⑤ 280

14

| 2 −1 10 −20 −3 −16 −336 −63 36 34 ( ) 144 |

① 67 ② 78
③ 87 ④ 112
⑤ 136

15

	$\frac{3}{5}$	$\frac{1}{2}$	$\frac{11}{10}$	$\frac{7}{9}$	( )	$\frac{119}{72}$	$\frac{11}{13}$	$\frac{13}{14}$	$\frac{323}{182}$

① $\frac{6}{7}$　　　　　　　② $\frac{7}{8}$

③ $\frac{8}{9}$　　　　　　　④ $\frac{9}{10}$

⑤ $\frac{10}{11}$

16

3.3	2.5	8.25	4.5	2.3	10.35	( )	2.1	11.97

① 2.3　　　　　　　② 5.7
③ 10.15　　　　　　④ 10.35
⑤ 11.55

17

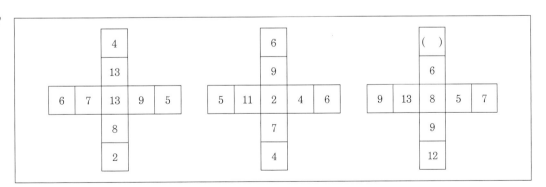

① 5　　　　　　　② 7
③ 9　　　　　　　④ 11
⑤ 13

18 다음 수열의 10번째 항의 값은?

$$\frac{10}{99} \qquad \frac{9}{100} \qquad \frac{13}{96} \qquad \frac{6}{103} \qquad \frac{16}{93} \qquad \cdots$$

① $-\dfrac{5}{17}$ ② $-\dfrac{3}{112}$

③ 0 ④ $\dfrac{3}{112}$

⑤ $\dfrac{5}{17}$

19 다음 수열의 12번째 항의 값은?

$$4 \quad 8 \quad 14 \quad 22 \quad 32 \quad 44 \quad 58 \quad \cdots$$

① 154   ② 156
③ 158   ④ 160
⑤ 162

20 다음 수열의 371번째 항의 값은?

$$2^2 - 1^2 \quad 3^2 - 2^2 \quad 4^2 - 3^2 \quad 5^2 - 4^2 \quad 6^2 - 5^2 \quad \cdots$$

① 731   ② 735
③ 739   ④ 743
⑤ 747

2권

제2회
온라인 SKCT

SK그룹 역량검사

www.sdedu.co.kr

〈문항 및 시험시간〉

SK그룹 온라인 SKCT		
영역	문항 수	영역별 제한시간
언어이해	20문항	15분
자료해석	20문항	15분
창의수리	20문항	15분
언어추리	20문항	15분
수열추리	20문항	15분

※ 검사 시간이 모두 완료된 후 종료 가능

※ 이전 문항으로 이동 불가

01 다음 글의 주제로 가장 적절한 것은?

> 우리는 주변에서 신호등 음성 안내기, 휠체어 리프트, 점자블록 등의 장애인 편의시설을 많이 볼 수 있다. 우리는 이런 편의시설을 장애인들이 지니고 있는 국민으로서의 기본권리를 인정한 것이라는 시각에서 바라보고 있다. 물론, 장애인의 일상생활 보장이라는 측면에서 이 시각은 당연한 것이다. 하지만 이를 바라보는 또 다른 시각이 필요하다. 그것은 바로 장애인만을 위한 것이 아니라 일상생활에서 활동에 불편을 겪는 모두를 위한 것이라는 시각이다. 편리하고 안전한 시설은 장애인뿐만 아니라 우리 모두에게 유용하기 때문이다. 예를 들어, 건물의 출입구에 설치되어 있는 경사로는 장애인들의 휠체어만 다닐 수 있도록 설치해 놓은 것이 아니라 몸이 불편해서 계단을 오르내릴 수 없는 노인이나 유모차를 끌고 다니는 사람들도 편하게 다닐 수 있도록 만들어놓은 시설이다. 결국 이 경사로는 우리 모두에게 유용한 시설인 것이다.
>
> 그런 의미에서 근래에 대두되고 있는 '보편적 디자인', 즉 '유니버설 디자인(Universal Design)'이라는 개념은 우리에게 좋은 시사점을 제공해 준다. 보편적 디자인이란 가능한 모든 사람이 이용할 수 있도록 제품, 건물, 공간을 디자인한다는 의미를 가지고 있기 때문이다. 이러한 시각으로 바라본다면 장애인 편의시설이 우리 모두에게 편리하고 안전한 시설로 인식될 것이다.

① 우리 주변에서는 장애인 편의시설을 많이 볼 수 있다.
② 보편적 디자인은 근래에 대두되고 있는 중요한 개념이다.
③ 어떤 집단의 사람들이라도 이용할 수 있는 제품을 만들어야 한다.
④ 보편적 디자인이라는 관점에서 장애인 편의시설을 바라볼 필요가 있다.
⑤ 장애인들의 기본 권리를 보장하기 위해 장애인 편의시설을 확충해야 한다.

02 다음 글의 중심 내용으로 가장 적절한 것은?

1948년에 제정된 대한민국 헌법은 공동체의 정치적 문제는 기본적으로 국민의 의사에 의해 결정된다는 점을 구체적인 조문으로 명시하고 있다. 그러나 이러한 공화제적 원리는 1948년에 이르러 갑작스럽게 등장한 것이 아니다. 이미 19세기 후반부터 한반도에서는 이와 같은 원리가 공공 영역의 담론 및 정치적 실천 차원에서 표명되고 있었다.

공화제적 원리는 1885년부터 발행되기 시작한 근대적 신문인 『한성주보』에서도 어느 정도 언급된 바 있지만 특히 1898년에 출현한 만민 공동회에서 그 내용이 명확하게 드러난다. 독립협회를 중심으로 촉발되었던 만민 공동회는 민회를 통해 공론을 형성하고 이를 국정에 반영하고자 했던 완전히 새로운 형태의 정치운동이었다. 이것은 전통적인 집단상소나 민란과는 전혀 달랐다. 이 민회는 자치에 대한 국민의 자각을 기반으로 공동 생활의 문제들을 협의하고 함께 행동해 나가려 하였다. 이것은 자신들이 속한 정치공동체에 대한 소속감과 연대감을 갖지 않고서는 불가능한 현상이었다. 즉, 만민 공동회는 국민이 스스로 정치적 주체가 되고자 했던 시도였다. 전제적인 정부가 법을 통해 제한하려고 했던 정치참여를 국민이 스스로 쟁취하여 정치체제를 변화시키고자 하였던 것이다.

19세기 후반부터 한반도에 공화제적 원리가 표명되고 있었다는 사례는 이뿐만이 아니다. 당시 독립협회가 정부와 함께 개최한 관민 공동회에서 발표한 「헌의 6조」를 살펴보면 제3조에 "예산과 결산은 국민에게 공표할 일"이라고 명시하고 있는 것을 확인할 수 있다. 이것은 오늘날의 재정운용의 기본원칙으로 여겨지는 예산 공개의 원칙과 정확하게 일치하는 것으로 국민과 함께 협의하여 정치를 하여야 한다는 공화주의 원리를 보여주고 있다.

① 만민 공동회는 전제 정부의 법적 제한에 맞서 국민의 정치 참여를 쟁취하고자 했다.
② 만민 공동회를 통해 대한민국 헌법에 공화제적 원리를 포함시키는 것이 결정되었다.
③ 한반도에서 예산공개의 원칙은 19세기 후반 관민 공동회에서 처음으로 표명되었다.
④ 예산과 결산이라는 용어는 관민 공동회가 열렸던 19세기 후반에 이미 소개되어 있었다.
⑤ 한반도에서 공화제적 원리는 이미 19세기 후반부터 담론 및 실천의 차원에서 표명되고 있었다.

03

과학 기술에 의한 기적이 나타나지 않는다면, 우리 인간이 지구상에서 이용할 수 있는 자연 자원과 생활공간은 제한된 것으로 받아들여야 할 것이다. 그렇다면 공간을 이용할 때에 우리는 두 가지 한계점을 설정하지 않을 수 없다.

첫째, 우리는 이 지구상에서 생물이 서식할 수 있는 전체 공간의 제한성을 전제로 하고 그중에서 인간이 이용할 수 있는 생활공간의 한계를 깨뜨리지 않는 범위 안에서만 인간의 생활공간을 확장시켜 나가야 한다. 이렇게 되면 제한된 공간을 어떻게 나누어서 이용하느냐가 중요한 문제가 되므로, '적정 공간'이라는 개념이 중요한 의미를 갖게 된다. 우리 인간이 차지할 수 있는 전체 생활공간도 생태학적으로 적정 공간이 되어야 할 뿐 아니라, 개인이 차지할 수 있는 공간도 적정 공간의 한계를 벗어나서는 안 된다는 뜻이다.

둘째, 절대적 생활공간의 한계가 함께 문제가 되는 것은 자연 자원의 한계이므로 우리는 이 문제에서도 공간 이용에 관한 한계점을 설정할 필요가 있다. 지금까지 대부분의 생물들이 살아온 공간이란 태양의 열과 빛, 맑은 공기, 물 그리고 흙을 이용할 수 있는 자연 환경이었다. 이와 같이 자연 자원에 의존하는 생활공간을 '자연 공간'이라고 한다면, 과학 기술을 이용한 인간의 생활공간에는 비자연적인 것이 많다. 인공적인 난방 장치, 냉방 장치, 조명 장치, 환기 장치, 상수도 및 하수도 시설에 절대적으로 의존하는 공간이 모두 그런 것이다.

① 인간은 공간 이용에 관한 한계를 설정할 필요가 있다.
② 인간이 지구상에서 이용할 수 있는 자연 자원은 제한되어 있다.
③ 과학 기술을 이용한 인간의 생활공간은 대부분 비자연적인 것이다.
④ 인간이 생활공간을 이용할 때 필요 이상의 공간을 차지해서는 안 된다.
⑤ 공간 활용을 위해 생명체가 서식할 수 없는 공간을 개척하는 것이 중요하다.

04

일반적으로 문화는 '생활양식' 또는 '인류의 진화로 이룩된 모든 것'이라는 포괄적인 개념을 갖고 있다. 이렇게 본다면 언어는 문화의 하위 개념에 속하는 것이다. 그러나 언어는 문화의 하위 개념에 속하면서도 문화 자체를 표현하여 그것을 전파전승하는 기능도 한다. 이로 보아 언어에는 그것을 사용하는 민족의 문화와 세계 인식이 녹아있다고 할 수 있다. 가령 '사촌'이라고 할 때, 영어에서는 'Cousin'으로 이를 통칭(通稱)하는 것을 우리말에서는 친·외, 고종·이종 등으로 구분하고 있다. 친족 관계에 대한 표현에서 우리말이 영어보다 좀 더 섬세하게 되어 있는 것이다. 이것은 친족 관계를 좀 더 자세히 표현하여 차별 내지 분별하려 한 우리 문화와 그것을 필요로 하지 않는 영어권 문화의 차이에서 기인한 것이다.

문화에 따른 이러한 언어의 차이는 낱말에서만이 아니라 어순(語順)에서도 나타난다. 우리말은 영어와 주술 구조가 다르다. 우리는 주어 다음에 목적어, 그 뒤에 서술어가 온다. 이에 비해 영어에서는 주어 다음에 서술어, 그 뒤에 목적어가 온다. 우리말의 경우 '나는 너를 사랑한다.'라고 할 때, '나'와 '너'를 먼저 밝히고 그 다음에 '나의 생각'을 밝히는 것에 비해, 영어에서는 '나'가 나오고 그 다음에 '나의 생각'이 나온 뒤에 목적어인 '너'가 나온다. 이러한 어순의 차이는 결국 나의 의사보다 상대방에 대한 관심을 먼저 보이는 우리와 나의 의사를 밝히는 것이 먼저인 영어를 사용하는 사람들의 문화 차이에서 기인한 것이다. 대화를 할 때 다른 사람을 대우하는 것에서도 이런 점을 발견할 수 있다.

손자가 할아버지에게 무엇을 부탁하는 경우를 생각해 보자. 이 경우 영어에서는 'You do it, please.'라고 하고, 우리말에서는 '할아버지께서 해주세요.'라고 한다. 영어에서는 상대방이 누구냐에 관계없이 상대방을 가리킬 때 'You'라는 지칭어를 사용하고, 서술어로는 'do'를 사용한다. 그런데 우리말에서는 상대방을 가리킬 때, 무조건 영어의 'You'에 대응하는 '당신(너)'이라는 말만을 쓰는 것은 아니고 상대에 따라 지칭어를 달리 사용한다. 뿐만 아니라 영어의 'do'에 대응하는 서술어도 상대에 따라 '해 주어라, 해 주게, 해 주오, 해 주십시오, 해 줘, 해 줘요'로 높임의 표현을 달리한다. 이는 우리말이 서열을 중시하는 전통적인 유교 문화를 반영하고 있기 때문이다. 언어는 단순한 음성기호 이상의 의미를 지니고 있다. 앞의 예에서 알 수 있듯이 언어에는 그 언어를 사용하는 민족의 문화가 용해되어 있다. 따라서 우리 민족이 한국어라는 구체적인 언어를 사용한다는 것은 단순히 지구상에 있는 여러 언어 가운데 개별 언어 한 가지를 쓴다는 사실만을 의미하지는 않는다. 한국어에는 우리 민족의 문화와 세계 인식이 녹아있기 때문이다. 따라서 우리말에 대한 애정은 우리 문화에 대한 사랑이요, 우리의 정체성을 살릴 수 있는 길일 것이다.

① 언어는 문화를 표현하고 전파전승하는 기능을 한다.
② 문화의 하위 개념인 언어는 문화와 밀접한 관련이 있다.
③ 영어에 비해 우리말은 친족 관계를 나타내는 표현이 다양하다.
④ 우리말에 높임 표현이 발달한 것은 서열을 중시하는 문화가 반영된 것이다.
⑤ 우리말의 문장 표현에서는 상대방에 대한 관심보다는 나의 생각을 우선시한다.

05 다음 글의 내용으로 가장 적절한 것은?

유교 전통에서는 이상적 정치가 군주 개인의 윤리적 실천에 의해 실현된다고 보았을 뿐, 윤리와 구별되는 정치 그 자체의 독자적 영역을 설정하지는 않았다. 달리 말하면 유교 전통에서는 통치자의 윤리만을 문제 삼았을 뿐, 갈등하는 세력들 간의 공존을 위한 정치나 정치 제도에는 관심을 두지 않았다. 유교 전통의 이런 측면은 동아시아에서의 민주주의의 실현 가능성을 제한하였다.

'조화(調和)'를 이상으로 생각하는 유교의 전통 또한 차이와 갈등을 긍정하는 서구의 민주주의 정치 전통과는 거리가 있다. 유교 전통에 따르면, 인간의 행위와 사회 제도는 모두 자연의 운행처럼 조화를 이루어야 한다. 조화를 이루지 못하는 것은 근본적으로 그릇된 것이기 때문에 모든 것은 계절이 자연스럽게 변화하듯 조화를 실현해야 한다. 그러나 서구의 개인주의적 맥락에서 보자면 정치란 서로 다른 개인들 간의 갈등을 조정하는 제도적 장치를 마련하는 과정이었다. 그 결과 서구의 민주주의 사회에서는 다양한 정치적 입장들이 독자적인 형태를 취하면서 경쟁하며 공존할 수 있었다.

물론 유교 전통하에서도 다양한 정치적 입장들이 존재했다고 주장할 수 있다. 군주 절대권이 인정되었다고 해도, 실질적 국가운영을 맡았던 것은 문사(文士) 계층이었고 이들은 다양한 정치적 견해를 군주에게 전달할 수 있었다. 문사 계층은 윤리적 덕목을 군주가 실천하도록 함으로써 갈등 자체가 발생하지 않도록 힘썼다. 또한 이들은 유교 윤리에서 벗어난 군주의 그릇된 행위를 비판하기도 하였다. 그렇다고 하더라도 이들이 서구의 계몽사상가들처럼 기존의 유교적 질서와 다른 정치적 대안을 제시할 수는 없었다. 이들에게 정치는 윤리와 구별되는 독자적 영역으로 인식되지 못하였다.

① 유교 전통에서 사회적 갈등을 원활히 관리하지 못하는 군주는 교체될 수 있었다.
② 유교 전통에서 문사 계층은 기존 유교적 질서와 다른 정치적 대안을 제시하지는 못했다.
③ 조화를 강조하는 유교 전통에서는 서구의 민주주의와 다른 새로운 유형의 민주주의가 등장하였다.
④ 유교 전통에서는 조화의 이상에 따라 군주의 주도로 갈등하는 세력이 공존하는 정치가 유지될 수 있었다.
⑤ 군주의 통치 행위에 대해 다양하게 비판할 수 있었던 유교 전통으로 인해 동아시아에서 민주주의가 발전하였다.

녹차와 홍차는 모두 카멜리아 시넨시스(Camellia Sinensis)라는 식물에서 나오는 찻잎으로 만든다. 공정 과정에 따라 녹차와 홍차로 나뉘며, 재배지 품종에 따라서도 종류가 달라진다. 이처럼 같은 잎에서 만든 차일지라도 녹차와 홍차가 가지고 있는 특성에는 차이가 있다.

녹차와 홍차는 발효 방법에 따라 구분된다. 녹차는 발효 과정을 거치지 않은 것이며, 반쯤 발효시킨 것은 우롱차, 완전히 발효시킨 것은 홍차가 된다. 녹차는 찻잎을 따서 바로 솥에 넣거나 증기로 쪄서 만드는 반면, 홍차는 찻잎을 먼저 햇볕이나 그늘에서 시들게 한 후 천천히 발효시켜 만든다. 녹차가 녹색을 유지하는 반면에 홍차가 붉은색을 띠는 것은 녹차와 달리 높은 발효 과정을 거치기 때문이다.

이러한 녹차와 홍차에는 긴장감을 풀어 주고 마음을 진정시키는 L-테아닌(L-theanine)이라는 아미노산이 들어 있는데, 이는 커피에 들어 있지 않은 성분으로 진정효과와 더불어 가슴 두근거림 등과 같은 카페인(Caffeine) 각성 증상을 완화하는 역할을 한다. 또한 항산화 효과가 강력한 폴리페놀(Polyphenol)이 들어 있어 심장 질환 위험을 줄일 수 있다는 장점도 있다. 한 연구에 따르면, 녹차는 콜레스테롤 수치를 낮춰 심장병과 뇌졸중으로 사망할 위험을 줄이는 것으로 나타났다. 이 연구 결과에 따르면 홍차 역시 하루 두 잔 이상 마실 경우 심장 발작 위험을 44% 정도 낮추는 효과를 보였다.

한편, 홍차와 녹차 모두에 폴리페놀 성분이 들어 있지만 그 종류는 다르다. 녹차는 카테킨(Catechin)이 많이 들어 있는 것으로 유명하지만, 홍차는 발효 과정에서 카테킨의 함량이 어느 정도 감소한다. 이 카테킨에는 EGCG(Epigallo-catechin-3-gallate)가 많이 들어 있어 혈중 콜레스테롤 수치를 낮춰 동맥경화 예방을 돕고, 신진대사의 활성화와 지방 배출에 효과적이다. 홍차의 발효 과정에서 생성된 테아플라빈(Theaflavin) 역시 혈관 기능을 개선하며, 혈당 수치를 감소시키는 것으로 알려져 있다. 연구에 따르면 홍차에 든 테아플라빈 성분이 인슐린과 유사한 작용을 보여 당뇨병을 예방하는 효과를 보이는 것으로 나타났다.

만약 카페인에 민감한 경우라면 홍차보다 녹차를 선택하는 것이 좋다. 카페인의 각성 효과를 완화하는 L-테아닌이 녹차에 더 많기 때문이다. 녹차에도 카페인이 들어 있지만, 커피와 달리 심신의 안정 효과와 스트레스 해소에 도움을 줄 수 있는 것은 이 때문이다. 또한 녹차의 떫은맛을 내는 카테킨 성분은 카페인을 해독하고 흡수량을 억제하기 때문에 실제 카페인의 섭취량보다 흡수되는 양이 적다.

① 대상의 장단점을 분석하고 있다.
② 두 대상을 비교하여 공통점과 차이점을 부각하고 있다.
③ 대상을 하위 항목으로 구분하여 항목별로 설명하고 있다.
④ 연구 결과에 따른 구체적인 수치를 제시하며 내용을 전개하고 있다.
⑤ 대상에 대한 여러 가지 견해를 소개하고 이를 비교·평가하고 있다.

07 다음 글을 읽은 독자의 반응으로 적절하지 않은 것은?

지름 $10\mu m$ 이하인 미세 먼지는 각종 호흡기 질환을 유발할 수 있기 때문에 예방 차원에서 대기 중 미세 먼지의 농도를 알 필요가 있다. 이를 위해 미세 먼지 측정기가 개발되었는데 이 기기들은 대부분 베타선 흡수법을 사용하고 있다. 베타선 흡수법을 이용한 미세 먼지 측정기는 입자의 성분에 상관없이 설정된 시간에 맞추어 미세 먼지의 농도를 자동적으로 측정한다. 이 기기는 크게 분립 장치, 여과지, 베타선 광원 및 감지기, 연산 장치 등으로 구성된다.

미세 먼지의 농도를 측정하기 위해서는 우선 분석에 쓰일 재료인 시료의 채취가 필요하다. 시료인 공기는 흡인 펌프에 의해 시료 흡입부로 들어오는데, 이때 일정한 양의 공기가 일정한 시간 동안 유입되도록 설정된다. 분립 장치는 시료 흡입부를 통해 유입된 공기 속 입자 물질을 내부 노즐을 통해 가속한 후, 충돌판에 충돌시켜 $10\mu m$보다 큰 입자만 포집하고 그보다 작은 것들은 통과할 수 있도록 한다.

결국 지름 $10\mu m$보다 큰 먼지는 충돌판에 그대로 남고, 이보다 크기가 작은 미세 먼지만 아래로 떨어져 여과지에 쌓인다. 여과지는 긴 테이프의 형태로 되어 있으며 일정 시간 미세 먼지를 포집한다. 여과지에 포집된 미세 먼지는 베타선 광원과 베타선 감지기에 의해 그 질량이 측정된 후 자동 이송 구동 장치에 의해 밖으로 배출된다.

방사선인 베타선을 광원으로 사용하는 이유는 베타선이 어떤 물질을 통과할 때 그 물질의 질량이 커질수록 베타선의 세기가 감쇠하는 성질이 있기 때문이다. 또한 종이는 빠르게 투과하나 얇은 금속판이나 플라스틱은 투과할 수 없어 안전성이 뛰어나기 때문이다. 베타선 광원에서 조사(照射)된 베타선은 여과지 위에 포집된 미세 먼지를 통과하여 베타선 감지기에 도달하게 된다. 이때 감지된 베타선의 세기는 미세 먼지가 없는 여과지를 통과한 베타선의 세기보다 작을 수밖에 없다. 왜냐하면 베타선이 여과지 위에 포집된 미세 먼지를 통과할 때 그 일부가 미세 먼지 입자에 의해 흡수되거나 소멸되기 때문이다. 따라서 미세 먼지가 없는 여과지를 통과한 베타선의 세기와 미세 먼지가 있는 여과지를 통과한 베타선의 세기에는 차이가 발생한다.

베타선 감지기는 이 두 가지 베타선의 세기를 데이터 신호로 바꾸어 연산 장치에 보낸다. 연산 장치는 이러한 데이터 신호를 수치로 환산한 후 미세 먼지가 흡수한 베타선의 양을 고려하여 여과지에 포집된 미세 먼지의 질량을 구한다. 이렇게 얻은 미세 먼지의 질량은 유량 측정부를 통해 측정한 시료 포집 시 흡입된 공기량을 감안하여 ppb단위를 갖는 대기 중의 미세 먼지 농도로 나타나게 된다.

① 미세 먼지 측정기에는 베타선 흡수법이 널리 사용되는군.
② 베타선은 플라스틱으로 만들어진 물체를 투과하지 못하겠군.
③ 대기 중 미세 먼지의 농도 측정은 시료의 채취부터 시작하겠군.
④ 베다선 감지기는 베타선 세기를 데이터 신호로 바꾸어 주는 장치겠군.
⑤ 미세 먼지 측정기는 미세 먼지 농도 측정 시 미세 먼지의 성분에 영향을 받는군.

08 다음 글의 주장에 대한 반박으로 가장 적절한 것은?

> 한국 사회의 행복 수준은 단순히 풍요의 역설로 설명할 수 없다. 행복에 대한 심리학적 연구에 따르면 타인과 비교하는 성향이 강한 사람일수록 행복감이 낮아지게 된다. 비교 성향이 강한 사람은 사회적 관계에서 자신보다 우월한 사람들을 준거집단으로 삼아 비교하기 쉽고 이로 인해 상대적 박탈감이 커질 수 있기 때문이다. 한국과 같은 경쟁 사회에서는 진학이나 구직 등에서 과열 경쟁이 벌어지고 등수에 의해 승자와 패자가 구분된다. 이 과정에서 비교 우위를 차지하지 못한 사람들은 좌절을 경험하기 쉬운데, 비교 성향이 강할수록 좌절감은 더 크다. 따라서 한국 사회의 행복감이 낮은 이유는 한국 사람들이 다른 사람들과 비교하는 성향이 매우 높은 데에서 찾을 수 있다.

① 행복감을 높이는 데에는 소득 수준 말고도 다양한 요인이 작용한다.
② 한국보다 소득 수준이 높고 대학 입학을 위한 입시 경쟁이 매우 치열한 나라도 있다.
③ 한국 사회는 인당 소득 수준이 비슷한 다른 나라와 비교했을 때 행복감의 수준이 상당히 낮다.
④ 준거집단을 자기보다 우월한 사람들로 삼지 않는 나라라 하더라도 행복감이 높지 않은 나라가 있다.
⑤ 자신보다 우월한 사람들을 준거집단으로 삼는 경향이 한국보다 강해도 행복감은 더 높은 나라가 있다.

09 다음 글에서 도킨스의 논리에 대한 필자의 문제 제기로 가장 적절한 것은?

> 도킨스는 인간의 모든 행동이 유전자의 자기보존 본능에 따라 일어난다고 주장했다. 사실 도킨스는 플라톤에서부터 쇼펜하우어에 이르기까지 통용되던 철학적 생각을 유전자라는 과학적 발견을 이용하여 반복하고 있을 뿐이다. 이에 따르면 인간 개체는 유전자라는 진정한 주체의 매체에 지나지 않게 된다. 그런데 이 같은 도킨스의 논리에 근거하면 우리 인간은 이제 자신의 몸과 관련된 모든 행동에 대해 면죄부를 받게 된다. 모든 것이 이미 유전자가 가진 이기적 욕망으로부터 나왔다고 볼 수 있기 때문이다. 그래서 도킨스의 생각에는 살아가고 있는 구체적 생명체를 경시하게 되는 논리가 잠재되어 있다.

① 인간은 자신의 행동에 책임을 질 필요가 있는가?
② 고대의 철학은 현대의 과학과 양립할 수 있는가?
③ 생명 경시 풍조의 근원이 되는 사상은 무엇인가?
④ 인간을 포함한 생명체는 진정한 주체가 아니란 말인가?
⑤ 유전자의 자기보존 본능이 초래하게 되는 결과는 무엇인가?

10

탁주는 혼탁한 술이다. 탁주는 알코올 농도가 낮고, 맑지 않아 맛이 텁텁하다. 반면 청주는 탁주에 비해 알코올 농도가 높고 맑은 술이다. 그러나 얼마만큼 맑아야 청주이고 얼마나 흐려야 탁주인가 하는 질문에는 명쾌하게 답을 내리기가 쉽지 않다. 탁주의 정의 자체에 '혼탁'이라는 다소 불분명한 용어가 쓰이기 때문이다. 과학적이라고 볼 수는 없지만, 투명한 병에 술을 담고 그 병 뒤에 작은 물체를 두었을 경우 그 물체가 희미하게 보이거나 아예 보이지 않으면 탁주라고 부른다. 술을 담은 병 뒤에 둔 작은 물체가 희미하게 보일 때 이 술의 탁도는 350ebc* 정도이다. 청주의 탁도는 18ebc 이하이며, 탁주 중에 막걸리는 탁도가 1,500ebc 이상인 술이다.

막걸리를 만들기 위해서는 찹쌀, 보리, 밀가루 등을 시루에 쪄서 만든 지에밥이 필요하다. 적당히 말린 지에밥에 누룩, 효모와 물을 섞어 술독에 넣고 나서 며칠 지나면 막걸리가 만들어진다. 술독에서는 미생물에 의한 당화 과정과 발효 과정이 거의 동시에 일어나며, 이 두 과정을 통해 지에밥의 녹말이 알코올로 바뀌게 된다. 효모가 녹말을 바로 분해하지 못하므로 지에밥에 들어있는 녹말을 엿당이나 포도당으로 분해하는 당화 과정에서는 누룩곰팡이가 중요한 역할을 한다. 누룩곰팡이가 갖고 있는 아밀라아제는 녹말을 잘게 잘라 엿당이나 포도당으로 분해한다. 이 당화 과정에서 만들어진 엿당이나 포도당을 효모가 알코올로 분해하는 과정을 발효 과정이라 한다. 당화 과정과 발효 과정 중에 나오는 에너지로 인하여 열이 발생하게 되며, 이 열로 술독 내부의 온도인 품온(品溫)이 높아진다. 품온은 막걸리의 질과 풍미를 결정하기에 적정 품온이 유지되도록 술독을 관리해야 하는데, 일반적인 적정 품온은 23 ~ 28℃이다.

*ebc : 유럽양조협회에서 정한 탁도의 단위

① 청주와 막걸리의 탁도는 다르지만 알코올 농도는 같다.
② 지에밥의 녹말이 알코올로 변하면서 발생하는 열이 품온을 높인다.
③ 누룩곰팡이가 지닌 아밀라아제는 엿당이나 포도당을 알코올로 분해한다.
④ 술독에 넣는 효모의 양을 조절하면 청주와 막걸리를 구분하여 만들 수 있다.
⑤ 막걸리를 만들 때 술독 안의 당화 과정은 발효 과정이 완료된 이후에 시작된다.

11

채종하여 파종할 때까지 종자를 보관하는 것을 '종자의 저장'이라고 하는데, 채종하여 1년 이내 저장하는 것을 단기저장, 2~5년은 중기저장, 그 이상은 장기저장이라 한다.

종자의 함수율(Moisture Content)은 종자의 수명을 결정하는 가장 중요한 인자이다. 함수율은 아래와 같이 백분율로 표시한다.

$$[함수율(\%)] = \frac{(원종자 \ 무게) - (건조 \ 종자 \ 무게)}{(원종자 \ 무게)} \times 100$$

일반적으로 종자저장에 가장 적합한 함수율은 5~10%이다. 다만 참나무류 등과 같이 수분이 많은 종자들은 함수율을 약 30% 이상으로 유지시켜 주어야 한다. 또한 유전자 보존을 위해서는 보통 장기저장을 하는데, 이에 가장 적합한 함수율은 4~6%이다. 일반적으로 온도와 수분은 종자의 저장기간과 역의 상관관계를 갖는다. 종자는 저장 용이성에 따라 '보통저장성' 종자와 '난저장성' 종자로 구분한다. 보통저장성 종자는 종자 수분 5~10%, 온도 0℃ 부근에서 비교적 장기간 보관이 가능한데, 전나무류, 자작나무류, 벚나무류, 소나무류 등 온대 지역의 수종 대부분이 이에 속한다. 하지만 대사작용이 활발하여 산소가 많이 필요한 난저장성 종자는 0℃ 혹은 약간 더 낮은 온도에서 저장하여야 건조되는 것을 방지할 수 있다. 이에 속하는 수종은 참나무류, 칠엽수류 등의 몇몇 온대수종과 모든 열대수종이다.

한편 종자의 저장 방법에는 '건조저장법'과 '보습저장법'이 있다. 건조저장법은 '상온저장법'과 '저온저장법'으로 구분한다. 상온저장법은 일정한 용기 안에 종자를 넣어 창고 또는 실내에서 보관하는 방법으로, 보통 가을부터 이듬해 봄까지 저장하며 1년 이상 보관 시에는 건조제를 용기에 넣어 보관한다. 반면에 저온저장법의 경우, 보통저장성 종자는 함수율이 5~10% 정도 되도록 건조하여 주변에서 수분을 흡수할 수 없도록 밀봉 용기에 저장하여야 한다. 난저장성 종자는 −3℃ 이하에 저장해서는 안 된다.

보습저장법은 '노천매장법', '보호저장법', '냉습적법' 등이 있다. 노천매장법은 양지바르고 배수가 잘되는 곳에 50~100cm 깊이의 구덩이를 파고 종자를 넣은 뒤 땅 표면은 흙을 덮어 겨울 동안 눈이나 빗물이 그대로 스며들 수 있도록 하는 방식이다. 보호저장법은 건사저장법이라고도 하는데 참나무류, 칠엽수류 등 수분이 많은 종자가 부패되지 않도록 저장하는 방법이다. 냉습적법은 용기 안에 보습제인 이끼, 모래와 종자를 섞어서 넣고 3~5℃의 냉장고에 저장하는 방법이다.

① 참나무 종자저장에 적합한 함수율은 5~10%이다.

② 저온저장법으로 저장할 때 −3℃ 이하로 보관하는 것이 좋다.

③ 일부 난저장성 종자는 보호저장법으로 저장하는 것이 적절하다.

④ 일반적으로 종자보관장소의 온도를 높이면 종자의 저장기간이 길어진다.

⑤ 일반적으로 유전자 보존을 위해서는 종자를 함수율 5% 정도로 2~5년 저장한다.

12 다음 글을 읽고 추론할 수 있는 내용으로 적절하지 않은 것은?

현재 다양한 종류의 라이프로그가 있으며, 개인의 생활방식 변화와 새로운 기술의 출현에 따라 새로운 종류의 라이프로그가 계속 생겨나고 있다. 기본적인 라이프로그에는 사진, 비디오, 문서, 이메일, 일정 등이 있으며, 대화나 모임의 내용, 컴퓨터 사용 내역 등을 기록한 라이프로그도 있다. 또한 센서 기술의 발달로 다양한 센서에서 측정한 값이나 건강상태의 기록 같은 라이프로그도 생겨나고 있다. 개인 정보기기와 저장 기술이 발전하면서 개인 콘텐츠를 손쉽게 생성할 수 있게 되었고, 유비쿼터스 컴퓨팅 기술의 발달로 지속적인 라이프로그 생성이 가능해졌다. 이러한 라이프로그는 효과적인 관리를 통해 개인의 생산성 향상, 소셜 릴레이션십 강화, 문화 수준의 증진, 삶의 질 향상, 개인화된 비즈니스 창출 등 다양한 효과를 기대할 수 있다. 이렇게 라이프로그 관리의 중요성에 대한 인식이 확산되면서 라이프로그를 효과적으로 관리하기 위한 라이프로그 관리 시스템들이 제안되었다.

기존 라이프로그 관리 시스템들은 기반 데이터 모델에 따라 크게 세 가지 부류로 나눌 수 있다. 먼저, 관계 데이터 모델 기반 라이프로그 관리 시스템은 라이프로그를 관계 데이터 모델로 모델링하고, 라이프로그에 관한 질의를 SQL*로 변환해 처리한다. 이러한 시스템은 질의 처리 성능이 뛰어난 반면 라이프로그 간 복잡한 관계에 기반한 관계 질의 처리를 제대로 지원하지 못한다. 반면, 온톨로지 기반 라이프로그 관리 시스템은 라이프로그를 자유로운 구조를 가지는 그래프로 모델링함으로써 복잡한 관계 질의를 가능하게 한다. 하지만, 이러한 시스템은 질의 작성이 어렵고 질의 처리 성능이 떨어진다. 마지막으로 구글 데스크톱이나 SIS와 같이 PC에 있는 모든 파일의 메타 데이터와 콘텐츠에 대해 텍스트 인덱스를 생성하고, 이를 기반으로 키워드 질의를 지원하는 파일 기반 라이프로그 관리 시스템도 존재한다. 이러한 시스템들은 라이프로그에 대한 키워드 검색만을 지원할 뿐 관계 질의를 지원하지 못한다.

개별 라이프로그들이 관리되는 상황에서 사람들이 더욱 관심을 가지게 되는 것은 여행, 결혼식, 돌잔치 등 기억에 남는 사건들일 것이다. 라이프로그 관리 시스템은 사용자의 이러한 요구사항을 충족시키기 위해 개별 라이프로그 관리에서 한발 더 나아가 라이프로그 그룹인 라이프 이벤트를 생성 · 편집 · 검색 · 플레이 · 공유할 수 있는 기능을 제공해야 한다. 기존 라이프로그 관리 시스템들은 라이프로그 그룹을 생성하고 브라우징하기 위한 간단한 기능만을 제공할 뿐, 총체적인 라이프 이벤트 관리와 관계 데이터 모델 기반의 라이프로그 관리 시스템과 그 응용 기능을 제공하지 못하고 있다. 사용자 질의에 대해 풍부한 결과를 제공하기 위해서는 수집된 라이프로그에 충분한 정보가 태깅(Tagging)되어 있어야 한다. 또한 라이프로그에 태깅된 정보가 잘못되었을 경우 이를 수정할 수도 있어야 한다. 그러나 기존 라이프로그 관리 시스템에서는 라이프로그에 추가 정보를 간단히 태깅하는 기능만을 제공할 뿐, 기존 태그 정보를 수정하는 방법을 제공하고 있지 않거나 편리한 태깅 인터페이스를 제공하지 못하고 있다.

*SQL(Structured Query Language, 구조화 질의어) : 관계형 데이터베이스 관리 시스템에서 자료의 검색과 관리, 데이터베이스 스키마 생성과 수정, 데이터베이스 객체 접근 조정 관리를 위해 고안된 컴퓨터 언어

① 라이프로그는 헬스케어 분야에서 활용될 수 있다.
② 라이프로그 간의 관계에 대한 관리가 중요해질 것이다.
③ 많은 사람들이 라이프로그 관리의 중요성을 인식하고 있다.
④ 기존 라이프로그 관리 시스템은 태깅된 정보 수정에 한계가 있다.
⑤ 기존의 라이프로그 관리 시스템은 라이프로그 그룹 생성 기능을 갖추지 못했다.

※ 다음 글의 빈칸에 들어갈 내용으로 가장 적절한 것을 고르시오. [13~15]

13

어떻게 그 공이 세 가지가 있다고 말하는가, 그 하나는 직통(直通)이요 다른 하나는 합통(合通)이요 또 다른 하나는 추통(推通)이다. 직통(直通)이라는 것은 많은 여러 물건을 일일이 취하되 순수하고 섞이지 않는 것이다. 합통(合通)이라는 것은 두 물건을 화합하여 아울러서 거두되 그렇고 그렇지 않은 것을 분별한다. 추통(推通)이라는 것은 이 물건으로써 전 물건에 합하고 또 다른 물건에 유추하는 것이다. 직통(直通)은 모두 참되고 오류가 없으니 하나의 사물이 스스로 하나의 사물이 되기 때문이다. 합통(合通)과 추통(推通)은 참도 있고 오류도 있으니 이것으로써 저것에 합하고, 맞는 것도 있고 맞지 않은 것도 있다. _____ 더욱 많으면 맞지 않은 경우가 있기 때문이다.

– 최한기, 『기학』

① 무릇 추통은 다만 사람은 가능하지만 금수는 추통을 하지 못하니
② 무릇 추통은 다만 사람만이 가능하고 유추하는 데는 위험이 더욱 적으니
③ 이것으로써 저것에 합하는 것은 맞지 않는 것보다 맞는 것이 더욱 많으니
④ 이것으로써 저것에 합하고 또 다른 것을 유추하는 데는 위험이 더욱 많으니
⑤ 이것으로 저것에 합하는 것은 참이고, 이것으로 저것을 분별하는 것은 거짓이니

14

과거 민화를 그린 사람들은 정식으로 화업을 전문으로 하는 사람이 아니었다. 대부분 타고난 그림 재주를 밑천으로 그림을 그려 가게에 팔거나 필요로 하는 사람에게 그려주고 그 대가로 생계를 유지한 사람들이었던 것이다. 그들은 민중의 수요를 충족시키기 위해 정형화된 내용과 상투적 양식의 그림을 반복적으로 그렸다. 민화는 당초부터 세련된 예술미 창조를 목표로 하는 그림이 아니었다. 단지 이 세상을 살아가는 데 필요한 진경(珍景)의 염원과 장식 욕구를 충족할 수만 있으면 그것으로 족한 그림이었던 것이다. 그래서 표현 기법이 비록 유치하고, 상투적이라 해도 화가나 감상자(수요자) 모두에게 큰 문제가 되지 않았던 것이다. _____ 다시 말해 민화는 필력보다 소재와 그것에 담긴 뜻이 더 중요한 그림이었던 것이다. 문인 사대부들이 독점 향유해 온 소재까지도 서민들은 자기식으로 해석, 번안하고 그 속에 현실적 욕망을 담아 생활 속에 향유했다. 민화에 담은 주된 내용은 세상에 태어나 죽을 때까지 많은 자손을 거느리고 부귀를 누리면서 편히 오래 사는 것이었다.

① '어떤 기법을 쓰느냐.'에 따라 민화는 색채가 화려하거나 단조로울 수 있다.
② '어떤 기법을 쓰느냐.'보다 '무엇을 어떤 생각으로 그리느냐.'를 중시하는 것이 민화였다.
③ '어떤 기법을 쓰느냐.'보다 '감상자가 작품에 만족을 하는지.'를 중시하는 것이 민화였다.
④ '어떤 기법을 쓰느냐.'에 따라 세련된 그림이 나올 수도 있고, 투박한 그림이 나올 수 있다.
⑤ '어떤 기법을 쓰느냐.'와 '무엇을 어떤 생각으로 그리느냐.'를 모두 중시하는 것이 민화였다.

15

조선 왕조에서 최고의 지위를 갖고 있던 왕들의 모습은 현재의 거울처럼 더욱더 생생하게 다가오고 있다. 조선 왕들에 대한 관심은 서적이나 영화, 드라마 등을 통해서도 상당히 표출되었지만, 영화나 드라마보다 더 극적인 상황 전개가 이루어진 정치 현실과 맞물리면서 조선시대 왕의 리더십에 대해서는 더욱 통찰력 있는 분석이 요구되고 있다.

조선 왕조는 500년 이상 장수한 왕조였고, 27명의 왕이 재위하였다. 각기 다른 개성을 가진 왕들은 체제의 정비가 요구되던 시기를 살기도 했고, 강력한 개혁이 요구되던 시기를 살기도 했다. 태종이나 세조처럼 자신의 집권 정당성을 위해서 강력한 왕권을 확립해야 했던 왕, 세종이나 성종처럼 체제와 문물의 정비에 총력을 쏟았던 왕이 있었고, 광해군이나 선조처럼 개혁이 시대적 요구가 되던 시대를 살아간 왕도 있었다. 선조와 같이 전란을 겪고 수습해야 했던 왕, 인조처럼 적장에게 항복할 수밖에 없었던 왕, 원인은 달랐지만 부왕의 복수와 명예 회복을 위해 살아간 효종과 정조도 있었다. 시대의 요구가 달랐고 각기 다른 배경 속에서 즉위한 조선의 왕이었지만, 이들은 모두 성리학 이념으로 무장한 신하들과 학자, 왕의 통치력을 믿고 따르는 백성들과 함께 국가를 합리적으로 이끌어갈 임무를 부여받았다. 왕들은 때로는 과감한 개혁 정책을 선보였고, 때로는 왕권에 맞서는 신권에 대응하기도 했으며 조정자의 역할도 하였다. 모두들 백성을 위한 정책을 추진한다고 했지만 대동법과 균역법처럼 시대의 요청에 부응하는 것들도 있었던 반면, 무리한 토목 공사나 천도처럼 실패한 정책들도 있었다. 체제의 안정, 변화와 개혁의 중심에도 왕의 리더십이 있었고, 왕의 리더십은 국가의 성패를 가늠하는 주요한 기준이었기에 왕으로 산다는 것은 그렇게 쉬운 일이 아니었다. 역사는 현재를 비추는 거울이라고 한다. 왕조 시대가 끝나고 국민이 주인이 되는 민주사회가 도래했다고는 하지만, 적절한 정책의 추진, 여론의 존중, 도덕과 청렴성, 소통과 포용의 리더십, 언론의 존중 등 전통 사회의 왕들에게 요구되었던 덕목들은 오늘날 여전히 유효하다. _____

① 왕을 견제하는 세력을 두어 왕권과 신권의 적절한 조화가 중요하다.

② 조선의 왕들은 자신의 정치 역량을 최대한 발휘하는 위치에 서 있었다.

③ 조선의 왕은 고대나 고려의 왕들에 비해 절대적인 권력을 누리지는 못하였다.

④ 조선의 왕이 보인 리더십을 본받아 현재의 리더가 갖추어야 할 덕목들을 생각해보아야 한다.

⑤ 조선 왕조는 국제 전쟁이나 왕위 계승 등 역사적 전개 과정에서 크고 작은 변화를 경험했다.

16

(가) 근대에 접어들어 모든 사물이 생명력을 갖지 않는 일종의 기계라는 견해가 강조되면서, 아리스토텔레스의 목적론은 비과학적이라는 이유로 많은 비판에 직면한다.

(나) 대표적인 근대 사상가인 갈릴레이는 목적론적 설명이 과학적 설명으로 사용될 수 없다고 주장했고, 베이컨은 목적에 대한 탐구가 과학에 무익하다고 평가했으며, 스피노자는 목적론이 자연에 대한 이해를 왜곡한다고 비판했다.

(다) 일부 현대 학자들은 근대 사상가들이 당시 과학에 기초한 기계론적 모형이 더 설득력을 갖는다는 일종의 교조적 믿음에 의존했을 뿐, 아리스토텔레스의 목적론을 거부할 충분한 근거를 제시하지 못했다고 비판한다.

(라) 이들의 비판은 목적론이 인간 이외의 자연물도 이성을 갖는 것으로 의인화한다는 것이다. 그러나 이런 비판과는 달리 아리스토텔레스는 자연물을 생물과 무생물로, 생물을 식물·동물·인간으로 나누고, 인간만이 이성을 지닌다고 생각했다.

① (가) – (나) – (라) – (다)
② (가) – (다) – (나) – (라)
③ (가) – (라) – (나) – (다)
④ (나) – (다) – (라) – (가)
⑤ (나) – (라) – (다) – (가)

17

(가) 하지만 막상 앱을 개발하려 할 때 부딪히는 여러 난관이 있다. 여행지나 주차장에 한 정보를 모으는 것도 문제이고, 정보를 지속적으로 갱신하는 것도 문제이다. 이런 문제 때문에 결국 아이디어를 포기하는 경우가 많다.

(나) 그러나 이제는 아이디어를 포기하지 않아도 된다. 바로 공공 데이터가 있기 때문이다. 공공 데이터는 공공 기관에서 생성, 취득하여 관리하고 있는 정보 중 전자적 방식으로 처리되어 누구나 이용할 수 있도록 국민들에게 제공된 것을 말한다.

(다) 현재 정부에서는 공공 데이터 포털 사이트를 개설하여 국민들이 쉽게 이용할 수 있도록 하고 있다. 공공 데이터 포털 사이트에서는 800여 개 공공 기관에서 생성한 15,000여 건의 공공 데이터를 제공하고 있으며, 제공하는 공공 데이터의 양을 꾸준히 늘리고 있다.

(라) 앱을 개발하려는 사람들은 아이디어가 넘친다. 사람들이 여행 준비를 위해 많은 시간을 허비하는 것을 보면 한 번에 여행 코스를 짜 주는 앱을 만들어 보고 싶어 하고, 도심에 주차장을 못 찾아 헤매는 사람들을 보면 주차장을 쉽게 찾아 주는 앱을 만들어 보고 싶어 한다.

① (다) – (가) – (나) – (라)
② (다) – (나) – (가) – (라)
③ (다) – (라) – (나) – (가)
④ (라) – (가) – (나) – (다)
⑤ (라) – (나) – (다) – (가)

18 다음 제시된 글을 읽고 이어질 문단을 논리적 순서대로 바르게 나열한 것은?

아놀드 토인비는 『역사의 연구』를 펴내며 역사 연구의 기본단위를 국가가 아닌 문명으로 설정했다. 예를 들어 그는 영국이 대륙과 떨어져 있을지라도 유럽의 다른 나라들과 서로 영향을 미치며 발전해 왔으므로, 영국의 역사는 그 자체만으로는 제대로 이해할 수 없고 서유럽 문명이라는 틀 안에서 바라보아야 한다고 하였다. 그는 문명 중심의 역사를 이해하기 위한 몇 가지 가설들을 세웠다. 그리고 방대한 사료를 바탕으로 그 가설들을 검증하여 문명의 발생과 성장 그리고 쇠퇴 요인들을 규명하려 하였다.

(가) 여기서 중요한 것은 그 환경이 역경이라는 점이다. 인간의 창의적 행동은 역경을 당해 이를 이겨내려는 분투 과정에서 발생하기 때문이다.

(나) 토인비가 세운 가설들의 중심축은 '도전과 응전' 및 '창조적 소수와 대중의 모방' 개념이다. 그에 의하면 환경의 도전에 대해 성공적으로 응전하는 인간 집단이 문명을 발생시키고 성장시킨다.

(다) 즉, 도전의 강도가 지나치게 크면 응전이 성공적일 수 없게 되며, 반대로 너무 작을 경우에는 전혀 반응이 나타나지 않고, 최적의 도전에서만 성공적인 응전이 나타난다는 것이다.

(라) 토인비는 이 가설이 단순하게 도전이 강력할수록 그 도전이 주는 자극의 강도가 커지고 응전의 효력도 이에 비례한다는 식으로 해석되는 것을 막기 위해, 소위 '세 가지 상호 관계의 비교'를 제시하여 이 가설을 보완하고 있다.

이렇게 성공적인 응전을 통해 나타난 문명이 성장하기 위해서는 그 후에도 지속적으로 나타나는 문제, 즉 새로운 도전들을 해결해야만 한다. 토인비에 따르면 이를 해결하기 위해서는 그 사회의 창조적 인문들이 역량을 발휘해야 한다. 그러나 이들은 소수이기 때문에 응전을 성공적으로 이끌기 위해서는 다수의 대중까지 힘을 결집해야 한다. 이때 대중은 일종의 사회적 훈련인 '모방'을 통해 그들의 역할을 수행한다. 물론 모방은 모든 사회의 일반적인 특징으로서 문명을 발생시키지 못한 원시 사회에서도 찾아볼 수 있다. 여기에 대해 토인비는 모방의 유무가 중요한 것이 아니라 모방의 작용 방향이 중요하다고 설명한다.

① (가) – (나) – (라) – (다)
② (나) – (가) – (라) – (다)
③ (나) – (라) – (다) – (가)
④ (라) – (나) – (다) – (가)
⑤ (라) – (다) – (나) – (가)

19

밥상에 오르는 곡물이나 채소가 국내산이라고 하면 보통 그 종자도 우리나라의 것으로 생각하기 쉽다. (가) 하지만 실상은 벼, 보리, 배추 등을 제외한 많은 작물의 종자를 수입하고 있어 그 자급률이 매우 낮다고 한다. (나) 또한 청양고추 종자는 우리나라에서 개발했음에도 현재는 외국 기업이 그 소유권을 가지고 있다. (다) 국내 채소 종자 시장의 경우 종자 매출액의 50%가량을 외국 기업이 차지하고 있다는 조사 결과도 있다. (라) 이런 상황이 지속될 경우, 우리 종자를 심고 키우기 어려워질 것이고 종자를 수입하거나 로열티를 지급하는 데 지금보다 훨씬 많은 비용이 들어가는 상황도 발생할 수 있다. (마) 또한 전문가들은 세계 인구의 지속적인 증가와 기상 이변 등으로 곡물 수급이 불안정하고 국제 곡물 가격이 상승하는 상황을 고려할 때, 결국에는 종자 문제가 식량 안보에 위협 요인으로 작용할 수 있다고 지적한다.

──────〈보기〉──────

양파, 토마토, 배 등의 종자 자급률은 약 16%, 포도는 약 1%에 불과하다.

① (가)   ② (나)
③ (다)   ④ (라)
⑤ (마)

20

스마트시티란 ICT를 기반으로 주거·교통·편의 인프라를 완벽히 갖추고, 그 안에 사는 모두가 편리하고 쾌적한 삶을 누릴 수 있는 똑똑한 도시를 말한다. (가) 최근 세계 각국에서는 각종 도시 문제를 해결하고 삶의 질을 개선할 수 있는 지속가능한 도시발전 모델로 스마트시티를 주목하고 있다. (나) 특히 IoT, 클라우드, 빅데이터, AI 등 4차 산업혁명 기술을 활용한 스마트시티 추진에 전방위적인 노력을 기울이고 있다. (다) A사는 행정중심복합도시 전체를 스마트시티로 조성하고자 다양한 시민 체감형 서비스를 도입하고 있으며, 특히 세종 합강리 일원 2.7km² 면적을 스마트시티 국가 시범도시로 조성하고 있다. (라) 각종 첨단 기술을 집약한 미래형 스마트시티 선도 모델인 세종 국가 시범도시는 스마트 모빌리티 등 7대 혁신 요소를 도입하여 도시 공간을 조성하고 혁신적인 스마트인프라 및 서비스를 제공할 계획이다. (마)

──────〈보기〉──────

이에 발맞춰 A사 역시 해외사업 지속 확대, 남북협력사업 수행 등과 함께 스마트시티를 주요 미래사업 분야로 정했다.

① (가)   ② (나)
③ (다)   ④ (라)
⑤ (마)

01 다음은 주요 대상국별 김치 수출액에 대한 자료이다. 기타를 제외하고 2023년 수출액이 세 번째로 많은 국가의 2022년 대비 2023년 김치 수출액의 증감률은?(단, 소수점 셋째 자리에서 반올림한다)

〈주요 대상국별 김치 수출액〉

(단위 : 천 달러, %)

구분	2022년		2023년	
	수출액	점유율	수출액	점유율
일본	44,548	60.6	47,076	59.7
미국	5,340	7.3	6,248	7.9
호주	2,273	3.1	2,059	2.6
대만	3,540	4.8	3,832	4.9
캐나다	1,346	1.8	1,152	1.5
영국	1,919	2.6	2,117	2.7
뉴질랜드	773	1.0	1,208	1.5
싱가포르	1,371	1.9	1,510	1.9
네덜란드	1,801	2.4	2,173	2.7
홍콩	4,543	6.2	4,285	5.4
기타	6,093	8.3	7,240	9.2
합계	73,547	100	78,900	100

① -5.06%

② -5.68%

③ -6.24%

④ -6.82%

④ -7.02%

02 다음은 5개 회사에서 판매 중인 사이다 용량 및 가격에 대한 자료이다. 1mL당 가격이 가장 저렴한 사이다를 판매하는 회사는?(단, 소수점 셋째 자리에서 반올림한다)

〈회사별 사이다 용량 및 가격〉

구분	A사	B사	C사	D사	E사
한 묶음 가격(원)	25,000	25,200	25,400	25,600	25,800
한 개당 용량(mL)	340	345	350	355	360
한 묶음 당 개수(개)	25	24	25	24	24

※ 사이다는 한 묶음으로만 판매함

① A사   ② B사
③ C사   ④ D사
⑤ E사

03 증권회사에 근무 중인 귀하는 자사의 HTS 및 MTS 프로그램 인지도를 파악하기 위하여 설문조사 계획을 수립하려고 한다. 설문조사는 퇴근시간대인 16:00 ~ 20:00에 30 ~ 40대 직장인을 대상으로 유동인구가 100,000명인 명동에서 실시할 예정이다. 설문조사를 원활하게 진행하기 위해서 사전에 설문지를 준비할 계획인데, 유동인구 관련 자료를 찾아본 결과 일부 정보가 누락된 유동인구 현황을 확인할 수 있었다. 귀하는 30 ~ 40대 직장인에게 배포하기 위하여 최소 몇 장의 설문지를 준비하여야 하는가?

〈유동인구 현황〉

(단위 : %)

구분	10대	20대	30대	40대	50대	60대	70대	합계
08:00 ~ 12:00	1	1	3	4	1	0	1	11
12:00 ~ 16:00	0	2	3		3	1	0	13
16:00 ~ 20:00		3			2	1	1	32
20:00 ~ 24:00	5	6		13		2	0	44
합계	10	12	30		10		2	100

① 4,000장   ② 11,000장
③ 13,000장   ④ 21,000장
⑤ 32,000장

04 다음은 S국 6개 수종의 기건비중 및 강도에 대한 자료이다. 〈조건〉에 따라 A와 C에 해당하는 수종을 바르게 짝지은 것은?

〈6개 수종의 기건비중 및 강도〉

수종	기건비중 (ton/m³)	강도(N/mm²)			
		압축강도	인장강도	휨강도	전단강도
A	0.53	48	52	88	10
B	0.89	64	125	118	12
C	0.61	63	69	82	9
삼나무	0.37	41	45	72	7
D	0.31	24	21	39	6
E	0.43	51	59	80	7

〈조건〉

- 전단강도 대비 압축강도 비가 큰 상위 2개 수종은 낙엽송과 전나무이다.
- 휨강도와 압축강도 차가 큰 상위 2개 수종은 소나무와 참나무이다.
- 참나무의 기건비중은 오동나무 기건비중의 2.5배 이상이다.
- 인장강도와 압축강도의 차가 두 번째로 큰 수종은 전나무이다.

	A	C
①	소나무	낙엽송
②	소나무	전나무
③	오동나무	낙엽송
④	참나무	소나무
⑤	참나무	전나무

05 다음은 세계 음악시장의 규모에 대한 자료이다. 〈조건〉에 근거하여 2024년의 음악시장 규모를 구하면? (단, 소수점 둘째 자리에서 반올림한다)

〈세계 음악시장 규모〉

(단위 : 백만 달러)

구분		2019년	2020년	2021년	2022년	2023년
공연음악	후원	5,930	6,008	6,097	6,197	6,305
	티켓 판매	20,240	20,688	21,165	21,703	22,324
	소계	26,170	26,696	27,262	27,900	28,629
음반	디지털	8,719	9,432	10,180	10,905	11,544
	다운로드	5,743	5,986	6,258	6,520	6,755
	스트리밍	1,530	2,148	2,692	3,174	3,557
	모바일	1,447	1,298	1,230	1,212	1,233
	오프라인 음반	12,716	11,287	10,171	9,270	8,551
	소계	30,155	30,151	30,531	31,081	31,640
합계		56,325	56,847	57,793	58,981	60,269

─〈조건〉─

• 2024년 후원금은 2023년보다 1억 1천 8백만 달러, 티켓 판매는 2023년보다 7억 4천만 달러가 증가할 것으로 예상된다.
• 스트리밍 시장의 경우 빠르게 성장하는 추세로 2024년 스트리밍 시장 규모는 2019년 스트리밍 시장 규모의 2.5배가 될 것으로 예상된다.
• 오프라인 음반 시장은 점점 감소하는 추세로 2024년 오프라인 음반 시장의 규모는 2023년 대비 6%의 감소율을 보일 것으로 예상된다.

	공연음악	스트리밍	오프라인 음반
①	29,487백만 달러	3,711백만 달러	8,037.9백만 달러
②	29,487백만 달러	3,825백만 달러	8,037.9백만 달러
③	29,685백만 달러	3,825백만 달러	7,998.4백만 달러
④	29,685백만 달러	3,825백만 달러	8,037.9백만 달러
⑤	29,685백만 달러	4,371백만 달러	7,998.4백만 달러

06 화물 출발지와 도착지 간 거리가 A기업은 100km, B기업은 200km이며, 운송량은 A기업은 5톤, B기업은 1톤이다. 국내 운송 시 수단별 요금체계가 다음과 같을 때, 최소 운송비용 측면에서 A기업과 B기업에 유리한 운송수단에 대한 내용으로 옳은 것은?(단, 다른 조건은 동일하다)

〈수단별 국내 운송비용〉

(단위 : 원)

구분		화물자동차	철도	연안해송
운임	기본운임	200,000	150,000	100,000
	km·톤당 추가운임	1,000	900	800
km·톤당 부대비용		100	300	500

① A, B기업 모두 화물자동차 운송이 가장 저렴하다.
② A, B기업 모두 철도운송이 가장 저렴하다.
③ A기업은 모든 수단이 동일하고, B기업은 연안해송이 가장 저렴하다.
④ A기업은 화물자동차가 가장 저렴하고, B기업은 모든 수단이 동일하다.
⑤ A기업은 연안해송, B기업은 철도운송이 가장 저렴하다.

07 다음은 한국과 OECD 평균 기대여명 변화에 대한 자료이다. 이에 대한 설명으로 옳지 않은 것은?

〈65세, 80세의 한국 및 OECD 평균 기대여명 변화 추이〉

(단위 : 년)

구분		남성				여성			
		1974년	2003년	2013년	2023년	1974년	2003년	2013년	2023년
65세	한국	10.2	13.4	15.5	18.2	14.9	17.5	19.6	22.4
	OECD 평균	12.7	14.7	16.3	17.9	15.6	18.4	19.8	21.3
80세	한국	4.7	6.1	6.9	8.0	6.4	7.9	8.5	10.1
	OECD 평균	5.7	6.6	7.3	8.3	6.6	8.2	8.9	10.0

① 남성의 기대여명보다 여성의 기대여명이 더 높다.
② 65세, 80세 한국 여성의 기대여명은 2023년에 OECD 평균보다 모두 높아졌다.
③ 2023년 80세 여성 기대여명의 1974년 대비 증가율은 OECD 평균보다 한국이 더 크다.
④ 80세 한국 남성의 기대여명은 1974 ~ 2023년 동안 OECD 평균 기대여명과의 격차가 꾸준히 줄어들었다.
⑤ 1974 ~ 2013년 동안 65세 연령의 성별 기대여명과 OECD 평균 기대여명과의 격차는 남성보다 여성이 더 크다.

08 다음은 어느 도서관의 일정 기간 도서 대여 횟수에 대한 자료이다. 이에 대한 설명으로 옳지 않은 것은?(단, 비율은 소수점 둘째 자리에서 반올림한다)

〈도서 대여 횟수〉

(단위 : 회)

구분	비소설		소설	
	남자	여자	남자	여자
40세 미만	520	380	450	600
40세 이상	320	400	240	460

① 40세 미만보다 40세 이상의 대여 횟수가 더 적다.
② 소설을 대여한 횟수가 비소설을 대여한 횟수보다 많다.
③ 남자가 소설을 대여한 횟수가 여자가 소설을 대여한 횟수의 70% 이상이다.
④ 40세 이상 전체 대여 횟수에서 소설 대여 횟수가 차지하는 비율은 50% 미만이다.
⑤ 40세 미만 전체 대여 횟수에서 비소설 대여 횟수가 차지하는 비율은 40% 이상이다.

09 다음은 A ～ E국 5개국의 경제 및 사회 지표에 대한 자료이다. 이에 대한 설명으로 옳지 않은 것은?

〈주요 5개국의 경제 및 사회 지표〉

구분	1인당 GDP(달러)	경제성장률(%)	수출(백만 달러)	수입(백만 달러)	총인구(백만 명)
A국	27,214	2.6	526,757	436,499	50.6
B국	32,477	0.5	624,787	648,315	126.6
C국	55,837	2.4	1,504,580	2,315,300	321.8
D국	25,832	3.2	277,423	304,315	46.1
E국	56,328	2.3	188,445	208,414	24.0

※ (총 GDP)=(1인당 GDP)×(총인구)

① A국이 E국보다 총 GDP가 더 크다.
② 경제성장률이 가장 큰 나라가 총 GDP는 가장 작다.
③ 1인당 GDP에 따른 순위와 총 GDP에 따른 순위는 서로 일치한다.
④ 5개국 중 수출과 수입에 있어서 규모에 따라 나열한 순위는 서로 일치한다.
⑤ 총 GDP가 가장 큰 나라의 GDP는 가장 작은 나라의 GDP보다 10배 이상 더 크다.

10 다음은 S연구소에서 아들, 딸 두 자녀가 있는 부모를 대상으로 조사한 본인과 자녀의 범죄 피해 두려움에 대한 자료이다. 이에 대한 설명으로 옳지 않은 것은?

〈본인과 자녀의 범죄 피해에 대한 두려움〉

(단위 : %)

응답내용 / 응답자	피해대상	본인	아들	딸
걱정하지 않는다.	아버지	41.2	9.7	5.7
	어머니	16.3	8.0	5.1
그저 그렇다.	아버지	31.7	13.2	4.7
	어머니	25.3	8.6	3.8
걱정한다.	아버지	27.1	77.1	89.6
	어머니	58.4	83.4	91.1

① 본인에 대해 아버지가 걱정하는 비율은 50% 이상이다.
② 아버지와 어머니 모두 아들보다 딸을 걱정하는 비율이 더 높다.
③ 아버지에 비해 어머니가 본인, 아들, 딸에 대해 걱정하는 비율이 더 높다.
④ 본인의 범죄 피해에 대해 걱정하는 어머니보다 걱정하지 않는 어머니의 비율이 더 낮다.
⑤ 어머니가 아들과 딸에 대해 걱정하지 않는 비율의 차이는 아버지가 아들과 딸에 대해 걱정하지 않는 비율의 차이보다 작다.

11 다음은 전자인증서 인증수단별 선호도에 대한 자료이다. 이에 대한 설명으로 옳지 않은 것은?

〈전자인증서 인증수단별 선호도 현황〉

(단위 : 점)

구분	실용성	보안성	간편성	유효기간
공동인증서 방식	16	( )	14	1년
ID/PW 방식	21	10	16	없음
OTP 방식	15	18	14	1년 6개월
이메일 및 SNS 방식	20	8	11	없음
생체인증 방식	20	19	18	없음
I-pin 방식	16	17	15	2년

※ 선호도는 실용성, 보안성, 간편성 점수를 합한 값임
※ 유효기간이 6개월 이상 1년 이하인 방식은 보안성 점수에 3점을 가산함

① 공동인증서 방식의 선호도가 51점일 때, 보안성 점수는 21점이다.
② 유효기간이 '없음'인 인증수단 방식의 간편성 평균점수는 15점이다.
③ 유효기간이 '없음'인 인증수단 방식의 실용성 점수는 모두 20점 이상이다.
④ 생체인증 방식의 선호도는 OTP 방식과 I-pin 방식의 선호도 합보다 38점 낮다.
⑤ 실용성 전체 평균점수보다 높은 실용성 점수를 받은 인증수단 방식은 총 네 가지이다.

12 다음은 주요 곡물별 수급 현황에 대한 자료이다. 이에 대한 설명으로 옳지 않은 것은?

<주요 곡물별 수급 현황>

(단위 : 백만 톤)

구분		2021년	2022년	2023년
소맥	생산량	697	656	711
	소비량	697	679	703
옥수수	생산량	886	863	964
	소비량	883	860	937
대두	생산량	239	268	285
	소비량	257	258	271

① 전체적으로 2023년에 생산과 소비가 가장 활발했다.

② 2023년 생산량 대비 소비량의 비율이 가장 낮았던 곡물은 대두이다.

③ 2021년부터 2023년까지 대두의 생산량과 소비량이 지속적으로 증가했다.

④ 2021년 전체 곡물 생산량과 2023년 전체 곡물 생산량의 차는 138백만 톤이다.

⑤ 2022년의 옥수수 소비량은 다른 곡물에 비해 전년 대비 소비량의 변화가 작았다.

13 다음은 S사의 모집단위별 지원자 수 및 합격자 수에 대한 자료이다. 이에 대한 설명으로 옳지 않은 것은?

<모집단위별 지원자 수 및 합격자 수>

(단위 : 명)

구분	남성		여성		합계	
	합격자 수	지원자 수	합격자 수	지원자 수	모집정원	지원자 수
A집단	512	825	89	108	601	933
B집단	353	560	17	25	370	585
C집단	138	417	131	375	269	792
합계	1,003	1,802	237	508	1,240	2,310

※ $[경쟁률(\%)] = \dfrac{(지원자 \ 수)}{(모집정원)} \times 100$

※ 경쟁률은 소수점 첫째 자리에서 반올림함

① B집단의 경쟁률은 158%이다.

② C집단에서는 남성의 경쟁률이 여성의 경쟁률보다 높다.

③ S사의 남성 합격자 수는 여성 합격자 수의 5배 이상이다.

④ 세 개의 모집단위 중 합격자 수가 가장 적은 집단은 C집단이다.

⑤ 세 개의 모집단위 중 총 지원자 수가 가장 많은 집단은 A집단이다.

14 다음은 한국과 일본을 찾아오는 외국인 관광객의 국적에 대한 자료이다. 이에 대한 설명으로 옳지 않은 것은?

〈한국 및 일본의 외국인 관광객 국적별 추이〉

(단위 : 만 명, %)

구분	국적		2018년	2019년	2020년	2021년	2022년	2023년
방한 관광객	중국		101 (74.1)	131 (29.7)	203 (55.0)	314 (54.7)	477 (51.9)	471 (-1.3)
	기타		536 (4.9)	589 (9.9)	662 (12.4)	594 (-10.3)	615 (3.5)	542 (-11.9)
		일본	295 (-1.1)	321 (8.8)	342 (6.5)	263 (-23.1)	217 (-17.5)	174 (-19.8)
		일본 제외	241 (13.4)	268 (11.2)	320 (19.4)	330 (3.1)	398 (20.6)	368 (-7.5)
방일 관광객	중국		83 (72.7)	45 (-45.8)	83 (84.4)	70 (-15.7)	175 (150.0)	424 (142.3)
	기타		553 (29.3)	360 (-34.9)	521 (44.7)	726 (39.3)	913 (25.8)	1,273 (39.4)

※ ( )는 전년 대비 증감률임

① 2018년부터 2022년까지 한국을 방문한 중국인 관광객 수는 꾸준히 증가하였다.

② 2018 ~ 2023년 동안 한국을 방문한 일본인 관광객 수가 가장 많은 해는 2020년이다.

③ 2021년부터 2023년까지 한국을 방문한 중국인 관광객 수는 매년 300만 명 이상이다.

④ 2019년부터 2022년까지 일본을 방문한 중국인 관광객 수는 전년 대비 증감을 반복하고 있다.

⑤ 2018년과 2019년에 일본을 방문한 중국인 관광객 총수는 같은 기간 한국을 방문한 중국인 관광객 총수와 같다.

15 다음은 2021 ~ 2023년의 지방자치단체 재정력 지수에 대한 자료이다. 이에 대한 설명으로 옳은 것은?

〈2021 ~ 2023년 지방자치단체 재정력 지수〉

구분	2021년	2022년	2023년	평균
서울	1.106	1.088	1.010	1.068
부산	0.942	0.922	0.878	0.914
대구	0.896	0.860	0.810	0.855
인천	1.150	0.984	1.011	1.033
광주	0.772	0.737	0.681	0.730
대전	0.874	0.873	0.867	0.871
울산	0.843	0.837	0.832	0.837
경기	1.004	1.065	1.032	1.034
강원	0.417	0.407	0.458	0.427
충북	0.462	0.446	0.492	0.467
전북	0.379	0.391	0.408	0.393
전남	0.319	0.330	0.320	0.323
경북	0.424	0.440	0.433	0.432
경남	0.653	0.642	0.664	0.653

※ 매년 지방자치단체의 기준 재정수입액이 기준 재정수요액에 미치지 않는 경우, 중앙 정부는 그 부족만큼의 지방교부세를 당해 연도에 지급함
※ (재정력 지수)＝(기준 재정수입액)÷(기준 재정수요액)

① 3년간 충북은 전남보다 기준 재정수입액이 매년 많았다.
② 3년간 지방교부세를 가장 많이 지원받은 지방자치단체는 전남이다.
③ 3년간 재정력 지수가 지속적으로 상승한 지방자치단체는 전북이 유일하다.
④ 3년간 지방교부세를 지원받은 적이 없는 지방자치단체는 서울, 인천, 경기 3곳이다.
⑤ 3년간 대전과 울산의 기준 재정수입액이 매년 서로 동일하다면 기준 재정수요액은 대전이 울산보다 항상 많다.

16 다음은 전 산업 노동생산성 비교에 대한 자료이다. 이에 대한 설명으로 옳지 않은 것은?

〈전 산업 노동생산성 비교〉

(단위 : US$ / PPP, 2021년 기준＝100)

구분		2019년	2020년	2021년	2022년	2023년
한국	노동생산성	44,103	45,787	47,536	48,333	48,627
	지수	92.78	96.32	100	101.68	102.30
일본	노동생산성	54,251	55,116	56,209	55,749	53,017
	지수	96.52	98.06	100	99.18	94.32
독일	노동생산성	56,570	58,116	58,686	58,454	55,702
	지수	96.39	99.03	100	99.60	94.92
미국	노동생산성	77,444	78,052	78,700	79,032	79,876
	지수	98.40	99.18	100	100.42	101.49
중국	노동생산성	6,514	7,276	8,247	N.A.	9,733
	지수	78.99	88.23	100	N.A.	118.02

※ N.A.(Not Available) : 참고 예상 수치 없음

① 일본과 독일의 노동생산성은 2021년을 기점으로 하향 추세를 보이고 있다.

② 2019년에 비해 2023년에 노동생산성이 4,000포인트 이상 변동된 국가는 1개이다.

③ 2021년을 기점으로 볼 때, 2019년 독일의 지수는 2019년의 일본보다 약간 앞서 있다.

④ 우리나라의 전 산업 노동생산성 지수는 소폭의 상승세이나, 중국은 큰 폭으로 상승하는 추세이다.

⑤ 2020년 각국의 노동생산성 지수가 전년도에 비해 가장 크게 변한 국가와 가장 적게 변한 국가의 차이는 8포인트 이상이다.

17 다음은 2018 ~ 2023년 A국 농·임업 생산액과 부가가치 현황에 대한 자료이다. 이에 대한 설명으로 옳은 것을 〈보기〉에서 모두 고르면?

〈농·임업 생산액 현황〉

(단위 : 10억 원, %)

구분		2018년	2019년	2020년	2021년	2022년	2023년
농·임업 생산액		39,663	42,995	43,523	43,214	46,357	46,648
분야별 비중	곡물	23.6	20.2	15.6	18.5	17.5	18.3
	화훼	28.0	27.7	29.4	30.1	31.7	32.1
	과수	34.3	38.3	40.2	34.7	34.6	34.8

※ 분야별 비중은 해당 분야의 농·임업 생산액 대비 생산액 비중임
※ 곡물, 화훼, 과수는 농·임업 일부 분야임

〈농·임업 부가가치 현황〉

(단위 : 10억 원, %)

구분		2018년	2019년	2020년	2021년	2022년	2023년
농·임업 부가가치		22,587	23,540	24,872	26,721	27,359	27,376
GDP 대비 비중	농업	2.1	2.1	2.0	2.1	2.0	2.0
	임업	0.1	0.1	0.2	0.1	0.2	0.2

※ GDP 대비 비중은 해당 분야의 GDP 대비 부가가치 비중임
※ 농·임업은 농업과 임업으로만 구성됨

〈보기〉

㉠ 농·임업 생산액이 전년보다 작은 해에는 농·임업 부가가치도 전년보다 작다.
㉡ 화훼 생산액은 매년 증가한다.
㉢ 매년 곡물 생산액은 과수 생산액의 50% 이상이다.
㉣ 매년 농업 부가가치는 농·임업 부가가치의 85% 이상이다.

① ㉠, ㉡
② ㉠, ㉢
③ ㉡, ㉢
④ ㉡, ㉣
⑤ ㉢, ㉣

18 다음은 어린이보호구역 지정대상 및 현황에 대한 자료이다. 이에 대한 설명으로 옳지 않은 것을 〈보기〉에서 모두 고르면?

〈어린이보호구역 지정대상 및 지정현황〉

(단위 : 곳)

구분		2017년	2018년	2019년	2020년	2021년	2022년	2023년
어린이보호구역 지정대상		17,339	18,706	18,885	21,274	21,422	20,579	21,273
어린이보호구역 지정현황	합계	14,921	15,136	15,444	15,799	16,085	16,355	16,555
	초등학교	5,917	5,946	5,975	6,009	6,052	6,083	6,127
	유치원	6,766	6,735	6,838	6,979	7,056	7,171	7,259
	특수학교	131	131	135	145	146	148	150
	보육시설	2,107	2,313	2,481	2,650	2,775	2,917	2,981
	학원	0	11	15	16	56	36	38

〈보기〉

㉠ 2020년부터 2023년까지 어린이보호구역 지정대상은 전년 대비 매년 증가하였다.

㉡ 2018년 어린이보호구역 지정대상 중 어린이보호구역으로 지정된 구역의 비율은 75% 이상이다.

㉢ 어린이보호구역으로 지정된 구역 중 학원이 차지하는 비중은 2021년부터 2023년까지 전년 대비 매년 증가하였다.

㉣ 어린이보호구역으로 지정된 구역 중 초등학교가 차지하는 비중은 2017년부터 2021년까지 매년 60% 이상이다.

① ㉠, ㉡
② ㉡, ㉣
③ ㉠, ㉡, ㉢
④ ㉠, ㉢, ㉣
⑤ ㉡, ㉢, ㉣

19 다음은 2023년 1 ~ 6월 월말종가기준 S, X사의 주가와 주가지수에 대한 자료이다. 이에 대한 설명으로 옳은 것을 〈보기〉에서 모두 고르면?(단, 소수점 셋째 자리에서 반올림한다)

〈S, X사의 주가와 주가지수〉

구분	주가(원)		주가지수
	S사	X사	
1월	5,000	6,000	100.00
2월	( )	( )	( )
3월	5,700	6,300	109.09
4월	4,500	5,900	( )
5월	3,900	6,200	91.82
6월	( )	5,400	100.00

※ (주가지수) $= \dfrac{\text{(해당 월 S사의 주가)} + \text{(해당 월 X사의 주가)}}{\text{(1월 S사의 주가)} + \text{(1월 X사의 주가)}} \times 100$

※ (해당 월의 주가 수익률) $= \dfrac{\text{(해당 월의 주가)} - \text{(전월의 주가)}}{\text{(전월의 주가)}} \times 100$

〈보기〉

㉠ 3 ~ 6월 중 주가지수가 가장 낮은 달의 S사와 X사의 주가는 모두 전월 대비 하락하였다.

㉡ S사의 주가는 6월이 1월보다 높다.

㉢ 2월 S사의 주가가 전월 대비 20% 하락하고 X사의 주가는 전월과 동일했다면, 2월의 주가지수는 전월 대비 10% 이상 하락한다.

㉣ 4 ~ 6월 중 S사의 주가 수익률이 가장 낮은 달에 X사의 주가는 전월 대비 하락하였다.

① ㉠, ㉡

② ㉠, ㉢

③ ㉡, ㉢

④ ㉡, ㉣

⑤ ㉠, ㉢, ㉣

20 갑 ~ 무 5명의 직원을 대상으로 신년회를 위한 A ~ E 5곳의 장소에 대한 만족도 조사를 하였다. 장소별 직원들의 점수를 그래프로 바르게 변환한 것은?(단, 만족도는 5점 만점이며, 모든 그래프의 단위는 '점'이다)

〈직원별 장소에 대한 만족도〉

(단위 : 점)

구분	갑	을	병	정	무	평균
A	2.5	5.0	4.5	2.5	3.5	3.6
B	3.0	4.0	5.0	3.5	4.0	3.9
C	4.0	4.0	3.5	3.0	5.0	3.9
D	3.5	3.5	3.5	4.0	3.0	3.5
E	5.0	3.0	1.0	1.5	4.5	3.0

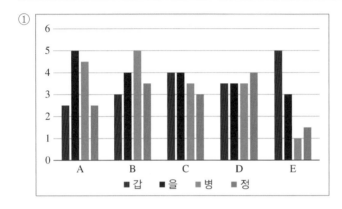

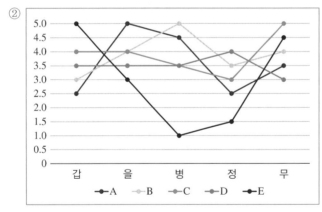

③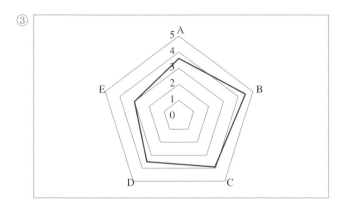

④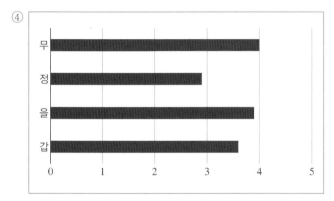

⑤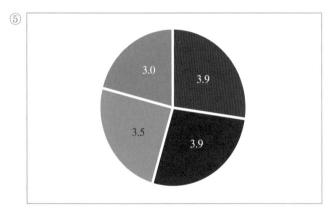

01 진희가 자전거 뒷좌석에 동생을 태우고 10km/h의 속력으로 회사에 가고 있었다. 회사 가는 길에 있는 어린이집에 동생을 내려주고, 아까의 1.4배의 속력으로 회사에 갔다. 진희의 집에서 회사까지의 거리는 12km이고, 진희가 8시에 집에서 나와 9시에 도착했다면, 진희가 어린이집에서 출발한 시각은?(단, 이동하는 시간 외에는 고려하지 않는다)

① 8시 20분   ② 8시 25분
③ 8시 30분   ④ 8시 35분
③ 8시 40분

02 철도 길이가 570m인 터널이 있다. A기차는 이 터널을 완전히 빠져가는 데까지 50초가 걸리고, 길이가 A기차보다 60m 짧은 B기차는 23초가 걸린다. 두 기차가 터널 양 끝에서 출발하면 $\frac{1}{3}$ 지점에서 만난다고 할 때, A기차의 길이는?(단, 기차의 속력은 일정하다)

① 150m   ② 160m
③ 170m   ④ 180m
⑤ 190m

03 A와 B가 운동장을 돌 때, 서로 반대 방향으로 돌면 12분 후에 다시 만난다. A의 속력은 100m/분, B의 속력은 80m/분이라면 운동장 둘레의 길이는?

① 1,960m   ② 2,060m
③ 2,100m   ④ 2,130m
⑤ 2,160m

04 농도 6%의 A소금물과 농도 8%의 B소금물이 각각 300g 있다. A소금물에서 100g을 B소금물로 덜어낸 후 골고루 섞어 다시 80g을 옮겼다. 이때 A소금물의 농도는?(단, 소수점 둘째 자리에서 반올림한다)

① 5.3%   ② 5.9%
③ 6.2%   ④ 6.4%
⑤ 6.8%

05 A비커에는 농도가 $x\%$인 설탕물 300g이 들어있고 B비커에는 농도가 $y\%$인 설탕물 600g이 들어있다. B비커에서 A비커로 설탕 100g을 부어 골고루 섞은 후 다시 B비커로 옮겨 골고루 섞은 뒤 농도를 측정해 보니 A비커의 설탕물과 B비커의 설탕물의 농도는 각각 5%, 9.5%였다. 이때 $10x + 10y$의 값은?

① 106
② 116
③ 126
④ 136
⑤ 146

06 농도가 10%인 설탕물 480g에 농도가 20%인 설탕물 120g을 섞었다. 이 설탕물에서 한 컵의 설탕물을 퍼내고, 퍼낸 설탕물의 양만큼 다시 물을 부었더니 농도가 11%인 설탕물 600g이 되었다. 이때 컵으로 퍼낸 설탕물의 양은?

① 30g
② 50g
③ 60g
④ 90g
⑤ 100g

07 어떤 모형을 만드는 데 서로 다른 부품 10개가 필요하고, 작년에는 이 중 A부품 1개의 가격이 전체 부품 값의 15%였다. 올해 모든 부품 값이 10,000원씩 상승하여 A부품 1개 가격이 전체 부품 값의 14.5%일 때, 올해 모형을 만드는 데 필요한 부품 값의 총합은?(단, 서로 다른 10개 부품 모두 1개씩 필요하다)

① 800,000원
② 900,000원
③ 1,000,000원
④ 1,100,000원
⑤ 1,200,000원

08 세희네 가족의 올해 여름 휴가비용은 작년 대비 교통비는 15%, 숙박비는 24% 증가하여 전체 휴가비용이 20% 증가하였다. 작년 전체 휴가비용이 36만 원일 때, 올해 숙박비는?(전체 휴가비는 교통비와 숙박비의 합이다)

① 160,000원
② 184,000원
③ 200,000원
④ 248,000원
⑤ 268,000원

09 어떤 컴퓨터로 600KB의 자료를 다운받는 데 1초가 걸린다. A씨가 이 컴퓨터를 이용하여 B사이트에 접속해 자료를 다운받는 데까지 1분 15초가 걸렸다. 자료를 다운받을 때 걸리는 시간이 사이트에 접속할 때 걸리는 시간의 4배일 때, A씨가 다운받은 자료의 용량은?

① 18,000KB

② 24,000KB

③ 28,000KB

④ 34,000KB

⑤ 36,000KB

10 눈금이 없는 17L 생수 통과 14L 생수 통만을 가지고 9L의 생수를 만들려고 한다. 각 통을 제외한 다른 생수 통은 존재하지 않는다고 할 때, 가장 최소한으로 이동하여 9L를 만들려면 몇 번의 이동이 필요한가? (단, 물을 추가하거나 버리는 것이 가능하며, 물을 추가하거나 버리는 것은 횟수에 포함시키지 않는다)

① 3번

② 4번

③ 5번

④ 6번

⑤ 7번

11 서울 시내의 M지점에서 D지점까지 운행하는 버스는 도중에 V지점의 정거장에서만 정차한다. 이 버스의 운행요금은 M지점에서 V지점까지는 1,050원, V지점에서 D지점까지는 1,350원, M지점에서 D지점까지는 1,450원이다. 어느 날 이 버스가 승객 53명을 태우고 M지점을 출발하였고, D지점에서 하차한 승객은 41명 이었다. 이날 승차권 판매요금이 총 77,750원일 때, V지점의 정거장에서 하차한 승객의 인원은?

① 16명

② 17명

③ 18명

④ 19명

⑤ 20명

12 아버지, 어머니, 나, 동생의 나이의 합은 132세이다. 어머니의 나이는 가족 평균보다 10세 더 많고, 나와 동생의 나이의 합보다 2세 더 많다. 아버지의 나이는 동생의 나이의 두 배보다 10세 더 많고, 내 나이의 두 배보다 4세 더 많을 때, 동생의 나이는?

① 16세

② 17세

③ 18세

④ 19세

⑤ 20세

13 선웅이는 4일 일한 후 하루 쉬고 정호는 5일 일하고 3일 쉰다고 한다. 500일 동안 두 사람의 휴무일이 같은 날은 모두 며칠인가?(단, 공휴일은 고려하지 않는다)

① 34일   ② 35일

③ 36일   ④ 37일

⑤ 38일

14 어느 문구점에서 연필 2자루의 가격과 지우개 1개의 가격을 더하면 공책 1권의 가격과 같고, 지우개 1개의 가격과 공책 1권의 가격을 더하면 연필 5자루의 가격과 같다. 이 문구점에서 연필 10자루의 가격과 공책 4권의 가격을 더하면 지우개 몇 개의 가격과 같은가?(단, 이 문구점에서 동일한 종류의 문구 가격은 같은 것으로 한다)

① 15개   ② 16개

③ 17개   ④ 18개

⑤ 19개

15 50원, 100원, 500원짜리 동전이 14개가 있다. 이 동전들이 총 14개이고, 합이 2,250원이라면 50원짜리 동전의 개수는?

① 5개   ② 6개

③ 7개   ④ 8개

⑤ 9개

16 1g, 2g, 4g, 8g, 16g, …의 추가 있다. 이때, 327g을 재기 위해 최소로 필요한 추의 개수는?

① 4개   ② 5개

③ 6개   ④ 7개

⑤ 8개

17 동전을 5번 던질 때, 적어도 한 번은 앞면이 나올 확률은?

① $\dfrac{13}{16}$　　　　　　　　　　　② $\dfrac{7}{8}$

③ $\dfrac{15}{16}$　　　　　　　　　　　④ $\dfrac{31}{32}$

⑤ $\dfrac{35}{36}$

18 효민이가 오늘 밥을 먹을 확률은 $\dfrac{4}{5}$ 이고, 밥을 먹었을 때 설거지를 할 확률은 $\dfrac{3}{7}$, 밥을 먹지 않았을 때 설거지를 할 확률은 $\dfrac{2}{7}$ 이다. 효민이가 오늘 설거지를 할 확률은?

① $\dfrac{11}{35}$　　　　　　　　　　　② $\dfrac{12}{35}$

③ $\dfrac{13}{35}$　　　　　　　　　　　④ $\dfrac{14}{35}$

⑤ $\dfrac{3}{7}$

19 희진이는 단팥빵과 크림빵만 만드는 빵집을 운영하고 있다. 빵집에는 빵을 1개씩만 구울 수 있는 오븐이 있고, 단팥빵과 크림빵을 굽는 데는 각각 3분, 7분이 걸리며, 1개를 굽고 나서 바로 다음 것을 굽는다. 희진이가 반죽을 만드는 데 걸리는 시간은 12분이고, 반죽은 신선도를 유지하기 위해 1시간에 한 번씩 만든다. 희진이가 1시간을 모두 활용하여 단팥빵과 크림빵을 굽는다고 할 때, 굽는 순서를 다르게 할 수 있는 방법의 경우의 수는?(단, 희진이는 모든 빵을 2개 이상 만든다)

① 200가지　　　　　　　　　　　② 212가지

③ 224가지　　　　　　　　　　　④ 248가지

⑤ 252가지

20 철수는 아래와 같은 길을 따라 A에서 C까지 최단경로로 이동을 하려고 한다. 이때, 최단경로로 이동을 하는 동안 B를 지나며 이동하는 경우의 수는?

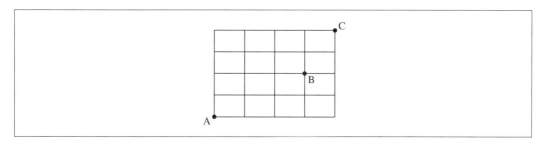

① 12가지

② 15가지

③ 24가지

④ 28가지

⑤ 30가지

01 윗마을에 사는 남자는 진실만 말하고 여자는 거짓말만 한다. 아랫마을에 사는 남자는 거짓말만 하고 여자는 진실만 말한다. 두 마을에 사는 사람들은 남자이거나 여자이다. 윗마을 사람 2명과 아랫마을 사람 2명이 다음과 같이 대화하고 있을 때, 반드시 참인 것은?

> • 갑 : 나는 아랫마을에 살아.
> • 을 : 나는 아랫마을에 살아. 갑은 남자야.
> • 병 : 을은 아랫마을에 살아. 을은 남자야.
> • 정 : 을은 윗마을에 살아. 병은 윗마을에 살아.

① 갑은 윗마을에 산다.
② 갑과 을은 같은 마을에 산다.
③ 을과 병은 다른 마을에 산다.
④ 을, 병, 정 가운데 둘은 아랫마을에 산다.
⑤ 이 대화에 참여하고 있는 사람들은 모두 여자이다.

02 다음 글의 내용이 참일 때, 반드시 참인 것을 〈보기〉에서 모두 고르면?

> 4명의 신입사원을 대상으로 민원, 홍보, 인사, 기획 업무에 대한 선호를 조사하였다. 조사 결과 민원 업무를 선호하는 신입사원은 모두 홍보 업무를 선호하였지만, 그 역은 성립하지 않았다. 모든 업무 중 인사 업무만을 선호하는 신입사원은 있었지만, 민원 업무와 인사 업무를 모두 선호하는 신입사원은 없었다. 그리고 4개 중 3개 이상의 업무를 선호하는 신입사원도 없었다. 신입사원 갑이 선호하는 업무에는 기획 업무가 포함되어 있었으며, 신입사원 을이 선호하는 업무에는 민원 업무가 포함되어 있었다.

> ─────〈보기〉─────
> ㉠ 어떤 업무는 갑도 을도 선호하지 않는다.
> ㉡ 적어도 2명 이상의 신입사원이 홍보 업무를 선호한다.
> ㉢ 조사 대상이 된 업무 중에, 어떤 신입사원도 선호하지 않는 업무는 없다.

① ㉠   ② ㉢
③ ㉠, ㉡   ④ ㉡, ㉢
⑤ ㉠, ㉡, ㉢

03 다음은 뇌물수수 혐의자 A ~ D 4명에 대한 진술들이다. 이 중 하나만 참일 때, 뇌물을 받은 사람의 수는?

> - A가 뇌물을 받았다면, B는 뇌물을 받지 않았다.
> - A와 C와 D 중 적어도 1명은 뇌물을 받았다.
> - B와 C 중 적어도 1명은 뇌물을 받지 않았다.
> - B와 C 중 1명이라도 뇌물을 받았다면, D도 뇌물을 받았다.

① 1명   ② 2명

③ 3명   ④ 4명

⑤ 없음

04 김대리, 박대리, 이과장, 최과장, 정부장에 대한 다음 〈조건〉이 모두 참일 때, 반드시 참인 것은?

〈조건〉

> - 김대리, 박대리, 이과장, 최과장, 정부장은 A회사의 직원들이다.
> - A회사의 모든 직원은 내근과 외근 중 한 가지만 한다.
> - A회사의 직원 중 내근을 하면서 미혼인 사람에는 직책이 과장 이상인 사람은 없다.
> - A회사의 직원 중 외근을 하면서 미혼이 아닌 사람은 모두 그 직책이 과장 이상이다.
> - A회사의 직원 중 외근을 하면서 미혼인 사람은 모두 연금 저축에 가입해 있다.
> - A회사의 직원 중 미혼이 아닌 사람은 모두 남성이다.

① 김대리가 내근을 한다면, 그는 미혼이다.

② 박대리가 미혼이면서 연금 저축에 가입해 있지 않다면, 그는 외근을 한다.

③ 이과장이 미혼이 아니라면, 그는 내근을 한다.

④ 최과장이 여성이라면, 그는 연금 저축에 가입해 있다.

⑤ 정부장이 외근을 한다면, 그는 연금 저축에 가입해 있지 않다.

05 S사 기획처에 근무하는 A ~ E 5명 중 2명은 X카드를 사용하고 3명은 Y카드를 사용한다. X카드 이용자는 모두 30대이고 Y카드를 사용하는 사람은 자동차가 있다. 다음 중 4명만 참을 말하고 있다고 할 때, 거짓을 말하고 있는 사람은?

- A : C의 나이는 30대야.
- B : 나는 Y카드를 사용하고 있어.
- C : A는 X카드를 사용하고 있어.
- D : E는 X카드를 사용하지 않아.
- E : C와 D는 서로 다른 카드를 사용하고 있어.

① A   ② B
③ C   ④ D
⑤ E

06 A ~ E 5명은 각각 월 ~ 금요일 중 하루씩 돌아가며 당직을 선다. 이 중 2명이 거짓말을 하고 있다고 할 때, 다음 중 이번 주 수요일에 당직을 서는 사람은?

- A : 이번 주 화요일은 내가 당직이야.
- B : 나는 수요일 당직이 아니야. D가 이번 주 수요일 당직이야.
- C : 나와 D는 이번 주 수요일 당직이 아니야.
- D : B는 이번 주 목요일 당직이고, C는 다음 날인 금요일 당직이야.
- E : 나는 이번 주 월요일 당직이야. 그리고 C의 말은 모두 사실이야.

① A   ② B
③ C   ④ D
⑤ E

07 갑~병 3명이 피아노, 조각, 테니스를 함께 하는데 서로 다른 하나씩을 잘한다. 또한 조각을 잘하는 사람은 언제나 진실을 말하고, 테니스를 잘 치는 사람은 항상 거짓을 말한다. 이들이 서로에 대해 다음과 같이 진술했다면 누가 무엇을 잘하는지 바르게 연결된 것은?

- 갑 : 병이 조각을 잘한다.
- 을 : 아니다. 병은 피아노를 잘 친다.
- 병 : 둘 다 틀렸다. 나는 조각도 피아노도 잘하지 못한다.

---

① 갑 – 피아노 　　　　　② 갑 – 테니스
③ 을 – 피아노 　　　　　④ 을 – 테니스
⑤ 병 – 조각

08 폭력 사건의 용의자로 A~C 3명이 지목되었다. 다음은 용의자 3명의 진술이며, 이들 중 가해자는 거짓만을 진술하고 가해자가 아닌 사람은 진실만을 진술한 것이 드러났다. 이때, 가해자인 것이 확실한 사람과 가해자가 아닌 것이 확실한 사람을 바르게 짝지은 것은?

- A : 우리 셋 중 정확히 1명이 거짓말을 하고 있다.
- B : 우리 셋 중 정확히 2명이 거짓말을 하고 있다.
- C : A, B 중 정확히 1명이 거짓말을 하고 있다.

	가해자인 것이 확실	가해자가 아닌 것이 확실
①	A	C
②	B	없음
③	B	A, C
④	A, C	B
⑤	A, B, C	없음

※ 제시된 명제가 모두 참일 때, 다음 중 빈칸에 들어갈 명제로 가장 적절한 것을 고르시오. **[9~11]**

09

> • 공부를 잘하는 사람은 모두 꼼꼼하다.
> • _____
> • 따라서 꼼꼼한 사람 중 일부는 시간 관리를 잘한다.

① 꼼꼼한 사람은 시간 관리를 잘하지 못한다.
② 시간 관리를 잘하지 못하는 사람은 꼼꼼하다.
③ 공부를 잘하는 사람 중 일부는 꼼꼼하지 않다.
④ 공부를 잘하는 어떤 사람은 시간 관리를 잘한다.
⑤ 시간 관리를 잘하는 사람 중 일부는 꼼꼼하지 않다.

10

> • 시장 경제에 정부가 개입하면 비용이 줄어든다.
> • _____
> • 따라서 시장 경제에 정부가 개입하면 효율성이 커진다.

① 효율성이 줄어들면, 비용이 늘어난다.
② 효율성이 줄어들면, 비용이 줄어든다.
③ 비용이 줄어들면, 효율성이 줄어든다.
④ 비용이 줄어들면, 시장 경제에 정부가 개입한다.
⑤ 비용이 줄어들지 않으면, 효율성이 줄어든다.

11

> • 음악을 좋아하는 사람은 미술을 잘한다.
> • 미술을 잘하는 사람은 노래를 잘한다.
> • 나는 음악을 좋아한다.
> • 따라서 _____

① 나는 음악을 잘한다.
② 나는 노래를 잘한다.
③ 나는 미술을 좋아한다.
④ 나는 노래를 좋아한다.
⑤ 나는 음악을 좋아하지만 잘하지는 못한다.

※ 제시된 명제가 모두 참일 때, 다음 중 반드시 참인 것을 고르시오. [12~14]

12

- 어떤 마케팅팀 사원은 산을 좋아한다.
- 산을 좋아하는 사원은 여행 동아리 소속이다.
- 모든 여행 동아리 소속은 솔로이다.

① 어떤 마케팅팀 사원은 솔로이다.
② 여행 동아리 소속은 마케팅팀 사원이다.
③ 모든 마케팅팀 사원은 여행 동아리 소속이다.
④ 산을 좋아하는 모든 사원은 마케팅팀 사원이다.
⑤ 산을 좋아하는 어떤 사원은 여행 동아리 소속이 아니다.

13

- 수학 수업을 듣지 않는 학생들은 국어 수업을 듣지 않는다.
- 모든 학생은 국어 수업을 듣는다.
- 수학 수업을 듣는 어떤 학생들은 영어 수업을 듣는다.

① 모든 학생은 영어 수업을 듣는다.
② 어떤 학생들은 국어와 영어 수업만 듣는다.
③ 모든 학생은 국어, 수학, 영어 수업을 듣는다.
④ 어떤 학생들은 국어, 수학, 영어 수업을 듣는다.
⑤ 모든 학생은 국어 수업을 듣거나 수학 수업을 듣는다.

14

- 영희는 가방을 좋아한다.
- 비행기를 좋아하는 사람은 바나나를 좋아하지 않는다.
- 가방을 좋아하는 사람은 바나나를 좋아한다.

① 영희는 비행기를 좋아하지 않는다.
② 비행기를 좋아하는 사람은 가방을 좋아한다.
③ 가방을 좋아하는 사람은 비행기를 좋아한다.
④ 바나나를 좋아하지 않는 사람은 가방을 좋아한다.
⑤ 비행기를 좋아하지 않는 사람은 바나나를 좋아한다.

15 다음 제시된 명제가 모두 참일 때, 금요일에 도서관에 가는 사람을 모두 고르면?

- 정우는 금요일에 도서관에 간다.
- 연우는 화요일과 목요일에 도서관에 간다.
- 승우가 도서관에 가지 않으면 민우가 도서관에 간다.
- 민우가 도서관에 가면 견우도 도서관에 간다.
- 연우가 도서관에 가지 않으면 정우는 도서관에 간다.
- 정우가 도서관에 가면 승우는 도서관에 가지 않는다.

---

① 정우, 민우, 견우 　　　　　　② 정우, 승우, 연우
③ 정우, 승우, 견우 　　　　　　④ 정우, 민우, 연우
⑤ 정우, 연우, 견우

16 환경부의 인사실무 담당자는 환경정책과 관련된 특별위원회를 구성하는 과정에서 외부 환경전문가를 위촉하려 한다. 현재 거론되고 있는 외부 전문가는 A ~ F 6명이지만, 인사실무 담당자는 B를 위촉하지 않기로 결정했다. 제시된 명제가 모두 참일 때, 총 몇 명의 외부전문가가 위촉되는가?

- A가 위촉되면, B와 C도 위촉되어야 한다.
- A가 위촉되지 않는다면, D가 위촉되어야 한다.
- B가 위촉되지 않는다면, C나 E가 위촉되어야 한다.
- C와 E가 위촉되면, D는 위촉되지 않는다.
- D나 E가 위촉되면, F도 위촉되어야 한다.

---

① 1명 　　　　　　② 2명
③ 3명 　　　　　　④ 4명
⑤ 5명

17 S사의 건물은 8층이며, 각 층에 있는 부서는 다음과 같다. 귀하가 통신료 납부와 관련하여 문의하기 위해 고객상담부에 방문하려고 한다면 몇 층으로 가야 하는가?

- 건물 1층에는 로비가 있다.
- 경영지원부는 가장 높은 층에 있다.
- 마케팅부가 있는 층 바로 아래에는 회계부가 있다.
- 시스템관리부가 있는 층 바로 위에는 정보보호부가 있다.
- 회계부는 고객상담부보다 높은 층에 있다.
- HRM부는 마케팅부보다 높은 층에 있다.
- 경영지원부에서 3개층 아래에는 HRM부가 있다.

① 2층　　　　　　　　　　　② 3층
③ 4층　　　　　　　　　　　④ 5층
⑤ 6층

18 S사원은 자사 제품과 경쟁사 두 곳의 제품에 대해서 선호도를 조사하였다. 조사에 응한 사람은 가장 좋아하는 상품부터 1 ~ 3순위를 부여하였다. 조사 결과가 다음과 같을 때, 자사 제품에 3순위를 부여한 사람은 총 몇 명인가?

- 조사에 응한 사람은 50명이다.
- 두 상품에 동일한 순위를 매길 수 없다.
- A경쟁사 제품을 B경쟁사 제품보다 선호한 사람은 28명이다.
- B경쟁사 제품을 자사 제품보다 선호한 사람은 26명이다.
- 자사 제품을 A경쟁사 제품보다 선호한 사람은 8명이다.
- 자사 제품에 1순위를 부여한 사람은 없다.

① 14명　　　　　　　　　　② 15명
③ 16명　　　　　　　　　　④ 17명
⑤ 18명

19 7층 아파트의 각 층에는 1명씩 거주하며, 현재 5명이 입주해 있다. 다음 중 반려동물이 없는 E가 새로 입주 가능한 층수는?

> • 주민 간 합의를 통해 1~2층은 반려동물을 키우는 사람에게만 입주를 허용하였다.
> • A는 개를 키우고 있다.
> • B는 A보다 높은 곳에 살고 있고 홀수 층에 산다.
> • C는 B 바로 아래층에 살고 반려동물이 없다.
> • D는 5층에 산다.

① 1층   ② 2층

③ 4층   ④ 6층

⑤ 7층

20 마케팅 1·2·3팀과 영업 1·2·3팀, 총무팀, 개발팀 총 8팀의 사무실을 〈조건〉에 따라 배치하려고 한다. 다음 중 항상 옳지 않은 것은?

> ─────〈조건〉─────
> • 1층과 2층에 각각 5개의 사무실이 일렬로 위치해 있으며, 사무실 크기는 모두 같다.
> • 1개의 사무실에 1개의 팀이 들어간다.
> • 영업 2팀은 총무팀의 바로 왼쪽에 있다.
> • 개발팀은 1층이며, 한쪽 옆은 빈 사무실이다.
> • 마케팅 3팀과 영업 1팀은 위·아래로 인접해 있다.
> • 영업 3팀의 양옆에 사무실이 있으며, 모두 비어있지 않다.
> • 영업팀은 모두 같은 층에 위치해 있다.
> • 마케팅 2팀 양옆 중 한쪽은 벽이고, 다른 한쪽은 비어있다.
> • 마케팅 1팀의 양옆 중 어느 쪽도 벽이 아니다.

① 모든 영업팀은 2층이다.
② 총무팀과 영업 3팀은 서로 인접한다.
③ 마케팅 3팀의 양옆 중 한쪽은 벽이다.
④ 개발팀은 마케팅 1팀과 서로 인접한다.
⑤ 1층과 2층에 사무실이 각각 1개씩 비어있다.

※ 일정한 규칙으로 수를 나열할 때, 빈칸에 들어갈 알맞은 수를 고르시오. **[1~17]**

01

$$\frac{2}{3} \quad \frac{3}{5} \quad \frac{2}{9} \quad \frac{1}{5} \quad \frac{10}{63} \quad \frac{1}{7} \quad \frac{10}{77} \quad \frac{9}{77} \quad (\quad) \quad \frac{39}{385}$$

① $\dfrac{26}{231}$

② $\dfrac{29}{231}$

③ $\dfrac{29}{237}$

④ $\dfrac{32}{237}$

⑤ $\dfrac{32}{243}$

02

$$\frac{11}{10} \quad \frac{100}{121} \quad (\quad) \quad \frac{10,000}{14,641} \quad \frac{161,051}{100,000} \quad \frac{1,000,000}{1,771,561}$$

① $\dfrac{1,221}{1,000}$

② $\dfrac{1,331}{1,000}$

③ $\dfrac{1,000}{1,221}$

④ $\dfrac{1,000}{1,331}$

⑤ $\dfrac{14,641}{1,331}$

03

$$\frac{5}{3} \quad \frac{7}{5} \quad \frac{11}{9} \quad \frac{19}{15} \quad (\quad) \quad \frac{67}{33} \quad \frac{131}{45} \quad \frac{259}{59}$$

① $\dfrac{33}{23}$

② $\dfrac{35}{23}$

③ $\dfrac{35}{25}$

④ $\dfrac{37}{25}$

⑤ $\dfrac{37}{27}$

04

$$\frac{3}{7} \quad \frac{6}{10} \quad \frac{12}{14} \quad 1\frac{5}{19} \quad 1\frac{23}{25} \quad (\quad) \quad 4\frac{32}{40}$$

① $1\frac{27}{32}$ 　　　　　　　② 2

③ $2\frac{18}{32}$ 　　　　　　　④ 3

⑤ $3\frac{30}{32}$

05

$$0.04 \quad 0.07 \quad 0.11 \quad 0.18 \quad 0.29 \quad 0.47 \quad (\quad) \quad 1.23 \quad 1.99$$

① 0.76 　　　　　　　② 0.83

③ 0.9 　　　　　　　④ 0.97

⑤ 1.04

06

$$99 \quad 97.79 \quad 96.35 \quad (\quad) \quad 92.7 \quad 90.45 \quad 87.89$$

① 91.15 　　　　　　　② 94.02

③ 94.66 　　　　　　　④ 94.73

⑤ 95.35

07

| 0.07 | 2.1 | 1.05 | 0.21 | 6.3 | 3.15 | 0.63 | 18.9 | 9.45 | ( ) |

① 0.75   ② 1.89

③ 3.03   ④ 5.21

⑤ 7.49

08

| 0.25 | 2.25 | 6.25 | 12.25 | 20.25 | 30.25 | 42.25 | 56.25 | ( ) |

① 66.25   ② 69.25

③ 72.25   ④ 75.25

⑤ 78.25

09

| 0 | 1 | −2 | −1 | 2 | 3 | ( ) |

① −4   ② −5

③ −6   ④ 7

⑤ −9

10

$$1 \quad -3 \quad (\quad) \quad -21 \quad -11 \quad 33 \quad 43$$

① 7

② 12

③ −31

④ −41

⑤ −51

11

$$1 \quad 1 \quad 2 \quad 2 \quad 3 \quad 4 \quad 4 \quad (\quad) \quad 5 \quad 11$$

① 4

② 5

③ 6

④ 7

⑤ 8

12

$$25 \quad 24 \quad 8 \quad 23 \quad -8 \quad 38 \quad -39 \quad (\quad)$$

① 78

② 84

③ 121

④ 132

⑤ 144

13

$$-65 \quad (\quad) \quad -25 \quad -15 \quad -10 \quad -5$$

① -55 ② -50

③ -45 ④ -40

⑤ -35

14

$$23 \quad 21 \quad 25 \quad 19 \quad 27 \quad (\quad) \quad 29$$

① 13 ② 17

③ 24 ④ 31

⑤ 33

15

$$\frac{17}{7} \quad \frac{3}{4} \quad \frac{47}{28} \quad 2 \quad \frac{4}{5} \quad (\quad) \quad \frac{23}{13} \quad \frac{5}{6} \quad \frac{73}{78}$$

① $\dfrac{3}{2}$ ② $\dfrac{64}{49}$

③ $\dfrac{6}{5}$ ④ $\dfrac{62}{53}$

⑤ $\dfrac{59}{56}$

16

| 15 | 26 | 41.11 | 18 | 27 | ( ) | 21 | 28 | 49.07 |

① 45.09   ② 45.27
③ 46.18   ④ 47.39
⑤ 47.97

17

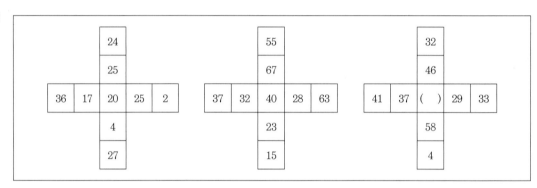

① 31   ② 32
③ 33   ④ 34
⑤ 35

18 다음 수열의 20번째 항의 값은?

| 1 | 1 | 1 | 3 | 4 | 6 | 7 | 13 | 31 | 15 | 40 | 156 | ⋯ |

① 1,052   ② 1,066
③ 1,074   ④ 1,082
⑤ 1,093

19 다음 수열의 31번째 항의 값은?

| 400 399 403 394 410 385 421 372 ⋯ |

① 865

② 875

③ 885

④ 895

⑤ 905

20 다음 수열의 20번째 항의 값은?

| 156 148 146 150 160 176 198 ⋯ |

① 1,005

② 1,030

③ 1,055

④ 1,080

⑤ 1,105

3권

제3회
온라인 SKCT

www.sdedu.co.kr

SK그룹 역량검사

〈문항 및 시험시간〉

SK그룹 온라인 SKCT		
영역	문항 수	영역별 제한시간
언어이해	20문항	15분
자료해석	20문항	15분
창의수리	20문항	15분
언어추리	20문항	15분
수열추리	20문항	15분

※ 검사 시간이 모두 완료된 후 종료 가능

※ 이전 문항으로 이동 불가

제3회 모의고사

문항 수 : 100문항
응시시간 : 75분

제 1 영역 언어이해

01 다음 글의 주제로 가장 적절한 것은?

> 누구나 깜빡 잊어버리는 증상을 겪을 수 있다. 나이가 들어서 자꾸 이런 증상이 나타난다면 치매가 아닐까 걱정하게 마련인데 이 중 정말 치매인 경우와 단순 건망증을 어떻게 구분해 낼 수 있을까?
> 치매란 기억력 장애와 함께 실행증, 집행기능의 장애 등의 증상이 나타나며 이런 증상이 사회적, 직업적 기능에 중대한 지장을 주는 경우라고 정의한다. 증상은 원인 질환의 종류 및 정도에 따라 다른데, 아주 가벼운 기억장애부터 매우 심한 행동장애까지 다양하게 나타난다. 일상생활은 비교적 정상적으로 수행하지만 뚜렷한 건망증이 있는 상태를 '경도인지장애'라고 하는데 경도인지장애는 매년 10 ~ 15%가 치매로 진행되기 때문에 치매의 위험인자로 불린다. 모든 치매 환자에게서 공통으로 보이는 증상은 기억장애와 사고력, 추리력, 언어능력 등의 영역에서 동시에 장애를 보이는 것이며 인격 장애, 공격성, 성격의 변화와 비정상적인 행동들도 치매가 진행됨에 따라 나타날 수 있는 증상들이다. 국민건강보험 일산병원 신경과 교수는 "치매를 예방하기 위해서는 대뇌(Cerebrum) 활동 참여, 운동, 뇌졸중 예방, 식습관 개선 및 음주, 흡연을 자제해야 한다."고 말했다.
> 한편 치매는 시간이 지나면 악화가 되고 여러 행동이상(공격성, 안절부절 못함, 수면장애, 배회 등)을 보이며 기억력 저하 등의 증상보다는 이런 행동이상에 의한 문제가 더 크기 때문에 행동이상에 대한 검사도 적절히 시행돼야 한다.

① 치매의 의미
② 치매의 종류
③ 건망증의 분류
④ 인지장애의 유형
⑤ 인지장애단계 구분

02 다음 글의 핵심 내용으로 가장 적절한 것은?

동양 사상이라 해서 언어와 개념을 무조건 무시하는 것은 결코 아니다. 만약 그렇다면 동양 사상은 경전이나 저술을 통해 언어화되지 않고 순전히 침묵 속에서 전수되어 왔을 것이다. 물론 이것은 사실이 아니다. 동양 사상도 끊임없이 언어적으로 다듬어져 왔으며 논리적으로 전개되어 왔다. 흔히 동양 사상은 신비주의적이라고 말하지만, 이것은 동양 사상의 한 면만을 특정 짓는 것이지 결코 동양의 철인(哲人)들이 사상을 전개함에 있어 논리를 무시했다거나 항시 어떤 신비적인 체험에 호소해서 자신의 주장들을 폈다는 것을 뜻하지는 않는다. 그러나 역시 동양 사상은 신비주의적임에 틀림없다. 거기서는 지고(至高)의 진리란 언제나 언어화될 수 없는 어떤 신비한 체험의 경지임이 늘 강조되어 왔기 때문이다. 최고의 진리는 언어 이전 혹은 언어 이후의 무언(無言)의 진리이다. 엉뚱하게 들리겠지만, 동양 사상의 정수(精髓)는 말로써 말이 필요 없는 경지를 가리키려는 데에 있다고 해도 과언이 아니다. 말이 스스로를 부정하고 초월하는 경지를 나타내도록 사용된 것이다. 언어로써 언어를 초월하는 경지를 나타내고자 하는 것이야말로 동양 철학이 지닌 가장 특징적인 정신이다. 동양에서는 인식의 주체를 심(心)이라는 매우 애매하면서도 포괄적인 말로 이해해 왔다. 심(心)은 물(物)과 항시 자연스러운 교류를 하고 있으며, 이성은 단지 심(心)의 일면일 뿐인 것이다. 동양은 이성의 오만이라는 것을 모른다. 지고의 진리, 인간을 살리고 자유롭게 하는 생동적 진리는 언어적 지성을 넘어선다는 의식이 있었기 때문일 것이다. 언어는 언제나 마음을 못 따르며 둘 사이에는 항시 괴리가 있다는 생각이 동양인들의 의식 저변에 깔려 있는 것이다.

① 동양 사상은 신비주의적인 요소가 많다.
② 언어와 개념을 무시하면 동양 사상을 이해할 수 없다.
③ 동양 사상은 언어적 지식을 초월하는 진리를 추구한다.
④ 인식의 주체를 심(心)으로 표현하는 동양 사상은 이성적이라 할 수 없다.
⑤ 동양 사상에서 언어는 마음을 따르므로 진리는 마음속에 있다고 주장한다.

03 다음 글의 내용으로 가장 적절한 것은?

> 이슬람사회에서 결혼은 계약관계로 간주된다. 따라서 부부관계는 계약사항이 위반될 때 해제될 수 있다. 결혼식 전 신랑 측과 신부 측이 서로 합의하에 결혼계약서를 작성하며, 결혼식에서 신랑과 신부 집안의 가장(家長), 양가의 중재자, 양쪽 집안에서 정한 증인이 결혼계약서에 각각 서명해야 하는 점은 이를 반영한다. 결혼계약서에 서명이 없거나, 이슬람의 관습에 따라 결혼식이 진행되지 않았거나, 서명이 끝난 결혼계약서가 정부에 등록되지 않으면 결혼은 무효로 간주되어 법적 효력이 없다.
>
> 결혼식은 아랍어로 '시가'라고 하는 결혼서약으로 시작된다. 이는 결혼식 날 주례로서 결혼을 주관하는 '마우준'이 신랑 측과 신부 측에 결혼 의사를 묻고 동의 의사를 듣는 것으로 이루어진다. 이슬람사회의 관습에 따르면 결혼식에서 직접 동의 의사를 공표하는 신랑과 달리, 신부는 스스로 자신의 결혼 의사를 공표할 수 없다. 신부의 후견인인 '왈리'가 신부를 대신해 신부의 결혼 의사를 밝힌다. 보통 아버지가 그 역할을 담당하지만 아버지의 부재 시 삼촌이나 오빠가 대신한다. 당사자 혹은 대리인의 동의 없는 결혼서약은 무효로 간주된다. 결혼에 대한 양가의 의사 이외에도 이슬람사회에서 결혼이 성립되기 위한 필수조건으로 '마흐르'라고 불리는 혼납금이 있어야 한다. 이슬람사회의 관습에 따르면 혼납금은 신부의 개인 재산으로 간주된다. 혼납금은 결혼계약서를 작성하면서 신랑이 신부에게 지급해야 한다.
>
> 증인 또한 중요하다. 결혼식의 증인으로는 믿을 만한 양가 친척이나 부모의 친구가 선택된다. 양가를 대표하는 두 명의 증인은 결혼계약서에 서명함으로써 결혼에 거짓이 없음을 증명한다. 결혼식에서 증인이 확인하는 내용은 신랑이나 신부가 친남매 간이나 수양남매 관계가 아니라는 것, 양가의 사회적 지위가 비슷하며 종교가 같다는 것, 이전에 다른 결혼관계가 있었는지 여부, 신부가 '잇다' 기간에 있지 않다는 것 등이다. '잇다' 기간이란 여성이 이전 결혼관계가 해제된 후 다음 결혼 전까지 두어야 하는 결혼 대기 기간으로, 이 기간 동안 전 결혼에서 발생했을지 모를 임신 여부를 확인한다.

① 이슬람사회에서 남성은 전처의 잇다 기간 동안에는 재혼할 수 없다.

② 이슬람사회에서 결혼은 계약관계로 간주되기 때문에 결혼의 당사자가 직접 결혼계약서에 서명해야 법적 효력이 있다.

③ 이슬람사회의 결혼계약서에는 신랑과 신부의 가족관계, 양가의 사회적 배경, 양가의 결합에 대한 정부의 승인 등의 내용이 들어 있다.

④ 이슬람사회에서 대리인을 통하지 않고 법적으로 유효하게 결혼 동의 의사를 밝힌 결혼 당사자는 상대방에게 혼납금을 지급하였을 것이다.

⑤ 이슬람사회에서 남녀의 결혼이 합법적으로 인정받기 위해서는 결혼 중재자와 결혼식 주례, 결혼계약서, 혼납금, 증인, 결혼식 하객이 필수적이다.

※ 다음 글의 내용으로 적절하지 않은 것을 고르시오. [4~5]

04

조금 예민한 문제이지만 외몽고와 내몽고라는 용어는 문제가 있다. 외몽고는 중국을 중심으로 바깥쪽이라는 뜻이고, 내몽고는 중국의 안쪽에 있다는 말이다. 이러한 영토 내지는 귀속 의식을 벗어나서 객관적으로 표현한다면 북몽골, 남몽골로 구분하는 것이 더 낫다. 그러나 이렇게 하면 중국과의 불화는 불을 보듯이 뻔하다. 중국의 신강도 '새 영토'라는 뜻이므로 지나치게 중화주의적이다. 그곳에 사는 사람들의 고유 전통을 완전히 무시한 것이기도 하다. 미국과 캐나다 그리고 호주의 원주민 보호 구역 역시 '보호'라는 의미를 충족하지 못한다. 수용 지역이라고 하는 것이 더욱 객관적이다. 그러나 그렇게 한다면 외교적인 부담을 피할 길이 없다. 이처럼 예민한 지명 문제는 학계 목소리로 남겨 두는 것이 좋다.

① 정부는 외몽고를 북몽골로 불러야 한다.
② 지명 문제로 외교 마찰을 빚는 것은 바람직하지 않다.
③ 외몽고, 내몽고, 신강 등과 같은 표현은 객관적인 표현이라 할 수 없다.
④ 외교적 마찰이 예상되는 지명 문제에 대해서는 학계에서 논의하는 것이 좋다.
⑤ 중국이 '신강'과 같은 원리로 이름을 붙이는 것은 지나치게 중화주의적인 태도이다.

05

세슘은 알칼리 금속에 속하는 화학 원소로, 무르고 밝은 금색이며 실온에서 액체 상태로 존재하는 세 가지 금속 중 하나이다. 세슘은 공기 중에서도 쉽게 산화하며 가루 세슘 또한 자연발화를 하는 데다 물과 폭발적으로 반응하기 때문에 소방법에서는 위험물로 지정하고 있다. 나트륨이나 칼륨은 물에 넣으면 불꽃을 내며 타는데, 세슘의 경우에는 물에 넣었을 때 발생하는 반응열과 수소 기체가 만나 더욱 큰 폭발을 일으킨다. 세슘에는 약 30종의 동위원소가 있는데, 이 중 세슘 – 133만이 안정된 형태이며 나머지는 모두 자연적으로 붕괴한다. 이중 세슘 – 137은 감마선을 만드는데, 1987년에 이 물질에 손을 댄 4명이 죽고 200명 이상이 피폭당한 고이아니아 방사능 유출사고가 있었다.

① 세슘은 물에 넣었을 때 큰 폭발을 일으킨다.
② 세슘의 동위원소 대부분은 안정적이지 못하다.
③ 액체 상태의 세슘은 위험물에서 제외하고 있다.
④ 세슘 – 137을 부주의하게 다룰 경우 생명이 위독할 수 있다.
⑤ 세슘은 실온에서 액체 상태로 존재하는 세 가지 금속 중 하나이다.

다음 중 (가) ~ (마) 각 문단의 전개 방식에 대한 설명으로 적절하지 않은 것은?

(가) 내 주변에는 나처럼 생기고 나와 비슷하게 행동하는 수많은 사람들이 있다. 나는 그들과 경험을 공유하며 살아간다. 그렇다면 그들도 나와 같은 느낌을 가지고 있을까? 가령 나는 손가락을 베이면 아프다는 것을 다른 무엇으로부터도 추리하지 않고 직접 느낀다. 하지만 다른 사람의 경우에는 '아야!'라는 말과 움츠리는 행동을 통해 그가 아픔을 느꼈으리라고 추측할 수밖에 없다. 이때 그가 느낀 아픔이 내가 느낀 아픔과 같은 것일까?

(나) 물론 이 물음은 다른 사람이 실제로는 아프지 않은데 거짓으로 아픈 척했다거나, 그가 아픔을 느꼈을 것이라는 나의 추측이 잘못되었다는 것과는 관계가 없다. '아프냐? 나도 아프다.'라는 말에서처럼 나는 다른 사람이 아픔을 느낀다는 것을 그의 말이나 행동으로 알고, 그 아픔을 함께 나눌 수도 있다. 하지만 그의 아픔이 정말로 나의 아픔과 같은 것인지 묻는 것은 다른 문제이다.

(다) 이 문제에 대한 고전적인 해결책은 유추의 방법을 사용하는 것이다. 나는 손가락을 베였을 때 느끼는 아픔을 '아야!'라는 말이나 움츠리는 행동을 통해 나타낸다. 그래서 다른 사람도 그러하리라 전제하고는, 다른 사람이 나와 같은 말이나 행동을 하면 '저 친구도 나와 같은 아픔을 느꼈겠군.' 하고 추론한다. 말이나 행동의 동일성이 느낌의 동일성을 보장한다는 것이다. 그러나 이 논증의 결정적인 단점은 내가 아는 단 하나의 사례, 곧 나의 경험에만 의지하여 다른 사람도 나와 같은 아픔을 느낀다고 판단한다는 것이다.

(라) 이런 문제는 우리가 다른 사람의 느낌을 직접 관찰할 수 없기 때문에 생긴다. 만일 다른 사람의 느낌 자체를 관찰할 방법이 있다면 이 문제는 해결될 수 있을 것이다. 기술이 놀랍게 발달하여 두뇌 속 뉴런의 발화(發火)를 통해 인간의 모든 심리 변화를 관찰할 수 있다고 치자. 그러면 제3자가 나와 다른 사람의 뉴런 발화를 비교하여 그것이 같은지 다른지 판단할 수 있다. 그러나 이때에도 나는 특정 뉴런 발화가 나의 '이런' 느낌과 관련된다는 것은 분명히 알 수 있지만, 그 관련이 다른 사람의 경우에도 똑같이 적용되는가 하는 것까지는 알 수 없다.

(마) 일부 철학자와 심리학자는 아예 '느낌'을 관찰할 수 있는 모습과 행동이 바로 그것이라고 정의하는 방식으로 해결책을 찾기도 한다. 그러나 이것은 분명히 행동 너머에 있는 것처럼 생각되는 느낌을 행동과 같다고 정의해 버렸다는 점에서 문제의 해결이라기보다는 단순한 해소인 것처럼 보인다. 그보다는 다양한 가설을 설정하고 그들 간의 경쟁을 통해 최선의 해결책으로 범위를 좁혀 가는 방법이 합리적일 것이다.

① (가) : 일상적인 경험으로부터 화제를 이끌어 내고 있다.
② (나) : 화제에 대한 보충 설명을 통해 문제 의식을 심화하고 있다.
③ (다) : 제기된 의문에 대한 고전적인 해결책을 소개하고 그 문제점을 지적하고 있다.
④ (라) : 제기된 의문이 과학적인 방법에 의해 해결될 수 있음을 보여 주고 있다.
⑤ (마) : 제기된 의문에 대한 새로운 접근 방법의 필요성을 주장하고 있다.

07 다음 글에서 도출한 결론을 반박하는 주장으로 가장 적절한 것은?

> 인터넷은 국경 없이 누구나 자유롭게 정보를 주고받을 수 있는 훌륭한 매체이다. 하지만 최근 급속히 늘고 있는 성인 인터넷 방송처럼 오히려 청소년에게 해로운 매체가 될 수 있다는 사실은 선진국에서도 동감하고 있다. 그러므로 인터넷 등급제를 만들어 유해한 환경으로부터 청소년들을 보호하고, 이를 어긴 사업자는 엄격한 처벌로 다스려야만 한다.

① 인터넷 등급제는 미니스커트나 장발 규제와 같은 구태의연한 조치이다.

② 인터넷 등급제는 IT 강국으로서의 대한민국의 입지를 위축시킬 수 있으므로 실행하지 않는 것이 옳다.

③ 인터넷 등급제는 정보에 대한 책임을 일방적으로 사업자에게만 지우는 조치로, 잘못하면 국민의 표현의 자유와 알 권리를 침해할 수 있다.

④ 인터넷 등급제를 만들어 규제를 하는 것도 완전한 방법은 아니기 때문에 유해한 인터넷 내용에는 원천적으로 접속할 수 없는 조치를 취해야 한다.

⑤ 청소년들 스스로가 정보의 유해를 가릴 수 있는 식견을 마련할 수 있도록 가능한 한 많은 정보를 접하는 것이 중요하므로 인터넷 등급제는 좋은 방법이 아니다.

08 다음 글의 ⓒ의 관점에서 ⑤의 관점을 비판한 내용으로 가장 적절한 것은?

> 20세기 초에 이르기까지 유럽의 언어학자들은 언어를 진화하고 변화하는 대상으로 보고, 언어학이 역사적이어야 한다고 생각하였다. 이러한 관점은 "언어가 역사적으로 발달해 온 방식을 어느 정도 고찰하지 않고서는 그 언어를 성공적으로 설명할 수 없다."라는 ⑤ 파울의 말로 대변된다.
> 이러한 경향에 반해 ⓒ 소쉬르는 언어가 역사적인 산물이더라도 변화 이전과 변화 이후를 구별해서 보아야 한다고 주장하였다. 언어는 구성 요소의 순간 상태 이외에는 어떤 것에 의해서도 규정될 수 없는 가치 체계이므로, 그 자체로서의 가치 체계와 변화에 따른 가치를 구별하지 않고서는 언어를 정확하게 연구할 수 없다는 것이다. 화자는 하나의 상태 앞에 있을 뿐이며, 화자에게는 시간 속에 위치한 현상의 연속성이 존재하지 않기 때문이다. 그러므로 한 시기의 언어 상태를 기술하기 위해서는 그 상태에 이르기까지의 모든 과정을 무시해야 한다고 하였다.

① 언어는 끊임없이 변화하므로 변화의 내용보다는 변화의 원리를 밝히는 것이 더 중요하다.

② 현재의 언어와 과거의 언어는 각각 정적인 상태이지만 전자는 후자를 바탕으로 하고 있다.

③ 자연 현상과는 달리 과거의 언어와 현재의 언어는 상호 간의 인과 관계에 의해 설명될 수 있다.

④ 화자의 말은 발화 당시의 언어 상태를 반영하므로 언어 연구는 그 당시의 언어를 대상으로 해야 한다.

⑤ 언어에는 역사의 유물과 같은 증거가 없기 때문에 언어학은 과거의 언어와 관련된 사실을 밝힐 수 없다.

09 다음 중 〈보기〉에 나타난 '노자'의 입장에서 '자산'을 비판한 내용으로 가장 적절한 것은?

거센 바람이 불고 화재가 잇따르자 정(鄭)나라의 재상 자산(子産)에게 측근 인사가 하늘에 제사를 지내라고 요청했지만, 자산은 "천도(天道)는 멀고, 인도(人道)는 가깝다."라며 거절했다. 그가 보기에 인간에게 일어나는 일은 더 이상 하늘의 뜻이 아니었고, 자연 변화 또한 인간의 화복(禍福)과는 거리가 멀었다. 인간이 자연 변화를 파악하면 얼마든지 재난을 대비할 수 있고, 인간사는 인간 스스로 해결할 문제라 생각한 것이다. 이러한 생각에 기초하여 그는 인간의 문제 해결 범위를 확대했고, 정나라의 현실 문제를 극복하고자 하였다.

그는 귀족이 독점하던 토지를 백성들도 소유할 수 있게 하였고, 이것을 문서화하여 세금을 부과하였다. 이에 따라 백성들은 개간(開墾)을 통해 경작지를 늘려 생산을 증대하였고, 국가는 경작지를 계량하고 등록함으로써 민부(民富)를 국부(國富)로 연결시켰다. 아울러 그는 중간 계급도 정치 득실을 논할 수 있도록 하여 귀족들의 정치 기반을 약화시키는 한편, 중국 역사상 처음으로 형법을 성문화하여 정(鼎, 발이 셋이고 귀가 둘 달린 솥)에 새김으로써 모든 백성이 법을 알고 법에 따라 처신하게 하는 법치의 체계를 세웠다. 성문법 도입은 귀족의 임의적인 법 제정과 집행을 막아 그들의 지배력을 약화시키는 조치였으므로 당시 귀족들은 이 개혁 조치에 반발하였다.

〈보기〉

노자(老子)는 만물의 생성과 변화는 자연스럽고 무의지적이지만, 스스로의 작용에 의해 극대화된다고 보았다. 인간도 이러한 자연의 원리에 따라 삶을 영위해야 한다고 보아 통치자의 무위(無爲)를 강조했다. 또한 사회의 도덕, 법률, 제도 등은 모두 인간의 삶을 인위적으로 규정하는 허위라 파악하고, 그것의 해체를 주장했다.

① 사회 규범의 법제화는 자발적인 도덕의 실현으로 이어질 것이다.
② 사회 제도에 의거하는 정치 개혁은 사회 발전을 극대화할 것이다.
③ 현실주의적 개혁은 궁극적으로 백성들에게 안정과 혜택을 줄 것이다.
④ 인간의 문제를 스스로 해결하려는 시도는 결국 현실 사회를 허위로 가득차게 할 것이다.
⑤ 자연이 인간의 화복을 주관하지 않는다는 생각은 사회의 도덕, 법률, 제도의 존재를 부정할 수 없다.

10 다음 글을 읽고 추론할 수 있는 내용으로 적절하지 않은 것은?

세계적으로 저명한 미국의 신경과학자들은 '의식에 관한 케임브리지 선언'을 통해 동물에게도 의식이 있다고 선언했다. 이들은 포유류와 조류 그리고 문어를 포함한 다른 많은 생물도 인간처럼 의식을 생성하는 신경학적 기질을 갖고 있다고 주장하였다. 즉, 동물도 인간과 같이 의식이 있는 만큼 합당한 대우를 받아야 한다는 이야기이다. 그러나 이들과 달리 아직도 동물에게 의식이 있다는 데 회의적인 과학자가 많다.

인간의 동물관은 고대부터 두 가지로 나뉘어 왔다. 그리스의 철학자 피타고라스는 윤회설에 입각하여 동물에게 경의를 표해야 한다는 것을 주장했으나, 아리스토텔레스는 '동물에게는 이성이 없으므로 동물은 인간의 이익을 위해서만 존재한다.'고 주장했다. 이러한 동물관의 대립은 근세에도 이어졌다. 17세기 철학자 데카르트는 '동물은 정신을 갖고 있지 않으며, 고통을 느끼지 못하므로 심한 취급을 해도 좋다.'라고 주장한 반면, 18세기 계몽철학자 루소는 『인간불평등 기원론』을 통해 인간과 동물은 동등한 자연의 일부라는 주장을 처음으로 제기했다.

그러나 인간은 오랫동안 동물의 본성이나 동물답게 살 권리를 무시한 채로 소와 돼지, 닭 등을 사육해왔다. 오로지 더 많은 고기와 달걀을 얻기 위해 '공장식 축산' 방식을 도입한 것이다. 공장식 축산이란 가축 사육 과정이 공장에서 규격화된 제품을 생산하는 것과 같은 방식으로 이루어지는 것을 말하며, 이러한 환경에서는 소와 돼지, 닭 등이 몸조차 자유롭게 움직일 수 없는 좁은 공간에 갇혀 자라게 된다. 가축은 스트레스를 받아 면역력이 떨어지게 되고, 이는 결국 항생제 대량 투입으로 이어질 수밖에 없다. 우리는 그렇게 생산된 고기와 달걀을 맛있다고 먹고 있는 것이다.

이와 같은 공장식 축산의 문제를 인식하고, 이를 개선하려는 동물 복지 운동은 1960년대 영국을 중심으로 유럽에서 처음 시작되었다. 인간이 가축의 고기 등을 먹더라도 최소한의 배려를 함으로써 항생제 사용을 줄이고, 고품질의 고기와 달걀을 생산하자는 것이다. 한국도 2012년부터 산란계를 시작으로 '동물 복지 축산농장 인증제'를 시행하고 있다. 배고픔·영양 불량·갈증으로부터의 자유, 두려움·고통으로부터의 자유 등의 5대 자유를 보장하는 농장만이 동물 복지 축산농장 인증을 받을 수 있다.

동물 복지는 가축뿐만이 아니라 인간의 건강을 위한 것이기도 하다. 따라서 정부와 소비자 모두 동물 복지에 좀 더 많은 관심을 가져야 한다.

① 피타고라스는 동물에게도 의식이 있다고 생각했다.
② 아리스토텔레스와 데카르트의 동물관에는 일맥상통하는 점이 있다.
③ 좁은 공간에 갇혀 자란 돼지는 그렇지 않은 돼지에 비해 면역력이 낮을 것이다.
④ 공장식 축산에서의 항생제 대량 사용은 결국 인간에게 안 좋은 영향을 미칠 것이다.
⑤ 동물 복지 축산농장 인증제는 1960년대 영국에서 처음 시행되었다.

11

오늘날에는 매우 다양한 모양의 바퀴가 사용되고 있는데, 통나무를 잘라 만든 원판 모양의 나무바퀴는 기원전 5000년경부터 사용된 것으로 추정된다. 이후 나무바퀴는 세 조각의 판자를 맞춘 형태로 진화했다. 현존하는 유물로는 기원전 3500년경에 제작된 것으로 추정되는 메소포타미아의 전차(戰車)용 나무바퀴가 가장 오래된 것이다.

바퀴가 처음부터 모든 문명에서 사용된 것은 아니다. 이집트에서는 피라미드를 만들 때 바퀴가 아닌 썰매를 사용했다. 잉카 원주민과 아메리카 원주민은 유럽인이 전파해주기 전까지 바퀴의 존재조차 몰랐다. 유럽인이 바퀴를 전해준 다음에도 아메리카 원주민들은 썰매를 많이 이용했다. 에스키모는 지금도 개가 끄는 썰매를 이용하고 있다.

바퀴가 수레에만 사용된 것은 아니다. 도자기를 만드는 데 사용하는 돌림판인 물레는 바퀴의 일종으로 우리나라에서는 4000년 전부터 사용했다. 메소포타미아에서도 바퀴는 그릇을 빚는 물레로 쓰였다.

바퀴의 성능은 전쟁용 수레인 전차가 발달하면서 크게 개선되었다. 기원전 2000년경 히타이트족은 처음으로 바퀴살이 달린 바퀴를 전차에 사용하였다. 그 뒤 산업혁명기에 발명된 고무타이어가 바퀴에 사용되면서 바퀴의 성능은 한층 개선되었다. 1885년 다임러와 벤츠가 최초로 가솔린 자동차를 발명했다. 자동차용 공기압 타이어는 그로부터 10년 후 프랑스의 미쉘린 형제에 의해 처음으로 개발되었다. 1931년 미국 듀퐁사가 개발한 합성고무가 재료로 사용되면서 타이어의 성능은 더욱 발전하고 종류도 다양해졌다.

① 19세기 초반부터 이미 자동차에 공기압 타이어가 사용되었다.

② 전차의 발달과 고무타이어의 발명은 바퀴의 성능 개선에 기여했다.

③ 바퀴를 처음 만들고 사용한 사람은 기원전 3500년경 메소포타미아인이다.

④ 바퀴가 없었던 지역에 바퀴가 전해진 이후 그 지역에서 썰매는 사용되지 않았다.

⑤ 바퀴가 수레를 움직이는 것 외에 다른 용도로 사용되기 시작한 것은 산업혁명기 이후였다.

12

주주 자본주의는 주주의 이윤을 극대화하는 것을 회사 경영의 목표로 하는 시스템을 말한다. 이 시스템은 자본가 계급을 사업가와 투자가로 나누어 놓았다. 그런데 주주 자본주의가 바꿔놓은 것이 하나 더 있다. 그것은 바로 노동자의 지위다. 주식회사가 생기기 이전에는 노동자가 생산수단들을 소유할 수 없었지만 이제는 거의 모든 생산수단이 잘게 쪼개져 누구나 그 일부를 구입할 수 있다. 노동자는 사업가를 위해서 일하고 사업가는 투자가를 위해 일하지만, 투자가들 중에는 노동자도 있는 것이다.

주주 자본주의를 비판하는 사람들은 기업이 주주의 이익만을 고려한다면, 다수의 사람들이 이익을 얻는 것이 아니라 소수의 독점적인 투자가들만 이익을 보장받는다고 지적한다. 또한 그들은 주주의 이익뿐만 아니라 기업과 연계되어 있는 이해관계자들 전체, 즉 노동자, 소비자, 지역사회 등을 고려해야 한다고 주장한다. 이러한 입장을 이해관계자 자본주의라고 한다.

주주 자본주의와 이해관계자 자본주의는 '기업이 존재하는 목적이 무엇인가?'라는 물음에 대한 답변이라고 할 수 있다. 물론 오늘날의 기업들은 극단적으로 한 가지 형태를 띠는 것이 아니라 양자가 혼합된 모습을 보인다. 기업은 주주의 이익을 최우선적으로 고려하지만, 노조 활동을 인정하고, 지역과 환경에 투자하며, 기부와 봉사 등 사회적 활동을 위해 노력하기도 한다.

① 주주 자본주의에서 주주의 이익과 사회적 공헌이 상충할 때 기업은 사회적 공헌을 우선적으로 선택한다.

② 주주 자본주의에서는 과거에 생산수단을 소유할 수 없었던 이들이 그것을 부분적으로 소유할 수 있게 되었다.

③ 이해관계자 자본주의에서는 지역사회의 일반 주민까지도 기업 경영의 전반적 영역에서 주도적인 역할을 담당한다.

④ 주주 자본주의와 이해관계자 자본주의가 혼합되면 기업의 사회적 공헌활동은 주주 자본주의에서보다 약화될 것이다.

⑤ 주주 자본주의와 이해관계자 자본주의가 혼합된 형태의 기업은 지역사회의 이익을 높이는 것을 최우선적으로 고려한다.

13

최근 경제·시사분야에서 빈번하게 등장하는 단어인 탄소배출권(CER; Certified Emission Reduction)에 대한 개념을 이해하기 위해서는 먼저 교토메커니즘(Kyoto Mechanism)과 탄소배출권거래제(Emission Trading)를 알아둘 필요가 있다.

교토메커니즘은 지구 온난화의 규제 및 방지를 위한 국제 협약인 기후변화협약의 수정안인 교토 의정서에서 온실가스를 보다 효과적이고 경제적으로 줄이기 위해 도입한 세 유연성체제인 '공동이행제도', '청정개발체제', '탄소배출권거래제'를 묶어 부르는 것이다.

이 중 탄소배출권거래제는 교토의정서 6대 온실가스인 이산화탄소, 메테인, 아산화질소, 과불화탄소, 수소불화탄소, 육불화황의 배출량을 줄여야 하는 감축의무국가가 의무감축량을 초과 달성하였을 경우에 그 초과분을 다른 국가와 거래할 수 있는 제도로, _____

결국 탄소배출권이란 현금화가 가능한 일종의 자산이자 가시적인 자연보호성과인 셈이며, 이에 따라 많은 국가 및 기업에서 탄소배출을 줄임과 동시에 탄소감축활동을 통해 탄소배출권을 획득하기 위해 동분서주하고 있다. 특히 기업들은 탄소배출권을 확보하는 주요 수단인 청정개발체제 사업을 확대하는 추세인데, 청정개발체제 사업은 개발도상국에 기술과 자본을 투자해 탄소배출량을 줄였을 경우에 이를 탄소배출량 감축목표달성에 활용할 수 있도록 한 제도이다.

① 6대 온실가스 중에서도 특히 이산화탄소를 줄이기 위해 만들어진 제도이다.

② 교토메커니즘의 세 유연성체제 중에서도 가장 핵심이 되는 제도라고 할 수 있다.

③ 다른 감축의무국가를 도움으로써 획득한 탄소배출권이 사용되는 배경이 되는 제도이다.

④ 의무감축량을 준수하지 못한 경우에도 다른 국가로부터 감축량을 구입할 수 있는 것이 특징이다.

⑤ 다른 국가를 도왔을 때, 그로 인해 줄어든 탄소배출량을 감축목표량에 더할 수 있는 것이 특징이다.

14

1979년 경찰관 출신이자 샌프란시스코 시의원이었던 댄 화이트는 시장과 시의원을 살해했다는 이유로 1급 살인죄로 기소되었다. 화이트의 변호인은 피고인이 스낵을 비롯해 컵케이크, 캔디 등을 과다 섭취해서 당분 과다로 뇌의 화학적 균형이 무너져 정신에 장애가 왔다고 주장하면서 책임 경감을 요구하였다. 재판부는 변호인의 주장을 인정하여 계획 살인죄보다 약한 일반 살인죄를 적용하여 7년 8개월의 금고형을 선고했다. 이 항변은 당시 미국에서 인기 있던 스낵의 이름을 따 '트윙키 항변'이라 불렸고, 사건의 사회성이나 의외의 소송 전개 때문에 큰 화제가 되었다.

이를 계기로 1982년 슈엔달러는 교정시설에 수용된 소년범 276명을 대상으로 섭식과 반사회 행동의 상관관계에 대해 실험하였다. 기존의 식단에서 각설탕을 꿀로 바꾸어 보고, 설탕이 들어간 음료수에서 천연 과일 주스를 주는 등으로 변화를 주었다. 이처럼 정제한 당의 섭취를 원천적으로 차단한 결과 시설 내 폭행, 절도, 규율 위반, 패싸움 등이 실험 전에 비해 무려 45%나 감소했다는 것을 알게 되었다. 따라서 이 실험을 통해 _____

① 과다한 영양 섭취가 범죄 발생에 영향을 미친다는 것을 알 수 있다.
② 과다한 정제당 섭취는 반사회적 행동을 유발할 수 있다는 것을 알 수 있다.
③ 가공 식품의 섭취가 일반적으로 폭력 행위를 증가시킨다는 것을 알 수 있다.
④ 정제당 첨가물로 인한 범죄 행위는 그 책임이 경감되어야 한다는 것을 알 수 있다.
⑤ 범죄 예방을 위해 교정시설 내에 정제당을 제공하지 말아야 한다는 것을 알 수 있다.

15

어느 시대든 사람들은 원인이 무엇인지 알고 있다고 믿었다. 사람들은 그런 앎을 어디서 얻는가? 원인을 안다고 믿는 사람들의 믿음은 어디서 생기는 것일까?

새로운 것, 체험되지 않은 것, 낯선 것은 원인이 될 수 없다. 알려지지 않은 것에서는 위험, 불안정, 걱정, 공포감이 뒤따르기 때문이다. 우리 마음의 불안한 상태를 없애고자 한다면, 우리는 알려지지 않은 것을 알려진 것으로 환원해야 한다. 이러한 환원은 우리 마음을 편하게 해주고 안심시키며 만족을 느끼게 한다. 이 때문에 우리는 이미 알려진 것, 체험된 것, 기억에 각인된 것을 원인으로 설정하게 된다. '왜?'라는 물음의 답으로 나온 것은 그것이 진짜 원인이기 때문에 우리에게 떠오른 것이 아니다. 그것이 우리에게 떠오른 것은 그것이 우리를 안정시켜주고 성가신 것을 없애주며 무겁고 불편한 마음을 가볍게 해주기 때문이다. 따라서 원인을 찾으려는 우리의 본능은 위험, 불안정, 걱정, 공포감 등에 의해 촉발되고 자극받는다.

우리는 '설명이 없는 것보다 설명이 있는 것이 언제나 더 낫다.'고 믿는다. 우리는 특별한 유형의 원인만을 써서 설명을 만들어 낸다. _____ 그래서 특정 유형의 설명만이 점점 더 우세해지고, 그러한 설명들이 하나의 체계로 모아져 결국 그런 설명이 우리의 사고방식을 지배하게 된다. 기업인은 즉시 이윤을 생각하고, 기독교인은 즉시 원죄를 생각하며 소녀는 즉시 사랑을 생각한다.

① 이것은 우리의 호기심과 모험심을 자극한다.
② 이것은 인과관계에 대한 우리의 지식을 확장시킨다.
③ 이것은 우리가 왜 불안한 심리 상태에 있는지를 설명해 준다.
④ 이것은 낯설고 체험하지 않았다는 느낌을 가장 빠르고 가장 쉽게 제거해 버린다.
⑤ 이것은 새롭고 낯선 것에서 원인을 발견하려는 우리의 본래 태도를 점차 약화시키고 오히려 그 반대의 태도를 우리의 습관으로 굳어지게 한다.

16

(가) 이러한 수평적 연결은 사물인터넷 서비스로 새로운 성장 동력을 모색할 수 있다. 예를 들어, 스마트 컵인 프라임베실(개인에게 필요한 수분 섭취량을 알려줌), 스마트 접시인 탑뷰(음식의 양을 측정함), 스마트 포크인 해피포크(식사 습관개선을 돕는 스마트 포크로, 식사 속도와 시간, 1분간 떠먹는 횟수 등을 계산해 식사 습관을 분석함)를 연결하면 식생활 습관을 관리할 수 있을 것이다. 이를 식당, 병원, 헬스케어 센터에서 이용하면 고객의 식생활을 부가 서비스로 관리할 수 있다.

(나) 마치 100m 달리기를 하듯 각자의 트랙에서 목표를 향해 전력 질주하던 시대가 있었다. 선택과 집중의 논리로 수직 계열화를 통해 효율을 확보하고, 성능을 개선하고자 했었다. 그런데 세상이 변하고 있다. 고객 혹은 사용자를 중심으로 기존의 제품과 서비스가 재정의되고 있는 것이다. 이러한 산업의 패러다임적 전환을 신성장 동력이라 말한다.

(다) 기존의 가스 경보기를 만들려면 미세한 가스도 놓치지 않는 센서의 성능, 오래 지속되는 배터리, 크게 알릴 수 있는 알람 소리, 인테리어에 잘 어울리는 멋진 제품 디자인이 필요하다. 그런데 아무리 좋은 가스 경보기를 만들어도 사람의 안전을 담보하지는 못한다. 만약 집에서 가스 경보기가 울리면 아마 창문을 열어 환기시키고, 가스 밸브를 잠그고, 119에 신고를 해야 할 것이다. 사람의 안전을 담보하는, 즉 연결 지배성이 높은 가스 경보기는 이런 일을 모두 해내야 한다. 이런 가스 경보기를 만들려면 전기, 전자, 통신, 기계, 인테리어, 디자인 등의 도메인들이 사용자 경험을 중심으로 연결돼야 한다. 이를 수평적 연결이라 부른다.

(라) 똑똑한 사물인터넷은 점점 더 다양해진다. S통신사의 '누구'나 아마존 '에코' 같은 스마트 스피커는 사용자가 언제 어디서든, 일상에서 인공 비서로 사용하는 시대가 되었다. 그리고 K보일러의 사물인터넷 서비스는 보일러 쪽으로 직접 가지 않아도 스마트폰 전용 앱으로 보일러를 관리한다. 이제 보일러가 언제, 얼마나, 어떻게 쓰이는지 그리고 보일러의 상태는 어떠한지와 더불어 사용하는 방식과 에너지 소모 등의 정보도 얻을 수 있다. 4차 산업혁명의 전진기지 역할을 하는 사물인터넷 서비스는 이제 거스를 수 없는 대세이다.

① (나) – (가) – (다) – (라)
② (나) – (다) – (가) – (라)
③ (다) – (가) – (라) – (나)
④ (다) – (나) – (가) – (라)
⑤ (라) – (나) – (다) – (가)

17

(가) 언어의 전파 과정에 대해 이와 같이 설명하는 것을 수면에 떨어진 물체로부터 파생된 물결이 주위로 퍼져 나가는 것과 같다 하여 '파문설(波紋說)'이라 한다.

(나) 일반적으로 도시나 저지대가 방사원점이 되는데 개신파가 퍼져나가는 속도는 지리적 제약에 따라 달라진다. 넓은 평야 지대가 발달한 지역은 그 속도가 빠른 반면, 지리적 장애물로 둘러싸인 지역은 그 속도가 느리다.

(다) 언어는 정치·경제·문화 중심지로부터 그 주변 지역으로 퍼져 나간다. 전국 각 지역으로부터 사람들이 중심지로 모여들고 이들이 다시 각 지역으로 흩어져 가는 과정이 되풀이되면서 중심지의 언어가 주변 지역으로 퍼져 나가게 되는 것이다.

(라) 이때 중심지로부터 주변 지역으로 퍼져 나가는 언어 세력을 '개신파(改新波)'라고 하고 세력의 중심지를 '방사원점(放射原點)'이라고 한다.

① (가) – (라) – (나) – (다) 　　② (다) – (가) – (라) – (나)
③ (다) – (라) – (가) – (나) 　　④ (라) – (가) – (나) – (다)
⑤ (라) – (나) – (가) – (다)

18

(가) 위기가 있는 만큼 기회도 주어진다. 다만, 그 기회를 잡기 위해 우리에게 가장 필요한 것은 지혜이다. 그리고 그 지혜를 행동으로 옮길 때, 우리는 성공이라는 결과를 얻을 수 있는 것이다.

(나) 세계적 금융위기는 끝나지 않았고, 동중국해를 둘러싼 중국과 일본의 영토분쟁은 세계 경제에 위협 요인이 되고 있다. 국가경제도 부동산가격 하락과 금리 인상으로 가계부채 문제가 경제에 지속적인 부담이 될 것이라는 예측이 나온다. 기업의 입장에서나 개인의 입장에서나 온통 풀기 어려운 문제에 둘러싸인 형국이다.

(다) 이 위기를 이겨낸 사람이 성공하고, 위기를 이겨낸 기업이 경쟁에서 승리한다. 어려움을 이겨낸 나라가 자신에게 주어진 무대에서 주역이 되었다는 것을 우리는 지난 역사 속에서 배울 수 있다.

(라) 한마디로 위기(危機)의 시대이다. 위기는 '위험'을 의미하는 위(危)자와 '기회'를 의미하는 기(機)자가 합쳐진 말이다. 이처럼 위기라는 말에는 위험과 기회라는 이중의 의미가 함께 들어 있다. 위험을 이겨낸 사람이 기회를 잡을 수 있다는 말이다. 위기는 기회의 또 다른 얼굴이다.

① (가) – (라) – (나) – (다) 　　② (나) – (가) – (다) – (라)
③ (나) – (라) – (다) – (가) 　　④ (라) – (가) – (다) – (나)
⑤ (라) – (다) – (가) – (나)

19 다음 글에서 〈보기〉의 문장이 들어갈 위치로 가장 적절한 곳은?

그럼 이제부터 제형에 따른 특징과 복용 시 주의점을 알아보겠습니다. 먼저 산제나 액제는 복용해야 하는 용량에 맞게 미세하게 조절이 가능합니다. 그리고 정제나 캡슐제에 비해 노인이나 소아가 약을 삼키기 쉽고 약효도 빠르게 나타납니다. (가) 캡슐제는 캡슐로 약물을 감싸서 자극이 강한 약물을 복용할 때 생기는 불편을 줄일 수 있고, 정제로 만들면 약효가 떨어질 수 있는 경우에 사용되어 약효를 유지할 수 있습니다. (나) 하지만 캡슐제는 캡슐이 목구멍이나 식도에 달라붙을 수 있기 때문에 충분한 양의 물과 함께 복용해야 합니다. (다)
그리고 정제는 일정한 형태로 압축되어 있어 산제나 액제에 비해 보관이 간편하고 정량을 복용하기 쉽습니다. 이러한 정제는 약물의 성분이 빠르게 방출되는 속방정과 서서히 지속적으로 방출되는 서방정으로 구분할 수 있습니다. (라) 서방정은 오랜 시간 일정하게 약의 효과를 유지할 수 있어 복용 횟수를 줄일 수 있습니다. 그런데 서방정은 함부로 쪼개거나 씹어서 먹으면 안 됩니다. 왜냐하면 약물의 방출 속도가 달라져 부작용의 위험이 커질 수 있기 때문입니다.
오늘 강연 내용은 유익하셨나요? 이번 강연이 약에 대한 이해를 높일 수 있는 계기가 되었으면 합니다. 또한 약과 관련해 더 궁금한 내용이 있다면 '온라인 의약 도서관'을 통해 찾아보실 수 있습니다. (마) 마지막으로 상세한 복약 정보는 꼭 의사나 약사에게 확인하시기 바랍니다. 경청해 주셔서 감사합니다.

─────────〈보기〉─────────
그러나 이 둘은 정제에 비해 변질되기 쉬우므로 특히 보관에 주의해야 하고 복용 전 변질 여부를 잘 확인해야 합니다.

① (가)　　　　　　　　　　② (나)
③ (다)　　　　　　　　　　④ (라)
⑤ (마)

(가) 완전국가가 퇴화해 가는 최초의 형태, 곧 야심 있는 귀족들이 지배하는 명예정치체제는 거의 모든 점에서 완전국가 자체와 비슷하다고 한다. 주목할 만한 점은 플라톤이 현존하는 국가 중에서 가장 우수하고 오래된 이 국가를 명백히 스파르타와 크레타의 도리아식 정체와 동일시했으며, 이들의 부족적인 귀족정치체제는 그리스 안에 남아 있는 가장 오랜 정치형태를 대표했다는 것이다.

(나) 한때는 통일되어 있던 가부장적 지배계급이 이제 분열되며, 이 분열이 바로 다음 단계인 과두체제로의 퇴화를 초래한다. 분열을 가져온 것은 야심이다. 플라톤은 젊은 명예정치가에 관해 이야기하면서 "처음, 그는 자기 아버지가 지배자에 들지 않았음을 한탄하는 어머니의 말을 듣는다."라고 말하고 있다. 이리하여 그는 야심을 가지게 되고 저명해지기를 갈망한다.

(다) 플라톤의 기술은 탁월한 정치적 선전이다. 뛰어난 학자이며, 『국가』의 편찬자인 애덤과 같은 이도 플라톤의 아테네에 대한 힐난의 변론술에 맞설 수 없다는 점을 감안하면, 그것이 끼쳤을 해독이 어떠했으리라는 것을 짐작할 수 있다. 애덤은 "민주적 인간의 출현에 대한 플라톤의 기술은 고금의 문헌을 통틀어서 가장 고귀하고 위대한 걸작이다."라고 쓰고 있다.

─〈보기〉─

㉠ 민주체제에 대한 플라톤의 기술은 아테네 사람들의 정치생활과 페리클레스가 표현했던 민주주의 신조에 대한 풍자로서 생생하긴 하나, 지극히 적대적이고 공정치 못한 풍자이다.

㉡ 플라톤의 완전국가를 자세히 논하기에 앞서, 타락해 가는 네 가지 국가형태의 이행과정에서 경제적인 동기가 차지하는 역할과 계급투쟁에 대한 플라톤의 분석을 간략히 설명하기로 한다.

㉢ 최선의 국가 또는 이상적인 국가와 명예정치체제의 주요한 차이는 후자가 불완전성이라는 요소를 안고 있다는 점이다.

	(가)	(나)	(다)
①	㉠	㉡	㉢
②	㉠	㉢	㉡
③	㉡	㉠	㉢
④	㉡	㉢	㉠
⑤	㉢	㉠	㉡

01 다음은 S중학교 방과 후 수업 신청 학생 중 과목별 학생 비율에 대한 자료이다. 방과 후 수업을 신청한 전체 학생이 200명일 때, 수학을 선택한 학생은 미술을 선택한 학생보다 몇 명이 더 적은가?

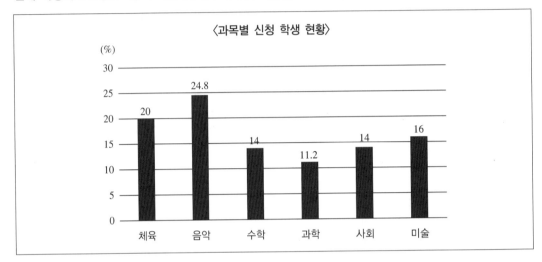

① 3명   ② 4명

③ 5명   ④ 6명

⑤ 7명

02 다음은 2023년 우리나라의 LPCD(Liter Per Capital Day)에 대한 자료이다. 1인 1일 사용량에서 영업용 사용량이 차지하는 비중과 1인 1일 가정용 사용량의 하위 두 항목이 차지하는 비중을 순서대로 나열한 것은?(단, 소수점 셋째 자리에서 반올림한다)

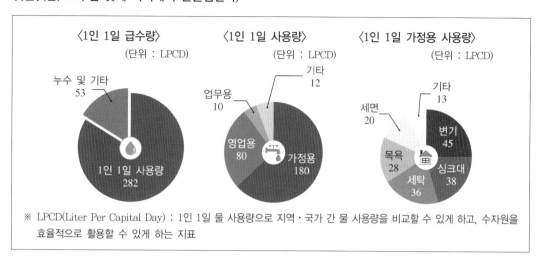

〈1인 1일 급수량〉 (단위 : LPCD)
누수 및 기타 53
1인 1일 사용량 282

〈1인 1일 사용량〉 (단위 : LPCD)
업무용 10
기타 12
영업용 80
가정용 180

〈1인 1일 가정용 사용량〉 (단위 : LPCD)
세면 20
기타 13
변기 45
목욕 28
싱크대 38
세탁 36

※ LPCD(Liter Per Capital Day) : 1인 1일 물 사용량으로 지역・국가 간 물 사용량을 비교할 수 있게 하고, 수자원을 효율적으로 활용할 수 있게 하는 지표

① 27.57%, 16.25%
② 27.57%, 19.24%
③ 28.37%, 18.33%
④ 28.37%, 19.24%
⑤ 30.56%, 20.78%

03 다음은 2019년부터 2023년까지의 항목별 A국의 4인 가족이 생활하는 데 들어가는 비용에 대한 자료이다. 이에 대한 설명으로 옳지 않은 것은?(단, 소수점 둘째 자리에서 반올림한다)

〈4인 가족 기준 항목별 생활비용〉

(단위 : 만 원)

구분	2019년	2020년	2021년	2022년	2023년
주거/수도/광열	64.7	65.4	( )	67.0	68.9
통신	12.9	13.0	12.8	14.3	15.6
주류/담배	10.2	10.1	16.4	17.0	17.4
음식/숙박	130.6	133.7	134.2	135.2	136.8
의류/가정용품	41.9	41.3	42.5	44.8	44.6
합계	260.3	263.5	271.2	278.3	283.3

① 2021년 4인 가족의 주거/수도/광열 비용은 65.3만 원이다.

② 2020 ~ 2023년 동안 전년 대비 통신 비용은 매년 증가하였다.

③ 2020 ~ 2023년 동안 전년 대비 음식/숙박 비용은 매년 증가하였다.

④ 2020 ~ 2022년 동안 전년 대비 주류/담배 비용과 의류/가정용품 비용의 증감 추이는 같다.

⑤ 2022년과 2023년의 주류/담배 비용이 전체 지출액에서 차지하는 비중은 같으나, 금액은 3,000원 이상 차이난다.

04 다음은 S기업의 정수기 판매량에 따른 평균 수입과 평균 비용에 대한 자료이다. 현재 정수기 4개를 판매하고 있는 S기업의 이윤을 극대화하기 위한 판단으로 옳은 것은?

〈정수기 판매량별 평균 수입 및 평균 비용〉

(단위 : 개, 만 원)

판매량	1	2	3	4	5	6
평균 수입	6	6	6	6	6	6
평균 비용	6	4	4	5	6	7

※ (평균 수입)=$\dfrac{(총수입)}{(판매량)}$, (평균 비용)=$\dfrac{(총비용)}{(판매량)}$

① 이윤은 판매량이 1개 또는 5개일 때 극대화된다.
② 판매량이 현재와 같이 유지될 때 이윤이 가장 크다.
③ 평균 수입이 평균 비용보다 높으므로 판매량을 늘려야 한다.
④ 평균 수입이 평균 비용보다 낮으므로 판매량을 줄여야 한다.
⑤ 판매량을 3개로 줄이면 이윤이 증가하므로 판매량을 줄여야 한다.

05 다음은 2018년부터 2023년까지의 소유자별 국토면적에 대한 자료이다. 이에 대한 설명으로 옳지 않은 것은?

〈소유자별 국토면적〉

(단위 : km^2)

구분	2018년	2019년	2020년	2021년	2022년	2023년
합계	99,646	99,679	99,720	99,828	99,897	100,033
민유지	56,457	55,789	54,991	54,217	53,767	53,357
국유지	23,033	23,275	23,460	23,705	23,891	24,087
도유지	2,451	2,479	2,534	2,580	2,618	2,631
군유지	4,741	4,788	4,799	4,838	4,917	4,971
법인	5,207	5,464	5,734	5,926	6,105	6,287
비법인	7,377	7,495	7,828	8,197	8,251	8,283
기타	380	389	374	365	348	417

① 전체 국토면적은 매년 조금씩 증가하고 있다.
② 전년 대비 2023년 전체 국토면적의 증가율은 1% 미만이다.
③ 국유지 면적은 매년 증가하였고, 민유지 면적은 매년 감소하였다.
④ 2018년과 2023년을 비교했을 때, 법인보다 국유지 면적의 차이가 크다.
⑤ 전년 대비 2019 ~ 2023년 군유지 면적의 증가량은 2022년에 가장 많다.

06 다음은 2023년 S사 직능별 인력현황에 대한 자료이다. 이에 대해 옳은 설명을 한 사람을 〈보기〉에서 모두 고르면?(단, 비율은 소수점 둘째 자리에서 반올림한다)

〈S사 직능별 인력현황〉

(단위 : 명, %)

구분	전체		기업체		연구기관	
	인원	비율	인원	비율	인원	비율
연구기술직	4,117	59.6	3,242	54.1	875	95.6
사무직	1,658	24.0	1,622	27.1	36	3.9
생산직	710	10.3	710	11.9	0	0
기타	419	6.1	414	6.9	5	0.5
합계	6,904	100.0	5,988	100.0	916	100.0

〈보기〉

- 김사원 : 기업체의 연구기술직 인원은 기업체 사무직 인원의 2배 이상이다.
- 이주임 : 전체 연구기술직 인력 중 기업체 연구기술직 인력이 차지하는 비율은 70% 이상이다.
- 박주임 : 연구기관의 사무직 인력이 전체 사무직 인력 중 차지하는 비율은 3.9%이다.
- 김대리 : 전체 인력 중 기타로 분류된 인원은 사무직 인원의 25% 이상이다.

① 김사원, 이주임
② 김사원, 박주임
③ 이주임, 박주임
④ 이주임, 김대리
⑤ 박주임, 김대리

07 다음은 어느 국가의 A ~ C지역 가구 구성비에 대한 자료이다. 이에 대한 설명으로 옳은 것은?

⟨A ~ C지역 가구 구성비⟩

(단위 : %)

구분	부부 가구	2세대 가구		3세대 이상 가구	기타 가구	합계
		부모+미혼자녀	부모+기혼자녀			
A지역	5	65	16	2	12	100
B지역	16	55	10	6	13	100
C지역	12	40	25	20	3	100

※ 기타 가구 : 1인 가구, 형제 가구, 비친족 가구
※ 핵가족 : 부부 또는 (한)부모와 그들의 미혼 자녀로 이루어진 가족
※ 확대가족 : (한)부모와 그들의 기혼 자녀로 이루어진 2세대 이상의 가족

① 핵가족 가구의 비중이 가장 높은 지역은 A지역이다.
② 1인 가구의 비중이 가장 높은 지역은 B지역이다.
③ 확대가족 가구 수가 가장 많은 지역은 C지역이다.
④ 부부 가구의 비중이 가장 높은 지역은 C지역이다.
⑤ A, B, C지역 모두 핵가족 가구 수가 확대가족 가구 수보다 많다.

08 다음은 예식장 사업 형태에 대한 자료이다. 이에 대한 설명으로 옳지 않은 것은?

⟨예식장 사업 형태⟩

(단위 : 개, 백만 원, m²)

구분	개인경영	회사법인	회사 이외의 법인	비법인 단체	합계
사업체 수	1,160	44	91	9	1,304
매출	238,789	43,099	10,128	791	292,807
비용	124,446	26,610	5,542	431	157,029
면적	1,253,791	155,379	54,665	3,534	1,467,369

※ $[수익률(\%)] = \left[\dfrac{(매출)}{(비용)} - 1 \right] \times 100$

① 예식장 사업은 대부분 개인경영 형태로 이루어지고 있다.
② 수익률이 가장 높은 예식장 사업 형태는 회사법인 형태이다.
③ 예식장 사업은 매출액의 약 50% 정도가 수익이 되는 사업이다.
④ 사업체당 평균 면적이 가장 작은 예식장 사업 형태는 비법인 단체 형태이다.
⑤ 사업체당 평균 매출액이 가장 큰 예식장 사업 형태는 회사법인 형태이다.

09 다음은 지난해 1 ~ 7월 서울 지하철 승차인원에 대한 자료이다. 이에 대한 설명으로 옳지 않은 것은?

⟨1 ~ 7월 서울 지하철 승차인원⟩

(단위 : 만 명)

구분	1월	2월	3월	4월	5월	6월	7월
1호선	818	731	873	831	858	801	819
2호선	4,611	4,043	4,926	4,748	4,847	4,569	4,758
3호선	1,664	1,475	1,807	1,752	1,802	1,686	1,725
4호선	1,692	1,497	1,899	1,828	1,886	1,751	1,725
5호선	1,796	1,562	1,937	1,910	1,939	1,814	1,841
6호선	1,020	906	1,157	1,118	1,164	1,067	1,071
7호선	2,094	1,843	2,288	2,238	2,298	2,137	2,160
8호선	548	480	593	582	595	554	566
합계	14,243	12,537	15,480	15,007	15,389	14,379	14,665

① 3월의 전체 승차인원이 가장 많았다.
② 3호선과 4호선의 승차인원 차이는 5월에 가장 컸다.
③ 8호선의 1월 대비 7월 승차인원은 3% 이상 증가했다.
④ 2호선과 8호선의 전월 대비 2 ~ 7월의 증감 추이는 같다.
⑤ 4호선을 제외한 7월의 호선별 승차인원은 전월보다 모두 증가했다.

10 다음은 우리나라의 10대 수출 품목이 전체 수출 품목에서 차지하는 비중에 대한 자료이다. 이에 대한 설명으로 옳지 않은 것은?

〈우리나라의 10대 수출 품목과 비중〉

(단위 : %)

순위	2019년		2020년		2021년		2022년		2023년	
	품목	비중	품목	비중	품목	비중	품목	비중	품목	비중
1	반도체	10.9	선박류	10.2	석유제품	10.1	반도체	10.4	반도체	10.9
2	선박류	10.4	석유제품	9.3	반도체	9.2	석유제품	9.4	석유제품	8.9
3	자동차	7.6	반도체	9.0	자동차	8.6	자동차	8.7	자동차	8.5
4	평판디스플레이	7.0	자동차	8.2	선박류	7.3	선박류	6.6	선박류	7.0
5	석유제품	6.7	평판디스플레이	5.6	평판디스플레이	5.7	평판디스플레이	5.1	무선통신기기	5.2
6	무선통신기기	5.9	무선통신기기	4.9	자동차부품	4.5	무선통신기기	4.9	자동차부품	4.7
7	자동차부품	4.1	자동차부품	4.2	무선통신기기	4.2	자동차부품	4.7	평판디스플레이	4.6
8	합성수지	3.7	철강판	3.8	철강판	3.6	합성수지	3.8	합성수지	3.8
9	철강판	3.6	합성수지	3.5	합성수지	3.6	철강판	3.1	철강판	3.3
10	컴퓨터	2.0	컴퓨터	1.6	전자응용기기	1.6	전자응용기기	1.9	전자응용기기	1.7
합계	–	61.9	–	60.3	–	58.4	–	58.6	–	58.6

① 컴퓨터는 2020년 이후 합성수지에 밀려 10대 품목에서 제외되었다.
② 상위 3개 품목의 비중이 10대 품목 비중의 절반 이상을 차지한 해는 없다.
③ 전 기간에 걸쳐 10대 수출 품목은 전체 수출 품목의 절반 이상을 차지했다.
④ 10대 품목의 비중 중에서 전 기간에 걸쳐 순위 변동이 가장 적은 품목은 자동차이다.
⑤ 10대 품목의 비중 중에서 반도체의 비중이 가장 큰 해에는 철강판이 두 번째로 적은 비중을 차지했다.

11 다음은 로봇 생산에 대한 자료이다. 이에 대한 설명으로 옳지 않은 것은?

〈국내 로봇 업체 수출 현황〉

(단위 : 억 원)

구분	2019년	2020년	2021년	2022년	2023년
제조용	5,965	6,313	6,768	6,806	8,860
전문서비스	18	54	320	734	191
개인서비스	1,186	831	708	788	861
로봇 부품	207	265	362	1,007	1,072
합계	7,376	7,464	8,159	9,336	10,984

〈국내 부문별 연구개발 설비 투자 현황〉

(단위 : 억 원)

구분	2019년	2020년	2021년	2022년	2023년
연구개발	159	391	545	270	1,334
생산	278	430	768	740	1,275
기타	48	196	281	154	451
합계	485	1,017	1,594	1,164	3,060

① 제조용 로봇의 수출 비중이 가장 높은 해는 2020년이다.

② 2023년에 처음으로 로봇 산업 수출액이 1조 원을 돌파하였다.

③ 매년 전체 수출액 중 로봇 부품이 차지하는 비율은 지속적으로 증가 중이다.

④ 2023년 연구개발 설비 투자 금액이 생산설비 투자 금액보다 59억 원 더 많다.

⑤ 2019년부터 2022년까지 전체 투자 금액 중 생산 설비 투자 비율이 가장 높다.

12 다음은 서울과 대구의 연간 분기별 평균기온에 대한 자료이다. 이에 대한 설명으로 옳은 것을 〈보기〉에서 모두 고르면?

〈서울의 연간 분기별 평균기온〉

(단위 : ℃)

연도 \ 분기	1분기 (1 ~ 3월)	2분기 (4 ~ 6월)	3분기 (7 ~ 9월)	4분기 (10 ~ 12월)
2023년	−0.5	15.4	32.8	12.7
2022년	−2.1	14.4	31.1	12.5
2021년	−3.5	14.2	29.1	11.5
2020년	−4.7	14.5	29.2	12.3
2019년	−5.2	14.9	28.8	12.5

〈대구의 연간 분기별 평균기온〉

(단위 : ℃)

연도 \ 분기	1분기 (1 ~ 3월)	2분기 (4 ~ 6월)	3분기 (7 ~ 9월)	4분기 (10 ~ 12월)
2023년	−1.5	16.9	36.9	13.8
2022년	−1.9	16.1	35.8	12.7
2021년	−2.4	16.3	33.2	12.5
2020년	−3.1	15.4	34.1	11.9
2019년	−4.2	14.7	33.9	12.1

〈보기〉

㉠ 2020년부터 2023년까지 전년 대비 1분기 평균기온 변화량의 차이는 서울은 매년 증가하지만, 대구는 매년 감소한다.
㉡ 매년 2분기와 3분기의 평균기온은 대구가 서울보다 높다.
㉢ 서울의 1분기와 2분기 차이가 가장 큰 해는 2022년이다.
㉣ 대구의 분기별 평균기온이 가장 높은 해와 낮은 해는 동일하다.

① ㉠
② ㉢
③ ㉠, ㉡
④ ㉠, ㉣
⑤ ㉡, ㉢

13 다음은 국가별 지식재산권 사용료 현황에 대한 자료이다. 이에 대한 설명으로 옳지 않은 것은?(단, 증가율과 감소율은 절댓값으로 비교하고, 소수점 둘째 자리에서 반올림한다)

〈연도별 지식재산권 사용료 수입〉

(단위 : 백만 달러)

구분	2023년	2022년	2021년
버뮤다	2	0	0
캐나다	4,458	4,208	4,105
멕시코	6	7	7
미국	127,935	124,454	124,442
칠레	52	43	42
콜롬비아	63	46	52
파라과이	36	33	33
페루	26	9	7
우루과이	35	33	38

〈연도별 지식재산권 사용료 지급〉

(단위 : 백만 달러)

구분	2023년	2022년	2021년
버뮤다	10	8	9
캐나다	10,928	10,611	10,729
멕시코	292	277	260
미국	48,353	44,392	39,858
칠레	1,577	1,614	1,558
콜롬비아	457	439	471
파라과이	19	19	19
페루	306	324	302
우루과이	113	109	101

① 2021 ~ 2023년 동안 지적재산권 사용료 수입이 지급보다 많은 국가는 2곳이다.

② 2022 ~ 2023년 동안 미국의 지식재산권 사용료 지급은 수입의 30% 이상을 차지한다.

③ 2021년 캐나다 지식재산권 사용료 수입은 미국을 제외한 국가들 총수입의 20배 이상이다.

④ 2022 ~ 2023년 동안 전년 대비 지식재산권 사용료 수입과 지급이 모두 증가한 국가는 1곳이다.

⑤ 2023년 전년 대비 멕시코 지식재산권 사용료 지급 증가율은 2022년 전년 대비 콜롬비아 지식재산권 사용료 수입 감소율보다 5.5%p 더 높다.

14 다음은 국가별 성인이 하루에 섭취하는 주 영양소의 평균에 대한 자료이다. 이에 대한 설명으로 옳은 것을 〈보기〉에서 모두 고르면?(단, 소수점 둘째 자리에서 반올림한다)

〈국가별 성인 평균섭취량〉

(단위 : g)

구분	탄수화물	단백질			지방		
		합계	동물성	식물성	합계	동물성	식물성
한국	380	60	38	22	55	30	25
미국	295	67	34	33	59	41	18
브라질	410	56	28	28	60	32	28
인도	450	74	21	53	49	21	28
러시아	330	68	44	24	60	38	22
프랑스	320	71	27	44	60	31	29
멕시코	425	79	58	21	66	55	11
스페인	355	60	32	28	54	28	26
영국	284	64	42	22	55	32	23
중국	385	76	41	35	65	35	30

〈성인기준 하루 권장 섭취량〉

(단위 : g)

구분	탄수화물	단백질	지방
권장 섭취량	300 ~ 400	56 ~ 70	51

─────〈보기〉─────

㉠ 탄수화물 평균섭취량이 '성인기준 하루 권장 섭취량'에서 최대량 초과인 국가와 최소량 미만인 국가 수는 동일하다.
㉡ 단백질 평균섭취량이 '성인기준 하루 권장 섭취량'의 범위를 초과하는 국가는 동물성 단백질 섭취량이 식물성 단백질 섭취량보다 많다.
㉢ 지방 평균섭취량과 권장 섭취량의 차이가 가장 적은 국가의 지방 평균섭취량 대비 동물성 지방 섭취량 비율은 40% 이하이다.
㉣ 탄수화물 평균섭취량이 가장 적은 나라의 단백질과 지방 평균섭취량의 합에서 동물성이 차지하는 비율은 식물성이 차지하는 비율보다 높다.

① ㉠
② ㉢
③ ㉣
④ ㉠, ㉣
⑤ ㉡, ㉢

15 다음은 2022년과 2023년 어느 학원의 A ~ E강사 5명의 시급과 수강생 만족도에 대한 자료이다. 이에 대한 설명으로 옳은 것은?

〈강사의 시급 및 수강생 만족도〉

(단위 : 원, 점)

구분	2022년		2023년	
	시급	수강생 만족도	시급	수강생 만족도
A강사	50,000	4.6	55,000	4.1
B강사	45,000	3.5	45,000	4.2
C강사	52,000	( )	54,600	4.8
D강사	54,000	4.9	59,400	4.4
E강사	48,000	3.2	( )	3.5

〈수강생 만족도 점수별 시급 인상률〉

수강생 만족도	인상률
4.5점 이상	10% 인상
4.0점 이상 4.5점 미만	5% 인상
3.0점 이상 4.0점 미만	동결
3.0점 미만	5% 인하

※ 다음 연도 시급의 인상률은 당해 연도 시급 대비 당해 연도 수강생 만족도에 따라 결정됨
※ 강사가 받을 수 있는 시급은 최대 60,000원임

① E강사의 2023년 시급은 45,600원이다.
② 2024년 시급은 D강사가 C강사보다 높다.
③ 2023년과 2024년 시급 차이는 C강사가 가장 크다.
④ 2024년 A강사와 B강사의 시급 차이는 10,000원이다.
⑤ C강사의 2022년 수강생 만족도 점수는 4.5점 이상이다.

16 다음은 초·중·고등학교 전체 학생 수와 다문화가정 학생 수에 대한 자료이다. 이에 대한 설명으로 옳지 않은 것은?

〈초·중·고등학교 전체 학생 수〉

(단위 : 천 명)

구분	2014년	2015년	2016년	2017년	2018년	2019년	2020년	2021년	20022	2023년
학생 수	7,776	7,735	7,618	7,447	7,236	6,987	6,732	6,529	6,334	6,097

〈다문화가정 학생 수〉

(단위 : 명)

구분	초등학교	중학교	고등학교	합계
2014년	7,910	1,139	340	9,389
2015년	12,199	1,979	476	14,654
2016년	16,785	2,527	868	20,180
2017년	21,466	3,294	1,255	26,015
2018년	24,701	5,260	1,827	31,788
2019년	28,667	7,634	2,377	38,678
2020년	33,792	9,647	3,515	46,954
2021년	39,430	11,294	5,056	55,780
2022년	48,297	12,525	6,984	67,806
2023년	60,283	13,865	8,388	82,536

① 초·중·고등학교 전체 학생 수는 계속 감소하고 있다.

② 초·중·고등학교 전체 학생 수가 6백만 명대로 감소한 해는 2019년이다.

③ 2023년의 전체 다문화가정 학생 수는 2014년에 비해 73,147명 증가했다.

④ 2023년의 고등학교 다문화가정 학생 수는 2014년의 고등학교 다문화가정 학생 수의 약 24.7배이다.

⑤ 초·중·고등학교 전체 학생 수 대비 전체 다문화가정 학생 수의 비율은 점점 증가했다가 2022년에 감소했다.

17 다음은 신재생에너지 산업에 대한 자료이다. 이에 대한 설명으로 옳은 것은?

⟨신재생에너지원별 산업 현황⟩

(단위 : 억 원)

구분	기업체 수(개)	고용인원(명)	매출액	내수	수출액	해외공장 매출	투자액
태양광	127	8,698	75,637	22,975	33,892	18,770	5,324
태양열	21	228	290	290	–	–	1
풍력	37	2,369	14,571	5,123	5,639	3,809	583
연료전지	15	802	2,837	2,143	693	–	47
지열	26	541	1,430	1,430	–	–	251
수열	3	46	29	29	–	–	0
수력	4	83	129	116	13	–	0
바이오	128	1,511	12,390	11,884	506	–	221
폐기물	132	1,899	5,763	5,763	–	–	1,539
합계	493	16,177	113,076	49,753	40,743	22,579	7,966

① 태양광에너지 분야의 기업체 수가 가장 많다.
② 전체 매출액 대비 전체 투자액의 비율은 7.5% 이상이다.
③ 바이오에너지 분야의 수출액은 전체 수출액의 1% 미만이다.
④ 태양광에너지 분야의 고용인원은 전체 고용인원의 반 이상을 차지한다.
⑤ 전체 매출액에서 풍력에너지 분야의 매출액이 차지하는 비율은 15% 이상이다.

18 다음은 지난해 항목별 상위 7개 동의 자산규모에 대한 자료이다. 이에 대한 설명으로 옳은 것은?

〈항목별 상위 7개 동의 자산규모〉

(단위 : 조 원)

구분 / 순위	총자산		부동산자산		예금자산		가구당 총자산(억 원)	
	동명	규모	동명	규모	동명	규모	동명	규모
1	여의도동	24.9	대치동	17.7	여의도동	9.6	을지로동	51.2
2	대치동	23.0	서초동	16.8	태평로동	7.0	여의도동	26.7
3	서초동	22.6	압구정동	14.3	을지로동	4.5	압구정동	12.8
4	반포동	15.6	목동	13.7	서초동	4.3	도곡동	9.2
5	목동	15.5	신정동	13.6	역삼동	3.9	잠원동	8.7
6	도곡동	15.0	반포동	12.5	대치동	3.1	이촌동	7.4
7	압구정동	14.4	도곡동	12.3	반포동	2.5	서초동	6.4

※ (총자산)＝(부동산자산)＋(예금자산)＋(증권자산)

※ (가구 수)＝$\dfrac{(총자산)}{(가구당 총자산)}$

① 이촌동의 가구 수는 2만 가구 이상이다.

② 여의도동의 증권자산은 최소 4조 원 이상이다.

③ 대치동의 증권자산은 서초동의 증권자산보다 많다.

④ 압구정동의 가구 수는 여의도동의 가구 수보다 적다.

⑤ 총자산 대비 부동산자산의 비율은 도곡동이 목동보다 높다.

19 다음은 행정기관들의 고충민원 접수처리 현황에 대한 자료이다. 이에 대한 설명으로 옳은 것을 〈보기〉에서 모두 고르면?(단, 소수점 셋째 자리에서 반올림한다)

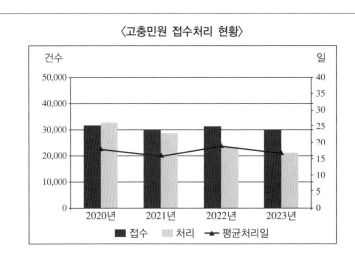

〈고충민원 접수처리 현황〉

〈고충민원 접수처리 항목별 세부현황〉

(단위 : 건)

구분		2020년	2021년	2022년	2023년
접수		31,681	30,038	31,308	30,252
처리		32,737	28,744	23,573	21,080
인용	시정권고	277	257	205	212
	의견표명	467	474	346	252
	조정합의	2,923	2,764	2,644	2,567
	소계	3,667	3,495	3,195	3,031
단순안내		12,396	12,378	10,212	9,845
기타처리		16,674	12,871	10,166	8,204
평균처리일(일)		18	16	19	17

─〈보기〉─
㉠ 기타처리 건수의 전년 대비 감소율은 매년 증가하였다.
㉡ 처리 건수 중 인용 건수 비율은 2023년이 2020년에 비해 3%p 이상 높다.
㉢ 처리 건수 대비 조정합의 건수의 비율은 2021년이 2022년보다 높다.
㉣ 평균처리일이 짧은 해일수록 조정합의 건수 대비 의견표명 건수 비율이 높다.

① ㉠
② ㉡
③ ㉠, ㉢
④ ㉡, ㉣
⑤ ㉡, ㉢, ㉣

20 다음은 2019년부터 2023년까지 시행된 S국가고시 현황에 대한 자료이다. 이를 참고하여 그래프로 나타낸 것으로 적절하지 않은 것은?

<S국가고시 현황>

(단위 : 명)

구분	2019년	2020년	2021년	2022년	2023년
접수자	3,540	3,380	3,120	2,810	2,990
응시자	2,810	2,660	2,580	2,110	2,220
응시율(%)	79.40	78.70	82.70	75.10	74.20
합격자	1,310	1,190	1,210	1,010	1,180
합격률(%)	46.60	44.70	46.90	47.90	53.20

※ $[응시율(\%)]=\dfrac{(응시자\ 수)}{(접수자\ 수)}\times100$, $[합격률(\%)]=\dfrac{(합격자\ 수)}{(응시자\ 수)}\times100$

① 연도별 미응시자 수 추이

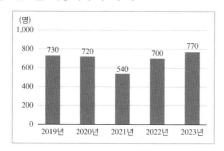

② 연도별 응시자 중 불합격자 수 추이

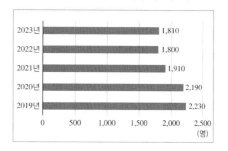

③ 2020 ~ 2023년 전년 대비 접수자 수 변화량

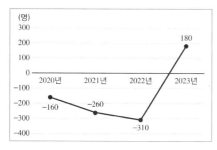

④ 2020 ~ 2023년 전년 대비 합격자 수 변화량

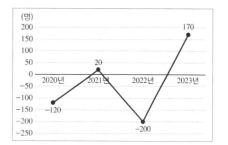

⑤ 2020 ~ 2023년 전년 대비 합격률 증감량

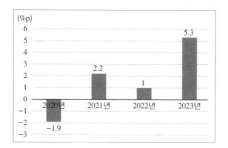

01 어떤 공원의 트랙 모양의 산책로를 걷는데 시작 지점에서 민주는 분속 40m의 속력으로, 세희는 분속 45m의 속력으로 서로 반대 방향으로 걷고 있다. 출발한 지 40분 후에 두 사람이 두 번째로 마주치게 된다고 할 때, 산책로의 길이는?

① 1,350m   ② 1,400m

③ 1,550m   ④ 1,700m

⑤ 1,750m

02 영희는 회사에서 150km 떨어져 있는 지역에 운전하여 출장을 가게 되었다. 회사에서 출발하여 일정한 속력으로 가던 중 회사로부터 60km 떨어진 곳에서 차에 이상이 생겨 원래 속력보다 50% 느리게 운전했다. 목적지에 도착하는 데 총 1시간 30분이 걸렸다면 고장이 나기 전 처음 속력은?

① 180km/h   ② 160km/h

③ 140km/h   ④ 120km/h

⑤ 100km/h

03 어떤 열차가 길이 360m인 다리를 완전히 지나는 데 걸린 시간은 24초이고, 그 다리의 3배 길이인 터널을 완전히 지나는 데 걸린 시간은 60초이다. 다리와 터널을 지나는 속력이 같을 때, 열차의 길이와 속력은?

	열차의 길이	열차의 속력		열차의 길이	열차의 속력
①	100m	20m/s	②	100m	30m/s
③	120m	20m/s	④	120m	30m/s
⑤	120m	40m/s			

04 녹차를 좋아하는 S씨는 농도가 40%인 녹차를 만들어 마시고자 한다. 뜨거운 물 120g에 녹차가루 30g을 넣었는데도 원하는 농도가 안 나와 녹차가루를 더 넣으려고 할 때, 더 넣어야 하는 녹차가루의 양은 최소 몇 g인가?

① 20g

② 30g

③ 40g

④ 50g

⑤ 60g

05 농도 10%의 소금물과 농도 4%의 소금물을 섞어 농도 8%의 소금물을 만들었다. 이 소금물을 100g 덜어낸 후 20g의 소금을 더 넣었더니 농도 12%의 소금물이 되었다면 처음 농도 10%의 소금물의 양은?

① 350g

② 355g

③ 360g

④ 365g

⑤ 370g

06 농도가 10%인 설탕물 300g에서 일정량의 물을 증발시켰더니 농도가 30%인 설탕물이 되었다. 증발시킨 물의 양은?

① 50g

② 100g

③ 150g

④ 200g

⑤ 250g

07 어떤 일을 A ~ C 3명이 각각 혼자서 하면 6일, 4일, 8일이 걸린다. 어떤 일의 2배를 A와 C가 먼저 같이 일을 하고, C를 제외한 A와 B가 남은 일을 마무리할 때 총 6일이 소요되었다고 할 때, A와 C가 같이 일한 기간은?

① 2일

② 3일

③ 4일

④ 5일

⑤ 6일

08 한 세면대에 물이 시간당 일정량 채워지고 있다. 물을 틀어놓은 지 3시간 후에 갑자기 세면대에 구멍이 생기면서 시간당 일정량의 물이 빠져나가기 시작했고, 10시간 후에 다시 가득 찼다. 세면대에 물이 가득 찬 이후에는 물을 잠근 지 16시간 만에 세면대에 물이 다 빠졌다고 할 때, 물이 채워지는 속도는 물이 빠져나가는 속도의 몇 배인가?

① 0.8배　　　　　　　　　　　　② 1.2배
③ 2배　　　　　　　　　　　　　④ 2.5배
⑤ 2.8배

09 아침 식당에 밥 먹으러 오는 학생들이 있다. 25명이 배식을 받으려고 기다렸고, 1명의 직원이 식당에서 배식을 시작했다. 4분 후에 2명의 직원이 더 와서 3명이 함께 배식을 시작했을 때, 기다리고 있던 학생들은 35명이었고 14분 만에 기다리는 학생들이 없게 되었다. 학생들이 일정한 시간마다 1명씩 도착한다고 할 때, 처음부터 배식이 끝날 때까지 직원이 2명이었다면 배식하는 데 걸리는 시간은?(단, 직원들의 능률은 동일하고, 기다리는 학생이 없으면 배식을 종료한다)

① 31분　　　　　　　　　　　　② 32분
③ 33분　　　　　　　　　　　　④ 34분
⑤ 35분

10 현재 상사 A와 후임 B의 나이의 일의 자릿수는 동일하며 상사 A와 후임 B의 나이의 합은 76이다. 과거에 후임 B는 10살이 넘어서 우연히 상사 A와 처음 만났던 기억이 있고, 과거 후임 B 나이의 4배는 현재의 상사 A의 나이와 동일하다. 과거 후임 B와 상사 A가 처음 만났을 때 상사 A의 나이는?(단, 상사 A의 나이가 후임 B보다 많다)

① 20세　　　　　　　　　　　　② 22세
③ 25세　　　　　　　　　　　　④ 30세
⑤ 32세

11 출입국관리사무소에서 우리나라에 입국한 외국인을 조사하고 있다. 당일 조사한 결과 외국인 100명 중 중국인은 30%였고, 관광을 목적으로 온 외국인은 20%였다. 임의로 중국인 1명을 조사할 때 그 사람이 관광을 목적으로 왔을 확률은?

① $\dfrac{1}{2}$ ② $\dfrac{1}{3}$

③ $\dfrac{1}{4}$ ④ $\dfrac{1}{5}$

⑤ $\dfrac{1}{6}$

12 빨간 공 4개, 하얀 공 6개가 들어있는 주머니에서 동시에 공 2개를 꺼낼 때, 적어도 1개는 하얀 공을 꺼낼 확률은?

① $\dfrac{1}{4}$ ② $\dfrac{9}{15}$

③ $\dfrac{5}{12}$ ④ $\dfrac{13}{15}$

⑤ $\dfrac{14}{15}$

13 아이스링크장에서 두 종목의 경기가 열리고 있다. 참가자는 피겨 스케이팅 4명, 쇼트트랙 8명이다. 모든 경기가 토너먼트 방식으로 진행된다고 할 때, 두 경기의 가능한 대진표의 경우의 수는?

① 100가지 ② 102가지
③ 108가지 ④ 115가지
⑤ 120가지

14 4통의 엽서를 서로 다른 3개의 우체통에 넣는 방법의 경우의 수는?

① 24가지 ② 38가지
③ 64가지 ④ 81가지
⑤ 96가지

15 A고등학교 도서부는 매일 교내 도서관을 정리하고 있다. 부원은 모두 40명이며 각각 1 ~ 40번의 번호를 부여하여 월요일부터 금요일까지 돌아가면서 12명씩 도서관을 정리하기로 하였다. 6월 7일에 1 ~ 12번 학생이 도서관을 정리하였다면 이들이 처음으로 다시 함께 도서관을 정리하는 날은?(단, 주말에는 활동하지 않는다)

① 6월 20일   ② 6월 21일

③ 6월 22일   ④ 6월 23일

⑤ 6월 24일

16 A사에서 워크숍을 위해 강당의 대여요금을 알아보고 있다. 강당의 대여요금은 기본요금의 경우 30분까지 같으며, 그 후에는 1분마다 추가 요금이 발생한다. 1시간 대여료는 50,000원, 2시간 동안 대여할 경우 110,000원이 대여료일 때, 3시간 동안의 대여요금은?

① 170,000원   ② 180,000원

③ 190,000원   ④ 200,000원

⑤ 210,000원

17 S사의 작년 정규직 수는 1,275명, 계약직 수는 410명이었다. 올해는 작년보다 정규직 남성은 4%, 여성은 2% 증가하면서 정규직 수가 40명 증가하였다. 계약직의 경우는 남성이 6% 증가하고, 여성이 5% 감소하면서 총 4명이 감소하였다고 할 때, 올해 남성의 정규직 수와 계약직 수는 각각 몇 명인가?

	정규직 수	계약직 수		정규직 수	계약직 수
①	754명	159명	②	754명	150명
③	725명	159명	④	725명	155명
⑤	725명	150명			

18 둘레가 456m인 호수 둘레를 따라 가로수가 4m 간격으로 일정하게 심겨 있다. 출입구에 심겨 있는 가로수를 기준으로 6m 간격으로 가로수를 옮겨 심으려고 할 때, 옮겨 심어야 하는 가로수는 몇 그루인가?(단, 불필요한 가로수는 제거한다)

① 34그루　　　　　　　　　　　② 35그루

③ 36그루　　　　　　　　　　　④ 37그루

⑤ 38그루

19 A전자 매장의 TV와 냉장고의 판매 비율은 작년 3 : 2에서 올해 13 : 9로 변하였다. 올해 TV와 냉장고의 총판매량이 작년보다 10% 증가하였을 때, 작년보다 증가한 냉장고의 판매량은?

① 11.5%　　　　　　　　　　　② 12%

③ 12.5%　　　　　　　　　　　④ 13%

⑤ 13.5%

20 각각의 무게가 1kg, 2kg, 3kg인 추가 총 30개 있다. 다음의 조건을 모두 만족할 때, 무게가 2kg인 추의 개수는?

〈조건〉

- 추의 무게의 총합은 50kg이다.
- 무게마다 사용된 추의 개수는 모두 짝수 개이다.
- 2kg 추의 개수는 3kg 추의 개수보다 2배 이상 많다.
- 추의 개수는 무게가 적을 수록 많다.

① 8개　　　　　　　　　　　　② 10개

③ 12개　　　　　　　　　　　　④ 14개

⑤ 16개

01 시집, 수필, 잡지, 동화, 사전, 소설, 그림책이 〈조건〉에 따라 책상 위에 쌓여 있다. 다음 중 옳은 것은?(단, 한 층에는 한 권의 책만 쌓여 있다)

〈조건〉

- 잡지는 시집보다는 위에, 그림책보다는 아래에 있다.
- 동화는 사전보다 위에 있지만 사전과 맞닿아 있지는 않다.
- 수필은 잡지보다 위에 있다.
- 시집의 위치는 맨 아래가 아니다.
- 잡지와 동화는 책 하나를 사이에 두고 있다.
- 소설은 수필과 맞닿아 있지만 맨 위는 아니다.

① 수필은 맨 위에 있다.
② 정중앙에 위치한 책은 잡지이다.
③ 동화는 그림책보다 아래에 있다.
④ 시집은 아래에서 세 번째에 있다.
⑤ 그림책은 동화와 맞닿아 있지 않다.

02 동성, 현규, 영희, 영수, 미영이는 A의 이사를 도와주면서 A가 사용하지 않는 물건들을 각각 하나씩 받았다. 다음 〈조건〉을 토대로 할 때, 옳지 않은 것은?

〈조건〉

- A가 사용하지 않는 물건은 세탁기, 컴퓨터, 드라이기, 로션, 핸드크림이고, 동성, 현규, 영희, 영수, 미영 순으로 물건을 고를 수 있다.
- 동성이는 세탁기 또는 컴퓨터를 받길 원한다.
- 현규는 세탁기 또는 드라이기를 받길 원한다.
- 영희는 로션 또는 핸드크림을 받길 원한다.
- 영수는 전자기기 이외의 것을 받길 원한다.
- 미영이는 아무 것이나 받아도 상관없다.

① 미영이는 드라이기를 받을 수 없다.
② 영희는 영수와 원하는 물건이 동일하다.
③ 현규는 드라이기를 받을 확률이 더 높다.
④ 동성이는 자신이 원하는 물건을 받을 수 있다.
⑤ 영수는 원하는 물건을 고를 수 있는 선택권이 없다.

03 S학교에는 5명의 교사 A ~ E가 있다. 이들이 다음 〈조건〉에 따라 각각 1반부터 5반까지 한 반씩 담임을 맡는다고 할 때, 옳지 않은 것은?(단, 1반부터 5반은 왼쪽에서 오른쪽 방향으로 순서대로 위치한다)

〈조건〉
- A는 3반의 담임을 맡는다.
- E는 A의 옆 반 담임을 맡는다.
- B는 양 끝에 위치한 반 중 하나의 담임을 맡는다.

① B는 절대 2반을 맡을 수 없다.
② B가 5반을 맡으면 C는 반드시 1반을 맡게 된다.
③ C가 2반을 맡으면 D는 1반 또는 5반을 맡게 된다.
④ C와 D가 어느 반을 맡느냐에 따라 E와 B의 반이 결정된다.
⑤ E는 절대 1반을 맡을 수 없다.

04 신입사원인 윤지, 순영, 재철, 영민은 영국, 프랑스, 미국, 일본으로 출장을 간다. 출장은 나라별로 1명씩 가야 하며, 출장 기간은 서로 중복되지 않아야 한다. 다음 〈조건〉에 따를 때, 반드시 참인 것은?

〈조건〉
- 윤지는 가장 먼저 출장을 가지 않는다.
- 재철은 영국 또는 프랑스로 출장을 가야 한다.
- 영민은 순영보다는 먼저 출장을 가야 하고, 윤지보다는 늦게 가야 한다.
- 가장 마지막 출장지는 미국이다.
- 영국 출장과 프랑스 출장의 일정은 연달아 잡히지 않는다.

① 윤지는 프랑스로 출장을 간다.
② 순영은 두 번째로 출장을 간다.
③ 재철은 영국으로 출장을 간다.
④ 영민은 세 번째로 출장을 간다.
⑤ 윤지와 순영은 연이어 출장을 간다.

05 6층짜리 주택에 A ~ F 6명이 층별로 각각 입주하려고 한다. 다음 〈조건〉을 지켜야 한다고 할 때, 항상 옳은 것은?

─〈조건〉─
- B와 D 중 높은 층에서 낮은 층의 수를 빼면 4이다.
- B와 F는 인접할 수 없다.
- A는 E보다 밑에 산다.
- D는 A보다 밑에 산다.
- A는 3층에 산다.

① A는 D보다 낮은 곳에 산다.
② B는 F보다 높은 곳에 산다.
③ C는 B보다 높은 곳에 산다.
④ C는 5층에 산다.
⑤ E는 F와 인접해 있다.

06 경제학과, 물리학과, 통계학과, 지리학과 학생인 A ~ D는 검은색, 빨간색, 흰색의 세 가지 색 중 최소 한 가지 이상의 색을 좋아한다. 다음 〈조건〉에 따라 항상 참이 되는 것은?

─〈조건〉─
- 경제학과 학생은 검은색과 빨간색만 좋아한다.
- 경제학과 학생과 물리학과 학생은 좋아하는 색이 서로 다르다.
- 통계학과 학생은 빨간색만 좋아한다.
- 지리학과 학생은 물리학과 학생과 통계학과 학생이 좋아하는 색만 좋아한다.
- C는 검은색을 좋아하고, B는 빨간색을 좋아하지 않는다.

① A는 통계학과이다.
② B는 물리학과이다.
③ C는 지리학과이다.
④ D는 경제학과이다.
⑤ B와 C는 빨간색을 좋아한다.

07 장애인 인식 개선 교육을 받은 S사 직원 10명은 월~금요일 중 하루를 택하여 2인 1조로 자원봉사를 가기로 하였다. 제시된 〈조건〉에 따라 자원봉사를 갈 때, 다음 중 금요일에 자원봉사를 가는 직원은?

〈조건〉
- A는 월요일에만 자원봉사를 갈 수 있다.
- B는 월요일과 수요일에 자원봉사를 갈 수 있다.
- B는 C와 반드시 같이 가야 한다.
- F는 G와 반드시 같이 가야 한다.
- D는 A와 같이 갈 수 없다.
- D와 G는 화요일에 중요한 회의가 있다.
- E는 목요일에만 자원봉사를 갈 수 있다.
- F와 H는 목요일에 중요한 회의가 있다.
- I와 J는 요일에 상관없이 자원봉사를 갈 수 있다.
---

① A, D
② B, E
③ D, E
④ F, G
⑤ H, I

08 A~E 5명은 팀을 이루어 총싸움을 하는 온라인 게임에 한 팀으로 참전하였다. 이때, 팀의 개인은 늑대 인간과 드라큘라 중 하나의 캐릭터를 선택할 수 있다. 주어진 〈조건〉이 다음과 같을 때, 다음 중 항상 참인 것은?

〈조건〉
- A, B, C는 상대팀을 향해 총을 쏘고 있다.
- D, E는 상대팀에게 총을 맞은 상태로 관전만 가능하다.
- 늑대 인간 캐릭터는 2명만이 살아남아 총을 쏘고 있다.
- A는 늑대 인간 캐릭터를 선택하였다.
- D와 E의 캐릭터는 서로 같지 않다.
---

① B는 드라큘라 캐릭터를 선택했다.
② C는 늑대 인간 캐릭터를 선택했다.
③ D는 드라큘라, E는 늑대 인간 캐릭터를 각각 선택했다.
④ 3명은 늑대 인간 캐릭터를, 2명은 드라큘라 캐릭터를 선택했다.
⑤ 드라큘라 캐릭터의 수가 늑대 인간 캐릭터의 수보다 많다.

09

- 주장을 못하는 사람은 발표를 못한다.
- _____
- 따라서 발표를 잘하는 사람은 시험을 잘 본다.

① 시험을 못보는 사람은 주장을 잘한다.
② 시험을 잘 보는 사람은 발표를 잘한다.
③ 주장을 잘하는 사람은 시험을 못본다.
④ 주장을 잘하는 사람은 시험을 잘 본다.
⑤ 주장을 못하는 사람은 시험을 못본다.

10

- 어휘력이 좋지 않으면 책을 많이 읽지 않은 것이다.
- 글쓰기 능력이 좋지 않으면 어휘력이 좋지 않은 것이다.
- 따라서 _____

① 책을 많이 읽으면 어휘력이 좋은 것이다.
② 글쓰기 능력이 좋으면 어휘력이 좋은 것이다.
③ 책을 많이 읽지 않으면 어휘력이 좋지 않은 것이다.
④ 어휘력이 좋지 않으면 글쓰기 능력이 좋지 않은 것이다.
⑤ 글쓰기 능력이 좋지 않으면 책을 많이 읽지 않은 것이다.

11

- 날씨가 좋으면 야외활동을 한다.
- 날씨가 좋지 않으면 행복하지 않다.
- 따라서 _____

① 날씨가 좋으면 행복한 것이다.
② 야외활동을 하면 날씨가 좋은 것이다.
③ 행복하지 않으면 날씨가 좋지 않은 것이다.
④ 야외활동을 하지 않으면 행복하지 않다.
⑤ 날씨가 좋지 않으면 야외활동을 하지 않는다.

12

- A ~ E 5명의 이름을 입사한 지 오래된 순서대로 적었다.
- A와 B의 이름은 바로 연달아서 적혔다.
- C와 D의 이름은 연달아서 적히지 않았다.
- E는 C보다 먼저 입사하였다.
- 가장 최근에 입사한 사람은 입사한 지 2년 된 D이다.

① A의 이름은 B의 이름보다 나중에 적혔다.
② B는 C보다 나중에 입사하였다.
③ B는 E보다 먼저 입사하였다.
④ C의 이름은 A의 이름보다 먼저 적혔다.
⑤ E의 이름 바로 다음에 C의 이름이 적혔다.

13

- 원두 소비량이 감소하면 원두 수확량이 감소한다.
- 원두 수확량이 감소하면 원두 가격이 인상된다.
- 원두 수확량이 감소하지 않으면 커피 가격이 인상되지 않는다.

① 커피 가격이 인상되면 원두 가격이 인상된다.
② 커피 가격이 인상되면 원두 수확량이 감소한다.
③ 원두 가격이 인상되지 않으면 원두 수확량이 감소하지 않는다.
④ 원두 소비량이 감소하지 않으면 커피 가격은 인상되지 않는다.
⑤ 원두 수확량이 감소하지 않으면 원두 소비량이 감소하지 않는다.

14 다음 중 〈보기〉에 따라 결승선에 먼저 들어온 순서대로 바르게 나열한 것은?

─────〈보기〉─────

- 결승선에 민수가 철수보다 늦게 들어왔다.
- 결승선에 영희가 민수보다 먼저 들어왔다.
- 결승선에 영희가 철수보다 늦게 들어왔다.

① 철수 – 영희 – 민수
② 영희 – 민수 – 철수
③ 영희 – 철수 – 민수
④ 철수 – 민수 – 영희
⑤ 민수 – 영희 – 철수

※ S사에 지원한 A ~ D 4명은 모두 필기전형에 합격했고, 최종 합격까지 면접만 남겨두고 있다. 이어지는 질문
에 답하시오. [15~16]

- 면접은 월요일부터 수요일까지 진행되며, 각 지원자는 해당하는 요일에 면접을 본다.
- A ~ D 중 1명은 월요일에, 2명은 화요일에 면접을 보며, 나머지 1명은 수요일에 면접을 본다.
- A와 B는 같은 요일에 면접을 보지 않는다.
- A와 C는 같은 요일에 면접을 보지 않는다.
- D는 세 사람과 같은 요일에 면접을 보지 않는다.

---

15 다음 중 반드시 참인 것은?

① A는 월요일에 면접을 본다.
② B는 화요일에 면접을 본다.
③ C는 월요일에 면접을 본다.
④ C는 수요일에 면접을 본다.
⑤ D는 수요일에 면접을 본다.

16 A가 4명 중 가장 먼저 면접을 본다고 할 때, 다음 중 참이 아닌 것은?

① B는 화요일에 면접을 본다.
② C는 화요일에 면접을 본다.
③ D는 화요일에 면접을 본다.
④ D가 가장 마지막에 면접을 본다.
⑤ B와 C는 같은 요일에 면접을 본다.

※ 정희, 민정, 미희, 진희, 소희는 볼링 게임을 하였고, 각자 서로 다른 수의 볼링 핀을 쓰러뜨렸다. 이어지는 질문에 답하시오. **[17~18]**

- 5명 중 2명 이상이 정희보다 많은 볼링 핀을 쓰러뜨렸다.
- 정희는 민정이보다 많은 볼링 핀을 쓰러뜨렸다.
- 미희는 진희보다 많은 볼링 핀을 쓰러뜨렸다.
- 5명 중 2명은 소희보다 적은 수의 볼링 핀을 쓰러뜨렸다.

17 다음 중 반드시 참인 것은?

① 미희가 볼링 게임에서 1등을 하였다.
② 진희는 볼링 게임에서 꼴찌를 하였다.
③ 민정이는 볼링 게임에서 4등을 하였다.
④ 소희는 정희보다 적은 수의 볼링 핀을 쓰러뜨렸다.
⑤ 민정이는 소희보다 많은 수의 볼링 핀을 쓰러뜨렸다.

18 소희가 10개의 볼링 핀 중 8개의 볼링 핀을 쓰러뜨렸다고 할 때, 다음 중 참이 아닌 것은?

① 미희는 모든 볼링 핀을 쓰러뜨렸다.
② 정희는 6개의 볼링 핀을 쓰러뜨렸다.
③ 진희는 9개 이상의 볼링 핀을 쓰러뜨렸다.
④ 민정이는 6개 이하의 볼링 핀을 쓰러뜨렸다.
⑤ 정희와 민정이가 쓰러뜨린 볼링 핀의 수를 합하면 13개 이하이다.

19 9층 건물의 지하에서 출발한 엘리베이터에 타고 있던 A ~ I 9명은 1층부터 9층까지 각각 다른 층에 내렸다. 다음 〈조건〉을 근거로 할 때, 짝수 층에서 내리지 않은 사람은?

---〈조건〉---
- D는 F보다는 빨리 내렸고, A보다는 늦게 내렸다.
- H는 홀수층에 내렸다.
- C는 3층에 내렸다.
- G는 C보다 늦게 내렸고, B보다 빨리 내렸다.
- B는 C보다 3층 후에 내렸고, F보다는 1층 전에 내렸다.
- I는 D보다 늦게 내렸고, G보다는 일찍 내렸다.

① B　　　　　　　　　　　② D
③ E　　　　　　　　　　　④ G
⑤ I

20 A는 서점에서 소설, 에세이, 만화, 수험서, 잡지를 구매했다. 다음 〈조건〉이 모두 참일 때 A가 세 번째로 구매한 책으로 옳은 것은?

---〈조건〉---
- A는 만화와 소설보다 잡지를 먼저 구매했다.
- A는 수험서를 가장 먼저 구매하지 않았다.
- A는 에세이와 만화를 연달아 구매하지 않았다.
- A는 수험서를 구매한 다음 곧바로 에세이를 구매했다.
- A는 에세이나 소설을 마지막에 구매하지 않았다.

① 소설　　　　　　　　　　② 에세이
③ 만화　　　　　　　　　　④ 수험서
⑤ 잡지

※ 일정한 규칙으로 수를 나열할 때, 빈칸에 들어갈 알맞은 수를 고르시오. **[1~17]**

01

$$\frac{1}{2} \quad \frac{1}{6} \quad \frac{2}{24} \quad \frac{3}{120} \quad \frac{5}{720} \quad \frac{8}{5,040} \quad (\quad) \quad \frac{21}{362,280}$$

① $\dfrac{10}{40,320}$

② $\dfrac{13}{40,320}$

③ $\dfrac{13}{50,400}$

④ $\dfrac{16}{50,400}$

⑤ $\dfrac{16}{80,480}$

02

$$1\frac{1}{3} \quad 2\frac{3}{5} \quad 3\frac{5}{8} \quad 4\frac{7}{12} \quad (\quad) \quad 6\frac{11}{23} \quad 7\frac{13}{30}$$

① $4\dfrac{9}{16}$

② $4\dfrac{10}{19}$

③ $5\dfrac{2}{17}$

④ $5\dfrac{11}{16}$

⑤ $5\dfrac{9}{17}$

03

$$\frac{3}{8} \quad \frac{5}{11} \quad \frac{6}{16} \quad \frac{10}{22} \quad (\quad) \quad \frac{20}{44} \quad \frac{24}{64} \quad \frac{40}{88}$$

① $\dfrac{12}{28}$

② $\dfrac{16}{28}$

③ $\dfrac{12}{30}$

④ $\dfrac{12}{32}$

⑤ $\dfrac{16}{32}$

04

$\dfrac{9}{5}$	$\dfrac{11}{10}$	( )	$\dfrac{18}{17}$	$\dfrac{23}{19}$	$\dfrac{25}{24}$	$\dfrac{30}{26}$	$\dfrac{32}{31}$	

① $\dfrac{15}{12}$ ② $\dfrac{16}{12}$

③ $\dfrac{15}{14}$ ④ $\dfrac{15}{15}$

⑤ $\dfrac{16}{15}$

05

13.25	12	13.5	11.75	13.75	( )	14	11.25	14.25

① 9.75 ② 11.5

③ 13.25 ④ 15

⑤ 16.75

06

7	8.25	( )	10.78	12.06	13.35	14.65	15.96	17.28

① 9.48 ② 9.5

③ 9.51 ④ 9.53

⑤ 9.56

07

| | 1.02 | 2.05 | 3.1 | 4.17 | 5.26 | 6.37 | ( ) | 8.65 | 9.82 | 11.01 | 12.22 |

① 7.42   ② 7.5

③ 7.58   ④ 7.66

⑤ 7.74

08

| | 3 | 3.35 | 10.05 | 10 | 10.35 | 31.05 | 31 | 31.35 | ( ) | 94 | 94.35 |

① 92.85   ② 93.15

③ 93.45   ④ 93.75

⑤ 94.05

09

| | 2 | 6 | 6.07 | 18.21 | 18.28 | 54.84 | ( ) | 164.73 | 164.8 | 494.4 |

① 54.91   ② 54.92

③ 162.76   ④ 164.52

⑤ 164.66

10

| | 0.01 | 0.02 | 0.11 | 0.36 | 0.85 | ( ) | 2.87 | 4.56 | 6.81 | 9.7 | 13.31 |

① 1.12   ② 1.34

③ 1.48   ④ 1.66

⑤ 1.8

11

| 11 | 45 | 182 | 731 | 2,928 | ( ) |

① 10,727
② 10,737
③ 11,707
④ 11,717
⑤ 11,737

12

| 3 | 9 | 27 | 81 | ( ) | 729 |

① 242
② 243
③ 244
④ 245
⑤ 246

13

| 41 | ( ) | 49 | 56 | 65 | 76 | 89 |

① 40
② 41
③ 42
④ 43
⑤ 44

14

| 6 | 9 | 27 | 24 | 8 | 11 | 33 | ( ) |

① 29
② 30
③ 31
④ 32
⑤ 33

15

$$\frac{19}{20} \quad \frac{1}{3} \quad \frac{21}{26} \quad \frac{17}{18} \quad \frac{3}{5} \quad (\quad) \quad \frac{15}{16} \quad \frac{5}{7} \quad \frac{25}{30}$$

① $\dfrac{21}{26}$ ② $\dfrac{22}{26}$

③ $\dfrac{22}{27}$ ④ $\dfrac{23}{27}$

⑤ $\dfrac{23}{28}$

16

$$3 \quad 2 \quad 0.94 \quad 6 \quad 3 \quad 3.69 \quad 9 \quad 4 \quad (\quad) \quad 12 \quad 5 \quad 14.65$$

① 5.38   ② 6.1

③ 6.82   ④ 7.54

⑤ 8.26

17

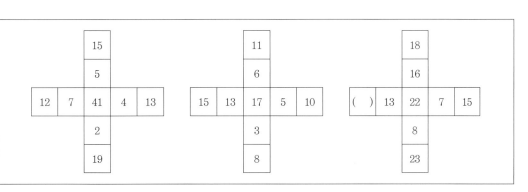

① 6   ② 8

③ 10   ④ 12

⑤ 14

18 다음 수열의 10번째 항의 값은?

	5	6	8	12	20	36	68	132	⋯

① 210   ② 268

③ 464   ④ 516

⑤ 762

19 다음 수열의 15번째 항의 값은?

	10	12	21	19	43	33	87	61	175	117	⋯

① 1,325   ② 1,366

③ 1,407   ④ 1,448

⑤ 1,489

20 다음 수열의 8번째 항의 값은?

$$\frac{3}{2} \quad \frac{7}{5} \quad \frac{15}{14} \quad \frac{31}{41} \quad \frac{63}{122} \quad \cdots$$

① $\dfrac{255}{3,281}$ ② $\dfrac{511}{3,281}$

③ $\dfrac{511}{9,842}$ ④ $\dfrac{1,023}{9,842}$

⑤ $\dfrac{2,047}{9,842}$

4권

제4회
온라인 SKCT

SK그룹 역량검사

www.sdedu.co.kr

〈문항 및 시험시간〉

SK그룹 온라인 SKCT		
영역	문항 수	영역별 제한시간
언어이해	20문항	15분
자료해석	20문항	15분
창의수리	20문항	15분
언어추리	20문항	15분
수열추리	20문항	15분

※ 검사 시간이 모두 완료된 후 종료 가능

※ 이전 문항으로 이동 불가

제 **1**영역 **언어이해**

01 다음 글의 주제로 가장 적절한 것은?

> 동영상 압축 기술인 MPEG는 일반적으로 허프만 코딩 방식을 사용한다. 허프만 코딩은 데이터 발생 빈도수에 따라 서로 다른 길이의 부호를 부여하여 데이터를 비트로 압축하는 방식이다. 예를 들어, 데이터 abccdddddd를 허프만 코딩 방식으로 압축하는 경우 먼저 데이터 abccdddddd를 발생빈도와 발생확률에 따라 정리한다. 그리고 발생확률이 0.1로 가장 낮은 문자 a와 b를 합하여 0.2로 만들고, 이것을 S1로 표시한다. 이 S1을 다음으로 발생확률이 낮은 c의 0.2와 합한다. 그리고 이를 S2라고 표시한다. 다시 S2의 발생확률 0.4를 d의 발생확률 0.6과 더하고 그것을 S3라고 한다.
> 이런 방식으로 만들면 발생확률의 합은 1이 된다. 이와 같은 과정을 이어가며 나타낸 것을 허프만 트리라고 한다. 허프만 트리는 맨 위 S3을 기준으로 왼쪽으로 뻗어나가는 줄기는 0으로 표시하고, 오른쪽으로 뻗어가는 줄기는 1로 표시한다. 이렇게 원래의 데이터를 0과 1의 숫자로 코드화하면 a는 000, b는 001, c는 01, d는 1이 된다. 발생빈도에 따라 데이터의 부호 길이는 달리 표시된다. 이런 과정을 거치면 코딩 이전의 원래 데이터 abccdddddd는 0000010101111111로 표현된다.

① MPEG의 종류
② 데이터의 표현 방법
③ 허프만 트리의 양상
④ 허프만 코딩 방식의 정의
⑤ 허프만 코딩 방식의 과정

02 다음 글의 표제와 부제로 가장 적절한 것은?

검무는 칼을 들고 춘다고 해서 '칼춤'이라고 부르기도 하며, '황창랑무(黃倡郞舞)'라고도 한다. 검무의 역사적 기록은 『동경잡기(東京雜記)』의 「풍속조(風俗條)」에 나타난다. 신라의 소년 황창랑은 나라를 위하여 백제 왕궁에 들어가 왕 앞에서 칼춤을 추다 왕을 죽이고 자신도 잡혀서 죽는다. 신라 사람들이 이러한 그의 충절을 추모하여, 그의 모습을 본뜬 가면을 만들어 쓰고 그가 추던 춤을 따라 춘 것에서 검무가 시작되었다고 한다. 이처럼 민간에서 시작된 검무는 고려 시대를 거쳐 조선 시대로 이어지며, 궁중으로까지 전해진다. 이때 가면이 사라지는 형식적 변화가 함께 일어난다.

조선 시대 민간의 검무는 기생을 중심으로 전승되었으며, 재인들과 광대들의 판놀이로까지 이어졌다. 조선 후기에는 각 지방까지 전파되었는데, 진주검무와 통영검무가 그 대표적인 예이다. 한편 궁중의 검무는 주로 궁중의 연회 때에 추는 춤으로 전해졌으며, 후기에 정착된 순조 때의 형식이 중요무형문화재로 지정되어 현재까지 보존되고 있다.

궁중에서 추어지던 검무의 구성은 다음과 같다. 전립을 쓰고 전복을 입은 4명의 무희가 쌍을 이루어, 바닥에 놓여진 단검(短劍)을 어르는 동작부터 시작한다. 그 후 칼을 주우면서 춤이 이어지고, 화려한 춤사위로 검을 빠르게 돌리는 연풍대(筵風擡)로 마무리한다.

검무의 절정인 연풍대는 조선 시대 풍속화가 신윤복의 「쌍검대무(雙劍對舞)」에서 잘 드러난다. 그림 속의 두 무용수를 통해 춤의 회전 동작을 예상할 수 있다. 즉, 이 장면에는 오른쪽에 선 무희의 자세에서 시작해 왼쪽 무희의 자세로 회전하는 동작이 나타나 있다. 이렇게 무희들이 쌍을 이루어 좌우로 이동하면서 원을 그리며 팽이처럼 빙빙 도는 동작을 연풍대라 한다. 이 명칭은 대자리를 걷어 내는 바람처럼 날렵하게 움직이는 모습에서 비롯한 것이다.

오늘날의 검무는 검술의 정밀한 무예 동작보다 부드러운 곡선을 그리는 춤 형태로만 남아 있다. 칼을 쓰는 살벌함은 사라졌지만, 민첩하면서도 유연한 동작으로 그 아름다움을 표출하고 있는 것이다. 검무는 신라 시대부터 면면히 이어지는 고유한 문화이자 예술미가 살아 있는 몇 안 되는 소중한 우리의 전통 유산이다.

① 무예 동작과 아름다움의 조화 – 연풍대의 의미를 중심으로
② 신라 황창랑의 의기와 춤 – 검무의 유래와 발생을 중심으로
③ 검과 춤의 혼합, 우리의 문화 유산 – 쌍검대무의 감상을 중심으로
④ 무희의 칼끝에서 펼쳐지는 바람 – 검무의 예술적 가치를 중심으로
⑤ 역사 속에 흐르는 검빛·춤빛 – 검무의 변천 과정과 구성을 중심으로

03

> 간디는 절대로 몽상가는 아니다. 그가 말한 것은 폭력을 통해서는 인도의 해방도, 보편적인 인간 해방도 없다는 것이었다. 민족 해방은 단지 외국 지배자의 퇴각을 의미하는 것일 수는 없다. 참다운 해방은 지배와 착취와 억압의 구조를 타파하고 그 구조에 길들여져 온 심리적 습관과 욕망을 뿌리로부터 변화시키는 일 – 다시 말하여 일체의 '칼의 교의(敎義)' – 로부터의 초월을 실현하는 것이다. 간디의 관점에서 볼 때, 무엇보다 큰 폭력은 인간의 근원적인 영혼의 요구에 대해서는 조금도 고려하지 않고, 물질적 이득의 끊임없는 확대를 위해 착취와 억압의 구조를 제도화한 서양의 산업 문명이었다.

① 간디는 비폭력주의자이다.
② 간디는 산업 문명에 부정적이었다.
③ 간디는 반외세 사회주의자이다.
④ 간디는 외세가 인도를 착취하였다고 보았다.
⑤ 간디는 서양의 산업 문명을 큰 폭력이라고 보았다.

04

> 대폭발 우주론에서는 우주가 약 137억 년 전 밀도와 온도가 매우 높은 상태의 대폭발로부터 시작하였다고 본다. 대폭발 초기 3분 동안 광자, 전자, 양성자(수소 원자핵) 및 헬륨 원자핵이 만들어졌다. 양(+)의 전하를 가지고 있는 양성자 및 헬륨 원자핵은 음(−)의 전하를 가지고 있는 전자와 결합하여 수소 원자와 헬륨 원자를 만들려고 하지만 온도가 높은 상태에서는 전자가 매우 빠른 속도로 움직이기 때문에 원자핵에 쉽게 붙들리지 않는다. 따라서 우주 탄생 초기에는 전자가 양성자에 붙들리지 않은 채 자유롭게 우주 공간을 움직여 다닐 수 있었다. 이후에 우주의 온도가 3,000K 아래로 내려가 자유 전자가 양성자 및 헬륨 원자핵에 붙들려 결합되면서 수소 원자와 헬륨 원자가 만들어졌다. 당시의 온도가 3,000K였던 우주는 팽창과 함께 계속 식어서 현재 2.7K까지 내려갔다.

① 우주가 매우 오래전 밀도와 온도가 높은 상태의 대폭발로부터 시작되었다고 보는 것이 대폭발 우주론이다.
② 양성자와 헬륨 원자핵은 양의 전하를 가지고 있다.
③ 수소 원자와 헬륨 원자는 양성자와 헬륨 원자핵이 결합하여 만들어진다.
④ 온도가 높아질수록 수소 원자와 헬륨 원자는 만들어지지 않는다.
⑤ 자유 전자는 양성자에 붙들리지 않은 채 자유롭게 우주공간을 움직일 수 있는 전자이다.

다음 글의 내용으로 적절한 것을 〈보기〉에서 모두 고르면?

기존 암 치료법은 암세포의 증식을 막는데 초점이 맞춰져 있으나, 컴퓨터 설명 모형이 새로 나와 이와는 다른 암 치료법이 개발될 수 있다는 가능성이 제시되었다. W교수의 연구에 따르면, 종전의 공간 모형은 종양의 3차원 공간 구조를 잘 설명하지만 암세포들 간 유전 변이를 잘 설명하지는 못한다. 또 다른 종전 모형인 비공간 모형은 암세포들 간 유전 변이를 잘 설명해 종양의 진화 과정은 정교하게 그려냈지만, 종양의 3차원 공간 구조는 잡아내지 못했다. 그러나 종양의 성장과 진화를 이해하려면 종양의 3차원 공간 구조뿐만 아니라 유전 변이를 잘 설명할 수 있어야 한다.

새로 개발된 컴퓨터 설명 모형은 왜 모든 암세포들이 그토록 많은 유전 변이들을 갖고 있으며, 그 가운데 약제 내성을 갖는 '주동자 변이'가 어떻게 전체 종양에 퍼지게 되는지를 잘 설명해준다. 이 설명의 열쇠는 암세포들이 이곳저곳으로 옮겨 다닐 수 있는 능력을 갖고 있다는 데 있다. W교수는 "사실상 환자를 죽게 만드는 암의 전이는 암세포의 자체 이동 능력 때문"이라고 말한다. 종전의 공간 모형에 따르면 암세포는 빈 곳이 있을 때만 분열할 수 있고 다른 세포를 올라타고서만 다른 곳으로 옮겨갈 수 있다. 그래서 암세포가 분열할 수 있는 곳은 제한되어 있다. 하지만 새 모형에 따르면 암세포가 다른 세포의 도움 없이 빈 곳으로 이동할 수 있다. 이런 식으로 암세포는 여러 곳으로 이동하여 그곳에서 증식함으로써 새로운 유전 변이를 얻게 된다. 바로 이 때문에 종양은 종전 모형의 예상보다 더 빨리 자랄 수 있고 이상할 정도로 많은 유전 변이들을 가질 수 있다.

〈보기〉

㉠ 컴퓨터 설명 모형은 종전의 공간 모형보다 암세포의 유전 변이를 더 잘 설명한다.
㉡ 종전의 공간 모형은 컴퓨터 설명 모형보다 암세포의 3차원 공간 구조를 더 잘 설명한다.
㉢ 종전의 공간 모형과 비공간 모형은 암세포의 자체 이동 능력을 인정하지만 이를 설명할 수 없다.

① ㉠　　　　　　　　　　　　　　　② ㉡
③ ㉠, ㉢　　　　　　　　　　　　　④ ㉡, ㉢
⑤ ㉠, ㉡, ㉢

06 다음 글의 논지 전개상 특징으로 가장 적절한 것은?

영화는 특정한 인물이나 집단, 나라 등을 주제로 하는 대중문화로, 작품 내적으로 시대상이나 당시의 유행을 반영한다는 사실은 굳이 평론가의 말을 빌리지 않더라도 모두가 공감하는 사실일 것이다. 하지만 영화가 유행에 따라 작품의 외적인 부분, 그중에서도 제목의 글자 수가 변화한다는 사실을 언급하면 고개를 갸웃하는 이들이 대부분일 것이다.

2000년대에는 한국 최초의 블록버스터 영화로 꼽히는 '쉬리'와 '친구'를 비롯해 두 글자의 간결한 영화 제목이 주류를 이뤘지만 그로부터 5년이 지난 2005년에는 두 글자의 짧은 제목의 영화들이 7%로 급격히 감소하고 평균 제목의 글자 수가 5개에 달하게 되었다. 이는 영화를 한두 줄의 짧은 스토리로 요약할 수 있는 코미디 작품들이 늘어났기 때문이었는데 '나의 결혼 원정기', '미스터 주부 퀴즈왕', '내 생애 가장 아름다운 일주일' 등이 대표적이다.

이후 2010년대 영화계에서는 오랜 기간 세 글자 영화 제목이 대세였다고 해도 과언이 아니다. '추격자'를 비롯해 '우리 생애 최고의 순간'을 줄인 '우생순'과 '좋은 놈, 나쁜 놈, 이상한 놈'을 '놈놈놈'으로 줄여 부르기도 했으며 '아저씨', '전우치'나 '해운대', '신세계'를 비롯해 '베테랑', '부산행', '강철비', '곤지암'은 물론 최근 '기생충'에 이르기까지 세 글자 영화들의 대박행진은 계속되고 있다. 이에 반해 2018년에는 제작비 100억원을 넘은 두 글자 제목의 한국 영화 네 편이 모두 손익분기점을 넘기지 못하는 초라한 성적표를 받기도 했다.

그렇다면 역대 박스오피스에 등재된 한국영화들의 평균 글자 수는 어떻게 될까? 부제와 시리즈 숫자, 줄임단어로 주로 불린 영화의 원 음절 등을 제외한 2019년까지의 역대 박스오피스 100위까지의 한국영화 제목 글자 수는 평균 4.12였다. 다만 두 글자 영화는 21편, 세 글자 영화는 29편, 네 글자 영화는 21편으로 세 글자 제목의 영화가 역대 박스오피스 TOP 100에 가장 많이 등재된 것으로 나타났다.

① 현상을 언급한 뒤 그에 대한 사례를 순서대로 나열하고 있다.
② 대상을 하위 항목으로 구분하여 논의의 범주를 명시하고 있다.
③ 특정한 현상을 분석하여 추려낸 뒤, 해결 방안을 이끌어 내고 있다.
④ 현상의 변천 과정을 고찰한 뒤 앞으로의 발전 방향을 제시하고 있다.
⑤ 특정한 이론을 제시한 뒤 그에 반박하는 의견을 제시하여 대비를 이루고 있다.

07 다음 글의 밑줄 친 (가)와 (나)에 대한 평가로 적절한 것을 〈보기〉에서 모두 고르면?

연역과 귀납. 이 두 종류의 방법은 지적 작업에서 사용될 수 있는 모든 추론을 포괄한다. 철학과 과학을 비롯한 모든 지적 작업에 연역적 방법이 필수적이라는 것을 부정하는 사람은 아무도 없다. 귀납적 방법의 경우 사정은 크게 다르다. 귀납적 방법이 철학적 작업에 들어설 여지가 없다고 믿는 사람이 있는가 하면, 한 걸음 더 나아가 어떠한 지적 작업에도 귀납적 방법이 불필요하다고 주장하는 사람들도 있다.

(가) 귀납적 방법이 철학이라는 지적 작업에서 불필요하다는 견해는 독단적인 철학관에 근거한다. 이런 견해에 따르면 철학적 주장의 정당성은 선험적인 것으로, 경험적 지식을 확장하기 위해 사용되는 귀납적 방법에 의존할 수 없다. 그러나 이런 견해는 철학적 주장이 경험적 가설에 의존해서는 안 된다는 부당하게 편협한 철학관과 '귀납적 방법'의 모호성을 딛고 서 있다. 실제로 철학사에 나타나는 목적론적 신 존재 증명이나 외부 세계의 존재에 관한 형이상학적 논증 가운데는 귀납적 방법인 유비 논증과 귀추법을 교묘히 적용하고 있는 것도 있다.

(나) 모든 지적 작업에서 귀납적 방법의 필요성을 부정하는 견해는 중요한 철학적 성과를 낳기도 하였다. 포퍼의 철학이 그런 사례 가운데 하나이다. 포퍼는 귀납적 방법의 정당화 가능성에 관한 회의적 결론을 받아들이고, 과학의 탐구가 귀납적 방법으로 진행된다는 견해는 근거가 없음을 보인다. 그에 따르면, 과학의 탐구 과정은 연역 논리 법칙에 따라 전개되는 추측과 반박의 작업으로 이루어진다. 이런 포퍼의 이론은 귀납적 방법의 필요성에 대한 전면적인 부정이 낳을 수 있는 흥미로운 결과 가운데 하나라고 할 수 있다.

〈보기〉

ㄱ. 과학의 탐구가 귀납적 방법에 의해 진행된다는 주장은 (가)를 반박한다.
ㄴ. 철학의 일부 논증에서 귀추법의 사용이 불가피하다는 주장은 (나)를 반박한다.
ㄷ. 연역 논리와 경험적 가설 모두에 의존하는 지적 작업이 있다는 주장은 (가), (나) 모두 반박한다.

① ㄱ
② ㄴ
③ ㄱ, ㄷ
④ ㄴ, ㄷ
⑤ ㄱ, ㄴ, ㄷ

08 다음 기사를 읽고 전선업계를 비판한 내용으로 가장 적절한 것은?

국내 전선산업은 구릿값 변동에 밀접하게 맞물려 성장과 침체를 거듭해 왔다. 케이블 원가의 60% 이상을 전기동이 차지하고, 회사의 매출·이익과 연관되다 보니 전선업계는 구리 관련 이슈에 매번 민감한 반응을 보일 수밖에 없는 상황이다. 특히 2017년은 전선업계에 그 어느 때보다도 구리 관련 이슈가 많았던 해로 기억될 전망이다. 계속해서 하향곡선을 그리던 국제 구리 시세가 5년 만에 오름세로 반전, 전선 산업에 직간접적으로 영향을 주기 시작했고, 크고 작은 사건들이 일어났기 때문이다.

전선업계는 지난해 말, 수년간 약세를 보였던 구릿값이 강세로 돌아서자 기대감 섞인 시선을 보냈다. 수년 전의 경험을 바탕으로, 전선업계가 직면해있던 만성적인 수급 불균형과 경기침체로 인한 위기를 조금이나마 해소할 계기가 될 것이라는 장밋빛 전망이 나왔던 것이다. 2009년부터 2011년까지 구리가 전선업계의 역사적 호황을 이끌었던 사례가 있다. 2008년 톤당 2,700달러대였던 구릿값은 2011년 1만 달러를 돌파하며 끝없이 치솟았고, 전선업체들의 성장을 이끌었다.

그 이전만 해도 경제위기와 공급과잉 등으로 어려움을 겪었던 전선업계는 구릿값 상승 기류를 타고 분위기를 반전시켰다. 그러나 막상 지난해 11월 이후 상승세를 이어가고 있는 구리 시세가 시장에 적용되기 시작한 2017년에 들어서자, 이 같은 업계 기대감은 산산조각 났다. 오히려 빠르게 치솟는 구릿값을 시장가격이 따라잡지 못하면서, 기업의 수익성에 부정적 영향을 미치는 등 부작용이 이어지고 있기 때문이다. 지난해 11월 1일 4,862.5달러였던 구리시세가 올해 10월 27일 7,073.50달러까지 45.5%가량 오르면서, 전선업체들의 매출도 대부분 올랐다. 반면 영업이익은 전년과 비슷한 수준이거나 반대로 줄어든 곳이 많았다.

무엇보다 불공정계약이 만연한 것도 동값 위기를 키우고 있다. 업계에 따르면 계약 체결 후 제품을 납품하고 수금하는 과정에서 전선업체와 구매자 간 불공정거래 문제가 심각한 상황이다. 전선업계는 구릿값이 상승할 경우 기존 계약금액을 동결한 상태에서 결제를 진행하고, 반대로 구릿값이 떨어지면 그만큼의 차액을 계약금에서 차감해줄 것을 요구하는 등의 불공정거래 행위가 여전히 이어지고 있다고 입을 모으고 있다.

---

① '등잔 밑이 어둡다.'더니 구릿값이 좋았을 때만 생각하는구나.

② '달면 삼키고 쓰면 뱉는다.'더니 자기의 이익만을 생각하고 있구나.

③ '소 잃고 외양간 고친다.'더니 구릿값이 올라가니깐 후회하고 있구나.

④ '개구리 올챙이 적 생각 못 한다.'더니 구릿값이 비쌌을 때 생각 못 하고 있네.

⑤ '떡 줄 사람은 꿈도 안 꾸는데 김칫국부터 마신다.'더니 구릿값이 내려가기만을 바라고 있네.

09 다음 글에 나타난 '와이츠 예술론'의 의의와 한계를 이해·비판한 것으로 적절하지 않은 것은?

예술이 무엇이냐는 질문에 우리는 레오나르도 다빈치의 '모나리자'나 베토벤의 교향곡이나 발레 '백조의 호수' 같은 것이라고 대답할지도 모른다. 물론 이 대답은 틀리지 않았다. 하지만 질문이 이것들 모두를 예술 작품으로 특징짓는 속성, 곧 예술의 본질이 과연 무엇인지를 묻는 것이라면 그 대답은 무엇이 될까?

비트겐슈타인에 따르면 게임은 본질이 있어서가 아니라 게임이라 불리는 것들 사이의 유사성에 의해 성립하는 개념이다. 이러한 경우 발견되는 유사성을 '가족 유사성'이라 부르기로 해 보자. 가족의 구성원으로서 어머니와 나와 동생의 외양은 이런저런 면에서 서로 닮았다. 하지만 그렇다고 해서 셋이 공통적으로 닮은 한 가지 특징이 있다는 말은 아니다. 비슷한 예로 실을 꼬아 만든 밧줄은 그 밧줄의 처음부터 끝까지를 관통하는 하나의 실이 있어서 만들어지는 것이 아니라 짧은 실들의 연속된 연계를 통해 구성된다. 그렇게 되면 심지어 전혀 만나지 않는 실들도 같은 밧줄 속의 실일 수 있다.

미학자 와이츠는 예술이라는 개념도 이와 마찬가지라고 주장한다. 그에게 예술은 가족 유사성만을 갖는 '열린 개념'이다. 열린 개념이란 주어진 대상이 이미 그 개념을 이루고 있는 구성원 일부와 닮았다면, 그 점을 근거로 하여 얼마든지 그 개념의 새로운 구성원이 될 수 있을 만큼 테두리가 열려 있는 개념을 말한다. 따라서 전통적인 예술론인 표현론이나 형식론은 있지도 않은 본질을 찾고 있는 오류를 범하고 있는 것이 된다. 와이츠는 표현이니 형식이니 하는 것은 예술의 본질이 아니라 차라리 좋은 예술의 기준으로 이해되어야 한다고 한다. 그는 열린 개념으로 예술을 보는 것이야말로 무한한 창조성이 보장되어야 하는 예술에 대한 가장 적절한 대접이라고 주장한다.

① 와이츠의 이론에 따르면 예술 개념은 아무런 근거 없이 확장되는 것이다. 결과적으로 예술이라는 개념 자체가 없어진다는 것을 주장하는 셈이다.

② 와이츠는 예술의 본질은 없다고 본다. 예술이 가족 유사성만 있는 열린 개념이라면 어떤 두 대상이 둘 다 예술일 때, 서로 닮지 않을 수도 있다는 뜻이다.

③ 와이츠는 '무엇이 예술인가'와 '무엇이 좋은 예술인가'는 분리해서 생각해야 한다고 본다. 열린 개념이라고 해서 예술의 가치를 평가하는 기준까지도 포기한 것은 아니다.

④ 현대 예술은 독창성을 중시하고 예술의 한계에 도전함으로써, 과거와는 달리 예술의 영역을 크게 넓힐 수 있게 되었다. 와이츠 이론은 이러한 상황에 잘 부합하는 예술론이다.

⑤ 영화나 컴퓨터가 그랬던 것처럼, 새로운 매체가 등장하면 새로운 창작 활동이 가능해진다. 미래의 예술이 그런 것들도 포괄하게 될 때, 와이츠 이론은 유용한 설명이 될 수 있다.

10 다음 글을 읽고 추론할 수 있는 내용으로 가장 적절한 것은?

바닷속에 서식했던 척추동물의 조상형 동물들은 체와 같은 구조를 이용하여 물속의 미생물을 걸러 먹었다. 이들은 몸집이 아주 작아서 물속에 녹아 있는 산소가 몸 깊숙한 곳까지 자유로이 넘나들 수 있었기 때문에 별도의 호흡계가 필요하지 않았다. 그런데 몸집이 커지면서 먹이를 거르던 체와 같은 구조가 호흡 기능까지 갖게 되어 마침내 아가미 형태로 변형되었다. 즉, 소화계의 일부가 호흡 기능을 담당하게 된 것이다. 그 후 호흡계의 일부가 변형되어 허파로 발달하고, 그 허파는 위장으로 이어지는 식도 아래쪽으로 뻗어 나갔다. 한편, 공기가 드나드는 통로는 콧구멍에서 입천장을 뚫고 들어가 입과 아가미 사이에 자리 잡게 되었다. 이러한 진화 과정을 보여 주는 것이 폐어(肺魚) 단계의 호흡계 구조이다.

이후 진화 과정이 거듭되면서 호흡계와 소화계가 접하는 지점이 콧구멍 바로 아래로부터 목 깊숙한 곳으로 이동하였다. 그 결과 머리와 목구멍의 구조가 변형되지 않는 범위 내에서 호흡계와 소화계가 점차 분리되었다. 즉, 처음에는 길게 이어져 있던 호흡계와 소화계의 겹친 부위가 점차 짧아졌고, 마침내 하나의 교차점으로만 남게 된 것이다. 이것이 인간을 포함한 고등 척추동물에서 볼 수 있는 호흡계의 기본 구조이다. 따라서 음식물로 인한 인간의 질식 현상은 척추동물 조상형 단계를 지나 자리 잡게 된 허파의 위치 ─ 당시에는 최선의 선택이었을 ─ 때문에 생겨난 진화의 결과라 할 수 있다.

① 척추동물로 진화해 오면서 호흡계와 소화계는 완전히 분리되었다.
② 지금의 척추동물과는 달리 조상형 동물들은 산소를 필요로 하지 않았다.
③ 진화는 순간순간에 필요한 대응일 뿐 최상의 결과를 내는 과정이 아니다.
④ 폐어 단계의 호흡계 구조에서 갖고 있던 아가미는 척추동물의 허파로 진화하였다.
⑤ 조상형 동물은 몸집이 커지면서 호흡 기능의 중요성이 줄어드는 대신 소화 기능이 중요해졌다.

11 다음 글을 읽고 추론할 수 있는 내용으로 적절하지 않은 것은?

현존하는 한국 범종 중에서 신라 범종이 으뜸이다. 신라 범종으로는 상원사 동종, 성덕대왕 신종, 용주사 범종이 있으며 모두 국보로 지정되어 있다. 이 가운데 에밀레종이라 알려진 성덕대왕 신종은 세계의 보배라 여겨진다. 그러나 이러한 평가는 미술이나 종교의 차원에 국한될 뿐, 에밀레종이 갖는 음향공학 차원의 가치는 간과되고 있다.

에밀레종을 포함한 한국 범종은 종신(鐘身)이 작고 종구(鐘口)가 벌어져 있는 서양 종보다 종신이 훨씬 크다는 점에서는 중국 범종과 유사하다. 또한 한국 범종은 높은 종탑에 매다는 서양 종과 달리 높지 않은 종각에 매단다는 점에서도 중국 범종과 비슷하다. 하지만 중국 범종은 종신의 중앙 부분에 비해 종구가 나팔처럼 벌어져 있는 반면, 한국 범종은 종구가 항아리처럼 오므라져 있다. 또한 한국 범종은 중국 범종에 비해 지상에 더 가까이 땅에 닿을 듯이 매단다.

나아가 한국 범종은 종신과 대칭 형태로 바닥에 커다란 반구형의 구덩이를 파두는데, 바로 여기에 에밀레종이나 여타 한국 범종의 숨은 진가가 있다. 한국 범종의 이러한 구조는 종소리의 조음에 영향을 미쳐 독특한 음향을 내게 한다. 이 구덩이는 100헤르츠 미만의 저주파 성분이 땅속으로 스며들게 하고, 커다란 울림통으로 작용하여 소리의 여운을 길게 한다.

땅속으로 음파를 밀어 넣어 주려면 뒤에서 받쳐 주는 지지대가 있어야 하는데, 한국 범종에서는 땅에 닿을 듯이 매달려 있는 거대한 종신이 바로 이 역할을 한다. 이를 음향공학에서는 뒷판이라 한다. 땅을 거쳐 나온 저주파 성분은 종신 꼭대기에 있는 음통관을 거쳐 나온 고주파 성분과 조화를 이루면서 인간이 듣기에 가장 적합한 소리, 곧 장중하고 그윽하며 은은히 울려 퍼지는 여음이 발생하는 것이다.

① 현존하는 한국 범종 중 세 개 이상이 국보로 지정되어 있다.
② 한국 범종과 중국 범종은 종신 중앙 부분의 지름이 종구의 지름보다 크다.
③ 한국 범종의 종신은 저주파 성분을 땅속으로 밀어 넣어주는 뒷판 역할을 한다.
④ 한국 범종의 독특한 소리는 종신과 대칭 형태로 파놓은 반구형의 구덩이와 관련이 있다.
⑤ 성덕대왕 신종의 여음은 음통관을 거쳐 나오는 소리와 땅을 거쳐 나오는 소리가 조화되어 만들어진다.

12 다음 글을 읽고 속도 변화의 원인이 같은 것을 〈보기〉에서 모두 고르면?

체조 선수들의 연기를 지켜보고 있으면 유난히 회전 연기가 많은 것을 알 수 있다. 철봉에서 뛰어 올라 공중에서 두세 바퀴를 회전하고 멋지게 착지하는 연기는 그야말로 탄성을 자아내게 한다. 그러면서 한편으로는 여러 가지 궁금증이 생긴다.

체조 선수가 회전할 때 팔이나 다리를 굽힌 채 회전하는 이유는 무엇일까? 어떻게 순식간에 몇 바퀴를 돌 수 있을까? 결론부터 말하자면 체조 선수들의 회전 연기 속에는 예술적인 측면 외에도 물리 현상에 대한 이해를 바탕으로 한 다분히 과학적인 행동이 섞여 있다.

어떤 물체가 회전하기 위해서는 최초의 돌림힘*이 있어야 한다. 돌림힘이 없으면 물체는 회전할 수 없다. 돌림힘이 발생하여 물체가 회전하게 되었을 때, 회전하는 모든 물체가 갖는 물리량을 각운동량이라고 한다. 각운동량은 회전체의 질량과 속도, 그리고 회전 반경*을 곱한 값이다. 일단 생겨난 각운동량은 외부의 돌림힘이 더해지지 않는 한, 회전하는 동안에 질량과 속도, 회전 반경의 곱이 항상 같은 값을 유지하면서 그 운동량을 보존하려 하는데 이것을 '각운동량 보존의 법칙'이라 한다.

우리가 일상 생활 속에서 접하는 물리 현상 중에서도 각운동량 보존의 법칙이 적용되는 경우를 쉽게 찾아볼 수 있다. 예를 들어 회전 의자에 사람이 앉아 있는 경우, 의자를 적당히 회전시킨 후에 추가로 돌림힘을 주지 않은 상태에서 양팔을 벌리면 회전 속도가 느려진다. 다시 양팔을 가슴 쪽에 모으면 회전 속도는 빨라진다. 대략 머리와 엉덩이를 잇는 신체 중심축을 회전축이라고 할 때, 양팔을 벌리면 회전 반경은 커지나 전체적인 질량은 변하지 않으므로 각운동량 보존의 법칙에 의해 회전 속도가 느려지게 되는 것이다. 반대로 양팔을 가슴 쪽으로 모으면 다시 회전 반경이 작아졌으므로 속도는 빨라질 수밖에 없다.

체조 선수들의 회전 연기도 마찬가지다. 체조 선수가 천천히 회전하기를 원할 때는 몸을 펴서 속도와 회전수를 최대한 줄이지만, 빠른 회전을 원할 때는 몸을 굽혀 회전 반지름을 최소화하는 것이다. 그리고 체조 선수들은 공중 회전 후 착지하는 순간 팔을 힘껏 펼쳐 보이는데 이는 관중을 위한 쇼맨십일 수도 있지만 각운동량 보존의 법칙을 생각한다면 회전 속도를 줄여 안전하게 착지하기 위한 과학적 행동으로 볼 수 있다.

*돌림힘(토크, Torque) : 물체에 작용하여 물체를 회전시키는 원인이 되는 물리량
*회전 반경 : 회전의 중심축으로부터 물체까지의 거리, 즉 반지름

───────────〈보기〉───────────

㉠ 태양을 중심으로 회전하는 지구는 태양과의 거리가 가까워질수록 속도가 빨라진다.
㉡ 실에 돌을 묶어서 돌리면서 실의 길이를 늘리면 돌의 회전 속도가 느려진다.
㉢ 회전하는 의자에 앉아 있는 사람에게 아령을 주면 회전 속도가 느려진다.
㉣ 달리는 자동차는 가속 페달을 밟으면 바퀴의 회전 속도가 빨라진다.

① ㉠, ㉡
② ㉠, ㉢
③ ㉡, ㉢
④ ㉡, ㉣
⑤ ㉢, ㉣

※ 다음 글의 빈칸에 들어갈 내용으로 가장 적절한 것을 고르시오. [13~15]

13

글을 쓰다 보면 어휘력이 부족하여 적당한 단어를 찾지 못하고 고민을 하는 경우가 많이 있다. 특히 사용 빈도가 낮은 단어들은 일상적인 회화 상황에서 자연스럽게 익힐 기회가 적다. 대개 글에서는 일상적인 회화에서 사용하는 것보다 훨씬 고급 수준의 단어를 많이 사용하게 되므로 이런 어휘력 습득은 광범위한 독서를 통해서 가능하다.
_____

① 그러므로 사용 빈도가 낮은 단어들은 사용하지 않는 것이 좋다.
② 그러므로 독서보다는 자기 학습을 통해 어휘력을 습득해야 한다.
③ 그러므로 평소에 수준 높은 좋은 책들을 많이 읽는 것이 필요하다.
④ 그러므로 평소 국어사전을 활용하여 어휘력을 습득하는 습관이 필요하다.
⑤ 그러므로 고급 수준의 단어들을 사용하는 것보다는 평범한 단어를 사용하는 것이 의미 전달을 분명히 한다.

14

일반적으로 물체, 객체를 의미하는 프랑스어 오브제(Objet)는 라틴어에서 유래된 단어로, 어원적으로는 앞으로 던져진 것을 의미한다. 미술에서 대개 인간이라는 '주체'와 대조적인 '객체'로서의 대상을 지칭할 때 사용되는 오브제가 미술사 전면에 나타나게 된 것은 입체주의 이후이다.

20세기 초 입체파 화가들이 화면에 나타나는 공간을 자연의 모방이 아닌 독립된 공간으로 인식하기 시작하면서 회화는 재현미술로서의 단순한 성격을 벗어나기 시작한다. 즉, '미술은 그 자체가 실재이다. 또한 그것은 객관세계의 계시 혹은 창조이지 그것의 반영이 아니다.'라는 세잔의 사고에 의하여 공간의 개방화가 시작된 것이다. 이는 평면에 실제 사물이 부착되는 콜라주 양식의 탄생과 함께 일상의 평범한 재료들이 회화와 자연스레 연결되는 예술과 비예술의 결합으로 차츰 변화하게 된다.

이러한 오브제의 변화는 다다이즘과 쉬르리얼리즘에서 '일용의 기성품과 자연물 등을 원래의 그 기능이나 있어야 할 장소에서 분리하고, 그대로 독립된 작품으로서 제시하여 일상적 의미와는 다른 상징적·환상적인 의미를 부여하는' 것으로 일반화된다. 그리고 동시에, 기존 입체주의에서 단순한 보조 수단에 머물렀던 오브제를 캔버스와 대리석의 대체하는 확실한 표현 방법으로 완성시켰다.

이후 오브제는 그저 예술가가 지칭하는 것만으로도 우리의 일상생활과 환경 그 자체가 곧 예술작품이 될 수 있음을 주장한다. _____ 거기에서 더 나아가 오브제는 일상의 오브제를 다양하게 전환시켜 다양성과 대중성을 내포하고, 오브제의 진정성과 상징성을 제거하는 팝아트에서 다시 한 번 새롭게 변화하기에 이른다.

① 화려하게 채색된 소변기를 통해 일상성에 환상적인 의미를 부여한 것이다.
② 무너진 베를린 장벽의 조각을 시내 한복판에 장식함으로써 예술과 비예술이 결합한 것이다.
③ 폐타이어나 망가진 금관악기 등으로 제작된 자동차를 통해 일상의 비일상화를 나타낸 것이다.
④ 평범한 세면대일지라도 예술가에 의해 오브제로 정해진다면 일상성을 간직한 미술과 일치되는 것이다.
⑤ 기존의 수프 통조림을 실크 스크린으로 동일하게 인쇄하여 손쉽게 대량생산되는 일상성을 풍자하는 것이다.

15

얼음의 녹는점이 0℃라는 사실은 누구나 알고 있는 보편적인 상식이다. 그런데 얼음이 녹아내리는 과정은 어떠할까? 아마도 대부분의 사람들은 주위의 온도가 0℃보다 높아야 얼음이 녹기 시작하며 물이 될 때까지 지속적으로 녹아내린다고 생각할 것이다. 하지만 실제로 얼음이 녹는 과정의 양상은 이러한 생각과는 조금 다르다.

약 150년 전, 영국의 과학자 마이클 패러데이(Michael Faraday)는 0℃ 이하의 온도에서 얼음의 표면에 액체와 비슷한 얇은 층이 존재한다는 것을 처음 밝혀냈다. 이후 얼음이 미끄러지고 빙하가 움직이는 데 이 층이 중요한 역할을 한다는 사실과 0℃에서는 이 층의 두께가 약 45nm까지 두꺼워지는 것이 밝혀졌다. 하지만 최근까지도 이 층이 몇 ℃에서 생기는지, 온도에 따라 두께가 어떻게 달라지는지에 대해서는 알 수 없었다. 그런데 2016년 12월 독일의 막스플랑크 고분자연구소 엘렌 바쿠스 그룹리더팀이 이 문제에 대한 중요한 연구결과를 발표하였다. 연구팀은 단결정 얼음의 표면에서 분자들의 상호작용을 관찰하기 위해 고체일 때보다 액체일 때 물 분자의 수소결합이 약하다는 점을 이용해 얼음 표면에 적외선을 쏜 뒤 온도에 따라 어떻게 달라지는지를 분석하였다.

그 결과 연구팀은 −38℃에서 이미 얼음 표면의 분자 층 하나가 준 액체로 변해 있는 것을 발견했다. 온도를 더 높이자 −16℃에서 두 번째 분자 층이 준 액체로 변했다. 우리가 흔히 생각하는 것과는 달리 영하의 온도에서 이미 얼음의 표면은 녹아내리기 시작하며 그것이 지속적으로 녹는 것이 아니라 _____

① 준 액체 상태로 유지된다는 것이다.

② 얼음 주위의 온도에 영향을 받을 수 있다는 것이다.

③ 특정 온도에 도달할 때마다 한 층씩 녹아내린다는 것이다.

④ −38℃와 −16℃ 그리고 0℃에서 각각 녹는다는 것이다.

⑤ −38℃와 −16℃ 사이에서만 지속적으로 녹지 않는다는 것이다.

16 다음 글의 (가) ~ (다)에 들어갈 문장을 〈보기〉에서 골라 바르게 연결한 것은?

전통적으로 화이사상(華夷思想)에 바탕을 둔 중화우월주의 사상을 가지고 있던 중국인들에게 아편전쟁에서의 패배와 그 이후 서구 열강의 침탈은 너무나 큰 충격이었다. 이런 충격에 휩싸인 당시 개혁주의자들은 서구 문화에 어떻게 대응할지를 심각하게 고민하였다. 이들이 서구 문화를 어떻게 수용했는지를 시기별로 나누어 보면 다음과 같다.

1919년 5·4 운동 이전의 개혁주의자들은 중국의 정신을 서구의 물질과 구별되는 특수한 것으로 내세운 (가)를 개발하였다. 이러한 논리는 자문화를 중심으로 하되 도구로서 서양 물질·문명을 선택적으로 수용하여 자기 문화를 보호·유지하려는 의도를 포함하고 있다. 문화 접변의 진행에 한도를 설정하여 서구와 구별을 시도한 것이다.

이후 중국의 개혁주의자들은 거듭되는 근대화의 실패를 경험했고 5·4 운동 즈음해서는 '전통에 대해서 계승을 생각하기 이전에 철저한 부정과 파괴를 선행해야 한다는 논리'를 통해서 전통과의 결별을 꿈꾸게 된다. 구제도의 모순을 타파하지 않은 채 서구 물질만을 섭취할 수 없다는 한계를 인식한 결과이다. 동시에 5·4 운동의 정신에 역행해서 서구의 문화를 받아들이는 데는 기본적으로 동의하면서도 무분별하게 모방하는 것에 대해 반대하는 (나) 역시 강력하게 등장하기 시작하였다. 즉, 자신이 필요로 하는 것은 택하되 '거만하지도 비굴하지도 않은' 선택을 해야 한다며, 덮어놓고 모방하는 것에 대해 반대했다.

1978년 이후 개방의 기치하에 중국은 정치 부분에서는 사회주의를 유지한 가운데, 경제 부분에서 시장경제를 선별적으로 수용한 (다)를 추진하였다. 그 결과 문화 영역에서 서구 자본주의 문화의 침투에 대한 경계심을 유지하면서 이데올로기적으로 덜 위협적이라고 인식되는 문화요소를 여과 과정을 거쳐 수입하려는 노력을 계속하고 있다.

〈보기〉

㉠ 외래 문화를 그대로 받아들이지 않고 선별적으로 수용하자는 논리
㉡ 사회주의를 주체로 하되 자본주의를 적극적으로 이용하자는 논리
㉢ 중국 유학의 '도(道)'를 주체로 하고 서양의 '기(器)'를 이용하자는 논리

	(가)	(나)	(다)
①	㉠	㉡	㉢
②	㉠	㉢	㉡
③	㉡	㉠	㉢
④	㉢	㉠	㉡
⑤	㉢	㉡	㉠

17 다음 글에서 〈보기〉의 문장이 들어갈 위치로 가장 적절한 곳은?

자본주의 경제 체제는 이익을 추구하려는 인간의 욕구를 최대한 보장해주고 있다. 기업 또한 이익 추구라는 목적에서 탄생하여, 생산의 주체로서 자본주의 체제의 핵심적 역할을 수행하고 있다. 곧, 이익은 기업가로 하여금 사업을 시작하게 하는 동기가 된다. (가) 이익에는 단기적으로 실현되는 이익과 장기간에 걸쳐 지속적으로 실현되는 이익이 있다. 기업이 장기적으로 존속, 성장하기 위해서는 단기 이익보다 장기 이익을 추구하는 것이 더 중요하다. 실제로 기업은 단기 이익의 극대화가 장기 이익의 극대화와 상충할 때에는 단기 이익을 과감히 포기하기도 한다. (나) 자본주의 초기에는 기업이 단기 이익과 장기 이익을 구별하여 추구할 필요가 없었다. 소자본끼리의 자유 경쟁 상태에서는 단기든 장기든 이익을 포기하는 순간에 경쟁에서 탈락하기 때문이다. 그에 따라 기업은 치열한 경쟁에서 살아남기 위해 주어진 자원을 최대한 효율적으로 활용하여 가장 저렴한 가격으로 좋은 품질의 상품을 소비자에게 공급하게 되었다. (다) 이 단계에서는 기업의 소유자가 곧 경영자였기 때문에, 기업의 목적은 자본가의 이익을 추구하는 것으로 집중되었다.

그러나 기업의 규모가 점차 커지고 경영 활동이 복잡해지면서 전문적인 경영 능력을 갖춘 경영자가 필요하게 되었다. (라) 이에 따라 소유와 경영이 분리되어 경영의 효율성이 높아졌지만, 동시에 기업이 단기 이익과 장기 이익 사이에서 갈등을 겪게 되는 일도 발생하였다. 주주의 대리인으로 경영을 위임 받은 전문 경영인은 기업의 장기적 전망보다 단기 이익에 치중하여 경영 능력을 과시하려는 경향이 있기 때문이다. 주주는 경영자의 이러한 비효율적 경영 활동을 감시함으로써 자신의 이익은 물론 기업의 장기 이익을 극대화하고자 하였다. (마)

─────〈보기〉─────

이는 기업의 이익 추구가 결과적으로 사회 전체의 이익도 증진시켰다는 의미이다.

① (가) ② (나)
③ (다) ④ (라)
⑤ (마)

18

(가) 이는 말레이 민족 위주의 우월적 민족주의 경향이 생기면서 문화적 다원성을 확보하는 데 뒤처진 경험을 갖고 있는 말레이시아의 경우와 대비되기도 한다.

(나) 지금과 같은 세계화 시대에 다원주의적 문화 정체성은 반드시 필요한 것이기 때문에 이러한 점은 긍정적이다.

(다) 영어 공용화 국가의 상황을 긍정적 측면에서 본다면, 영어 공용화 실시는 인종 중심적 문화로부터 탈피하여 다원주의적 문화 정체성을 수립하는 계기가 될 수 있다.

(라) 그러나 영어 공용화 국가는 모두 다민족 다언어 국가이기 때문에 한국과 같은 단일 민족 단일 모국어 국가와는 처한 환경이 많이 다르다.

(마) 특히, 싱가포르인들은 영어를 통해 국가적 통합을 이룰 뿐만 아니라 다양한 민족어를 수용함으로써 문화적 다원성을 일찍부터 체득할 수 있는 기회를 얻고 있다.

① (다) – (나) – (가) – (마) – (라)
② (다) – (나) – (마) – (가) – (라)
③ (다) – (나) – (마) – (라) – (가)
④ (다) – (마) – (나) – (라) – (가)
⑤ (다) – (마) – (라) – (가) – (나)

19

(가) 세종대왕은 백성들이 어려운 한자를 익히지 못해 글을 읽고 쓰지 못하는 것을 안타깝게 여겼다. 당시에는 오직 사대부들만 한자를 배워 지식을 독점했기 때문에 권력 역시 이들의 것이었다. 세종대왕은 이를 가엾게 여기다가, 온 국민이 쉽게 깨우칠 수 있는 문자를 만들었다.

(나) 훈민정음을 세상에 설명하기 위해 1446년(세종 28년) 정인지 등의 학자가 세종대왕의 명령을 받고 한문으로 편찬한 해설서인 『훈민정음 해례본』을 편찬하고, 정인지·안지·권제 등을 명해 조선 왕조 창업을 노래한 『용비어천가』를 펴냈다.

(다) 이러한 반대를 물리치고, 세종대왕은 1446년 훈민정음을 세상에 알리게 된다. 실제로 '백성을 가르치는 바른 소리'라는 뜻의 훈민정음의 서문을 보면 평생 글을 모른 채 살아가는 사람들에 대한 애민정신이 명확히 드러난다.

(라) 각고의 노력 끝에 훈민정음이 만들었지만, 대신들은 물론 집현전 학자들까지도 한글 창제에 대해 거세게 반발했다. 최만리, 정찬손 등의 학자들이 반대 상소를 올리자 세종대왕이 "이두를 제작한 뜻이 백성을 편리하게 하려 함이라면, 지금의 언문(한글)도 백성을 편리하게 하려 하는 것이다."라고 질타한 일화가 『세종실록』에 남아 있을 정도다.

① (가) – (라) – (다) – (나)
② (가) – (나) – (라) – (다)
③ (나) – (라) – (다) – (가)
④ (나) – (다) – (라) – (가)
⑤ (다) – (나) – (라) – (가)

20

(가) 공공재원 효율적 활용을 지향하기 위해 사회 생산성 기여를 위한 공간정책이 마련되어야 함과 동시에 주민복지의 거점으로서 기능을 해야 한다. 또한 도시체계에서 다양한 목적의 흐름을 발생, 집중시키는 노드로서 다기능·복합화를 실현하여 범위의 경제를 창출하여 이용자 편의성을 증대시키고, 공공재원의 효율적 활용에도 기여해야 한다.

(나) 우리나라도 인구감소 시대에 본격적으로 진입할 가능성이 높아지고 있다. 이미 비수도권의 대다수 시·군에서는 인구가 급속하게 줄어왔으며, 수도권 내 상당수의 시·군에서도 인구정체가 나타나고 있다. 인구감소 시대에 접어들게 되면, 줄어드는 인구로 인해 고령화 및 과소화가 급속하게 진전된 상태가 될 것이고, 그 결과 취약계층, 교통약자 등 주민의 복지수요가 늘어날 것이다.

(다) 앞으로 공공재원의 효율적 활용, 주민복지의 최소 보장, 자원배분의 정의, 공유재의 사회적 가치 및 생산에 대해 관심을 기울여야 할 것이다. 또한 인구감소 시대에 대비하여 창조적 축소, 거점 간 또는 거점과 주변 간 네트워크화 등에 관한 논의, 그와 관련되는 국가와 지자체의 역할 분담 그리고 이해관계 주체의 연대, 참여, 결속에 관한 논의가 계속적으로 다루어져야 할 것이다.

(라) 이러한 상황에서는 공공재원을 확보, 확충하기가 어렵게 되므로 재원의 효율적 활용 요구가 높아질 것이다. 실제로 현재 인구 감소에 따른 과소화, 고령화가 빠르게 전개되어온 지역에서 공공서비스 공급에 제약을 받고 있으며, 비용 효율성을 높여야 한다는 과제에 직면해 있다.

① (가) – (다) – (나) – (라)
② (가) – (라) – (나) – (다)
③ (나) – (가) – (라) – (다)
④ (나) – (라) – (가) – (다)
⑤ (나) – (라) – (다) – (가)

01 다음은 우리나라 초·중·고등학생의 사교육 현황에 대한 자료이다. 한 달을 4주라고 했을 때, 사교육에 참여한 일반 고등학교 학생의 시간당 사교육비는?(단, 소수점 둘째 자리에서 반올림한다)

〈우리나라 초·중·고등학생의 사교육 현황〉

구분		총 사교육비 (억 원)	전체 학생 1인당 연 평균 사교육비 (만 원)	전체 학생 1인당 월 평균 사교육비 (만 원)	참여 학생 1인당 월 평균 사교육비 (만 원)	사교육 참여시간 (주당 평균)
합계		208,718	288.4	24.0	32.7	7.0
초등학교		97,080	294.3	24.5	28.3	8.2
중학교		60,396	305.8	25.5	35.3	7.7
고등학교		51,242	261.1	21.8	41.2	4.1
	일반고	47,512	317.5	26.5	61.1	4.8
	전문고	3,730	80.0	6.7	25.6	2.0

① 약 23,000원　　　　　　　　　② 약 27,000원
③ 약 32,000원　　　　　　　　　④ 약 37,000원
⑤ 약 43,000원

02 S씨는 인터넷이 가능한 휴대폰을 구입하기 위해 매장에 들렀다. 통화품질, 데이터 이용 편의성, 디자인 등의 조건은 동일하기 때문에 결정 계수가 가장 낮은 제품을 구매하려고 한다. 다음 중 S씨가 선택할 휴대폰으로 가장 적절한 것은?

〈휴대폰 모델별 구분〉

구분	통신 종류	할부 개월	단말기 가격(원)	월 납부요금(원)
A모델	LTE	24	300,000	34,000
B모델	LTE	24	350,000	38,000
C모델	3G	36	250,000	25,000
D모델	3G	36	200,000	23,000
E모델	무(無)데이터	24	150,000	15,000

〈휴대폰 모델 결정 계수 계산식〉

(결정 계수)=(할부 개월)×10,000+(단말기 가격)×0.5+(월 납부요금)×0.5

① A모델　　　　　　　　　② B모델
③ C모델　　　　　　　　　④ D모델
⑤ E모델

03 다음은 부서별 표준 업무시간이 80시간인 업무를 할당했을 때의 업무시간 분석 결과에 대한 자료이다. 업무효율이 가장 높은 부서는?

<부서별 업무시간 분석결과>

구분		A부서	B부서	C부서	D부서	E부서
투입인원(명)		2	3	4	3	5
개인별 업무시간(시간)		41	30	22	27	17
회의	횟수(회)	3	2	1	2	3
	소요시간(시간/회)	1	2	4	1	2

- (업무효율)$=\dfrac{(표준\ 업무시간)}{(총\ 투입시간)}$
- (총 투입시간)=(개인별 투입시간)×(투입 인원)
- (개인별 투입시간)=(개인별 업무시간)+(회의 소요시간)×(회의 횟수)
- 부서원은 업무를 분담하여 동시에 수행할 수 있음
- 투입된 인원의 개인별 업무능력과 인원당 소요시간은 동일함

① A부서   ② B부서
③ C부서   ④ D부서
⑤ E부서

04 다음은 연령계층별 경제활동 인구에 대한 자료이다. 경제활동 참가율이 가장 높은 연령대와 가장 낮은 연령대의 경제활동 참가율 차이는?(단, 경제활동 참가율은 소수점 둘째 자리에서 반올림한다)

<연령계층별 경제활동 인구>

(단위 : 천 명)

구분	전체 인구	경제활동 인구	취업자	실업자	비경제활동 인구	실업률(%)
15 ~ 19세	2,944	265	242	23	2,679	8.7
20 ~ 29세	6,435	4,066	3,724	342	2,369	8.3
30 ~ 39세	7,519	5,831	5,655	176	1,688	3
40 ~ 49세	8,351	6,749	6,619	130	1,602	1.9
50 ~ 59세	8,220	6,238	6,124	114	1,982	1.8
60세 이상	10,093	3,885	3,804	81	6,208	2.1
합계	43,562	27,034	26,168	866	16,528	25.8

※ [경제활동 참가율(%)]$=\dfrac{(경제활동\ 인구)}{(전체\ 인구)}×100$

① 54.2%p   ② 66.9%p
③ 68.6%p   ④ 71.8%p
⑤ 80.8%p

05 다음은 어느 회사의 3년간 제조원가와 구성비에 대한 자료이다. 〈보기〉의 설명을 참고하여 A, B, C, D에 해당하는 것을 바르게 연결한 것은?

〈제조원가와 구성비〉

(단위 : 천 원, %)

연도 구분 비용항목	2021년		2022년		2023년	
	제조원가	구성비	제조원가	구성비	제조원가	구성비
총제조원가	1,150,674	100	1,379,775	100	1,709,758	100
A	150,741	13.10	179,893	13.04	222,674	13.02
B	709,753	61.68	835,152	60.53	1,035,481	60.56
C	87,057	7.57	119,232	8.64	154,935	9.06
D	3,876	0.34	8,992	0.65	12,615	0.74
수도광열비	23,954	2.08	31,078	2.25	41,845	2.45

―――〈보기〉―――

• 보험료는 2021년부터 지속적으로 증가하여 2023년에는 총제조원가 대비 보험료 구성비가 2021년의 2배 이상이 되었다.
• 2023년 재료비는 2021년보다 약 46% 증가하였지만, 총제조원가 대비 재료비 구성비의 증감폭은 2% 미만 이었다.
• 2023년 노무비는 2022년보다 증가했으나, 총제조원가에서 차지하는 구성비는 2022년 대비 하락하였다.
• 2023년 외주가공비는 2021년의 약 1.8배가 되었고, 총제조원가에서 차지하는 구성비도 2021년에 비해 증가하였다.

	A	B	C	D
①	재료비	외주가공비	보험료	노무비
②	재료비	노무비	보험료	외주가공비
③	노무비	재료비	보험료	외주가공비
④	노무비	재료비	외주가공비	보험료
⑤	노무비	외주가공비	보험료	재료비

06 다음은 연도별 근로자 수 변화 추이에 대한 자료이다. 이에 대한 설명으로 옳지 않은 것은?

〈연도별 근로자 수 변화 추이〉

(단위 : 천 명)

구분	합계	남성	비중	여성	비중
2019년	14,290	9,061	63.4%	5,229	36.6%
2020년	15,172	9,467	62.4%	5,705	37.6%
2021년	15,535	9,633	62.0%	5,902	38.0%
2022년	15,763	9,660	61.3%	6,103	38.7%
2023년	16,355	9,925	60.7%	6,430	39.3%

① 매년 남성 근로자 수가 여성 근로자 수보다 많다.

② 2023년 여성 근로자 수는 전년보다 약 5.4% 증가하였다.

③ 2019년 대비 2023년 근로자 수의 증가율은 여성이 남성보다 높다.

④ 전체 근로자 중 여성 근로자 수의 비중이 가장 큰 해는 2023년이다.

⑤ 2019 ~ 2023년 동안 남성 근로자 수와 여성 근로자 수의 차이는 매년 증가한다.

07 다음은 2019 ~ 2023년 우리나라의 사고유형별 발생 현황에 대한 자료이다. 이에 대한 설명으로 옳은 것은?

〈사고유형별 발생 현황〉

(단위 : 건)

구분	2019년	2020년	2021년	2022년	2023년
도로교통	215,354	223,552	232,035	220,917	216,335
화재	40,932	42,135	44,435	43,413	44,178
가스	72	72	72	122	121
환경오염	244	316	246	116	87
자전거	6,212	4,571	7,498	8,529	5,330

① 매년 사고 발생 총건수는 증가하였다.

② 환경오염사고 발생 수는 매년 증감을 거듭하고 있다.

③ 매년 환경오염사고 발생 수는 가스사고 발생 수보다 많다.

④ 도로교통사고 발생 수는 매년 화재사고 발생 수의 5배 이상이다.

⑤ 2019 ~ 2023년까지 일어난 전체 사고 발생 수에서 자전거사고 발생 수 비중은 3% 미만이다.

08 다음은 연도별 국내 은행대출 현황에 대한 자료이다. 이에 대한 설명으로 옳지 않은 것은?

〈연도별 국내 은행대출 현황〉

(단위 : 조 원)

구분	2015년	2016년	2017년	2018년	2019년	2020년	2021년	2022년	2023년
가계대출	437.1	447.5	459.0	496.4	535.7	583.6	620.0	647.6	655.7
주택담보대출	279.7	300.9	309.3	343.7	382.6	411.5	437.2	448.0	460.1
기업대출	432.7	449.2	462.0	490.1	537.6	546.4	568.4	587.3	610.4
부동산담보대출	156.7	170.9	192.7	211.7	232.8	255.4	284.4	302.4	341.2

※ (은행대출)=(가계대출)+(기업대출)

① 2017년 은행대출은 2020년 은행대출의 80% 이상을 차지한다.
② 2019년 대비 2023년 부동산담보대출 증가율이 가계대출 증가율보다 높다.
③ 2020 ~ 2023년 동안 가계대출의 전년 대비 증가액은 기업대출보다 매년 높다.
④ 2016 ~ 2023년 동안 전년 대비 주택담보대출이 가장 많이 증가한 해는 2019년이다.
⑤ 주택담보대출이 세 번째로 높은 연도에서 부동산담보대출이 기업대출의 50% 이상이다.

09 다음은 지난해 9월 국내공항 항공 통계에 대한 자료이다. 이에 대한 설명으로 옳은 것은?(단, 소수점 둘째 자리에서 반올림한다)

〈9월 국내공항 항공 통계〉

(단위 : 편, 명, 톤)

공항	운항			여객			화물		
	도착	출발	소계	도착	출발	소계	도착	출발	소계
인천	15,878	15,843	31,721	2,697,760	2,696,932	5,394,692	161,775	168,171	329,946
김포	6,004	6,015	12,019	1,034,808	1,023,256	2,058,064	12,013	11,087	23,100
김해	4,548	4,546	9,094	676,182	672,813	1,348,995	7,217	7,252	14,469
제주	7,296	7,295	14,591	1,238,100	1,255,050	2,493,150	10,631	12,614	23,245
대구	1,071	1,073	2,144	151,341	151,933	303,274	1,208	1,102	2,310
광주	566	564	1,130	82,008	80,313	162,321	529	680	1,209
합계	35,363	35,336	70,699	5,880,199	5,880,297	11,760,496	193,373	200,906	394,279

① 제주공항 화물은 김해공항 화물의 1.5배 이상이다.
② 인천공항 운항은 전체 공항 운항의 48%를 차지한다.
③ 6개 공항 모두 출발 여객보다 도착 여객의 수가 많다.
④ 김해공항과 제주공항의 운항을 합한 값은 김포공항 화물보다 작다.
⑤ 도착 운항이 두 번째로 많은 공항은 도착 화물도 두 번째로 높은 수치를 보인다.

10 다음은 대륙별 인터넷 이용자 수에 대한 자료이다. 이에 대한 설명으로 옳지 않은 것은?

〈대륙별 인터넷 이용자 수〉

(단위 : 백만 명)

구분	2016년	2017년	2018년	2019년	2020년	2021년	2022년	2023년
중동	66	86	93	105	118	129	141	161
유럽	388	410	419	435	447	466	487	499
아프리카	58	79	105	124	148	172	193	240
아시아·태평양	726	872	988	1,124	1,229	1,366	1,506	1,724
아메리카	428	456	483	539	584	616	651	647
독립국가연합	67	95	114	143	154	162	170	188

① 2022년 대비 2023년의 인터넷 이용자 수가 감소한 대륙은 한 곳이다.
② 2023년 아프리카의 인터넷 이용자 수는 2019년 대비 약 1.9배 증가했다.
③ 2023년 중동의 인터넷 이용자 수는 2016년 대비 9천 5백만 명이 늘었다.
④ 대륙별 인터넷 이용자 수의 1·2·3순위는 2023년까지 계속 유지되고 있다.
⑤ 조사 기간 중 전년 대비 아시아·태평양의 인터넷 이용자 수의 증가량이 가장 큰 해는 2017년이다.

11 다음은 국가별 생산자 물가지수 추이에 대한 자료이다. 이에 대한 설명으로 옳지 않은 것은?

〈국가별 생산자 물가지수 추이〉

구분	2017년	2018년	2019년	2020년	2021년	2022년	2023년
한국	97.75	98.63	100.0	108.60	108.41	112.51	119.35
미국	93.46	96.26	100.0	106.26	103.55	107.94	114.39
독일	93.63	98.69	100.0	105.52	101.12	102.72	–
중국	94.16	96.99	100.0	106.87	101.13	106.69	113.09
일본	95.15	98.27	100.0	104.52	99.04	98.94	100.96
대만	88.89	93.87	100.0	105.16	95.91	101.16	104.62

① 2017년에 비해 2023년 물가지수 상승폭이 가장 낮은 나라는 일본이다.
② 전년 대비 2018년 물가지수 상승폭이 가장 큰 나라의 상승치는 5 이상이다.
③ 2018년부터 2023년까지 전년 대비 미국과 일본, 중국의 생산자 물가지수는 동일한 증감 추이를 보인다.
④ 독일을 제외하고 2017년 대비 2023년의 생산자 물가지수 상승폭이 가장 낮은 나라보다 4배 이상 높은 나라는 없다.
⑤ 2020년 대비 2023년 우리나라의 생산자 물가지수 상승률은 독일을 제외한 다른 나라에 비해 가장 높은 상승률을 보인다.

12 다음은 S그룹의 주요 경영지표에 대한 자료이다. 이에 대한 설명으로 옳은 것은?

〈S그룹 주요 경영지표〉

(단위 : 억 원)

구분	공정자산총액	부채총액	자본총액	자본금	매출액	당기순이익
2018년	2,610	1,658	952	464	1,139	170
2019년	2,794	1,727	1,067	481	2,178	227
2020년	5,383	4,000	1,383	660	2,666	108
2021년	5,200	4,073	1,127	700	4,456	−266
2022년	5,242	3,378	1,864	592	3,764	117
2023년	5,542	3,634	1,908	417	4,427	65

① 자본총액은 꾸준히 증가하고 있다.

② 각 지표 중 총액 규모가 매년 가장 큰 것은 매출액이다.

③ 공정자산총액과 부채총액의 차가 가장 큰 해는 2023년이다.

④ 2018 ~ 2021년 사이에 자본총액 중 자본금이 차지하는 비중은 계속 증가하고 있다.

⑤ 직전 해의 당기순이익과 비교했을 때, 당기순이익이 가장 많이 증가한 해는 2019년이다.

13 다음은 카페 방문자를 대상으로 조사한 카페에서의 개인컵 사용률에 대한 자료이다. 이에 대한 설명으로 옳은 것은?

〈카페 방문자의 개인컵 사용률〉

구분		조사 대상자 수	개인컵 사용률
성별	남성	11,000명	10%
	여성	9,000명	22%
연령대별	20대 미만	4,200명	17%
	20대	5,800명	29%
	30대	6,400명	26%
	40대	3,600명	24%
지역별	수도권	11,500명	37%
	수도권 외	8,500명	23%

※ 항목별 조사 대상자 수는 20,000명으로 동일하며, 조사 대상자는 각기 다름

① 조사 대상자 중 20 ~ 30대는 65% 이상이다.

② 조사 대상자 중 개인컵 사용자 수는 남성이 여성의 1.8배이다.

③ 수도권 지역의 개인컵 사용률은 수도권 외 지역보다 14% 더 높다.

④ 개인컵 사용률이 가장 높은 연령대는 조사 대상자 중 개인컵 사용자 수도 가장 많다.

⑤ 40대 조사 대상자에서 개인컵 사용자 수 중 288명이 남성이라면, 여성의 수는 남성의 2.5배이다.

14 다음은 국내 이민자의 경제활동인구에 대한 자료이다. 이에 대한 설명으로 옳은 것을 〈보기〉에서 모두 고르면?

〈국내 이민자 경제활동인구〉

(단위 : 천 명, %)

| 구분 | 이민자 | | | 국내인 전체 |
| | 외국인 | | 귀화허가자 | |
	남성	여성		
15세 이상 인구	695.7	529.6	52.7	43,735
경제활동인구	576.1	292.6	35.6	27,828
취업자	560.5	273.7	33.8	26,824
실업자	15.6	18.8	1.8	1,003
비경제활동인구	119.5	237	17.1	15,907
경제활동 참가율	82.8	55.2	67.6	63.6

〈보기〉

㉠ 15세 이상 국내 인구 중 이민자가 차지하는 비율은 4% 이상이다.
㉡ 15세 이상 외국인 중 실업자의 비율이 귀화허가자 중 실업자의 비율보다 낮다.
㉢ 외국인 취업자의 수는 귀화허가자 취업자 수의 20배 이상이다.
㉣ 외국인 여성의 경제활동 참가율이 국내인 여성의 경제활동 참가율보다 낮다.

① ㉠, ㉡
② ㉠, ㉢
③ ㉡, ㉢
④ ㉠, ㉡, ㉢
⑤ ㉡, ㉢, ㉣

15 다음은 일본의 주택용 태양광 발전시스템 도입량 예측에 대한 자료이다. 이에 대한 설명으로 옳은 것을 〈보기〉에서 모두 고르면?

〈일본의 주택용 태양광 발전시스템 도입량 예측〉

(단위 : 천 건, MW)

구분		2020년		2025년			
				현재 성장을 유지할 경우		도입을 촉진할 경우	
		건수	도입량	건수	도입량	건수	도입량
기존주택	10kW 미만	94.1	454	145.4	778	165	884
	10kW 이상	23.3	245	4.6	47	5	51
신축주택	10kW 미만	86.1	407	165.3	1,057	185.2	1,281
	10kW 이상	9.2	98	4.7	48	4.2	49
합계		212.7	1,204	320	1,930	359.4	2,265

─────〈보기〉─────

ⓐ 2025년에 10kW 이상의 설비를 사용하는 신축주택은 도입을 촉진할 경우 유지할 경우보다 건수당 도입량이 커질 것이다.

ⓑ 2020년 기존주택의 건수당 도입량은 10kW 이상이 10kW 미만보다 더 적다.

ⓒ 2025년에 태양광 설비 도입을 촉진했을 때, 신축주택에서의 도입건수 중 10kW 이상의 비중은 유지했을 경우보다 0.5%p 이상 하락한다.

ⓓ 2025년에 태양광 설비 도입을 촉진하게 되면 10kW 미만 기존주택의 도입 건수는 현재 성장을 유지할 경우보다 15% 이상 높다.

① ⓐ

② ⓐ, ⓑ

③ ⓐ, ⓒ

④ ⓑ, ⓒ

⑤ ⓒ, ⓓ

16 다음은 S보험사에서 조사한 직업별 생명보험 가입 건수에 대한 자료이다. 이에 대한 설명으로 옳지 않은 것은?

〈직업별 생명보험 가입 건수〉

(단위 : %)

구분	사례 수	1건	2건	3건	4건	5건	6건	7건 이상	평균
관리자	40건	1.6	30.2	14.9	25.9	3.9	8.9	14.6	4건
전문가 및 관련 종사자	108건	7.3	20.1	19.5	18.3	5.3	12.6	16.9	4.3건
사무 종사자	410건	10.3	16.9	16.8	24.1	18.9	5.9	7.1	3.8건
서비스 종사자	259건	13.4	18.9	20.5	20.8	12.1	4.1	10.2	3.7건
판매 종사자	443건	10.6	22.2	14.5	18.6	12	10.7	11.4	4건
농림어업 숙련 종사자	86건	26.7	25.2	22.2	13.6	6.1	4.1	2.1	2.7건
기능원 및 관련 종사자	124건	7.3	25.6	17.1	21.3	19.4	6.2	3.1	3.5건
기계조작 및 조립 종사자	59건	11.0	18.3	18.2	25.4	17.6	5.4	4.1	3.7건
단순 노무 종사자	65건	26.0	33.8	15.4	9.3	3.5	7.2	4.8	2.8건
주부	9건	55.2	13.7	20.8	0	10.3	0	0	2건
기타	29건	19.9	39.2	6.1	15.1	6.2	5.6	7.9	3.1건

① 3건 가입한 사례 수를 비교하면 판매 종사자 가입 건수가 서비스 종사자 가입 건수보다 많다.

② 5건 가입한 사례 수를 비교하면 가입 건수가 가장 많은 직업은 사무 종사자이다.

③ 6건 가입한 사례 수를 비교하면, 서비스 종사자 가입 건수가 기능원 및 관련 종사자 가입 건수보다 적다.

④ 전문가 및 관련 종사자와 단순 노무 종사자 모두 가입 건수는 2건 가입한 사례 수가 가장 많다.

⑤ 기계조작 및 조립 종사자가 단순 노무 종사자보다 평균적으로 생명보험을 많이 가입함을 알 수 있다.

17 S공장에서 근무하는 K사원은 A, B작업장에서 발생하는 작업 환경의 유해 요인을 조사한 후 다음과 같이 정리하였다. 이에 대한 설명으로 옳은 것을 〈보기〉에서 모두 고르면?

〈A, B작업장의 작업 환경 유해 요인〉

(단위 : 건)

작업 환경 유해 요인	사례 수		
	A작업장	B작업장	합계
소음	3	1	4
분진	1	2	3
진동	3	0	3
바이러스	0	5	5
부자연스러운 자세	5	3	8
합계	12	11	23

※ 물리적 요인 : 소음, 진동, 고열, 조명, 유해광선, 방사선 등
※ 화학적 요인 : 독성, 부식성, 분진, 미스트, 흄, 증기 등
※ 생물학적 요인 : 세균, 곰팡이, 각종 바이러스 등
※ 인간 공학적 요인 : 작업 방법, 작업 자세, 작업 시간, 사용공구 등

〈보기〉
㉠ A작업장에서 발생하는 작업 환경 유해 사례는 화학적 요인으로 인해서 가장 많이 발생되었다.
㉡ B작업장에서 발생하는 작업 환경 유해 사례는 생물학적 요인으로 인해서 가장 많이 발생되었다.
㉢ A와 B작업장에서 화학적 요인으로 발생되는 작업 환경의 유해 요인은 집진 장치를 설치하여 예방할 수 있다.

① ㉠
② ㉡
③ ㉠, ㉢
④ ㉡, ㉢
⑤ ㉠, ㉡, ㉢

18 다음은 제주특별자치도 외국인 관광객 입도 통계에 대한 자료이다. 이에 대한 설명으로 옳은 것을 〈보기〉에서 모두 고르면?

〈제주특별자치도 외국인 관광객 입도 통계〉

(단위 : 명, %)

구분		외국인 관광객 입도 수		
		2022년 4월	2023년 4월	전년 대비 증감률
아시아	소계	74,829	79,163	5.8
	일본	4,119	5,984	45.3
	중국	28,988	44,257	52.7
	홍콩	6,066	4,146	−31.7
	대만	2,141	2,971	38.8
	싱가포르	6,786	1,401	−79.4
	말레이시아	10,113	6,023	−40.4
	인도네시아	3,439	2,439	−29.1
	베트남	2,925	3,683	25.9
	태국	3,135	5,140	64.0
	기타	7,117	3,119	−56.2
아시아 외	소계	21,268	7,519	−64.6
	미국	4,903	2,056	−58.1
	기타	16,365	5,463	−66.6
합계		96,097	86,682	−9.8

〈보기〉

㉠ 2022년 4월 베트남인 제주도 관광객이 같은 기간 대만인 제주도 관광객보다 30% 이상 많다.
㉡ 일본인 제주도 관광객은 2023년 4월 전월 대비 40% 이상 증가하였다.
㉢ 2023년 4월의 미국인 제주도 관광객 수는 2022년 4월의 홍콩인 제주도 관광객 수의 35% 미만이다.
㉣ 기타를 제외하고 2023년 4월에 제주도 관광객이 전년 동월 대비 25% 이상 감소한 아시아 국가는 모두 5개국이다.

① ㉠, ㉡
② ㉠, ㉢
③ ㉡, ㉢
④ ㉡, ㉣
⑤ ㉢, ㉣

19 다음은 6,000가구를 대상으로 조사한 가구별 보험 가입 동기 및 보험 가입 목적에 대한 자료이다. 이에 대한 설명으로 옳은 것을 〈보기〉에서 모두 고르면?

〈가구별 보험 가입 동기〉

(단위 : %)

구분	항목	비율
보험 가입 동기	설계사 권유	34.2
	주변 환경 / 특정 사건에 자극	29.1
	평소 필요성 인식	15.9
	신문 / TV / 인터넷 광고를 보고	11.4
	전화 / 우편을 통한 권유	4.9
	기타 / 모름	4.5

〈가구별 보험 가입 목적〉

(단위 : %)

구분	항목	비율
보험 가입 목적	만일의 경우에 대비한 가족의 생활 보장	70.1
	사고나 질병 시 본인의 의료비 보장	59.3
	재해 교통사고 시 일시적인 소득 상실에 대비	45.1
	노후의 생활자금	17.0
	자녀의 교육 결혼자금	6.7
	재산상속의 편의를 위하여	4.1
	세금혜택을 받기 위하여	5.0
	목돈 마련	2.7

※ 조사 대상인 가구는 가구별 보험 가입 목적에 대하여 최대 3개까지 복수 응답 가능

〈보기〉

㉠ 조사 대상 가구 중 보험 가입 목적에 대하여 3개의 항목에 복수 응답한 가구 수는 최소 600가구이다.
㉡ 설계사의 권유로 보험에 가입한 가구 수 대비 평소 필요성을 인식하여 보험에 가입한 가구의 수의 비율은 40% 미만이다.
㉢ 노후의 생활자금 혹은 자녀의 교육 결혼자금을 목적으로 보험에 가입한 가구는 조사 대상 가구 중 10.8%를 차지한다.
㉣ 사고나 질병 시 본인의 의료비 보장을 위해 보험에 가입한 가구의 수는 세금혜택을 받기 위해 보험에 가입한 가구의 수의 11배 이상이다.

① ㉠, ㉡
② ㉠, ㉣
③ ㉡, ㉢
④ ㉡, ㉣
⑤ ㉢, ㉣

20 다음은 난민 통계 현황에 대한 자료이다. 이를 참고하여 작성한 그래프로 적절하지 않은 것은?

〈난민 신청자 현황〉

(단위 : 명)

구분		2020년	2021년	2022년	2023년
성별	남자	1,039	1,366	2,403	4,814
	여자	104	208	493	897
국적	파키스탄	242	275	396	1,143
	나이지리아	102	207	201	264
	이집트	43	97	568	812
	시리아	146	295	204	404
	중국	3	45	360	401
	기타	178	471	784	2,687

〈난민 인정자 현황〉

(단위 : 명)

구분		2020년	2021년	2022년	2023년
성별	남자	39	35	62	54
	여자	21	22	32	51
국적	미얀마	18	19	4	32
	방글라데시	16	10	2	12
	콩고DR	4	1	3	1
	에티오피아	4	3	43	11
	기타	18	24	42	49

① 난민 신청자 연도·국적별 현황

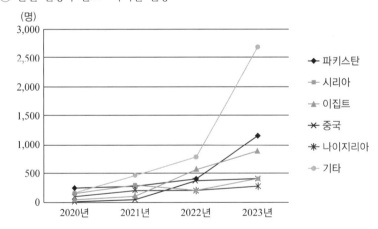

② 전년 대비 난민 인정자 증감률

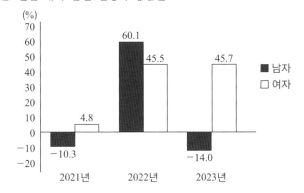

③ 난민 신청자 현황

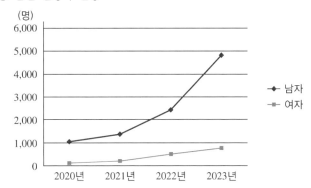

④ 난민 인정자 남·여 비율

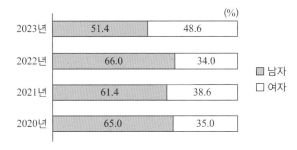

⑤ 2023년 국가별 난민 신청자 비율

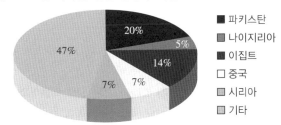

01 일정한 속력으로 달리는 기차가 400m 길이의 터널을 완전히 통과하는 데 10초, 800m 길이의 터널을 완전히 통과하는 데 18초가 걸렸다. 이 기차의 속력은?

① 50m/s

② 55m/s

③ 60m/s

④ 75m/s

⑤ 100m/s

02 A사원은 출근하는 도중 중요한 서류를 집에 두고 온 사실을 알게 되었다. A사원은 집으로 시속 5km로 걸어서 서류를 가지러 갔다가, 회사로 다시 출근할 때에는 자전거를 타고 시속 15km로 달렸다. 집에서 회사까지 거리는 5km이고, 2.5km 지점에서 서류를 가지러 집으로 출발할 때 시각이 오전 7시 10분이었다면, 회사에 도착한 시각은?(단, 집에서 회사까지는 직선거리이며 다른 요인으로 인한 소요시간은 없다)

① 오전 7시 50분

② 오전 8시

③ 오전 8시 10분

④ 오전 8시 20분

⑤ 오전 8시 30분

03 철수는 오후 3시에 집에서 출발하여 평지를 지나 언덕 꼭대기까지 갔다가 같은 길을 되돌아와 그날 저녁 9시에 집에 도착했다. 평지에서는 시속 4km로 걸었고, 언덕을 올라갈 때는 시속 3km, 언덕을 내려올 때는 시속 6km로 걸었다면 철수는 총 몇 km를 걸었는가?(단, 철수는 쉬지 않고 걸었다)

① 6km

② 12km

③ 18km

④ 24km

⑤ 30km

04 원 모양의 산책로를 걷는 데 세정이는 2분, 소희는 3분, 지은이는 7분이 걸린다. 세정이는 1바퀴를 걸은 후 2분 쉬고, 소희는 2바퀴를 걸은 후 4분 쉬고, 지은이는 1바퀴를 걸은 후 3분 쉰다면 1시간 30분 동안 세 사람이 동시에 쉬는 시간은 모두 몇 분인가?

① 13분   ② 14분

③ 15분   ④ 16분

⑤ 17분

05 농도를 알 수 없는 식염수 100g과 농도가 20%인 식염수 400g을 섞었더니 농도가 17%인 식염수가 되었다. 100g의 식염수의 농도는?

① 4%   ② 5%

③ 6%   ④ 7%

⑤ 8%

06 농도가 15%인 설탕물 x g과 6%인 설탕물 y g을 섞은 후 물을 더 넣어 8%의 설탕물 600g을 만들었다. 6% 설탕물의 양과 더 넣은 물의 양의 비가 3 : 1일 때, 15% 설탕물의 양은?

① 190g   ② 200g

③ 210g   ④ 220g

⑤ 230g

07 농도가 30%인 설탕물을 창가에 두고 물 50g을 증발시켜 농도가 35%인 설탕물을 만들었다. 여기에 설탕을 더 넣어 40%의 설탕물을 만든다면 몇 g의 설탕을 넣어야 하는가?

① 20g   ② 25g

③ 30g   ④ 35g

⑤ 40g

08 가영이는 찬형이에게 2시간 뒤에 돌아올 때까지 2,400L의 물이 들어가는 수영장에 물을 가득 채워 달라고 했다. 찬형이는 1분에 20L의 물을 채우면 수영장이 2시간 안에 가득 채워지는 것을 알고, 1분에 20L의 물을 채우기 시작했다. 그런데 20분이 지난 후, 수영장 안을 살펴보니 금이 가 있어서 수영장의 $\frac{1}{12}$ 밖에 차지 않았다. 가영이가 돌아왔을 때 수영장에 물이 가득 차 있으려면 찬형이는 남은 시간 동안 1분에 최소 몇 L 이상의 물을 부어야 하는가?

① 28L 　　　　　　　　　② 29L

③ 32L 　　　　　　　　　④ 34L

⑤ 35L

09 A가 혼자 컴퓨터 조립을 하면 2시간이 걸리고, B 혼자 컴퓨터 조립을 하면 3시간이 걸린다. 먼저 A가 혼자 컴퓨터를 조립하다가 중간에 일이 생겨 나머지를 B가 완성하였고, 걸린 시간은 총 2시간 15분이었다. A 혼자 일한 시간은?

① 1시간 25분 　　　　　　② 1시간 30분

③ 1시간 35분 　　　　　　④ 1시간 40분

⑤ 1시간 45분

10 30명 중에서 불합격자가 10명인 시험의 최저 합격 점수는 30명의 평균보다 5점이 낮고, 합격자의 평균보다는 30점이 낮았다. 또한 불합격자의 평균의 2배보다는 2점이 낮았다고 할 때, 최저 합격 점수는?

① 88점 　　　　　　　　　② 90점

③ 92점 　　　　　　　　　④ 94점

⑤ 96점

11 경수는 경진이보다 나이가 2살 많고, 경수 나이의 제곱은 경진이 나이의 제곱에 세 배를 한 것보다 2살만큼 작다. 이때 경수의 나이는?

① 5살 　　　　　　　　　② 6살

③ 7살 　　　　　　　　　④ 8살

⑤ 9살

12 A은행은 두 달 동안 예금과 적금에 가입한 남성과 여성 고객들의 통계를 정리하였다. 여성과 남성은 각각 50명씩이었으며, 여성 가입 고객 중 예금을 가입한 인원은 35명, 적금은 30명이었다. 남성 가입 고객의 경우 예금과 적금 모두 가입한 고객은 남성 고객의 20%였다. 전체 가입 고객 중 예금과 적금 모두 가입한 고객의 비중은?

① 25%

② 30%

③ 35%

④ 40%

⑤ 42%

13 원우는 자신을 포함한 8명의 친구와 부산에 놀러 가기 위해 일정한 금액을 걷었다. 원우가 경비를 계산해 보니, 총금액의 30%는 숙박비에 사용하고, 숙박비 사용 금액의 40%는 외식비로 사용한다. 그리고 남은 경비가 92,800원이라면, 각자 걷은 금액은?

① 15,000원

② 18,000원

③ 20,000원

④ 22,000원

⑤ 24,000원

14 A ~ D 4명이 저녁 식사를 하고 다음 규칙에 따라 돈을 냈다. C가 낸 금액은?

- A는 B, C, D가 낸 금액 합계의 20%를 냈다.
- C는 A와 B가 낸 금액 합계의 40%를 냈다.
- A와 B가 낸 금액 합계와 C와 D가 낸 금액 합계는 같다.
- D가 낸 금액에서 16,000원을 빼면 A가 낸 금액과 같다.

① 18,000원

② 20,000원

③ 22,000원

④ 24,000원

⑤ 26,000원

15 민수가 아이들에게 노트를 나눠주려고 하는데 남는 노트가 없이 나눠주려고 한다. 7권씩 나눠주면 13명이 노트를 못 받고, 마지막으로 노트를 받은 아이는 2권밖에 받지 못해서 6권씩 나눠주었더니 10명이 노트를 못 받고, 마지막으로 노트를 받은 아이는 2권밖에 받지 못했다. 그렇다면 몇 권씩 나눠주어야 노트가 남지 않으면서 공평하게 나눠줄 수 있겠는가?

① 1권 ② 2권

③ 3권 ④ 4권

⑤ 5권

16 지예는 학교 준비물을 사기 위해 10,000원을 받아 2,000원으로 준비물을 사고 남은 돈으로 1,000원짜리 A물건과 1,200원짜리 B물건을 합하여 7개 구매하였다. 구매 금액이 거스름돈으로 나누어떨어진다고 할 때, A물건의 최소 구매 개수는?

① 1개 ② 2개

③ 3개 ④ 4개

⑤ 5개

17 동전을 던져 앞면이 나오면 +2만큼 이동하고, 뒷면이 나오면 −1만큼 이동하는 게임을 하려고 한다. 동전을 5번 던져서 다음 수직선 위의 A가 4지점으로 이동할 확률은?

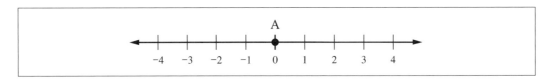

① $\dfrac{3}{32}$ ② $\dfrac{5}{32}$

③ $\dfrac{1}{4}$ ④ $\dfrac{5}{16}$

⑤ $\dfrac{7}{16}$

18 S사에서는 사회 나눔 사업의 일환으로 마케팅부에서 5팀, 총무부에서 2팀을 구성해 어느 요양 시설에서 7팀 모두가 하루에 한 팀씩 7일 동안 봉사활동을 하려고 한다. 7팀의 봉사활동 순번을 임의로 정할 때, 첫 번째 날 또는 일곱 번째 날에 총무부 소속 팀이 봉사활동을 하게 될 확률은?

① $\dfrac{5}{21}$

② $\dfrac{1}{3}$

③ $\dfrac{3}{7}$

④ $\dfrac{11}{21}$

⑤ $\dfrac{13}{21}$

19 은경이는 태국 여행에서 A ~ D 네 종류의 손수건을 총 9장 구매했으며, 그중 B손수건은 3장, 나머지는 각각 같은 개수를 구매했다. 기념품으로 친구 3명에게 종류가 다른 손수건을 3장씩 나눠줬을 때, 가능한 경우의 수는?

① 5가지

② 6가지

③ 7가지

④ 8가지

⑤ 9가지

20 0 ~ 9가 적힌 카드가 1장씩 있다. 두 자리 짝수와 세 자리 홀수를 만들기 위해 한 번에 5장의 카드를 뽑는다고 할 때, 숫자를 만들 수 있는 경우의 수는?

① 5,580가지

② 5,660가지

③ 5,810가지

④ 6,720가지

⑤ 6,950가지

01 S사 워크숍에 A ~ E 5개 부서가 참가할 예정이다. 워크숍 진행 순서가 다음 〈조건〉과 같을 때, 세 번째로 워크숍을 진행하는 부서는?

―――――〈조건〉―――――
- A부서는 C부서보다 먼저 한다.
- B부서는 A부서보다 늦게 D부서보다 빨리 한다.
- B부서와 D부서는 C부서보다 빨리한다.
- D부서는 E부서보다 먼저 한다.
- E부서는 C부서보다 먼저 하지만 A부서보다 늦게 한다.

① A부서   ② B부서
③ C부서   ④ D부서
⑤ E부서

02 공금 횡령 사건과 관련해 갑 ~ 정 4명이 참고인으로 소환되었다. 이들 중 갑, 을, 병은 소환에 응하였으나 정은 응하지 않았다. 다음 〈조건〉이 모두 참일 때, 귀가 조치된 사람을 모두 고르면?

―――――〈조건〉―――――
- 참고인 네 명 가운데 한 명이 단독으로 공금을 횡령했다.
- 소환된 갑, 을, 병 가운데 한 명만 진실을 말했다.
- 갑은 '을이 공금을 횡령했다.', 을은 '내가 공금을 횡령했다.', 병은 '정이 공금을 횡령했다.'라고 진술했다.
- 위의 세 정보로부터 공금을 횡령하지 않았음이 명백히 파악된 사람은 모두 귀가 조치되었다.

① 병   ② 갑, 을
③ 갑, 병   ④ 을, 정
⑤ 갑, 을, 병

03 다음 글의 내용이 참일 때, 반드시 참인 것을 〈보기〉에서 모두 고르면?

S사에서는 채용 후보자들을 대상으로 A ~ D 네 종류의 자격증 소지 여부를 조사하였다. 그 결과 다음과 같은 사실이 밝혀졌다.

- A와 D를 둘 다 가진 후보자가 있다.
- B와 D를 둘 다 가진 후보자는 없다.
- A나 B를 가진 후보자는 모두 C는 가지고 있지 않다.
- A를 가진 후보자는 모두 B는 가지고 있지 않다는 것은 사실이 아니다.

〈보기〉

㉠ 네 종류 중 세 종류의 자격증을 가지고 있는 후보자는 없다.
㉡ 어떤 후보자는 B를 가지고 있지 않고, 또 다른 후보자는 D를 가지고 있지 않다.
㉢ D를 가지고 있지 않은 후보자는 누구나 C를 가지고 있지 않다면, 네 종류 중 한 종류의 자격증만 가지고 있는 후보자가 있다.

① ㉠
② ㉢
③ ㉠, ㉡
④ ㉡, ㉢
⑤ ㉠, ㉡, ㉢

04 A ~ D 4명을 포함해 총 8명이 학회에 참석했다. 이들에 대해 알려진 정보가 다음과 같을 때, 다음 중 반드시 참인 것은?

- 아인슈타인 해석, 많은 세계 해석, 코펜하겐 해석, 보른 해석 말고도 다른 해석들이 있고, 학회에 참석한 이들은 각각 하나의 해석만을 받아들인다.
- 상태 오그라듦 가설을 받아들이는 이들은 모두 5명이고, 나머지는 이 가설을 받아들이지 않는다.
- 상태 오그라듦 가설을 받아들이는 이들은 코펜하겐 해석이나 보른 해석을 받아들인다.
- 코펜하겐 해석이나 보른 해석을 받아들이는 이들은 상태 오그라듦 가설을 받아들인다.
- B는 코펜하겐 해석을 받아들이고, C는 보른 해석을 받아들인다.
- A와 D는 상태 오그라듦 가설을 받아들인다.
- 아인슈타인 해석을 받아들이는 이가 있다.

① 적어도 1명은 많은 세계 해석을 받아들인다.
② 만일 보른 해석을 받아들이는 이가 2명이면, A와 D가 받아들이는 해석은 다르다.
③ 만일 A와 D가 받아들이는 해석이 다르다면, 적어도 2명은 코펜하겐 해석을 받아들인다.
④ 만일 오직 1명만이 많은 세계 해석을 받아들인다면, 아인슈타인 해석을 받아들이는 이는 2명이다.
⑤ 만일 코펜하겐 해석을 받아들이는 이가 3명이면, A와 D 가운데 적어도 1명은 보른 해석을 받아들인다.

05 다음 대화 내용이 참일 때, ㉠의 내용으로 적절한 것은?

> • 서희 : 우리 회사 전 직원을 대상으로 업무 A, B, C 중에서 자신이 선호하는 것을 모두 고르라는 설문 조사를 실시했는데, A와 B를 둘 다 선호한 사람은 없었어.
> • 영민 : 나도 그건 알고 있어. 그뿐만 아니라 C를 선호한 사람은 A를 선호하거나 B를 선호한다는 것도 이미 알고 있지.
> • 서희 : A는 선호하지 않지만 B는 선호하는 사람이 있다는 것도 이미 확인된 사실이야.
> • 영민 : 그럼, ㉠ 종범이 말한 것이 참이라면, B만 선호한 사람이 적어도 1명 있겠군.

① A를 선호하는 사람은 모두 C를 선호한다.
② A를 선호하는 사람은 누구도 C를 선호하지 않는다.
③ B를 선호하는 사람은 모두 C를 선호한다.
④ B를 선호하는 사람은 누구도 C를 선호하지 않는다.
⑤ C를 선호하는 사람은 모두 B를 선호한다.

06 다음 내용에 따라 문항 출제위원을 위촉하고자 할 때, 반드시 참인 것은?

> 위촉하고자 하는 문항 출제위원은 총 6명이다. 후보자는 논리학자 4명, 수학자 6명, 과학자 5명으로 추려졌다. 논리학자 2명은 형식논리를 전공했고 다른 2명은 비형식논리를 전공했다. 수학자 2명은 통계학을 전공했고 3명은 기하학을 전공했으며 나머지 1명은 대수학을 전공했다. 과학자들은 각각 물리학, 생명과학, 화학, 천문학, 기계공학을 전공했다.

> 〈문항 출제위원의 선정 조건〉
> • 형식논리 전공자가 선정되면 비형식논리 전공자도 같은 인원만큼 선정된다.
> • 수학자 중에서 통계학자만 선정되는 경우는 없다.
> • 과학자는 최소 2명은 선정되어야 한다.
> • 논리학자, 수학자는 최소 1명씩은 선정되어야 한다.
> • 기하학자는 천문학자와 함께 선정되고, 기계공학자는 통계학자와 함께 선정된다.

① 과학자는 최대 4명까지 선정될 수 있다.
② 논리학자가 3명이 선정되는 경우는 없다.
③ 서로 다른 전공을 가진 수학자가 2명 선정된다.
④ 형식논리 전공자와 비형식논리 전공자가 1명씩 선정된다.
⑤ 통계학 전공자를 포함하면 수학자는 3명이 선정될 수 없다.

07 초등학교 담장에 벽화를 그리기 위해 바탕색을 칠하려고 한다. 5개의 벽에 바탕색을 칠해야 하고, 벽은 일자로 나란히 나열되어 있다고 한다. 다음 〈조건〉에 따라 칠한다고 했을 때, 항상 옳은 것은?(단, 칠해야 할 색은 빨간색, 주황색, 노란색, 초록색, 파란색이다)

〈조건〉
- 주황색과 초록색은 이웃해서 칠한다.
- 빨간색과 초록색은 이웃해서 칠할 수 없다.
- 파란색은 양 끝에 칠할 수 없으며, 빨간색과 이웃해서 칠할 수 없다.
- 노란색은 왼쪽에서 두 번째에 칠할 수 없다.

① 주황색은 왼쪽에서 첫 번째에 칠할 수 없다.
② 빨간색은 오른쪽에서 첫 번째에 칠할 수 없다.
③ 칠할 수 있는 경우의 수 중에 한 가지는 주황 – 초록 – 파랑 – 노랑 – 빨강이다.
④ 노란색을 왼쪽에서 첫 번째에 칠할 때, 주황색은 오른쪽에서 세 번째에 칠하게 된다.
⑤ 파란색을 오른쪽에서 두 번째에 칠할 때, 주황색은 왼쪽에서 첫 번째에 칠하게 된다.

08 K, J, S가 가지고 있는 동전에 대한 다음 〈조건〉을 참고할 때, 반드시 참인 것은?

〈조건〉
- 세 사람이 가지고 있는 동전은 모두 18개이다.
- 세 사람은 각각 모든 종류의 동전을 가지고 있다.
- K보다 많은 금액의 동전을 가지고 있는 사람은 없으며, S가 가장 적은 금액의 동전을 가지고 있다.
- J는 470원을 가지고 있다.
- 모든 동전은 100원, 50원, 10원 중 하나이다.

① J는 50원을 2개 이상 가질 수 없다.
② J는 최대 9개의 동전을 가지고 있다.
③ S가 가질 수 있는 최대 금액은 260원이다.
④ K가 가질 수 있는 최소 금액은 480원이다.
⑤ K가 8개의 동전을 가지고 있다면, 금액은 600원이다.

09

- 철학은 학문이다.
- 모든 학문은 인간의 삶을 의미 있게 해준다.
- 따라서 _____

① 철학과 학문은 같다.
② 학문을 하려면 철학을 해야 한다.
③ 철학은 인간의 삶을 의미 있게 해준다.
④ 철학을 하지 않으면 삶은 의미가 없다.
⑤ 철학을 제외한 학문은 인간의 삶을 의미 없게 만든다.

10

- 영양소는 체내에서 에너지원 역할을 한다.
- 탄수화물은 영양소이다.
- 따라서 _____

① 탄수화물은 체내에 필요하다.
② 에너지원 역할을 하는 것은 영양소이다.
③ 에너지원 역할을 하는 것은 탄수화물이다.
④ 탄수화물은 체내에서 에너지원 역할을 한다.
⑤ 탄수화물을 제외한 영양소는 에너지원 역할을 하지 않는다.

11

- 인기가 하락했다면 호감을 못 얻은 것이다.
- _____
- 따라서 인기가 하락했다면 타인에게 잘 대하지 않은 것이다.

① 호감을 얻으면 인기가 상승한다.
② 호감을 얻으면 타인에게 잘 대한다.
③ 타인에게 잘 대하면 호감을 얻는다.
④ 타인에게 잘 대하면 인기가 하락한다.
⑤ 타인에게 잘 대하지 않으면 호감을 얻지 못한다.

※ 제시된 명제가 모두 참일 때, 다음 중 반드시 참인 것을 고르시오. [12~14]

12

> • 모든 철학자는 천재다. 모든 천재는 공처가다.
> • 모든 조개는 공처가다. 모든 공처가는 거북이다.

① 모든 거북이는 천재다.
② 모든 공처가는 천재다.
③ 모든 조개는 거북이다.
④ 어떤 철학자는 거북이가 아니다.
⑤ 어떤 공처가는 거북이가 아니다.

13

> • 어떤 남자는 경제학을 좋아한다.
> • 경제학을 좋아하는 모든 남자는 국문학을 좋아한다.
> • 국문학을 좋아하는 모든 남자는 영문학을 좋아한다.

① 어떤 남자는 영문학을 좋아한다.
② 국문학을 좋아하는 사람은 남자이다.
③ 영문학을 좋아하는 사람은 모두 남자이다.
④ 국문학을 좋아하는 모든 남자는 경제학을 좋아한다.
⑤ 경제학을 좋아하는 어떤 남자는 국문학을 싫어한다.

14

> • 소녀시대를 좋아하는 사람은 트와이스를 좋아한다.
> • 레드벨벳을 좋아하는 사람은 에이핑크를 좋아한다.
> • 트와이스를 좋아하는 사람은 샤프를 좋아한다.
> • 진수는 레드벨벳을 좋아한다.

① 진수는 에이핑크를 좋아한다.
② 샤프를 좋아하는 사람은 레드벨벳을 좋아한다.
③ 레드벨벳을 좋아하는 사람은 소녀시대를 좋아한다.
④ 트와이스를 좋아하는 사람은 레드벨벳을 좋아한다.
⑤ 소녀시대를 좋아하는 사람은 에이핑크를 좋아한다.

15 주방에 요리사인 철수와 설거지 담당인 병태가 있다. 요리에 사용되는 접시는 하나의 탑처럼 순서대로 쌓여 있다. 철수는 접시가 필요할 경우 이 접시 탑의 맨 위에 있는 접시부터 하나씩 사용한다. 병태는 자신이 설거지한 깨끗한 접시를 해당 탑의 맨 위에 하나씩 쌓는다. 철수와 병태는 (가), (나), (다), (라)작업을 차례대로 수행하였다. 철수가 (라)작업을 완료한 이후 접시 탑의 맨 위에 있는 접시는?

> (가) 병태가 시간 순서대로 접시 A, B, C, D를 접시 탑에 쌓는다.
> (나) 철수가 접시 한 개를 사용한다.
> (다) 병태가 시간 순서대로 접시 E, F를 접시 탑에 쌓는다.
> (라) 철수가 접시 세 개를 순차적으로 사용한다.

① A접시   ② B접시
③ C접시   ④ D접시
⑤ E접시

16 A ~ D 4명은 한 아파트에 살고 있다. 이 아파트는 1층, 2층, 층별로 1호, 2호로 구성되어 있다. 다음 제시된 〈조건〉에 따를 때, 〈보기〉 중 옳은 것을 모두 고르면?

─〈조건〉─
- 각 집에는 1명씩만 산다.
- D는 2호에 살고, A는 C보다 위층에 산다.
- B와 C는 서로 다른 호수에 산다.
- A와 B는 이웃해 있다.

─〈보기〉─
ㄱ 1층 1호 - C   ㄴ 1층 2호 - B
ㄷ 2층 1호 - A   ㄹ 2층 2호 - D

① ㄱ, ㄴ   ② ㄱ, ㄷ
③ ㄴ, ㄷ   ④ ㄴ, ㄹ
⑤ ㄱ, ㄴ, ㄷ, ㄹ

17 A ~ G 7명은 일주일에 두 명씩 돌아가며 당직을 한다. 다음 〈조건〉을 따를 때, 이번 주에 반드시 당직을 하는 직원의 조합으로 적절한 것은?

─────────〈조건〉─────────
- A가 당직을 하면 B와 F도 당직을 한다.
- C나 A가 당직을 하지 않으면 E는 당직을 한다.
- G가 당직을 하면 E와 D도 당직을 하지 않는다.
- F가 당직을 하면 G는 당직을 한다.
- D는 이번 주에 당직을 한다.

① D, A   ② D, C

③ D, E   ④ D, F

⑤ D, G

18 S사는 2024년 신입사원 채용을 진행하고 있다. 최종 관문인 면접 평가는 다대다 면접으로, A ~ E면접자 5명을 포함하여 총 8명이 입장하여 의자에 앉았다. 〈조건〉에 따라 D면접자가 2번 의자에 앉았다면, 다음 중 항상 옳은 것은?(단, 면접실 의자는 순서대로 1번부터 8번까지 번호가 매겨져 있다)

─────────〈조건〉─────────
- C면접자와 D면접자는 이웃해 앉지 않고, D면접자와 E면접자는 이웃해 앉지 않는다.
- A면접자와 C면접자 사이에는 2명이 앉는다.
- A면접자는 양 끝(1번, 8번)에 앉지 않는다.
- B면접자는 6번 또는 7번 의자에 앉고, E면접자는 3번 의자에 앉는다.

① A면접자는 4번 의자에 앉는다.

② C면접자는 1번 의자에 앉는다.

③ C면접자가 8번 의자에 앉으면, B면접자는 6번 의자에 앉는다.

④ B면접자가 7번 의자에 앉으면, A면접자와 B면접자 사이에 2명이 앉는다.

⑤ A면접자와 B면접자가 서로 이웃해 앉는다면, C면접자는 4번 또는 8번 의자에 앉는다.

제4회 모의고사

19 어느 도시에 있는 병원의 공휴일 진료 현황은 다음과 같다. 공휴일에 진료하는 병원의 수는?

> • 만약 B병원이 진료를 하지 않으면, A병원은 진료를 한다.
> • 만약 B병원이 진료를 하면, D병원은 진료를 하지 않는다.
> • 만약 A병원이 진료를 하면, C병원은 진료를 하지 않는다.
> • 만약 C병원이 진료를 하지 않으면, E병원이 진료를 한다.
> • E병원은 공휴일에 진료를 하지 않는다.

① 1곳   ② 2곳
③ 3곳   ④ 4곳
⑤ 5곳

20 주차장에 이부장, 박과장, 김대리 세 사람의 차가 나란히 주차되어 있는데, 순서는 알 수 없다. 다음 중 한 사람의 말이 거짓이라고 할 때, 주차장에 주차된 순서로 바르게 나열된 것은?

> • 이부장 : 내 옆에는 박과장 차가 세워져 있더군.
> • 박과장 : 제 옆에 김대리 차가 있는 걸 봤어요.
> • 김대리 : 이부장님 차가 가장 왼쪽에 있어요.
> • 이부장 : 김대리 차는 가장 오른쪽에 주차되어 있던데.
> • 박과장 : 저는 이부장님 옆에 주차하지 않았어요.

① 김대리 – 이부장 – 박과장
② 박과장 – 김대리 – 이부장
③ 박과장 – 이부장 – 김대리
④ 이부장 – 박과장 – 김대리
⑤ 이부장 – 김대리 – 박과장

※ 일정한 규칙으로 수를 나열할 때, 빈칸에 들어갈 알맞은 수를 고르시오. [1~17]

01

$$\frac{1}{2} \quad \frac{2}{5} \quad \frac{4}{14} \quad \frac{8}{41} \quad \frac{16}{122} \quad (\quad) \quad \frac{64}{1,094} \quad \frac{128}{3,281}$$

① $\dfrac{25}{324}$ ② $\dfrac{25}{365}$

③ $\dfrac{32}{365}$ ④ $\dfrac{32}{366}$

⑤ $\dfrac{32}{729}$

02

$$\frac{7}{3} \quad \frac{14}{5} \quad \frac{16}{10} \quad \frac{32}{12} \quad (\quad) \quad \frac{68}{26} \quad \frac{70}{52} \quad \frac{140}{54}$$

① $\dfrac{48}{14}$ ② $\dfrac{68}{14}$

③ $\dfrac{34}{24}$ ④ $\dfrac{48}{24}$

⑤ $\dfrac{52}{24}$

03

$$\frac{2}{4} \quad 1\frac{2}{7} \quad 1\frac{6}{10} \quad 1\frac{10}{13} \quad 1\frac{14}{16} \quad 1\frac{18}{19} \quad 2 \quad (\quad) \quad 2\frac{2}{28}$$

① $2\dfrac{1}{25}$ ② $2\dfrac{2}{26}$

③ $2\dfrac{1}{27}$ ④ $2\dfrac{2}{27}$

⑤ $2\dfrac{4}{27}$

04

$$\frac{2}{5} \quad \frac{3}{7} \quad \frac{3}{9} \quad (\quad) \quad \frac{5}{17} \quad \frac{15}{31} \quad \frac{9}{33} \quad \frac{31}{63} \quad \frac{17}{65} \quad \frac{63}{127}$$

① $\dfrac{7}{15}$ 　　　　② $\dfrac{8}{15}$

③ $\dfrac{8}{19}$ 　　　　④ $\dfrac{9}{19}$

⑤ $\dfrac{10}{19}$

05

$$\frac{5}{9} \quad \frac{7}{27} \quad \frac{14}{30} \quad \frac{16}{90} \quad (\quad) \quad \frac{34}{279} \quad \frac{68}{282} \quad \frac{70}{846}$$

① $\dfrac{18}{93}$ 　　　　② $\dfrac{24}{93}$

③ $\dfrac{32}{93}$ 　　　　④ $\dfrac{18}{270}$

⑤ $\dfrac{32}{270}$

06

$$\frac{4}{3} \quad \frac{6}{5} \quad \frac{10}{11} \quad \frac{18}{21} \quad (\quad) \quad \frac{66}{85} \quad \frac{130}{171} \quad \frac{258}{341}$$

① $\dfrac{32}{41}$ 　　　　② $\dfrac{34}{41}$

③ $\dfrac{34}{43}$ 　　　　④ $\dfrac{36}{43}$

⑤ $\dfrac{36}{45}$

07

$\dfrac{38}{7}$	$\dfrac{68}{9}$	$\dfrac{106}{11}$	$\dfrac{152}{13}$	( )	$\dfrac{268}{17}$	$\dfrac{338}{19}$	

① $\dfrac{199}{15}$ ② $\dfrac{206}{15}$

③ $\dfrac{213}{15}$ ④ $\dfrac{220}{15}$

⑤ $\dfrac{227}{15}$

08

$\dfrac{2}{5}$	$\dfrac{5}{11}$	$\dfrac{10}{21}$	$\dfrac{17}{35}$	$\dfrac{26}{53}$	$\dfrac{37}{75}$	( )	$\dfrac{65}{131}$	$\dfrac{82}{165}$

① $\dfrac{50}{101}$ ② $\dfrac{52}{101}$

③ $\dfrac{52}{103}$ ④ $\dfrac{54}{103}$

⑤ $\dfrac{56}{103}$

09

2.01 4.01 6.02 8.03 10.05 12.08 14.13 16.21 18.34 ( )

① 19.72 ② 20.15

③ 20.55 ④ 20.76

⑤ 21.25

10

	86.87	89.9	92.93	95.96	98.99	( )	105.05	108.08	111.11

① 100 ② 100.1

③ 102.02 ④ 103.3

⑤ 104.04

11

	3.78	8.73	4.02	8.31	4.26	7.89	4.5	7.47	4.74	( )	4.98

① 6.99 ② 7.05

③ 7.11 ④ 7.17

⑤ 7.24

12

	1.02	2.09	3.28	4.65	6.26	8.17	10.44	( )	16.3	20.01

① 11.95 ② 12.84

③ 13.13 ④ 13.59

⑤ 14.86

13

| 2.47 | 4.94 | 2.72 | 8.16 | 4.83 | ( ) | 14.88 | 74.4 | 68.85 |

① 17.68

② 18.32

③ 18.96

④ 19.04

⑤ 19.32

14

| 25 | 26.23 | 23.89 | 27.34 | ( ) | 28.45 | 21.67 | 29.56 |

① 20.58

② 21.68

③ 22.78

④ 23.88

⑤ 24.98

15

$$\frac{3}{7} \quad \frac{5}{3} \quad \frac{5}{7} \quad \frac{8}{12} \quad \frac{8}{6} \quad \frac{8}{9} \quad \frac{13}{17} \quad \frac{11}{9} \quad (\quad)$$

① $\frac{143}{153}$

② $\frac{14}{15}$

③ $\frac{26}{29}$

④ $\frac{13}{20}$

⑤ $\frac{40}{63}$

16

| ( ) | 2.5 | 1.7 | 3.7 | 2 | 1.85 | 3.15 | 1.5 | 2.1 |

① 3.55　　　　　　　　② 4.25

③ 4.95　　　　　　　　④ 5.65

⑤ 6.35

17

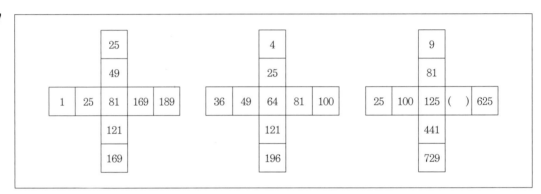

① 325　　　　　　　　② 350

③ 375　　　　　　　　④ 400

⑤ 425

18 다음 수열의 18번째 항의 값은?

| 11 | 15 | 14 | 17 | 21 | 21 | 32 | 29 | 47 | 45 | 66 | 77 | … |

① 460　　　　　　　　② 525

③ 677　　　　　　　　④ 756

⑤ 1,037

19 다음 수열의 11번째 항의 값은?

| 500 499 493 482 466 445 ··· |

① 255   ② 260

③ 265   ④ 270

⑤ 275

20 다음 수열의 14번째 항의 값은?

| 15 12 5 − 6 − 21 − 40 ··· |

① − 333   ② − 334

③ − 335   ④ − 336

⑤ − 337

www.sdedu.co.kr

5권

SKCT SK그룹
역량검사
정답 및 해설

도서 동형 모의고사 무료쿠폰

ASUJ-00000-22EF4(4회분 수록)

[쿠폰 사용 안내]

1. 합격시대 홈페이지(https://www.sdedu.co.kr/pass_sidae_new/)
   에 접속합니다.
2. 홈페이지 상단 '쿠폰 입력하고 모의고사 받자'를 클릭합니다.
3. 회원가입 후 홈페이지 우측의 [이벤트]를 클릭합니다.
4. 쿠폰번호를 등록합니다.
5. 내강의실 > 모의고사 > 합격시대 모의고사 클릭 후 응시합니다.

※ 본 쿠폰은 등록 후 30일간 이용 가능합니다.
※ iOS / macOS 운영체제에서는 서비스되지 않습니다.

온라인 모의고사 무료쿠폰

ASUL-00000-A9F9D(2회분 수록)

[쿠폰 사용 안내]

1. 합격시대 홈페이지(https://www.sdedu.co.kr/pass_sidae_new/)
   에 접속합니다.
2. 홈페이지 상단 '1회 무료 이용권' 배너를 클릭합니다.
3. 쿠폰번호를 등록합니다.
4. 내강의실 > 모의고사 > 합격시대 모의고사 클릭 후 응시합니다.

※ 본 쿠폰은 등록 후 30일간 이용 가능합니다.
※ iOS / macOS 운영체제에서는 서비스되지 않습니다.

제1회 모의고사 정답 및 해설

제 1 영역 언어이해

01	02	03	04	05	06	07	08	09	10
①	⑤	⑤	⑤	④	②	⑤	②	⑤	④
11	12	13	14	15	16	17	18	19	20
③	⑤	③	⑤	④	④	①	④	⑤	②

01
정답 ①

제시문을 살펴보면, 먼저 첫 번째 문단에서는 이산화탄소로 메탄올을 만드는 곳이 있다며 관심을 유도하고, 두 번째 문단에서 해당 원료를 어떻게 만드는지 또 어디서 사용하는지 구체적으로 설명함으로써 이산화탄소 재활용의 긍정적인 측면을 부각하고 있다. 하지만 세 번째 문단에서는 앞선 내용과 달리 이렇게 만들어진 이산화탄소의 부정적인 측면을 설명하고, 마지막 문단에서는 이와 같은 이유로 결론이 나지 않았다며 글을 마무리하고 있다. 따라서 제시문의 주제로 가장 적절한 것은 이산화탄소 재활용의 이면을 모두 포함하는 내용인 '탄소 재활용의 득과 실'이다.

오답분석

② 두 번째 문단에 한정된 내용으로 제시문 전체를 다루는 주제로 보기에 적절하지 않다.

③ 지열발전소의 부산물을 통해 메탄올이 만들어진 것은 맞지만, 새롭게 탄생되어진 연료로 보기는 어려우며, 제시문의 전체를 다루는 주제로 보기에도 적절하지 않다.

④·⑤ 제시문의 첫 번째, 두 번째 문단을 통해 버려진 이산화탄소 및 부산물의 재활용을 통해 '메탄올'을 제조함으로써 미래 원료를 해결할 것처럼 보이지만, 이어지는 두 문단은 이렇게 만들어진 '메탄올'이 과연 미래 원료로 적합한지 의문점을 제시하고 있다. 따라서 제시문의 주제로 보기에 적절하지 않다.

02
정답 ⑤

제시문에서는 우리 민족과 함께해 온 김치의 역사를 비롯하여 김치의 특징과 다양성 등을 함께 이야기하고 있으며, 복합 산업으로 발전하면서 규모가 성장하고 있는 김치 산업에 관해서도 이야기하고 있다. 따라서 제시문 전체의 내용을 아우를 수 있는 제목으로 가장 적절한 것은 ⑤이다.

오답분석

①·④ 첫 번째 문단이나 두 번째 문단의 소제목은 될 수 있으나, 제시문 전체 내용을 나타내는 제목으로는 적절하지 않다.

③ 세 번째 문단에서 김치 산업에 관한 내용을 언급하고 있지만, 이는 현재 김치 산업의 시장 규모에 대한 내용일 뿐이므로 산업의 활성화 방안과는 거리가 멀다.

03
정답 ⑤

마지막 문단의 '정부도 규제와 의무보다는 사업자의 자율적인 부분을 인정해주고 사업자 노력을 드라이브 걸 수 있는 지원책을 마련하여야 한다.'라는 내용을 통해 정부는 OTT 플랫폼에 장애인 편의 기능과 관련한 규제와 의무를 지어줬지만, 이에 대한 지원책은 없었음을 유추할 수 있다.

오답분석

① 세 번째 문단을 통해 장애인들의 국내 OTT 플랫폼의 이용이 어려움을 짐작할 수는 있지만, 장애인을 위한 서비스를 제공하는지의 유무는 확인하기 어렵다.

② 세 번째 문단의 '버튼에 대한 설명이 제공되는 넷플릭스도 영상 재생 시점을 10초 앞으로, 또는 뒤로 이동하는 버튼은 이용하기 어렵다.'라는 내용을 통해 국내 OTT 플랫폼보다는 장애인을 위한 서비스 기능이 더 제공되고 있지만, 여전히 충분히 제공되고 있지 않음을 알 수 있다.

③ 제시문에서는 우리나라 장애인이 외국의 장애인보다 OTT 플랫폼의 이용이 어렵다기보다는 우리나라 OTT 플랫폼이 외국의 OTT 플랫폼보다 장애인이 이용하기 어렵다고 말하고 있다.

④ 외국 OTT 플랫폼은 국내 OTT 플랫폼보다 상대적으로 장애인 편의 기능을 더 제공하고 있는 것으로 보아 장애인을 수동적인 시혜자가 아닌 능동적인 소비자로 보고 있음을 알 수 있다.

04
정답 ⑤

온건한 도덕주의는 일부 예술작품만 도덕적 판단의 대상이 된다고 보고, 극단적 도덕주의는 모든 예술작품이 도덕적 판단의 대상이 된다고 본다. 따라서 온건한 도덕주의에서 도덕적 판단의 대상이 되는 예술작품은 극단적 도덕주의에서도 도덕적 판단의 대상이다.

오답분석

① 두 번째 문단의 다섯 번째 문장에서 톨스토이는 극단적 도덕주의의 입장을 대표한다고 하였다.

② 온건한 도덕주의에서는 예술작품 중 일부에 대해서 긍정적 또는 부정적 도덕적 가치판단이 가능하다고 하였으며, 미적 가치와 도덕적 가치의 독립적인 지위를 인정해야 한다는 언급은 없다.

③ 자율성주의는 모든 예술작품이 도덕적 가치판단의 대상이 될 수 없다고 본다.

④ 자율성주의는 예술작품의 미적 가치와 도덕적 가치가 서로 자율성을 유지한다고 보므로, 미적 가치를 도덕적 가치보다 우월한 것으로 본다고 할 수는 없다.

05
정답 ④

영국의 BBC에서 뉴스 시그널로 베토벤의 5번 교향곡을 사용한 것이 제2차 세계대전 때이고, 작곡은 그 전에 이루어졌다.

오답분석
① 첫 번째 문단을 통해 알 수 있다.
② 두 번째 문단에서 3번 교향곡을 완성한 뒤인 1804년에 작곡을 시작했다는 것을 알 수 있다.
③ 세 번째 문단을 통해 알 수 있다.
⑤ 마지막 문단에서 전쟁 시에 영국이 적국의 작곡가인 베토벤의 음악을 사용했다는 것을 알 수 있다.

06
정답 ②

제시문에서는 한 마리의 개를 사례로 들어 꿈의 가설보다 '상식의 가설'이 우리가 경험하는 사실들을 더 잘 설명한다고 주장한다. 즉, 개는 '나'의 감각에 의존하는 감각들의 집합이 아닌 독립적으로 존재하는 대상이라는 '상식의 가설'을 통해 개가 이동하는 모습이나 개가 배고픔을 느끼는 것 등을 이해할 수 있다는 것이다.

07
정답 ⑤

간접 경험에서 연민을 갖기 어렵다고 하더라도 교통과 통신이 발달하면서 고통을 대면하는 경우가 많아진 만큼 연민의 필요성이 커지고 있다. 따라서 이러한 주장은 현대인들이 연민을 느끼지 못한다는 제시문의 내용에 대한 반박으로 들 수 있다.

오답분석
①・②・③ 제시문의 내용과 일치하는 주장이다.
④ 학자들이 주장하는 연민의 조건 중 하나이므로, 제시문에 대한 반론으로 적절하지 않다.

08
정답 ②

제시문에서 정보화 사회의 문제점으로 다루고 있는 것은 '정보 격차'로, 지식과 정보에 접근할 수 없는 사람들이 소득을 얻는 데 불리할 수밖에 없다고 주장한다. 때문에 정보가 상품화됨에 따라 정보를 둘러싼 불평등은 더욱 심화될 것이라고 전망하고 있다. 인터넷이나 컴퓨터 유지비 측면에서의 격차 발생은 제시문의 주장을 강화시키는 것으로, 이 문제에 대한 반대 입장이 될 수 없다.

09
정답 ⑤

제시문에서는 사유 재산에 대한 개인의 권리 추구로 다수가 피해를 입게 된다면 사익보다 공익을 우선시하여 개인의 권리가 제한되어야 한다고 주장한다. 따라서 이러한 주장에 대한 반박으로는 개인인 땅 주인이 권리를 행사함에 따라 다수인 마을 사람들에게 발생하는 피해가 법적으로 증명되어야만 권리를 제한할 수 있다는 ⑤가 가장 적절하다.

10
정답 ④

인간관계에서 일어나는 사회적 행위를 규정한 것이 '충'이므로 충은 임금과 신하 사이의 관계에서 지켜져야 할 사회 윤리이다. 이러한 임금과 신하의 관계는 공동의 목표를 위한 관계로서 의리에 의해 맺어진 관계이므로 임금과 신하의 관계는 상호 신뢰를 바탕으로 이루어짐을 추론할 수 있다.

11
정답 ③

두 번째 문단에 따르면 전문 화가들의 그림보다 문인사대부들의 그림을 더 높이 사는 풍조는 동양 특유의 문화 현상에서만 나타나는 것이므로 서양 문화에서는 아마추어격인 문인사대부들의 그림보다 전문 화가들의 그림을 더 높게 평가하였을 것이다.

오답분석
① 문방사우를 이용해 그린 문인화(文人畵)는 화공들이 아닌 문인사대부들이 주로 그렸다.
② 두 개의 회화적 전통이 성립된 곳은 오로지 극동 문화권뿐이라고 하였으므로 적절하지 않다.
④ 문인사대부들은 정교한 기법이나 기교에 바탕을 둔 장식적인 채색풍을 멀리하였고, 동기창(董其昌)은 정통적인 화공보다 이러한 문인사대부들의 그림을 더 높이 평가하였으므로 적절하지 않다.
⑤ 동양 문화를 대표하는 지・필・묵은 동양 문화 내에서 사유 매체로서의 기능을 담당한 것이므로 적절하지 않다.

12
정답 ⑤

일본의 정책들은 함경도를 만주와 같은 경제권으로 묶음으로써 조선의 다른 지역과 경제적으로 분리시켰다. 즉, 일본은 한반도 중 함경도만을 만주와 같은 경제권으로 묶는 정책을 폈다.

오답분석
① 마지막 문단의 '회령에서 청진까지 부설되었던 철도 공사'를 통해 양을 목축하는 축산 거점에서 항구인 청진까지 부설된 철도가 있었음을 추론할 수 있다.
② 영화 「아리랑」 감독의 고향은 회령이며, 1935년 회령의 유선 탄광에서 폭약이 터지는 폭발사고가 있었다.
③ 오지의 작은 읍이던 무산・회령・종성・온성은 조선의 최북단 지역으로 석탄 및 철광 광산의 개발에 따라 근대적 도시로 발전하였다.

④ 함경선은 광물자원과 콩, 두만강변 원시림의 목재를 일본으로 수송하기 위해 부설된 철도이며, 콩은 당시 일본의 군수산업을 위한 원료였다. 따라서 군수산업 원료를 일본으로 수송하는 것이 함경선 부설의 목적 중 하나였음을 추론할 수 있다.

13
정답 ③

갑돌의 성품이 탁월하다고 볼 수 있는 것은 그의 성품이 곧고 자신감이 충만하며, 다수의 옳지 않은 행동에 대하여 비판의 목소리를 낼 것이며 그렇게 하는 데에 별 어려움을 느끼지 않을 것이기 때문이다. 또한, 세 번째 문단에 따르면 탁월한 성품은 올바른 훈련을 통해 올바른 일을 바르고 즐겁게 그리고 어려워하지 않으며 처리할 수 있는 능력을 뜻한다. 따라서 아리스토텔레스의 입장에서는 엄청난 의지를 발휘하고 자신과의 힘든 싸움을 해야 했던 병식보다는 잘못된 일에 별 어려움 없이 비판의 목소리를 내는 갑돌의 성품을 탁월하다고 여길 것이므로 빈칸에 들어갈 내용으로 ③이 가장 적절하다.

14
정답 ⑤

제시문을 통해 조선 시대 금속활자는 왕실의 위엄과 권위를 상징하는 것임을 알 수 있다. 특히 정조는 왕실의 위엄을 나타내기 위한 을묘원행을 기념하는 의궤 인쇄를 정리자로 인쇄하고, 화성 행차의 의미를 부각하기 위해 그 해의 방목만을 정리자로 간행했다. 이를 통해 정리자는 정조가 가장 중시한 금속활자였다는 것을 알 수 있다. 따라서 빈칸에 들어갈 내용으로 가장 적절한 것은 ⑤이다. 한편, 나머지 선택지는 제시문의 내용만으로는 추론할 수 없다.

15
정답 ④

미생물을 끓는 물에 노출하면 영양세포나 진핵포자는 죽일 수 있으나, 세균의 내생포자는 사멸시키지 못한다. 멸균은 포자, 박테리아, 바이러스 등을 완전히 파괴하거나 제거하는 것으로 물을 끓여서 하는 열처리 방식으로는 멸균이 불가능함을 알 수 있다. 따라서 빈칸에 들어갈 내용으로는 소독은 가능하지만 멸균은 불가능하다는 ④가 가장 적절하다.

16
정답 ④

제시문은 임베디드 금융에 대한 정의와 장점 및 단점 그리고 이에 대한 개선 방안을 설명하는 글이다. 따라서 (라) 임베디드 금융의 정의 – (나) 임베디드 금융의 장점 – (다) 임베디드 금융의 단점 – (가) 단점에 대한 개선 방안 순으로 나열되어야 한다.

17
정답 ①

제시문은 인간의 도덕적 자각과 사회적 의미를 강조하는 윤리인 '충'과 '서'가 있음을 알리고, 각각의 의미를 설명하는 내용의 글이다. 따라서 (가) 인간의 도덕적 자각과 사회적 실천을 강조하는 윤리인 '충서' – (다) '충'의 의미 – (나) '서'의 의미 – (라) '서'가 의미하는 역지사지의 상태 순으로 연결되어야 한다.

18
정답 ④

제시문은 이산화탄소 흡수원으로 기능하는 연안 생태계에 대한 글이다. 먼저 이산화탄소 흡수원의 하나인 연안 생태계를 소개하는 (다) 문단이 오는 것이 적절하며, 다음으로 이러한 연안 생태계의 장점을 소개하는 (나) 문단이 오는 것이 적절하다. 이어서 (나)에서 언급한 연안 생태계의 장점 중 갯벌의 역할을 부연 설명하는 (가) 문단이 오는 것이 적절하며, (가) 문단 뒤로는 '또한'으로 시작하며 연안 생태계의 또 다른 장점을 소개하는 (라) 문단이 오는 것이 적절하다. 따라서 (다) – (나) – (가) – (라) 순으로 나열되어야 한다.

19
정답 ⑤

보기는 관심사가 하나뿐인 사람을 1차원 그래프로 표시할 수 있다는 내용이다. 이는 제시문의 1차원적 인간에 대한 구체적인 예시에 해당하므로 (마)에 들어가는 것이 가장 적절하다.

20
정답 ②

제시문은 베토벤의 9번 교향곡에 관해 설명하고 있으며, 보기는 9번 교향곡이 '합창 교향곡'이라는 명칭이 붙은 이유에 대해 말하고 있다. 제시문의 세 번째 문장까지는 교향곡에 대해 설명을 하고 있으며, 네 번째 문장부터는 교향곡에 대한 현대의 평가 및 가치에 대해 설명을 하고 있다. 따라서 보기는 교향곡에 대한 설명과 교향곡에 성악이 도입되었다는 설명을 한 다음 문장인 (나)에 들어가는 것이 가장 적절하다.

제2영역 자료해석

01	02	03	04	05	06	07	08	09	10
④	①	③	③	④	①	②	④	③	③
11	12	13	14	15	16	17	18	19	20
④	⑤	②	④	④	⑤	②	⑤	②	⑤

01
정답 ④

지난해 아이스크림 매출액 상위 2개 기업은 A기업과 F기업이다. 따라서 A기업과 F기업의 매출액의 합은 전체 매출액의

$\frac{432.7+360.2}{432.7+237.6+118.5+305.9+255.6+360.2+192.7+156.6} \times 100 \fallingdotseq 38.5\%$이다.

02
정답 ①

각 도시의 부동산 전세 가격지수 증감량은 다음과 같다.

구분	2023년 6월	2023년 12월	증감량
A도시	90.2	95.4	5.2
B도시	92.6	91.2	-1.4
C도시	98.1	99.2	1.1
D도시	94.7	92.0	-2.7
E도시	95.1	98.7	3.6
F도시	98.7	98.8	0.1
G도시	100.3	99.7	-0.6
H도시	92.5	97.2	4.7
I도시	96.5	98.3	1.8
J도시	99.8	101.5	1.7

따라서 증가량이 가장 적은 D도시의 부동산 전세 가격지수 증감률은 $\frac{92.0-94.7}{94.7} \times 100 \fallingdotseq -2.9\%$이다.

03
정답 ③

2016 ~ 2023년 동안 전년 대비 가계대출 증가액을 구하면 다음과 같다.
- 2016년 : 427.1-403.5=23.6조 원
- 2017년 : 437.5-427.1=10.4조 원
- 2018년 : 450-437.5=12.5조 원
- 2019년 : 486.4-450=36.4조 원
- 2020년 : 530-486.4=43.6조 원
- 2021년 : 583.6-530=53.6조 원
- 2022년 : 621.8-583.6=38.2조 원
- 2023년 : 640.6-621.8=18.8조 원

따라서 2016 ~ 2023년 동안 전년 대비 가계대출이 가장 많이 증가한 해는 2021년이다.

오답분석

① 2015년 대비 2020년 은행대출의 증가율은 다음과 같다.

$\frac{(530+527.6)-(403.5+404.5)}{(403.5+404.5)} \times 100$

$= \frac{1,057.6-808}{808} \times 100 \fallingdotseq 30.9\%$

② • 주택담보대출 증가율 : $\frac{455-421.5}{421.5} \times 100 \fallingdotseq 7.9\%$

• 기업대출 증가율 : $\frac{584.3-539.4}{539.4} \times 100 \fallingdotseq 8.3\%$

따라서 2021년 대비 2023년 기업대출 증가율이 더 높다.

④ 부동산담보대출이 세 번째로 많은 연도는 2021년이며, 이때의 주택담보대출은 가계대출의 $\frac{421.5}{583.6} \times 100 \fallingdotseq 72.2\%$이다.

⑤ 2017 ~ 2022년 전년 대비 주택담보대출 증가액이 부동산담보대출 증가액보다 높지 않은 연도는 2017년, 2018년, 2022년이다.

04
정답 ③

30대의 2020년과 2022년 전년 대비 데이트폭력 경험횟수 증가율은 각각 다음과 같다.

• 2020년 : $\frac{11.88-8.8}{8.8} \times 100 = 35\%$

• 2022년 : $\frac{17.75-14.2}{14.2} \times 100 = 25\%$

따라서 30대의 2022년 전년 대비 데이트폭력 경험횟수 증가율은 2020년보다 작다.

오답분석

① 2019년부터 2023년까지 연도별 평균 데이트폭력 경험횟수가 가장 높은 연령대는 20대로 동일하다.

② 2023년 40대의 평균 데이트폭력 경험횟수는 18회로, 2019년 데이트폭력 경험횟수인 2.5회의 $\frac{18}{2.5}=7.2$배에 해당한다.

④ 10대의 평균 데이트폭력 경험횟수는 3.2회, 3.9회, 5.7회, 7.9회, 10.4회로 매년 증가하고 있고, 50대의 평균 데이트폭력 경험횟수는 4.1회, 3.8회, 3.5회, 3.3회, 2.9회로 매년 감소하고 있다.

⑤ 2021년 이후 연도별 20대와 30대의 평균 데이트폭력 경험횟수와 전 연령대 평균 데이트폭력 경험횟수를 구하면 다음과 같다.

(단위 : 회)

구분	2021년	2022년	2023년
전체	5.7+15.1+14.2 +9.2+3.5 =47.7	7.9+19.2+17.75 +12.8+3.3 =60.95	10.4+21.2+18.4 +18+2.9 =70.9
전체의 절반	23.85	30.475	35.45
20·30대	15.1+14.2 =29.3	19.2+17.75 =36.95	21.2+18.4 =39.6

따라서 2021년 이후 20대와 30대의 평균 데이트폭력 경험횟수의 합은 전 연령대 평균 데이트폭력 경험횟수의 절반 이상임을 알 수 있다.

05
정답 ④

2015년 대비 2023년 장르별 공연 건수의 증가율은 각각 다음과 같다.

- 양악 : $\frac{4,628-2,658}{2,658}\times100 ≒ 74\%$
- 국악 : $\frac{2,192-617}{617}\times100 ≒ 255\%$
- 무용 : $\frac{1,521-660}{660}\times100 ≒ 130\%$
- 연극 : $\frac{1,794-610}{610}\times100 ≒ 194\%$

따라서 2015년 대비 2023년 공연 건수의 증가율이 가장 높은 장르는 국악이다.

오답분석
① 2019년과 2022년에는 연극 공연 건수가 국악 공연 건수보다 더 많았다.
② 2021년의 무용 공연 건수가 집계되어 있지 않기 때문에 연극 공연 건수가 무용 공연 건수보다 많아진 것이 2022년부터인지 판단할 수 없으므로 옳지 않은 설명이다.
③ 2022년 대비 2023년 공연 건수가 가장 많이 증가한 장르는 양악이다.
⑤ 2018년까지는 양악 공연 건수가 국악, 무용, 연극 공연 건수의 합보다 더 많았지만, 2019년 이후에는 국악, 무용, 연극 공연 건수의 합보다 더 적다. 또한, 2021년에는 무용 공연 건수 자료가 집계되지 않아 양악의 공연 건수가 다른 공연 건수의 합보다 많은지 적은지 판단할 수 없으므로 옳지 않은 설명이다.

06
정답 ①

3인 가구의 경우 26℃ 이상 28℃ 미만일 때 에어컨 가동시간은 10.4시간으로, 30℃ 이상일 때의 16시간의 $\frac{10.4}{16}\times100 = 65\%$ 수준이다.

오답분석
② 평균 실내온도가 26℃ 미만일 때와 28℃ 이상 30℃ 미만일 때, 6인 이상 가구에서의 에어컨 가동시간은 5인 가구보다 많지만, 나머지 두 구간에서는 적다.
③ 평균 실내온도가 28℃ 미만일 때, 자녀가 있는 2인 가구의 일평균 에어컨 가동시간은 자녀가 없을 때보다 2배 이상 많지만, 28℃ 이상일 경우에는 2배 미만이다.
④ 28℃ 이상 30℃ 미만일 때, 4인 가구의 일평균 에어컨 가동시간은 18.8시간이다.
⑤ 1인 가구의 경우 30℃ 이상일 때 일평균 에어컨 가동시간은 6.3시간으로, 26℃ 미만일 때의 1.4시간보다 $\frac{6.3}{1.4}=4.5$배 더 많다.

07
정답 ②

⊙ $\frac{10,023+(200\times4)}{4}=\frac{10,823}{4}=2,705.75$만 개

ⓒ • 평균 주화공급량 : $\frac{10,023}{4}=2,505.75$만 개
- 주화공급량 증가량 : $(3,469\times0.1)+(2,140\times0.2)+(2,589\times0.2)+(1,825\times0.1)=1,475.2$만 개
- 증가한 평균 주화공급량 : $\frac{10,023+1,475.2}{4}=2,874.55$만 개

2,505.75×1.15>2,874.55이므로, 증가율은 15% 이하이다.

오답분석
ⓛ • 10원 주화의 공급기관당 공급량 : $\frac{3,469}{1,519}≒2.3$만 개
- 500원 주화의 공급기관당 공급량 : $\frac{1,825}{953}≒1.9$만 개

ⓔ 총 주화공급액이 변하면 주화종류별 공급량 비율은 당연히 변화한다.

08
정답 ④

ⓒ • A방송사의 연간 방송시간 중 보도시간 비율
  : $\frac{2,343}{2,343+3,707+1,274}\times100≒32.0\%$
- D방송사의 교양시간 비율
  : $\frac{2,498}{1,586+2,498+3,310}\times100≒33.8\%$

따라서 D방송사의 교양시간 비율이 더 높다.
ⓔ • 전체 방송시간 : 6,304+12,181+10,815=29,300시간
- 그중 오락시간의 비율 : $\frac{10,815}{29,300}\times100≒36.9\%$

따라서 전체 방송시간 중 오락시간의 비율은 40% 이하이다.

오답분석
⊙ • 전체 보도시간 : 2,343+791+1,584+1,586=6,304시간
- 전체 교양시간 : 3,707+3,456+2,520+2,498=12,181시간
- 전체 오락시간 : 1,274+2,988+3,243+3,310=10,815시간
따라서 교양 – 오락 – 보도시간 순으로 방송시간이 많다.
ⓒ 방송사별 연간 방송시간 중 보도시간 비율은 각각 다음과 같다.
- A방송사 : $\frac{2,343}{2,343+3,707+1,274}\times100≒32.0\%$
- B방송사 : $\frac{791}{791+3,456+2,988}\times100≒10.9\%$,
- C방송사 : $\frac{1,584}{1,584+2,520+3,243}\times100≒21.6\%$,
- D방송사 : $\frac{1,586}{1,586+2,498+3,310}\times100≒21.4\%$

따라서 A방송사의 비율이 가장 높다.

09 정답 ③

ⓒ 연령대별 아메리카노와 카페라테의 선호율의 차이를 구하면 다음과 같다.

(단위 : %)

구분	20대	30대	40대	50대
아메리카노	42	47	35	31
카페라테	8	18	28	42
차이(%p)	34	29	7	11

따라서 아메리카노와 카페라테의 선호율 차이가 가장 적은 연령대는 40대임을 알 수 있다.

ⓒ 20대와 30대의 선호율 하위 3개 메뉴를 정리하면 다음과 같다.
- 20대 : 핫초코(6%), 에이드(3%), 아이스티(2%)
- 30대 : 아이스티(3%), 핫초코(2%), 에이드(1%)

따라서 20대와 30대의 선호율 하위 3개 메뉴는 동일함을 알 수 있다.

오답분석

㉠ 연령대별 아메리카노 선호율은 20대는 42%, 30대는 47%, 40대는 35%, 50대는 31%로, 30대의 선호율이 20대보다 높음을 알 수 있다.

㉣ 40대와 50대의 선호율 상위 2개 메뉴가 전체 선호율에서 차지하는 비율을 구하면 다음과 같다.
- 40대 : 아메리카노(35%), 카페라테(28%) → 63%
- 50대 : 카페라테(42%), 아메리카노(31%) → 73%

따라서 50대의 선호율 상위 2개 메뉴가 전체 선호율에서 차지하는 비율은 70%를 넘지만, 40대에서는 63%로 70% 미만이다.

10 정답 ③

2022년과 2023년의 총 학자금 대출 신청건수를 구하면 다음과 같다.
- 2022년 : $1,921+2,760+2,195+1,148+1,632+1,224$
$=10,880$건
- 2023년 : $2,320+3,588+2,468+1,543+1,927+1,482$
$=13,328$건

따라서 2023년 총 학자금 대출 신청건수는 2022년 대비 $\frac{13,328-10,880}{10,880}\times100=22.5\%$ 증가하였다.

오답분석

① 2023년 총 학자금 대출금액은 (대출 신청건수)×(평균 대출금액)으로 구할 수 있으므로 대구와 부산의 총 학자금 대출금액은 다음과 같다.
- 대구 : $2,320\times688=1,596,160$만 원
- 부산 : $2,468\times644=1,589,392$만 원

따라서 2023년 총 학자금 대출금액은 대구가 부산보다 많다.

② 대전의 2023년 학자금 평균 대출금액은 376만 원으로 전년인 235만 원 대비 $\frac{376}{235}=1.6$배 증가하였다.

④ 학자금 대출 신청건수가 가장 많은 지역은 2022년은 2,760건으로 인천이고, 2023년도 3,588건으로 인천이다.

⑤ 2022년 전체 학자금 대출 신청건수는 10,880건으로 그중 광주 지역이 차지하는 비율은 $\frac{1,632}{10,880}\times100=15\%$이다.

11 정답 ④

4인 가족의 경우 경차는 54,350원, 중형차는 94,680원, 고속버스는 82,080원, KTX는 120,260원으로 중형차는 두 번째로 비용이 많이 든다.

오답분석

① 4인 가족이 경차를 이용할 경우, $(45,600+12,500)\times0.7=$ 54,350원으로 비용이 가장 저렴하다.

② 4인 가족이 KTX를 이용할 경우, $(114,600+57,200)\times0.7=$ 120,260원으로 가장 비용이 많이 든다.

③ 4인 가족이 중형차를 이용할 경우, $(74,600+25,100)\times0.8=$ 94,680원의 비용이 든다.

⑤ 4인 가족이 중형차를 이용할 경우에는 94,680원의 비용이 들며, 고속버스의 경우에는 $(68,400+34,200)\times0.8=82,080$원의 비용이 든다.

12 정답 ⑤

ⓒ 청팀의 최종점수는 6,867점, 백팀의 최종점수는 5,862점으로 백팀의 점수는 청팀 점수의 $\frac{5,862}{6,867}\times100=85.4\%$이다.

㉣ 백팀이 구기 종목에서 획득한 승점은 육상 종목에서 획득한 승점의 $\frac{2,780}{3,082}\times100=90.2\%$이므로 85% 이상이다.

오답분석

㉠ 모든 종목에서 가장 높은 승점을 획득한 부서는 운영부(2,752점)이나, 가장 낮은 승점을 획득한 부서는 기술부(1,859점)가 아닌 지원부(1,362점)이다.

ⓒ 청팀이 축구에서 획득한 승점은 청팀이 구기 종목에서 획득한 승점의 $\frac{1,942}{4,038}\times100=48.1\%$이므로 45% 이상이다.

13 정답 ②

㉠ 2019년에서 2023년 사이 전년 대비 문화재의 증가 건수는 각각 다음과 같다.
- 2019년 : $3,459-3,385=74$건
- 2020년 : $3,513-3,459=54$건
- 2021년 : $3,583-3,513=70$건
- 2022년 : $3,622-3,583=39$건
- 2023년 : $3,877-3,622=255$건

따라서 전년 대비 전체 국가지정문화재가 가장 많이 증가한 해는 2023년이다.

ⓒ 2018년 대비 2023년 문화재 종류별 건수의 증가율은 각각 다음과 같다.

- 국보 : $\dfrac{328-314}{314}\times100 ≒ 4.46\%$

- 보물 : $\dfrac{2,060-1,710}{1,710}\times100 ≒ 20.47\%$

- 사적 : $\dfrac{495-479}{479}\times100 ≒ 3.34\%$

- 명승 : $\dfrac{109-82}{82}\times100 ≒ 32.93\%$

- 천연기념물 : $\dfrac{456-422}{422}\times100 ≒ 8.06\%$

- 국가무형문화재 : $\dfrac{135-114}{114}\times100 ≒ 18.42\%$

- 중요민속문화재 : $\dfrac{294-264}{264}\times100 ≒ 11.36\%$

따라서 2018년 대비 2023년 국가지정문화재의 증가율이 가장 높은 문화재는 명승 문화재이다.

오답분석

ⓒ 2023년 국보 문화재 건수는 2018년 대비 $328-314=14$건 증가했다. 그러나 2018년에 전체 국가지정문화재 중 국보 문화재가 차지하는 비율은 $\dfrac{314}{3,385}\times100 ≒ 9.28\%$, 2023년에 전체 국가지정문화재 중 국보 문화재가 차지하는 비율은 $\dfrac{328}{3,877}\times100 ≒ 8.46\%$이다. 따라서 2023년에 국보 문화재가 전체 국가지정문화재에서 차지하는 비율은 2018년 대비 감소했다.

ⓔ 연도별 국가무형문화재의 4배의 수치는 각각 다음과 같다.
- 2018년 : $114\times4=456$건
- 2019년 : $116\times4=464$건
- 2020년 : $119\times4=476$건
- 2021년 : $120\times4=480$건
- 2022년 : $122\times4=488$건
- 2023년 : $135\times4=540$건

2018년에서 2022년까지는 사적 문화재가 국가무형문화재의 4배를 넘는 수치를 보이고 있지만, 2023년의 경우 국가무형문화재의 4배를 넘지 못한다.

14　정답 ④

ⓒ 11월 건설업의 상용근로일수는 20.7일로, 광업의 상용근로일수의 80%인 $21.9\times0.8=17.52$일 이상이다.

ⓔ 월 평균 근로시간이 가장 높은 산업은 11월(179.1시간)과 12월(178.9시간) 모두 부동산업 및 임대업으로 동일하다.

오답분석

ⓐ 산업 전체에서 10월부터 12월까지 월 평균 근로시간은 163.3시간, 164.2시간, 163.9시간으로, 11월에는 전월 대비 증가하였지만, 12월에는 감소하였다.

ⓒ 10월에 임시 일용근로일수가 가장 높은 산업은 금융 및 보험업으로 19.3일이며, 12월 임시 일용근로일수는 19.2일로 10월 대비 0.1일 감소하였다.

15　정답 ④

(B빌라 월세)+(한 달 교통비)=$250,000+2.1\times2\times20\times1,000$
$=334,000$원

따라서 B빌라에서 33만 4천 원으로 살 수 있다.

오답분석

① A빌라는 392,000원, B빌라는 334,000원, C아파트는 372,800원으로 모두 40만 원으로 가능하다.

② C아파트가 편도 거리 1.82km로 교통비가 가장 적게 든다.

③ C아파트는 372,800원으로 A빌라보다 19,200원 덜 든다.

⑤ B빌라에 두 달 살 때의 금액은 668,000원이고, A빌라와 C아파트를 합한 금액은 764,800원이므로 적절하지 않다.

16　정답 ⑤

2020년에는 연령대가 올라갈수록 회식참여율도 증가하고 있다. 그러나 2000년에는 40대까지는 연령대가 올라갈수록 회식참여율이 감소했으나, 50대에서는 40대보다 회식참여율이 증가한 것을 알 수 있다.

오답분석

① 20대의 2020년 회식참여율은 32%이고, 2010년의 회식참여율은 68%이다. 따라서 20대의 2020년 회식참여율은 2010년 대비 $68-32=36\%$p 감소하였다.

② 직급별 2000년과 2010년의 회식참여율 차이는 각각 다음과 같다.
- 사원 : $91-75=16\%$p
- 대리 : $88-64=24\%$p
- 과장 : $74-55=19\%$p
- 부장 : $76-54=22\%$p

따라서 2000년과 2010년의 회식참여율 차이가 가장 큰 직급은 대리이다.

③ 2020년 남성과 여성의 회식참여율 차이는 $44-34=10\%$p이고, 2000년은 $88-72=16\%$p이다. 따라서 2020년 남성과 여성의 회식참여율 차이는 2000년 대비 $\dfrac{16-10}{16}\times100=37.5\%$p 감소하였음을 알 수 있다.

④ 조사연도에서 수도권 지역과 수도권 외 지역의 회식참여율 차이는 각각 다음과 같다.
- 2000년 : $91-84=7\%$p
- 2010년 : $63-58=5\%$p
- 2020년 : $44-41=3\%$p

따라서 수도권 지역과 수도권 외 지역의 회식참여율의 차이는 계속하여 감소함을 알 수 있다.

17　정답 ②

2022년 화재건수 대비 사망자 수는 경기도의 경우 $\dfrac{70}{10,147} ≒ 0.007$명/건으로 $\dfrac{20}{2,315} ≒ 0.009$명/건인 강원도보다 적다.

① 대구광역시의 2023년 화재건수는 1,612건으로 경상북도의 50%인 $2,817 \times 0.5 = 1,408.5$건 이상이므로 옳은 설명이다.

③ 화재발생건수가 가장 많은 시·도는 2022년과 2023년에 모두 경기도이므로 옳은 설명이다.

④ 2023년 화재로 인한 부상자 수는 충청남도가 30명으로 107명인 충청북도의 $\dfrac{30}{107} \times 100 ≒ 28\%$이므로 30% 미만이므로 옳은 설명이다.

⑤ 부산광역시의 경우, 화재로 인한 부상자 수가 2023년에 102명, 2022년에 128명으로, 2023년 화재로 인한 부상자 수가 전년 대비 $\left(\dfrac{102 - 128}{128}\right) \times 100 ≒ -20.3\%$ 감소하였으므로 옳은 설명이다.

18

㉠ 2021년 대비 2023년 의사 수의 증가율은 $\dfrac{11.40 - 10.02}{10.02} \times 100 ≒ 13.77\%$이며, 간호사 수의 증가율은 $\dfrac{19.70 - 18.60}{18.60} \times 100 ≒ 5.91\%$이다. 따라서 의사 수의 증가율은 간호사 수의 증가율보다 $13.77 - 5.91 = 7.86\%$p 높다.

㉢ 2014 ~ 2018년 동안 의사 한 명당 간호사 수는 각각 다음과 같다.

• 2014년 : $\dfrac{11.06}{7.83} ≒ 1.41$명

• 2015년 : $\dfrac{11.88}{8.45} ≒ 1.41$명

• 2016년 : $\dfrac{12.05}{8.68} ≒ 1.39$명

• 2017년 : $\dfrac{13.47}{9.07} ≒ 1.49$명

• 2018년 : $\dfrac{14.70}{9.26} ≒ 1.59$명

따라서 의사 한 명당 간호사 수가 가장 많은 해는 2018년이다.

㉣ 2017 ~ 2020년까지 간호사 수 평균은

$\dfrac{13.47 + 14.70 + 15.80 + 18.00}{4} ≒ 15.49$만 명이다.

㉡ 2015 ~ 2023년 동안 전년 대비 증가한 의사 수가 2천 명 이하인 해는 2018년이다. 따라서 2018년의 의사와 간호사 수의 차이는 $14.70 - 9.26 = 5.44$만 명이므로 옳지 않은 설명이다.

19

• 2021년 상반기 : $516 \times 6 = 3,096 < 3,312$
• 2021년 하반기 : $504 \times 6 = 3,024 < 3,187$
• 2022년 상반기 : $492 \times 6 = 2,952 < 3,052$
• 2022년 하반기 : $463 \times 6 = 2,778 > 2,728$
• 2023년 상반기 : $453 \times 6 = 2,718 > 2,620$

따라서 2022년 하반기, 2023년 상반기의 공립 어린이집 수는 공립 유치원 수의 6배 미만이다.

① 매 시기 공립 및 사립 유치원 수와 어린이집 수가 감소하고 있으므로 전체 유치원 수와 어린이집 수는 감소하는 추세이다.

③ 2021년 상반기 대비 2023년 상반기의 공립 유치원 수 감소율은 $\dfrac{516 - 453}{516} \times 100 ≒ 12.2\%$로 20% 미만이다.

④ 2021년 상반기 대비 2023년 상반기의 사립 유치원 수는 $386 - 297 = 89$개로 70개 이상 감소하였다.

⑤ 시기별 공립 어린이집 수 감소폭과 사립 어린이집 수 감소폭은 다음과 같다. 실제 시험에서는 자료에 제시된 모든 기간을 계산하기에 시간이 부족할 수 있다. 이때, 문제에서 감소폭이 큰 경우를 묻고 있으므로 그래프상의 기울기가 가장 큰 연도만 선택(공립 어린이집 : 2021년 하반기, 2022년 하반기 / 사립 어린이집 : 2022년 상반기)하여 계산 및 비교하도록 한다.

• 2021년 하반기
 - 공립 어린이집 : $3,312 - 3,187 = 125$개
 - 사립 어린이집 : $2,339 - 2,238 = 101$개
• 2022년 상반기
 - 공립 어린이집 : $3,187 - 3,052 = 135$개
 - 사립 어린이집 : $2,238 - 2,026 = 212$개
• 2022년 하반기
 - 공립 어린이집 : $3,052 - 2,728 = 324$개
 - 사립 어린이집 : $2,026 - 1,850 = 176$개
• 2023년 상반기
 - 공립 어린이집 : $2,728 - 2,620 = 108$개
 - 사립 어린이집 : $1,850 - 1,802 = 48$개

따라서 공립 어린이집 수의 감소폭이 가장 클 때는 2022년 하반기이고, 사립 어린이집 수의 감소폭이 가장 클 때는 2022년 상반기로 그 시기가 다르다.

20

제시된 자료에 따르면 4월 전월 대비 수출액은 감소했고, 5월 전월 대비 수출액은 증가했으나, ⑤의 그래프에는 반대로 나타나 있다.

01	02	03	04	05	06	07	08	09	10
③	③	④	③	③	③	⑤	③	①	③
11	12	13	14	15	16	17	18	19	20
①	④	③	④	③	③	③	②	④	④

01
정답 ③

배의 속력을 $x$km/h, 강물의 속력을 $y$km/h라고 하면, 다음과 같은 식이 성립한다.

$5(x-y)=30 \cdots$ ㉠

$3(x+y)=30 \cdots$ ㉡

㉠과 ㉡을 연립하면 $x=8$, $y=2$이다.

따라서 배의 속력은 8km/h이다.

02
정답 ③

희경이가 본사에서 나온 시각은 오후 3시에서 본사에서 지점까지 걸린 시간만큼을 제하면 된다. 본사에서 지점까지 가는 데 걸린 시간은 $\frac{20}{60}+\frac{30}{90}=\frac{2}{3}$ 시간, 즉 40분이다.

따라서 희경이가 본사에서 나온 시각은 오후 2시 20분이다.

03
정답 ④

같은 시간 동안 혜영이와 지훈이의 이동거리의 비가 3 : 4이므로 속력의 비 또한 3 : 4이다. 그러므로 혜영이의 속력을 x/min이라 하면 지훈이의 속력은 $\frac{4}{3}x$/min이다.

같은 지점에서 같은 방향으로 출발하여 다시 만날 때 두 사람의 이동거리의 차이는 1,800m이므로 다음과 같은 식이 성립한다.

$\frac{4}{3}x \times 15 - x \times 15 = 1,800$

$\rightarrow 5x=360$

$\therefore x=360$

따라서 혜영이가 15분 동안 이동한 거리는 $360 \times 15 = 5,400$m이고 지훈이가 15분 동안 이동한 거리는 $480 \times 15 = 7,200$m이므로 두 사람의 이동거리의 합은 12,600m이다.

04
정답 ③

처음 설탕물의 농도를 x%라 하면, 다음과 같은 식이 성립한다.

$\frac{\frac{x}{100} \times 200 + 5}{200-50+5} \times 100 = 3x$

$\rightarrow 200x+500=465x$

$\therefore x=\frac{100}{53}≒1.9$

따라서 처음 설탕물의 농도는 약 1.9%이다.

05
정답 ③

농도가 15%인 소금물에서 퍼낸 소금물의 양을 xg이라고 하자.

$\frac{(800-x) \times 0.15}{800-x+150}=0.12$

$\rightarrow 800-x=\frac{0.12}{0.15} \times (950-x)$

$\rightarrow 800-760=x-0.8x$

$\therefore x=200$

따라서 처음에 퍼낸 소금물의 양은 200g이다.

06
정답 ③

A, B, C설탕물의 설탕 질량은 각각 다음과 같다.

- A설탕물의 설탕 질량 : $200 \times 0.12 = 24$g
- B설탕물의 설탕 질량 : $300 \times 0.15 = 45$g
- C설탕물의 설탕 질량 : $100 \times 0.17 = 17$g

A, B설탕물을 합치면 설탕물 500g에 들어있는 설탕은 $24+45=69$g, 농도는 $\frac{69}{500} \times 100 = 13.8$%이다. 합친 설탕물을 300g만 남기고, C설탕물과 합치면 설탕물 400g이 되고 여기에 들어있는 설탕의 질량은 $300 \times 0.138 + 17 = 58.4$g이다. 또한 이 합친 설탕물도 300g만 남길 때, 농도는 일정하므로 설탕물이 $\frac{3}{4}$으로 줄어든 만큼 설탕의 질량도 같이 줄어든다.

따라서 설탕의 질량은 $58.4 \times \frac{3}{4} = 43.8$g이다.

07
정답 ⑤

각 사원의 일일업무량을 각각 a, b, c, d, e라고 하자.

먼저 E사원이 30일 동안 진행한 업무량은 $30e=5,280$이므로 $e=176$이다. D사원과 E사원의 일일업무량의 총합은 C사원의 일일업무량에 258을 더한 것과 같으므로 $d+e=c+258$이고 여기에 $e=176$을 대입하여 정리하면

$d-c=82 \cdots$ ㉠

C사원이 이틀 동안 일한 것과 D사원이 8일 동안 일한 업무량의 합은 9960이라 하였으므로

$2c+8d=996 \cdots$ ㉡

㉠과 ㉡을 연립하면 $d=116$, $c=34$이다.

B사원의 일일업무량은 D사원 일일업무량의 $\frac{1}{4}$이므로 $b=\frac{1}{4} \times 116 = 29$이고, A사원의 일일업무량은 B사원의 일일업무량보다 5만큼 적으므로 $a=29-5=24$이다.

따라서 A ~ E사원의 일일업무량의 총합은 $24+29+34+116+176=379$이다.

08
정답 ③

n번째 날 A의 남은 생선 양은 $k\left(\dfrac{1}{3}\right)^{n-1}$ 마리이고, B는 $2k\left(\dfrac{1}{6}\right)^{n-1}$ 마리이다.

$k\left(\dfrac{1}{3}\right)^{n-1}>2k\left(\dfrac{1}{6}\right)^{n-1}$

$\rightarrow \left(\dfrac{1}{3}\right)^{n}\times 3>2\times 6\times\left(\dfrac{1}{6}\right)^{n}$

$\rightarrow \left(\dfrac{1}{3}\right)^{n}>4\times\left(\dfrac{1}{6}\right)^{n}$

$\rightarrow 2^{n}>4$

$\therefore n>2$

따라서 $n=3$일 때부터 만족하므로 A의 남은 생선 양이 B보다 많아지는 날은 셋째 날부터이다.

09
정답 ①

A기계의 생산 속도는 100개/분이고, B기계의 생산 속도는 150개/분일 때 총 나사 수 15,000=[(100개/분)×(걸린 시간)+(150개/분)×(걸린 시간)]이므로, 걸리는 시간은 60분, 즉 1시간이다.

10
정답 ③

A가 첫 번째로 지불한 금액을 a원, B가 첫 번째로 지불한 금액을 b원이라고 하면 다음과 같은 식이 성립한다.

$(a+0.5a)+(b+1.5b)=32{,}000 \rightarrow 1.5a+2.5b=32{,}000 \cdots$ ㉠

$(a+0.5a)+5{,}000=(b+1.5b) \rightarrow 1.5a=2.5b-5{,}000 \cdots$ ㉡

㉠과 ㉡을 연립하면 $b=7{,}400$, $a=9{,}000$이다.

따라서 A가 첫 번째로 지불한 금액은 9,000원이다.

11
정답 ①

작년에 생산한 사과의 개수를 x개라고 하면, 작년에 생산한 배의 개수는 $(500-x)$개이므로 다음과 같은 식이 성립한다.

$\dfrac{1}{2}x+2\times(500-x)=700$

$\rightarrow -\dfrac{3}{2}x=-300$

$\therefore x=200$

따라서 올해 생산한 사과의 개수는 $\dfrac{1}{2}\times 200=100$개이다.

12
정답 ④

소민이는 $7+2=9$일마다 일을 시작하고 민준이는 $10+2=12$일마다 일을 시작한다.

따라서 두 사람은 9와 12의 최소공배수인 36일마다 동시에 일을 시작하므로 34일 후에는 2일 연속으로 쉬는 날이 같아진다.

13
정답 ③

둘째 나이를 X살, 나이 차이를 D살이라 하면, 첫째와 셋째 나이는 $(X+D)$, $(X-D)$살이고, 아버지 나이는 둘째 나이의 3배이므로 $3X$살이다. 아버지의 나이에서 첫째의 나이를 빼면 23살이고, 내년 아버지의 나이는 셋째 나이의 4배보다 4살 적다고 하였으므로 다음과 같은 식이 성립한다.

$3X-(X+D)=23 \rightarrow 2X-D=23 \cdots$ ㉠

$3X+1=4\times(X-D+1)-4 \rightarrow 1+4D=X \cdots$ ㉡

㉠과 ㉡을 연립하면

$2(4D+1)-D=23$

$\rightarrow 8D+2-D=23$

$\rightarrow 7D=21$

$\therefore D=3$, $X=13$

따라서 둘째의 나이는 13살이고, 삼형제의 나이 차이가 일정하다고 하였으므로 올해 셋째의 나이는 $13-3=10$살이다.

14
정답 ④

응시자 전체의 평균점수를 m점이라고 하면 불합격한 사람 20명의 평균점수는 $(m-9)$점이고, 합격한 사람 10명의 평균점수는 $2\{(m-9)-33\}$점이다.

$\dfrac{10\{2(m-9)-33\}+20(m-9)}{30}=m$

$\rightarrow 20m-180-330+20m-180=30m$

$\rightarrow 10m=690$

$\therefore m=69$

따라서 응시자 전체의 평균점수는 69점이다.

15
정답 ③

포장을 하는 고객의 수를 n명이라고 하면 카페 내에서 음료를 마시는 고객의 수는 $(100-n)$명이다. 포장을 하는 고객은 6,400의 수익을 주고, 카페 내에서 음료를 마시는 고객은 서비스 비용인 1,500원을 제외한 4,900원의 수익을 발생시킨다. 즉, 전체 수익에 대해 다음과 같은 식이 성립한다.

$6{,}400n+4{,}900(100-n) \rightarrow 1{,}500n+490{,}000$

가게 유지비용에 대한 손익은 $1{,}500n+490{,}000-535{,}000 \rightarrow 1{,}500n-45{,}000$이다. 이 값이 0보다 커야 수익이 발생하므로 다음과 같은 식이 성립한다.

$1{,}500n-45{,}000>0$

$\rightarrow 1{,}500n>45{,}000$

$\therefore n>30$

따라서 최소 31명이 포장을 해야 수익이 발생한다.

16
정답 ③

S랜드의 자유이용권 이용 횟수를 x회라고 하자.

• 비회원 이용 금액 : $(20{,}000\times x)$원

• 회원 이용 금액 : $\left\{50{,}000+20{,}000\times\left(1-\dfrac{20}{100}\right)\times x\right\}$원

$$20,000 \times x > 50,000 + 20,000 \times \left(1 - \frac{20}{100}\right) \times x$$

$$\rightarrow 20,000x > 50,000 + 16,000x \rightarrow 4,000x > 50,000$$

$$\therefore x > 12.5$$

따라서 최소 13번을 이용해야 회원 가입을 한 것이 이익이다.

17
정답 ③

- 9명 중 2명을 뽑는 경우의 수 : $_9C_2 = \frac{9 \times 8}{2 \times 1} = 36$가지

- 남은 7명 중 3명을 뽑는 경우의 수 : $_7C_3 = \frac{7 \times 6 \times 5}{3 \times 2 \times 1} = 35$가지

- 남은 4명 중 4명을 뽑는 경우의 수 : $_4C_4 = 1$가지

따라서 구하고자 하는 경우의 수는 $36 \times 35 \times 1 = 1,260$가지이다.

18
정답 ②

- 친가를 거친 후, 외가를 가는 경우의 수
  : 3가지(승용차, 버스, 기차)×2가지(버스, 기차)=6가지
- 외가를 거친 후, 친가를 가는 경우의 수
  : 3가지(비행기, 기차, 버스)×2가지(버스, 기차)=6가지

따라서 구하고자 하는 경우의 수는 6+6=12가지이다.

19
정답 ④

A는 0, 2, 3을 뽑았으므로 320이 만들 수 있는 가장 큰 세 자리 숫자이다. 이처럼 5장 중 3장의 카드를 뽑는데 카드의 순서를 고려하지 않고 뽑는 전체 경우의 수는 $_5C_3 = 10$가지이다. B가 이기려면 4가 적힌 카드를 뽑거나 1, 2, 3이 적힌 카드를 뽑아야 한다. 4가 적힌 카드를 뽑는 경우의 수는 4가 1장을 차지하고 나머지 2장의 카드를 뽑아야 하므로 $_4C_2 = 6$가지이고, 1, 2, 3이 적힌 카드를 뽑는 경우는 1가지이다.

따라서 B가 이길 확률은 $\frac{6+1}{10} = \frac{7}{10}$이다.

20
정답 ④

여성 불합격자를 a명이라고 하자. 2차 면접시험 남성 불합격자는 63명이며, 남녀 성비는 7 : 5이므로 다음과 같다.

$$7 : 5 = 63 : a \rightarrow 5 \times 63 = 7a$$

$$\therefore a = 45$$

즉, 2차 면접시험 불합격자 총인원은 45+63=108명이다.

세 번째 조건에서 2차 면접시험 불합격자는 2차 면접시험 응시자의 60%이므로 2차 면접시험 응시자는 $\frac{108}{0.6} = 180$명이고, 첫 번째 조건에 의해 1차 면접시험 응시자는 $\frac{180}{0.6} = 300$명이다.

따라서 1차 면접시험 합격자는 응시자의 90%이므로 $300 \times 0.9 = 270$명이다.

제**4**영역 **언어추리**

01	02	03	04	05	06	07	08	09	10
④	③	⑤	①	④	①	⑤	⑤	②	②
11	12	13	14	15	16	17	18	19	20
③	④	③	⑤	②	②	③	②	③	①

01
정답 ④

i) A가 진실을 말하는 경우

구분	A	B	C	D
피아노	×	×		
바이올린		×		×
트럼펫			○	○
플루트	△(모순)			

ii) B가 진실을 말하는 경우

구분	A	B	C	D
피아노	○	×		
바이올린		○		×
트럼펫			○	×
플루트	×			

iii) C가 진실을 말하는 경우

구분	A	B	C	D
피아노	○	○		
바이올린		×		○
트럼펫			○	×
플루트	△(모순)			

iv) D가 진실을 말하는 경우

구분	A	B	C	D
피아노	○	×		
바이올린		×		×
트럼펫			×	×
플루트	○			

따라서 B가 진실을 말한 경우 주어진 조건에 따라 A는 피아노, B는 바이올린, C는 트럼펫, D는 플루트를 연주하며, 피아노를 연주하는 A는 재즈, 트럼펫과 바이올린을 연주하는 B와 C는 클래식, 플루트를 연주하는 D는 클래식과 재즈 모두를 연주한다.

02

정답 ③

일남이와 삼남이의 발언에 모순이 있으므로, 일남이와 삼남이 중 적어도 1명은 거짓을 말한다. 만약 일남이와 삼남이가 모두 거짓말을 하고 있다면 일남이는 경찰이고(시민, 마피아 ×), 자신이 경찰이라고 말한 이남이의 말이 거짓이 되면서 거짓말을 한 사람이 3명 이상이 되므로 조건에 부합하지 않는다. 그러므로 일남이는 경찰이 아니며, 일남이나 삼남이 중에 1명만 거짓을 말한다.

ⅰ) 일남이가 거짓, 삼남이가 진실을 말한 경우

일남이는 마피아이고, 오남이가 마피아라고 말한 이남이의 말은 거짓이므로, 이남이는 거짓을 말하고 있고 이남이는 경찰이 아니다. 즉, 남은 사남이와 오남이는 모두 진실을 말해야 한다. 두 사람의 말을 종합하면 사남이는 경찰도 아니고 시민도 아니게 되므로 마피아여야 한다. 그러나 이미 일남이가 마피아이고 마피아는 1명이라고 했으므로 모순이다.

ⅱ) 일남이가 진실, 삼남이가 거짓을 말한 경우

일남이는 시민이고, 이남 · 사남 · 오남 중 1명은 거짓, 다른 2명은 진실을 말한다. 만약 오남이가 거짓을 말하고 이남이와 사남이가 진실을 말한다면 이남이는 경찰, 오남이는 마피아이고 사남이는 시민이어야 하는데, 오남이의 말이 거짓이 되려면 오남이가 경찰이 되므로 모순이다. 또한, 만약 사남이가 거짓을 말하고 이남이와 오남이가 진실을 말한다면 이남이와 사남이가 모두 경찰이므로 역시 모순된다. 즉, 이남이가 거짓, 사남이와 오남이가 진실을 말한다.

따라서 사남이는 경찰도 시민도 아니므로 마피아이고, 이남이와 오남이가 모두 경찰이 아니므로 삼남이가 경찰이다.

03

정답 ⑤

A가 참인 경우와 A가 거짓을 말하는 경우로 나눌 수 있는데, 만약 A가 거짓이라면 B와 C가 모두 범인인 경우와 모두 범인이 아닌 경우로 나눌 수 있고, A가 참이라면 B가 범인인 경우와 C가 범인인 경우로 나눌 수 있다.

ⅰ) A가 거짓이고 B와 C가 모두 범인인 경우

B, C, D, E의 진술이 모두 거짓이 되어 5명 모두 거짓말을 한 것이 되므로 조건에 어긋난다.

ⅱ) A가 거짓이고 B와 C가 모두 범인이 아닌 경우

B가 참이 되므로 C, D, E 중 1명만 거짓, 나머지는 참이 되어야 한다. C가 참이면 E도 반드시 참, C가 거짓이면 E도 반드시 거짓이므로 D가 거짓, C, E가 참을 말하는 것이 되어야 한다. 따라서 이 경우 D와 E가 범인이 된다.

ⅲ) A가 참이고 B가 범인인 경우

B가 거짓이 되기 때문에 C, D, E 중 1명만 거짓, 나머지는 참이 되어야 하므로 C, E가 참, D가 거짓이 된다. 따라서 이 경우 B와 E가 범인이 된다.

ⅳ) A가 참이고 C가 범인인 경우

B가 참이 되기 때문에 C, D, E 중 1명만 참, 나머지는 거짓이 되어야 하므로 C, E가 거짓, D가 참이 된다. 따라서 범인은 A와 C가 된다.

따라서 동시에 범인이 될 수 있는 것은 ⑤이다.

04

정답 ①

ⅰ) A상자 첫 번째 안내문이 참, 두 번째 안내문이 거짓인 경우

B, D상자 첫 번째 안내문, C상자 두 번째 안내문이 참이다. 따라서 ① · ②가 참, ③ · ④ · ⑤가 거짓이다.

ⅱ) A상자 첫 번째 안내문이 거짓, 두 번째 안내문이 참인 경우

B, C상자 첫 번째 안내문, D상자 두 번째 안내문이 참이다. 따라서 ① · ③ · ⑤가 참, ②가 거짓, ④는 참인지 거짓인지 알 수 없다.

따라서 항상 옳은 것은 ①이다.

05

정답 ④

네 번째 조건을 제외한 모든 조건과 그 대우를 논리식으로 표현하면 다음과 같다.

- $\sim(D \vee G) \rightarrow F \,/\, \sim F \rightarrow (D \wedge G)$
- $F \rightarrow \sim E \,/\, E \rightarrow \sim F$
- $\sim(B \vee E) \rightarrow \sim A \,/\, A \rightarrow (B \wedge E)$

네 번째 조건에 따라 A가 투표를 하였으므로, 세 번째 조건의 대우에 의해 B와 E 모두 투표를 하였다. 또한 E가 투표를 하였으므로, 두 번째 조건의 대우에 따라 F는 투표하지 않았으며, F가 투표하지 않았으므로 첫 번째 조건의 대우에 따라 D와 G는 모두 투표하였다. A, B, D, E, G 5명이 투표하였으므로 네 번째 조건에 따라 C는 투표하지 않았다.

따라서 투표를 하지 않은 사람은 C와 F이다.

06

정답 ①

제시된 조건을 기호화하여 나타내면 다음과 같다.

- $A \rightarrow \sim F \,\&\, B$
- $C \rightarrow \sim D$
- $\sim E \rightarrow C$
- $B \ or \ E$
- D

다섯 번째 조건에 의해 D가 참여하므로 두 번째 조건의 대우인 $D \rightarrow \sim C$에 의해 C는 참여하지 않고, 세 번째 조건의 대우인 $\sim C \rightarrow E$에 의해 E는 참여한다. E가 참여하므로 네 번째 조건에 의해 B는 참여하지 않는다. 또한 첫 번째 조건의 대우인 $F \ or \sim B \rightarrow \sim A$에 의해 A는 참여하지 않는다. 그리고 F는 제시된 조건만으로는 반드시 참여하는지 알 수 없다.

따라서 체육대회에 반드시 참여하는 직원은 D와 E 2명이다.

07
정답 ⑤

주어진 조건에 따라 S사 비품실의 선반 구조를 추론하면 다음과 같다.

6층	화장지
5층	보드마카, 스테이플러
4층	종이
3층	믹스커피, 종이컵
2층	간식
1층	볼펜, 메모지

종이는 4층에 위치하며, 종이 아래에는 믹스커피, 종이컵, 간식, 볼펜, 메모지가 있다. 따라서 항상 옳은 것은 ⑤이다.

08
정답 ⑤

주어진 조건에 따르면 과장은 회색 코트를 입고, 연구팀 직원은 갈색 코트를 입었으므로 가장 낮은 직급인 기획팀의 C사원은 검은색 코트를 입었음을 알 수 있다. 이때, 과장이 속한 팀은 디자인팀이며, 연구팀 직원의 직급은 대리임을 알 수 있지만, 각각 디자인팀의 과장과 연구팀의 대리가 A, B 중 누구인지는 알 수 없다. 이것을 정리하면 다음과 같다.

구분	A 또는 B	A 또는 B	C
직급	과장	대리	사원
코트	회색	갈색	검은색
팀	디자인팀	연구팀	기획팀

따라서 바르게 연결된 것은 ⑤이다.

09
정답 ②

고양이는 포유류이고, 포유류는 새끼를 낳아 키운다. 따라서 고양이는 새끼를 낳아 키운다.

10
정답 ②

'홍보실'을 A, '워크숍에 간다.'를 B, '출장을 간다.'를 C라 하면, 첫 번째 명제와 마지막 명제는 각각 A → B, ~C → B이다. 이때, 마지막 명제가 참이 되려면 ~C → A 또는 ~A → C가 필요하다. 따라서 빈칸에 들어갈 명제는 '홍보실이 아니면 출장을 간다.'가 적절하다.

11
정답 ③

'회사원'을 A, '야근을 한다.'를 B, '늦잠을 잔다.'를 C라 하면, 첫 번째 명제와 마지막 명제는 각각 A → B, ~C → ~A이다. 이때, 첫 번째 명제의 대우는 ~B → ~A이므로 마지막 명제가 참이 되려면 ~C → ~B 또는 B → C가 필요하다. 따라서 빈칸에 들어갈 명제는 '야근을 하는 사람은 늦잠을 잔다.'가 적절하다.

12
정답 ④

현명한 사람은 거짓말을 하지 않고, 거짓말을 하지 않으면 다른 사람의 신뢰를 얻는다. 즉, 현명한 사람은 다른 사람의 신뢰를 얻는다.

13
정답 ③

덕진과 휘영이 형제이고, 덕진과 휘영의 자식인 진철과 수환은 사촌지간이다. 따라서 덕진은 수환의 삼촌이다.

14
정답 ⑤

'달리기를 잘한다.'를 A, '건강하다.'를 B, '홍삼을 먹는다.'를 C, '다리가 길다.'를 D라 하면, 첫 번째 명제부터 차례로 ~A → ~B, C → B, A → D이다. 첫 번째 명제의 대우와 두 번째 명제, 마지막 명제를 조합하면 C → B → A → D가 되어 C → D가 성립한다. 따라서 그 대우인 ~D → ~C인 ⑤는 반드시 참이다.

15
정답 ②

'커피를 좋아한다.'를 A, '홍차를 좋아한다.'를 B, '탄산수를 좋아한다.'를 C, '우유를 좋아한다.'를 D, '녹차를 좋아한다.'를 E라고 하여 제시된 명제를 정리하면 'A → ~B → ~E → C'와 '~C → D'이다. 이때, '~C → B'가 성립한다. 따라서 C → B인 '탄산수를 좋아하는 사람은 홍차를 좋아한다.'는 반드시 참이 아니다.

16
정답 ③

생일 주인공인 지영이가 먹은 케이크 조각이 가장 크고, 민지가 먹은 케이크 조각은 가장 작지도 않고 두 번째로 작지도 않으므로 민지는 세 번째 또는 네 번째로 작은 케이크를 먹었을 것이다. 이때 재은이가 먹은 케이크 조각은 민지가 먹은 케이크 조각보다 커야 하므로 민지는 세 번째로 작은 케이크 조각을, 재은이는 네 번째로 작은 케이크 조각을 먹었음을 알 수 있다. 또 정호의 케이크 조각은 민지의 것보다는 작지만 영재의 것보다는 크므로 영재의 케이크가 가장 작음을 알 수 있다. 따라서 먹은 케이크의 크기가 작은 순서대로 5명을 나열한 것은 ③이다.

17
정답 ②

B가 부정행위를 했을 경우 두 번째와 세 번째 조건에 따라 C와 A도 함께 부정행위를 하게 되므로 첫 번째 조건에 부합하지 않는다. 따라서 B는 부정행위를 하지 않았으며, 두 번째 조건에 따라 C도 부정행위를 하지 않았다.

D가 부정행위를 했을 경우 다섯 번째 조건의 대우인 'D가 부정행위를 했다면, E도 부정행위를 했다.'와 세 번째 조건에 따라 E와 A가 함께 부정행위를 하게 되므로 첫 번째 조건에 부합하지 않는다. 그러므로 D 역시 부정행위를 하지 않았다. 따라서 B, C, D를 제외한 A, E가 시험 도중 부정행위를 했음을 알 수 있다.

18

제시된 조건의 '비주얼 머천다이징팀과 광고그래픽팀에 둘 다 지원', '광고홍보팀과 경영지원팀에 둘 다 지원' 중 어느 하나를 만족시키면 된다. 세 번째 조건에서 '지원자 모두 인테리어팀이나 액세서리 디자인팀 가운데 적어도 한 팀에 지원했다.'라고 했으므로 혜진이는 최소한 비주얼 머천다이징팀이나 광고홍보팀 중 한 팀에 지원했을 것이다. 만일, 혜진이가 광고그래픽팀이나 경영지원팀에 지원했다면 비주얼 머천다이징팀이나 광고그래픽팀 또는 광고홍보팀이나 경영지원팀에 지원했다는 정보를 만족시키기 때문에 패션디자인팀에 지원하고 있다는 결론을 내릴 수 있다.

19

정답 ③

주어진 조건에 따르면 가장 오랜 시간 동안 사업 교육을 진행하는 A와 부장보다 길게 교육을 진행하는 B는 부장이 될 수 없으므로 C가 부장임을 알 수 있다. 이때, 다섯 번째 조건에 따라 C부장은 교육 시간이 가장 짧은 인사 교육을 담당하는 것을 알 수 있다. 이를 정리하면 다음과 같다.

구분	인사 교육	영업 교육	사업 교육
시간	1시간	1시간 30분	2시간
담당	C	B	A
직급	부장	과장	과장

따라서 바르게 연결된 것은 ③이다.

20

정답 ①

먼저 A사원의 진술이 거짓이라면 A사원과 D사원 2명이 3층에서 근무하게 되고, 반대로 D사원의 진술이 거짓이라면 3층에는 아무도 근무하지 않게 되므로 조건에 어긋난다. 그러므로 A사원과 D사원은 진실을 말하고 있음을 알 수 있다. 또한 C사원의 진술이 거짓이라면 아무도 홍보부에 속하지 않으므로 C사원도 진실을 말하고 있음을 알 수 있다. 결국 거짓말을 하고 있는 사람은 B사원이며, A ~ D사원의 소속 부서와 부서 위치를 정리하면 다음과 같다.

구분	소속 부서	부서 위치
A사원	영업부	4층
B사원	총무부	6층
C사원	홍보부	5층
D사원	기획부	3층

따라서 기획부는 3층에 위치한다.

제5영역 수열추리

01	02	03	04	05	06	07	08	09	10
③	②	④	⑤	④	⑤	④	⑤	⑤	④
11	12	13	14	15	16	17	18	19	20
②	②	③	⑤	②	②	②	②	③	④

01

정답 ③

분모는 $+2$, 분자는 $\times 2$를 하는 수열이다.

따라서 ( ) $= \dfrac{16 \times 2}{9+2} = \dfrac{32}{11}$ 이다.

02

정답 ②

분모는 -20, -19, -18, $\cdots$, 분자는 $+1$, $+2$, $+3$, $\cdots$을 하는 수열이다.

따라서 ( ) $= \dfrac{7+4}{143-17} = \dfrac{11}{126}$ 이다.

03

정답 ④

자연수는 $+2$, 분모는 $+4$, 분자는 $+1$을 하는 수열이다.

따라서 ( ) $= (7+2)\dfrac{8+1}{15+4} = 9\dfrac{9}{19}$ 이다.

04

정답 ⑤

분모는 -2, $+5$, -8, $\cdots$, 분자는 $+2$, -5, $+8$, $\cdots$을 하는 수열이다.

따라서 ( ) $= \dfrac{105-11}{95+11} = \dfrac{94}{106}$ 이다.

05

정답 ④

앞의 항에 $+0.04$, $+0.16$, $+0.64$, $\cdots$ 를 하는 수열이다.
따라서 ( ) $= 0.87 + 2.56 = 3.43$ 이다.

06

정답 ⑤

앞의 항에 -0.11, -0.22, -0.33, -0.44, $\cdots$ 를 하는 수열이다.
따라서 ( ) $= 9.9 - 0.55 = 9.35$ 이다.

07

정답 ④

(소수) $\div 100$인 수열이다.
따라서 ( ) $= 17 \div 100 = 0.17$ 이다.

08 정답 ⑤

앞의 항에 $\times 3$, -3.5, $\times 3$, -3.5, $\cdots$ 를 하는 수열이다.
따라서 (   )$=8.05 \times 3 = 24.15$이다.

09 정답 ⑤

앞의 항에 $3^n - 3(n=1,\ 2,\ 3,\ \cdots)$을 더하는 수열이다.
따라서 (   )$=349 + 3^6 - 3 = 349 + 729 - 3 = 1,075$이다.

10 정답 ④

앞의 항에 $2^n - 1(n=1,\ 2,\ 3,\ \cdots)$을 더하는 수열이다.
따라서 (   )$=121 + 2^7 - 1 = 121 + 128 - 1 = 248$이다.

11 정답 ②

n을 자연수라고 할 때, n항의 값은 $(n+1) \times (n+2) \times (n+3)$인 수열이다.
따라서 (   )$=(4+1) \times (4+2) \times (4+3) = 5 \times 6 \times 7 = 210$이다.

12 정답 ②

n을 자연수라고 할 때, n항의 값은 $(n+10) \times (n+11)$인 수열이다.
따라서 (   )$=(6+10) \times (6+11) = 16 \times 17 = 272$이다.

13 정답 ③

앞의 항에 -16, $+15$, -14, $+13$, -12, $\cdots$를 하는 수열이다.
따라서 (   )$=250 + 15 = 265$이다.

14 정답 ⑤

나열된 수를 각각 A, B, C, D라고 하면
$\underline{A\ B\ C\ D} \rightarrow A \times C = B \times D$
따라서 (   )$=34 \times 144 \div 36 = 136$이다.

15 정답 ②

항을 3개씩 묶었을 때, 각 묶음의 첫 번째 항은 분자와 분모가 4씩 증가하고, 두 번째 항은 분자와 분모가 6씩 증가하며, 세 번째 항은 첫 번째 항과 두 번째 항의 합인 수열이다.
따라서 (   )$= \dfrac{1+6}{2+6} = \dfrac{7}{8}$이다.

16 정답 ②

항을 3개씩 묶었을 때, 각 묶음의 첫 번째 항은 1.2씩 증가하고, 두 번째 항은 0.2씩 감소하며, 세 번째 항은 첫 번째 항과 두 번째 항의 곱인 수열이다.
따라서 (   )$=4.5 + 1.2 = 5.7$이다.

17 정답 ②

행의 합과 열의 합이 모두 같은 수열이다.
따라서 (   )$=42 - (6+8+9+12) = 42 - 35 = 70$이다.

18 정답 ②

분모는 $+1$, -4, $+7$, -10, $\cdots$, 분자는 -1, $+4$, -7, $+10$, $\cdots$을 하는 수열이므로
$a_6 = \dfrac{16-13}{93+13} = \dfrac{3}{106}$, $a_7 = \dfrac{3+16}{106-16} = \dfrac{19}{90}$,
$a_8 = \dfrac{19-19}{90+19} = \dfrac{0}{109}$, $a_9 = \dfrac{0+22}{109-22} = \dfrac{22}{87}$,
$a_{10} = \dfrac{22-25}{87+25} = -\dfrac{3}{112}$ 이다.

따라서 10번째 항의 값은 $-\dfrac{3}{112}$ 이다.

19 정답 ③

수열의 n번째 항의 값을 a_n이라 할 때, $a_n = n(n+1) + 2$인 수열이다.
따라서 12번째 항의 값은 $a_{12} = 12 \times 13 + 2 = 158$이다.

20 정답 ④

수열의 일반항을 a_n이라 하면 $(n+1)^2 - n^2 = 2n + 1$이다.
따라서 371번째 항의 값은 $2 \times 371 + 1 = 743$이다.

제2회 모의고사 정답 및 해설

제 1영역 언어이해

01	02	03	04	05	06	07	08	09	10
④	⑤	⑤	⑤	②	②	⑤	⑤	④	②
11	12	13	14	15	16	17	18	19	20
③	⑤	④	②	④	①	④	②	②	③

01
정답 ④

제시문의 앞 부분에서 장애인 편의시설에 대한 '또 다른 시각이 필요'하다고 밝히고, 중간에서 장애인 편의시설이 '우리 모두에게 유용'함을 강조했으며, 마지막 부분에서 보편적 디자인의 시각으로 바라볼 때 '장애인 편의시설이 우리 모두에게 편리하고 안전한 시설로 인식될 것'이라고 하였다. 따라서 글의 주제로 가장 적절한 것은 ④이다.

02
정답 ⑤

제시문은 첫 번째 문단에서 1948년에 제정된 대한민국 헌법에 드러난 공화제적 원리는 1948년에 이르러 갑자기 등장한 것이 아니라 이미 19세기 후반부터 표명되고 있었다고 말하면서 구체적인 예를 들어 설명하고 있다. 1885년 『한성주보』에서 공화제적 원리가 언급되었고, 1898년 만민 공동회에서는 그 내용이 명확하게 드러났다고 하였다. 또한 독립협회의 「헌의 6조」에서 공화주의 원리를 찾아볼 수 있다고 하였다. 따라서 글의 중심 내용으로 가장 적절한 것은 ⑤이다.

03
정답 ⑤

인간이 지구상에서 이용할 수 있는 생활공간은 제한되어 있기 때문에 인간이 이용할 수 있는 생활공간의 한계를 깨뜨리지 않는 범위 안에서만 인간의 생활공간을 확장시켜야 한다고 언급되어 있다.

04
정답 ⑤

우리말과 영어의 어순 차이에 대해 설명하면서, 우리말에서 주어 다음에 목적어가 오는 것은 '나의 의사보다 상대방에 대한 관심을 먼저 보이는' 우리의 문화에서 기인한 것이라고 언급하고 있다.

그리고 '나의 의사를 밝히는 것이 먼저인 영어를 사용하는 사람들의 문화'라는 내용으로 볼 때, 상대방에 대한 관심보다 나의 생각을 우선시하는 것은 영어의 문장 표현이다.

05
정답 ②

유교 전통에서의 문사 계층에게는 정치가 윤리와 구별되는 독자적 영역으로 인식되지 않았기 때문에 이들은 서구의 계몽사상가들처럼 기존의 유교적 질서와 다른 정치적 대안을 제시하지는 못했다.

오답분석

① 유교 전통에서는 통치자의 윤리만을 문제 삼았을 뿐, 갈등하는 세력들 간의 공존을 위한 정치나 정치 제도에는 관심을 두지 않았다.
③ 유교 전통에서 서구의 민주주의와 다른 새로운 유형의 민주주의가 등장하였다는 내용은 제시문에서 찾을 수 없다.
④ 유교 전통에서 실질적 국가운영을 맡았던 문사 계층은 갈등 자체가 발생하지 않도록 힘썼다.
⑤ 갈등하는 세력들 간의 공존을 위한 정치나 정치 제도에 관심을 두지 않은 유교 전통으로 인해 동아시아에서는 민주주의의 실현 가능성이 제한되었다.

06
정답 ②

녹차와 홍차는 같은 식물의 찻잎으로 만들어지며 L−테아닌과 폴리페놀 성분을 함유하고 있다는 공통점이 있으나, 공정 과정과 함유된 폴리페놀 성분의 종류가 다르다는 차이가 있다. 제시문은 이러한 녹차와 홍차의 공통점과 차이점을 중심으로 두 대상을 비교하고 있다.

07
정답 ⑤

미세 먼지 측정기는 대기 중 미세 먼지의 농도 측정 시 농도만 측정하는 것이지 그 성분과는 아무런 관련이 없다.

08　　　　　　　　　　　　　　　정답 ⑤

제시문에서는 한국 사람들이 자기보다 우월한 사람들을 준거집단으로 삼기 때문에 이로 인한 상대적 박탈감으로 행복감이 낮다고 설명하고 있으므로, 이를 반증하는 사례를 통해 반박해야 한다. 만약 자신보다 우월한 사람들을 준거집단으로 삼으면서도 행복감이 낮지 않은 나라가 있다면 제시문의 주장에 대한 반박이 되므로, 가장 적절한 것은 ⑤이다.

09　　　　　　　　　　　　　　　정답 ④

도킨스에 따르면 인간 개체는 유전자라는 진정한 주체의 매체에 지나지 않게 된다. 이러한 생각에는 살아가고 있는 구체적 생명체를 경시하게 되는 논리가 잠재되어 있다. 따라서 도킨스의 논리에 대한 필자의 문제 제기로 가장 적절한 것은 ④이다.

10　　　　　　　　　　　　　　　정답 ②

지에밥의 녹말이 알코올로 변하는 당화 과정과 발효 과정 중에 나오는 에너지로 인해 열이 발생하고, 이 열로 술독 내부의 온도인 품온이 높아진다.

오답분석

① 청주의 탁도는 18ebc 이하, 막걸리의 탁도는 1,500ebc 이상이다. 또한 청주는 탁주에 비해 알코올 농도가 높다.
③ 누룩곰팡이의 아밀라아제가 녹말을 엿당이나 포도당으로 분해(당화)하고, 효모가 엿당이나 포도당을 알코올로 분해(발효)한다.
④ 탁도와 알코올 농도에 따라 청주와 막걸리를 구분하며, 효모는 엿당·포도당을 알코올로 분해하는 역할을 한다. 그러나 제시문의 내용만으로는 효모의 양이 청주와 막걸리의 구분에 어떤 영향을 끼치는지 알 수 없다.
⑤ 당화 과정과 발효 과정이 거의 동시에 일어나는데, 당화 과정이 발효 과정보다 앞서 일어난다.

11　　　　　　　　　　　　　　　정답 ③

참나무류, 칠엽수류는 닌저장성 종자로, 참니무류, 칠엽수류 등과 같이 수분이 많은 종자는 부패되지 않도록 보호저장법으로 저장해야 한다.

오답분석

① 참나무류 등과 같이 수분이 많은 종자들은 함수율을 약 30% 이상으로 유지시켜 주어야 한다고 하였으므로 적절하지 않다.
② 모든 열대수종은 난저장성 종자에 속하며, 저온저장법의 경우 난저장성 종자는 −3℃ 이하에 저장해서는 안 된다고 하였으므로 적절하지 않다.
④ 일반적으로 온도와 수분은 종자의 저장기간과 역의 상관관계를 갖는다고 하였으므로 종자보관장소의 온도를 높이면 종자의 저장기간은 줄어들 것이다.
⑤ 유전자 보존에 적합한 함수율은 4 ~ 6%로, 보통 5년 이상의 장기저장을 한다고 하였으므로 적절하지 않다.

12　　　　　　　　　　　　　　　정답 ⑤

마지막 문단에서 기존 라이프로그 관리 시스템들은 총체적인 라이프 이벤트 관리와 관계 데이터 모델 기반의 라이프로그 관리 시스템과 그 응용 기능은 제공하지 않지만, 라이프로그 그룹을 생성하고 브라우징하기 위한 간단한 기능은 제공한다고 이야기하고 있다. 따라서 기존의 라이프로그 관리 시스템이 라이프로그 그룹 생성 기능을 이미 갖추고 있는 것을 추론할 수 있으므로 ⑤는 적절하지 않다.

오답분석

① 첫 번째 문단의 센서 기술의 발달로 건강상태를 기록한 라이프로그가 생겨나고 있다는 것을 통해 이러한 라이프로그는 헬스케어 분야에서 활용될 수 있을 것을 추론할 수 있다.
② 사람들이 더욱 관심을 가지는 것은 기억에 남는 다양한 사건들로 이러한 사람들의 요구사항을 충족시키기 위해 개별 라이프로그 관리에서 한발 더 나아가야 한다는 내용을 통해 점차 라이프로그 간의 관계에 대한 관리가 중요해질 것을 추론할 수 있다.
③ 첫 번째 문단의 라이프로그 관리의 중요성에 대한 인식이 확산됨에 따라 효과적인 라이프로그 관리 시스템들이 제안되었다는 것을 통해 사람들이 라이프로그 관리의 중요성을 인식하고 있음을 추론할 수 있다.
④ 기존 라이프로그 관리 시스템에서는 추가 정보를 간단히 태깅하는 기능만을 제공할 뿐 기존 태그 정보를 수정하는 방법을 제공하지 않는다. 따라서 기존 라이프로그 관리 시스템은 태깅된 정보 수정에 한계가 있음을 추론할 수 있다.

13　　　　　　　　　　　　　　　정답 ④

빈칸 앞에서 합통과 추통은 참도 있지만 오류도 있다고 말하고 있다. 그리고 빈칸 뒤 문장에서 더욱 많으면 맞지 않은 경우가 있기 때문이라는 이유를 제시하고 있다. 따라서 빈칸에 들어갈 내용으로 합통 또는 추통으로 분별하거나 유추하는 것이 위험이 많다는 내용의 ④가 가장 적절하다.

14　　　　　　　　　　　　　　　정답 ②

빈칸 뒤에서 민화는 필력보다 소재와 그것에 담긴 뜻이 더 중요한 그림이었다고 설명하고 있으므로 민화는 작품의 기법보다 작품의 의미를 중시했음을 알 수 있다. 따라서 빈칸에 들어갈 내용으로 ②가 가장 적절하다.

15　　　　　　　　　　　　　　　정답 ④

제시문은 조선 왕들의 모습을 제시하면서 각기 다른 시대 배경 속에서 백성들과 함께 국가를 이끌어나갈 임무를 부여받았던 전통 사회의 왕들에게 필요한 덕목들은 오늘날에도 여전히 유효하다고 설명한다. 따라서 빈칸에 들어갈 내용으로 ④가 가장 적절하다.

16

정답 ①

제시문은 아리스토텔레스의 목적론에 관한 논쟁에 대한 설명으로, (가) 근대에 등장한 아리스토텔레스의 목적론에 대한 비판 – (나) 근대 사상가들의 구체적인 비판 – (라) 근대 사상가들의 비판에 대한 반박 – (다) 근대 사상가들의 비판에 대한 현대 학자들의 비판 순으로 나열하는 것이 가장 적절하다.

17

정답 ④

제시문은 정부가 제공하는 공공 데이터를 활용한 앱 개발에 대한 설명으로, 먼저 다양한 앱을 개발하려는 사람들을 통해 화제를 제시한 (라) 문단이 오는 것이 적절하며, 이러한 앱 개발에 있어 부딪히는 문제들을 제시한 (가) 문단이 그 뒤에 오는 것이 적절하다. 다음으로 이러한 문제들을 해결하기 위한 방법으로 공공 데이터를 제시하는 (나) 문단이 오고, 공공 데이터에 대한 추가 설명으로, 공공 데이터를 위한 정부의 노력을 설명하는 (다) 문단이 마지막에 오는 것이 적절하다.

18

정답 ②

제시문의 서론에서는 문명 중심의 역사를 이해하기 위한 가설의 설정, 다음으로 가설의 검증, 그 다음으로 가설 검증을 통한 문명의 발생과 성장 그리고 쇠퇴 요인의 규명의 순서로 글을 서술할 것을 제시하고 있다.

따라서 가설 설정에 대해 서술하고 있는 (나) 문단 다음에 '환경이 역경이라는 점'이라는 내용으로 앞의 문장을 이어서 설명하고 있는 (가) 문단이 와야 한다. 다음으로 가설 검증을 위해 가설을 보완하는 내용을 서술하고 있는 (라) 문단에 이어서 '세 가지 상호 관계의 비교'를 설명하고 있는 (다) 문단이 오는 것이 적절하다. 마지막으로 문명의 성장 요인과 쇠퇴 요인들을 규명하는 내용이 서술되고 있다.

19

정답 ②

보기의 문장은 우리나라 작물의 낮은 자급률을 보여주는 구체적인 수치이다. 따라서 우리나라 작물의 낮은 자급률을 이야기하는 '하지만 실상은 벼, 보리, 배추 등을 제외한 많은 작물의 종자를 수입하고 있어 그 자급률이 매우 낮다고 한다.' 뒤인 (나)에 위치하는 것이 가장 적절하다.

20

정답 ③

보기에서 A사는 '이에 발맞춰' 스마트시티를 주요 미래사업 분야로 정했으므로 '이'가 가리키는 내용은 스마트시티를 주요 미래사업 분야로 정하게 된 원인이 되어야 한다. 따라서 보기는 세계 각국에서 스마트시티 추진에 전방위적인 노력을 기울이고 있다는 내용의 뒤인 (다)에 위치하는 것이 가장 적절하다.

제2영역 자료해석

01	02	03	04	05	06	07	08	09	10
②	③	④	①	②	③	⑤	③	③	①
11	12	13	14	15	16	17	18	19	20
⑤	⑤	③	⑤	③	③	④	④	④	②

01

정답 ②

2023년 김치 수출액이 세 번째로 많은 국가는 홍콩이다.
따라서 홍콩의 2022년 대비 2023년 수출액의 증감률은
$\frac{4,285 - 4,543}{4,543} \times 100 ≒ -5.68\%$이다.

02

정답 ③

사이다의 용량 1mL에 대한 가격을 계산하면 다음과 같다.

- A사 : $\frac{25,000}{340 \times 25} ≒ 2.94$원/mL
- B사 : $\frac{25,200}{345 \times 24} ≒ 3.04$원/mL
- C사 : $\frac{25,400}{350 \times 25} ≒ 2.90$원/mL
- D사 : $\frac{25,600}{355 \times 24} ≒ 3.00$원/mL
- E사 : $\frac{25,800}{360 \times 24} ≒ 2.99$원/mL

따라서 1mL당 가격이 가장 저렴한 사이다를 판매하는 회사는 C사이다.

03

정답 ④

퇴근시간대인 16:00 ~ 20:00에 30대 및 40대의 누락된 유동인구 비율을 찾아낸 뒤 100,000명을 곱하여 설문조사 대상 인원수를 산출하면 된다. 우측 및 하단 소계 및 주변 정보를 통해서 다음과 같이 빈 공간의 비율을 먼저 채운다.

구분	10대	20대	30대	40대	50대	60대	70대	합계
08:00 ~ 12:00	1	1	3	4	1	0	1	11
12:00 ~ 16:00	0	2	3	4	3	1	0	13
16:00 ~ 20:00	4	3	10	11	2	1	1	32
20:00 ~ 24:00	5	6	14	13	4	2	0	44
합계	10	12	30	32	10	4	2	100

위 결과를 토대로 퇴근시간대 30 ~ 40대의 유동인구 비율은 10+11=21%임을 확인할 수 있다.

따라서 $100,000 \times 0.21 = 21,000$명이므로, 최소 설문지는 21,000장 준비하면 된다.

04   정답 ①

- 네 번째 조건을 이용하기 위해 6개 수종의 인장강도와 압축강도의 차를 구하면 다음과 같다.
  - A : $52 - 48 = 4\text{N/mm}^2$
  - B : $125 - 64 = 61\text{N/mm}^2$
  - C : $69 - 63 = 6\text{N/mm}^2$
  - 삼나무 : $45 - 41 = 4\text{N/mm}^2$
  - D : $24 - 21 = 3\text{N/mm}^2$
  - E : $59 - 51 = 8\text{N/mm}^2$

  즉, 인장강도와 압축강도의 차가 두 번째로 큰 수종은 E이므로 E는 전나무이다.
- 첫 번째 조건을 이용하기 위해 6개 수종의 전단강도 대비 압축강도 비를 구하면 다음과 같다.
  - A : $\frac{48}{10} = 4.8$
  - B : $\frac{64}{12} \fallingdotseq 5.3$
  - C : $\frac{63}{9} = 7$
  - 삼나무 : $\frac{41}{7} \fallingdotseq 5.9$
  - D : $\frac{24}{6} = 4$
  - E : $\frac{51}{7} \fallingdotseq 7.3$

  즉, 전단강도 대비 압축강도 비가 큰 상위 2개 수종은 C와 E이다. E가 전나무이므로 C는 낙엽송이다.
- 두 번째 조건을 이용하기 위해 6개 수종의 휨강도와 압축강도의 차를 구하면 다음과 같다.
  - A : $88 - 48 = 40\text{N/mm}^2$
  - B : $118 - 64 = 54\text{N/mm}^2$
  - C : $82 - 63 = 19\text{N/mm}^2$
  - 삼나무 : $72 - 41 - 31\text{N/mm}^2$
  - D : $39 - 24 = 15\text{N/mm}^2$
  - E : $80 - 51 = 29\text{N/mm}^2$

  즉, 휨강도와 압축강도의 차가 큰 상위 2개 수종은 A와 B이므로 소나무와 참나무는 A와 B 중 하나이다. 따라서 D는 오동나무이다.
- 오동나무 기건비중의 2.5배는 $0.31 \times 2.5 = 0.775$이다. 세 번째 조건에 의하여 참나무의 기건비중은 오동나무 기건비중의 2.5배 이상이므로, B는 참나무이고 A가 소나무이다.

따라서 A는 소나무, C는 낙엽송이다.

05   정답 ②

- 공연음악 시장 규모 : 2024년의 예상 후원 시장 규모는 $6,305 + 118 = 6,423$백만 달러이고, 티켓 판매 시장 규모는 $22,324 + 740 = 23,064$백만 달러이다. 따라서 2024년 공연음악 시장 규모는 $6,423 + 23,064 = 29,487$백만 달러이다.

- 스트리밍 시장 규모 : 2019년 스트리밍 시장 규모가 1,530백만 달러이므로, 2024년의 스트리밍 시장 규모는 $1,530 \times 2.5 = 3,825$백만 달러이다.
- 오프라인 음반 시장 규모 : 2024년 오프라인 음반 시장 규모를 x백만 달러라고 하면, $\frac{x - 8,551}{8,551} \times 100 = -6\%$이다. 따라서 $x = -\frac{6}{100} \times 8,551 + 8,551 \fallingdotseq 8,037.9$백만 달러이다.

06   정답 ③

- A기업
  - 화물자동차 : $200,000 + (1,000 \times 5 \times 100) + (100 \times 5 \times 100) = 750,000$원
  - 철도 : $150,000 + (900 \times 5 \times 100) + (300 \times 5 \times 100) = 750,000$원
  - 연안해 : $100,000 + (800 \times 5 \times 100) + (500 \times 5 \times 100) = 750,000$원
- B기업
  - 화물자동차 : $200,000 + (1,000 \times 1 \times 200) + (100 \times 1 \times 200) = 420,000$원
  - 철도 : $150,000 + (900 \times 1 \times 200) + (300 \times 1 \times 200) = 390,000$원
  - 연안해송 : $100,000 + (800 \times 1 \times 200) + (500 \times 1 \times 200) = 360,000$원

따라서 A기업은 모든 수단이 동일하고, B기업은 연안해송이 가장 저렴하다.

07   정답 ⑤

1974 ~ 2013년 동안 65세 연령의 성별 기대여명과 OECD 평균 기대여명과의 연도별 격차는 각각 다음과 같다.

- 남성
  - 1974년 : $12.7 - 10.2 = 2.5$년
  - 2003년 : $14.7 - 13.4 = 1.3$년
  - 2013년 : $16.3 - 15.5 = 0.8$년
- 여성
  - 1974년 : $15.6 - 14.9 = 0.7$년
  - 2003년 : $18.4 - 17.5 = 0.9$년
  - 2013년 : $19.8 - 19.6 = 0.2$년

따라서 격차는 여성보다 남성이 더 크므로 옳지 않은 설명이다.

오답분석

① 연령별 및 연도별 남성의 기대여명보다 여성의 기대여명이 더 높은 것을 확인할 수 있다.
② 65세, 80세 여성의 기대여명은 2023년 이전까지 모두 OECD 평균보다 낮았으나, 2023년에 OECD 평균보다 모두 높아진 것을 확인할 수 있다.

③ 한국의 2023년 80세 여성 기대여명의 1974년 대비 증가율은 $\dfrac{10.1-6.4}{6.4}\times100 ≒ 57.8\%$이다. 한편, OECD 평균의 증가율은 $\dfrac{10.0-6.6}{6.6}\times100 ≒ 51.5\%$이므로 옳은 설명이다.

④ 연도별 80세 한국 남성의 기대여명과 OECD 평균과의 격차는 각각 다음과 같다.
- 1974년 : 5.7-4.7=1.0년
- 2003년 : 6.6-6.1=0.5년
- 2013년 : 7.3-6.9=0.4년
- 2023년 : 8.3-8.0=0.3년

따라서 80세 한국 남성의 기대여명은 1974 ~ 2023년 동안 OECD 평균과의 격차가 꾸준히 줄어들었다.

08   정답 ③

남자가 소설을 대여한 횟수는 690회이고, 여자가 소설을 대여한 횟수는 1,060회이므로 $\dfrac{690}{1,060}\times100 ≒ 65\%$이다.

오답분석

① 40세 미만 전체 대여 횟수는 1,950회, 40세 이상 전체 대여 횟수는 1,420회이므로 옳다.

② 소설 전체 대여 횟수는 1,750회, 비소설 전체 대여 횟수는 1,620회이므로 옳다.

④ 40세 이상의 전체 대여 횟수는 1,420회이고, 그중 소설 대여는 700회이므로 $\dfrac{700}{1,420}\times100 ≒ 49.3\%$이다.

⑤ 40세 미만의 전체 대여 횟수는 1,950회이고, 그중 비소설 대여는 900회이므로 $\dfrac{900}{1,950}\times100 ≒ 46.2\%$이다.

09   정답 ③

1인당 GDP 순위는 E>C>B>A>D이다. 그런데 1인당 GDP가 가장 큰 E국은 1인당 GDP가 2위인 C국보다 1% 정도밖에 높지 않은 반면, 인구는 C국의 $\dfrac{1}{10}$ 이하이므로 총 GDP 역시 C국보다 작다. 따라서 1인당 GDP 순위와 총 GDP 순위는 일치하지 않는다.

오답분석

① A국의 총 GDP는 27,214×50.6=1,377,028.4백만 달러, E국의 총 GDP는 56,328×24.0=1,351,872백만 달러이므로 A국의 총 GDP가 더 크다.

② 경제성장률이 가장 큰 나라는 D국이며, 1인당 GDP와 총인구를 고려하면 D국의 총 GDP가 가장 작은 것을 알 수 있다.

④ 수출 및 수입 규모에 따른 순위는 C>B>A>D>E로, 서로 일치한다.

⑤ 1인당 GDP 대비 총인구를 고려하였을 때 총 GDP가 가장 큰 나라는 C국, 가장 작은 나라는 D국이다.
- D국의 총 GDP : 25,832×46.1=1,190,855.2백만 달러
- C국의 총 GDP : 55,837×321.8=17,968,346.6백만 달러

따라서 총 GDP가 가장 큰 나라와 가장 작은 나라는 10배 이상의 차이를 보인다.

10   정답 ①

본인에 대해 아버지가 걱정하는 비율은 27.1%로, 50% 미만이다.

오답분석

② 아버지가 아들보다 딸을 걱정하는 비율이 12.5%p 더 높고, 어머니가 아들보다 딸을 걱정하는 비율이 7.7%p 더 높다.

③ 아버지가 본인, 아들, 딸에 대해 걱정하는 비율은 각각 27.1%, 77.1%, 89.6%인 반면, 어머니가 본인, 아들, 딸에 대해 걱정하는 비율은 58.4%, 83.4%, 91.1%이다.

④ 본인의 범죄 피해에 대해 걱정하는 어머니는 58.4%, 걱정하지 않는 어머니는 16.3%이다.

⑤ 어머니가 아들과 딸에 대해 걱정하지 않는 비율의 차이는 8.0-5.1=2.9%p이고, 아버지가 아들과 딸에 대해 걱정하지 않는 비율의 차이는 9.7-5.7=4%p이다.

11   정답 ⑤

실용성이 전체 평균점수 $\dfrac{108}{6}$=18점보다 높은 인증수단 방식은 ID/PW 방식, 이메일 및 SNS 방식, 생체인증 방식 총 세 가지이다.

오답분석

① 공동인증서 방식의 선호도가 51점일 때, 보안성 점수는 51-(16+14)=21점이다.

② 유효기간이 '없음'인 인증수단 방식은 ID/PW 방식, 이메일 및 SNS 방식, 생체인증 방식이며, 세 인증수단 방식의 간편성 평균점수는 $\dfrac{16+11+18}{3}$=15점이다.

③ 유효기간이 '없음'인 인증수단 방식은 ID/PW 방식, 이메일 및 SNS 방식, 생체인증 방식이며, 실용성 점수는 모두 20점 이상이다.

④ 생체인증 방식의 선호도 점수는 20+19+18=57점이고, OTP 방식의 선호도 점수는 15+18+14=47점, I-pin 방식의 선호도 점수는 16+17+15=48점이다. 따라서 생체인증 방식의 선호도는 나머지 두 방식의 선호도 합보다 47+48-57=38점 낮다.

12   정답 ⑤

곡물별 2021년 대비 2022년의 소비량 변화는 각각 다음과 같다.
- 소맥 : 679-697=-18백만 톤
- 옥수수 : 860-883=-23백만 톤
- 대두 : 258-257=1백만 톤

따라서 소비량의 변화가 가장 작은 곡물은 대두이다.

오답분석

① 제시된 자료를 통해 2023년에 모든 곡물의 생산량과 소비량이 다른 해에 비해 많았음을 알 수 있다.

② 곡물별 2023년 생산량 대비 소비량의 비율은 각각 다음과 같다.

- 소맥 : $\dfrac{703}{711} \times 100 ≒ 98.87\%$

- 옥수수 : $\dfrac{937}{964} \times 100 ≒ 97.20\%$

- 대두 : $\dfrac{271}{285} \times 100 ≒ 95.09\%$

따라서 2023년 생산량 대비 소비량의 비율이 가장 낮았던 곡물은 대두이다.

③ 제시된 자료를 통해 2021년부터 2023년까지 대두의 생산량이 매년 증가했음을 알 수 있다.

④ • 2021년 전체 곡물 생산량 : 697+886+239=1,822백만 톤
- 2023년 전체 곡물 생산량 : 711+964+285=1,960백만 톤

따라서 2021년과 2023년의 전체 곡물 생산량의 차는 1,960－1,822=138백만 톤이다.

13　　　　　　　　　　정답 ③

남성 합격자 수는 1,003명, 여성 합격자 수는 237명이다. 여성 합격자 수의 5배는 237×5=1,185명이므로 남성 합격자 수는 여성 합격자 수의 5배 미만이다.

오답분석

① B집단의 경쟁률은 $\dfrac{585}{370} \times 100 ≒ 158\%$이다.

② • C집단 남성의 경쟁률 : $\dfrac{417}{269} \times 100 ≒ 155\%$

- C집단 여성의 경쟁률 : $\dfrac{375}{269} \times 100 ≒ 139\%$

따라서 C집단에서는 남성의 경쟁률이 여성의 경쟁률보다 높다.

④ · ⑤ 제시된 자료를 통해 알 수 있다.

14　　　　　　　　　　정답 ⑤

- 2018년과 2019년에 일본을 방문한 중국인 관광객 총수
  : 83+45=128만 명
- 2018년과 2019년에 한국을 방문한 중국인 관광객 총수
  : 101+131=232만 명

따라서 2018년과 2019년에 일본을 방문한 중국인 관광객 총수와 한국을 방문한 중국인 관광객 총수는 같지 않다.

오답분석

① 제시된 자료에 따르면 2018년부터 2022년까지 한국을 방문한 중국인 관광객 수는 101만 명 → 131만 명 → 203만 명 → 314만 명 → 477만 명으로 꾸준히 증가하였다.

② 한국을 방문한 일본인 관광객 수는 2020년에 342만 명으로 가장 많다.

③ 2021년부터 2023년까지 한국을 방문한 중국인 관광객 수는 314만 명, 477만 명, 471만 명으로 매년 300만 명 이상이다.

④ 2019년부터 2022년까지 일본을 방문한 중국인 관광객 수는 전년 대비 '감소 - 증가 - 감소 - 증가'의 증감 추이를 보인다.

15　　　　　　　　　　정답 ③

전북은 3년간 재정력 지수가 0.379 → 0.391 → 0.408로 지속적으로 상승하였다.

오답분석

① · ② 재정력 지수는 비율이므로 절대적인 액수를 파악할 수 없다.

④ 재정력 지수가 1 이상이면 지방교부세를 지원받지 않는데, 인천의 경우 2022년에 재정력 지수가 1 미만이다.

⑤ 기준 재정수입액이 동일하면 재정력 지수가 클수록 기준 재정수요액이 작다는 것이다. 따라서 대전은 울산보다 기준 재정수요액이 항상 적다.

16　　　　　　　　　　정답 ③

2021년을 기점으로 볼 때, 2019년의 지수는 일본이 96.52, 독일이 96.39로 일본이 약간 앞서 있다.

오답분석

① 일본과 독일은 2021년 지수를 기준으로 계속 감소하고 있음을 알 수 있다.

② 우리나라는 44,103에서 48,627로 4,524포인트 증가했다.

④ 지수를 보면 우리나라는 2019년부터 2023년까지 소폭이라도 계속 상승세이며, 중국의 2019년과 2023년의 지수를 보면 다른 국가에 비해 급상승세를 보이고 있음을 알 수 있다.

⑤ 가장 크게 변한 국가는 중국으로 9.24포인트가 상승했고, 가장 적게 변한 국가는 미국으로 0.78포인트가 상승했다. 따라서 그 차이는 8.46포인트이다.

17　　　　　　　　　　정답 ④

ⓒ 2022년과 2023년은 농 · 임업 생산액과 화훼 생산액 비중이 전년 대비 모두 증가했으므로 화훼 생산액 또한 증가했음을 알 수 있다. 나머지 2018 ~ 2021년의 화훼 생산액을 구하면 다음과 같다.

- 2018년 : 39,663×0.28=11,105.64십억 원
- 2019년 : 42,995×0.277≒11,909.62십억 원
- 2020년 : 43,523×0.294≒12,795.76십억 원
- 2021년 : 43,214×0.301≒13,007.41십억 원

따라서 화훼 생산액은 매년 증가한다.

ⓔ 2018년의 GDP를 a억 원, 농업과 임업의 부가가치를 각각 x억 원, y억 원이라고 하자.

- 2018년 농업 부가가치의 GDP 대비 비중
  : $\dfrac{x}{a} \times 100 = 2.1\% \rightarrow x = 2.1 \times \dfrac{a}{100}$

- 2018년 임업 부가가치의 GDP 대비 비중
  : $\dfrac{y}{a} \times 100 = 0.1\% \rightarrow y = 0.1 \times \dfrac{a}{100}$

2018년 농업 부가가치와 임업 부가가치의 비는

$x : y = 2.1 \times \dfrac{a}{100} : 0.1 \times \dfrac{a}{100} = 2.1 : 0.1$이다.

즉, 매년 농업 부가가치와 임업 부가가치의 비는 GDP 대비 비중의 비로 나타낼 수 있다.

농·임업 부가가치 현황 자료를 살펴보면 2018년, 2019년, 2021년과 2020년, 2022년, 2023년 GDP 대비 비중이 같음을 확인할 수 있다. 비례배분을 이용해 매년 농·임업 부가가치에서 농업 부가가치가 차지하는 비중을 구하면 다음과 같다.

- 2018년, 2019년, 2021년 : $\dfrac{2.1}{2.1+0.1} \times 100 = 95.45\%$

- 2020년, 2022년, 2023년 : $\dfrac{2.0}{2.0+0.2} \times 100 = 90.91\%$

따라서 옳은 설명이다.

오답분석

㉠ 농·임업 생산액이 전년보다 작은 해는 2021년이다. 그러나 2021년 농·임업 부가가치는 전년보다 크다.

㉢ 같은 해의 곡물 생산액과 과수 생산액은 비중을 이용해 비교할 수 있다. 2020년의 곡물 생산액 비중은 15.6%, 과수 생산액 비중은 40.2%이다. 따라서 40.2×0.5=20.1>15.6이므로 옳지 않은 설명이다.

18 정답 ④

㉠ 2022년 어린이보호구역 지정대상은 전년 대비 감소하였다.

㉢ 2022년 어린이보호구역으로 지정된 구역 중 학원이 차지하는 비중은 $\dfrac{36}{16,355} \times 100\% = 0.22\%$이며, 2021년에는 $\dfrac{56}{16,085} \times 100\% = 0.35\%$이므로 2022년에는 전년 대비 감소하였다.

㉣ 2017년 어린이보호구역으로 지정된 구역 중 초등학교가 차지하는 비중은 $\dfrac{5,917}{14,921} \times 100 = 39.7\%$이고, 나머지 해에도 모두 40% 이하의 비중을 차지한다.

오답분석

㉡ 2018년 어린이보호구역 지정대상 중 어린이보호구역으로 지정된 구역의 비율은 $\dfrac{15,136}{18,706} \times 100 = 80.9\%$이다.

19 정답 ④

4월의 주가지수를 A, 6월 S사의 주가를 B원이라 하자.

구분	주가(원)		주가지수
	S사	X사	
1월	5,000	6,000	100.00
2월	( )	( )	( )
3월	5,700	6,300	109.09
4월	4,500	5,900	(A)
5월	3,900	6,200	91.82
6월	(B)	5,400	100.00

- $A = \dfrac{4,500+5,900}{5,000+6,000} \times 100 = 94.55$

- $\dfrac{B+5,400}{5,000+6,000} \times 100 = 100 \rightarrow \dfrac{B+5,400}{5,000+6,000} = 1$

→ $B+5,400 = 11,000$

∴ $B = 5,600$

㉡ • 1월 S사의 주가 : 5,000원
  • 6월 S사의 주가 : 5,600원
  따라서 S사의 주가는 6월이 1월보다 높다.

㉣ 4 ～ 6월 S사의 주가 수익률을 구하면 다음과 같다.

- 4월 : $\dfrac{4,500-5,700}{5,700} \times 100 = -21.05\%$

- 5월 : $\dfrac{3,900-4,500}{4,500} \times 100 = -13.33\%$

- 6월 : $\dfrac{5,600-3,900}{3,900} \times 100 = 43.59\%$

즉, S사의 주가 수익률이 가장 낮은 달은 4월이고, 4월 X사의 주가는 전월 대비 하락했다.

오답분석

㉠ 3 ～ 6월 중 주가지수가 가장 낮은 달은 5월이다. 5월 S사의 주가는 전월 대비 하락했지만, X사의 주가는 상승했다.

㉢ 2월 S사의 주가가 전월 대비 20% 하락했을 때 2월 S사의 주가는 5,000×(1-0.2)=4,000원이다.
2월 X사의 주가가 전월과 동일했을 때 2월 X사의 주가는 6,000원이므로 이때 2월의 주가지수는 $\dfrac{4,000+6,000}{5,000+6,000} \times 100 = 90.91$이다.

그러므로 2월의 전월 대비 주가지수 하락률은 $\dfrac{100-90.91}{100} \times 100 = 9.09$이다.
따라서 2월의 주가지수는 전월 대비 10% 미만 하락한다.

20 정답 ②

오답분석

① 무의 만족도 점수가 없다.
③ B에 대한 평균 점수가 3.9점이지만 4.0점 이상으로 나타냈다.
④ 병의 만족도 점수가 없고, 한 직원의 A ～ E 평균은 자료의 목적과는 거리가 멀다.
⑤ A ～ E에 대한 만족도 평균에서 표와의 수치를 비교해 보면 3.6점인 A가 없고, 각 수치가 어느 장소의 평균을 나타내는지 알 수 없다.

제**3**영역 창의수리

01	02	03	04	05	06	07	08	09	10
③	④	⑤	④	④	②	③	④	⑤	③
11	12	13	14	15	16	17	18	19	20
③	④	④	②	③	②	④	④	④	⑤

01
정답 ③

진희의 집부터 어린이집까지의 거리를 x km라고 하자.
어린이집부터 회사까지의 거리는 $(12-x)$ km이다.
어린이집부터 회사까지 진희의 속력은 10km/h의 1.4배이므로 14km/h이다.
집부터 회사까지 1시간이 걸렸으므로 다음과 같은 식이 성립한다.

$$\frac{x}{10}+\frac{12-x}{14}=1$$

$$\rightarrow 7x+5(12-x)=70$$
$$\rightarrow 2x=10$$
$$\therefore x=5$$

즉, 어린이집을 가는 데 걸린 시간은 $\frac{5}{10}$ 시간=30분이다.

따라서 어린이집에서 출발한 시각은 8시 30분이다.

02
정답 ④

A, B기차의 속력은 일정하며 두 기차가 터널 양 끝에서 출발하면 $\frac{1}{3}$ 지점에서 만난다고 하였다. 이는 두 기차 중 한 기차의 속력이 다른 기차의 속력의 2배임을 의미한다.
이때 A기차보다 B기차가 터널을 통과하는 시간이 짧으므로 속력이 더 빠름을 알 수 있다. 그러므로 A기차 속력을 v m/s라고 하면 B기차의 속력은 $2v$ m/s이다.
A기차의 길이를 x m라고 하면 다음과 같은 식이 성립한다.
$570+x=50\times v\cdots\unicode{x1D7E}$
$570+(x-60)=23\times2v\cdots\unicode{x1D7F}$
㉠과 ㉡을 연립하면 $v=15$이고, 이를 ㉠에 대입하면 $x=180$이다.
따라서 A기차의 길이는 180m이다.

03
정답 ⑤

A와 B가 서로 반대 방향으로 돌면, 둘이 만났을 때 A가 걸은 거리와 B가 걸은 거리의 합이 운동장의 둘레와 같다.
따라서 $100\times12+80\times12=2,160$ m이다.

04
정답 ④

· A소금물을 B소금물로 100g 덜어낸 후 각 소금물에 녹아있는 소금의 양
　- A소금물 : $\frac{6}{100}\times200=12$ g
　- B소금물 : $\frac{8}{100}\times300+\frac{6}{100}\times100=30$ g

· B소금물을 A소금물로 80g 덜어낸 후 각 소금물에 녹아있는 소금의 양
　- A소금물 : $12+\frac{30}{400}\times80=18$ g
　- B소금물 : $\frac{30}{400}\times320=24$ g

따라서 A소금물의 농도는 $\frac{18}{280}\times100\fallingdotseq6.4$%이다.

05
정답 ④

· B비커의 설탕물 100g을 A비커 설탕물과 섞은 후 각 비커에 들어있는 설탕의 양
　- A비커 : $\left(\frac{x}{100}\times300+\frac{y}{100}\times100\right)$ g
　- B비커 : $\left(\frac{y}{100}\times500\right)$ g

· A비커의 설탕물 100g을 B비커 설탕물과 섞은 후 각 비커에 들어있는 설탕의 양
　- A비커 : $\left(\frac{3x+y}{400}\times300\right)$ g
　- B비커 : $\left(\frac{y}{100}\times500+\frac{3x+y}{400}\times100\right)$ g

설탕물을 모두 옮긴 후 두 비커에 들어있는 설탕물의 농도에 대한 식은 각각 다음과 같다.

$$\frac{\frac{3x+y}{400}\times300}{300}\times100=5\cdots\unicode{x1D7E}$$

$$\frac{\frac{y}{100}\times500+\frac{3x+y}{400}\times100}{600}\times100=9.5\cdots\unicode{x1D7F}$$

㉡에 ㉠을 대입하여 정리하면

$5y+5=57$, $y=\frac{52}{5}$ 이고 $x=\frac{20-\frac{52}{5}}{3}=\frac{16}{5}$ 이다.

따라서 $10x+10y=10\times\frac{16}{5}+10\times\frac{52}{5}=32+104=136$이다.

06
정답 ②

- 10% 설탕물에 들어있는 설탕의 양 : $\frac{10}{100} \times 480 = 48\text{g}$

- 20% 설탕물에 들어있는 설탕의 양 : $\frac{20}{100} \times 120 = 24\text{g}$

- 두 설탕물을 섞었을 때의 농도 : $\frac{48+24}{480+120} \times 100 = 12\%$

컵으로 퍼낸 설탕물의 양을 $x\text{g}$이라고 하자.

이때 설탕의 양은 $\frac{12}{100}x\text{g}$이다.

컵으로 퍼낸 만큼 물을 부었을 때의 농도에 대해 다음과 같은 식이 성립한다.

$$\frac{48+24-\frac{12}{100}x}{600-x+x} \times 100 = 11$$

$$\rightarrow \frac{\left(72-\frac{12}{100}x\right) \times 100}{600} = 11$$

$$\rightarrow 7{,}200 - 12x = 600 \times 11$$

$$\rightarrow 12x = 600$$

$$\therefore x = 50$$

따라서 컵으로 퍼낸 설탕물의 양은 50g이다.

07
정답 ③

작년 부품 값의 총합을 x원이라 하면 A부품의 가격이 $0.15x$원이다. 올해 모든 부품 값이 10,000원씩 상승하였으므로 올해 부품 값의 총합은 $(x+100{,}000)$원이고 A부품의 가격은 $0.145(x+100{,}000)$원이다. 이는 $(0.15x+10{,}000)$원과 같으므로 다음과 같은 식이 성립한다.

$0.15x+10{,}000 = 0.145(x+100{,}000)$

$\rightarrow 0.005x = 4{,}500$

$\therefore x = 900{,}000$

따라서 올해 부품 값의 총합은 $900{,}000 + 100{,}000 = 1{,}000{,}000$원이다.

08
정답 ④

작년 교통비를 x원, 숙박비를 y원이라고 하면 다음과 같은 식이 성립한다.

$1.15x + 1.24y = 1.2(x+y) \cdots \text{㉠}$

$x + y = 36 \cdots \text{㉡}$

㉠과 ㉡을 연립하면 $x = 16$, $y = 20$이다.

따라서 올해 숙박비는 $20 \times 1.24 = 24.8$만 원이다.

09
정답 ⑤

자료를 다운받는 데 걸리는 시간을 x초라고 하자.

자료를 다운받는 데 걸리는 시간이 사이트에 접속하는 데 걸리는 시간의 4배라고 하였으므로 사이트에 접속하는 데 걸리는 시간은 $\frac{1}{4}x$초이고, 다음과 같은 식이 성립한다.

$x + \frac{1}{4}x = 75$

$\rightarrow 5x = 300$

$\therefore x = 60$

따라서 600KB의 자료를 다운받는 데 1초가 걸리므로, A씨가 다운받은 자료의 용량은 $600 \times 60 = 36{,}000$KB이다.

10
정답 ③

i) 17L 통에 물을 가득 넣고 이를 14L 통에 옮긴다. 그러면 17L 통에 3L가 남는다. 14L 통의 물은 모두 버린다.

ii) 17L 통에 남아 있는 3L를 14L 통으로 옮긴다.

iii) 다시 17L 통에 물을 가득 넣고 14L 통에 옮긴다. 이때는 이미 14L 통에 3L가 있기 때문에 17L 통에는 $17-11=6$L의 물이 남게 된다. 14L 통에 들은 물은 또 다시 버린다.

iv) 17L 통에 있는 6L의 물을 다시 14L 통에 옮긴다.

v) 17L 통에 있는 물을 가득 채운 다음 다시 14L 통에 옮긴다. 이때는 이미 14L 통에 6L가 있기 때문에 17L 통에는 $17-8=9$L의 물이 남게 된다.

따라서 최소 5번의 이동이 필요하다.

11
정답 ③

V지점의 정거장에서 하차한 승객을 x명, 승차한 승객을 y명이라고 하면 다음과 같은 식이 성립한다.

$53 - x + y = 41 \rightarrow x - y = 12 \cdots \text{㉠}$

$(1{,}050 \times x) + (1{,}350 \times y) + \{1{,}450 \times (53-x)\} = 77{,}750$

$\rightarrow -8x + 27y = 18 \cdots \text{㉡}$

㉠과 ㉡을 연립하면 $x = 18$, $y = 6$이다.

따라서 V지점의 정거장에서 하차한 승객은 18명이다.

12
정답 ④

가족의 평균 나이는 $132 \div 4 = 33$세이므로 어머니의 나이는 $33 + 10 = 43$세이다. 나, 동생, 아버지의 나이를 각각 x세, y세, z세라고 하면 다음과 같은 식이 성립한다.

$x + y = 41 \cdots \text{㉠}$

$z = 2y + 10 \cdots \text{㉡}$

$z = 2x + 4 \cdots \text{㉢}$

㉡과 ㉢을 연립하여 정리하면 다음과 같다.

$x - y = 3 \cdots \text{㉣}$

㉠과 ㉣을 연립하면 $x = 22$, $y = 19$이다.

따라서 동생의 나이는 19세이다.

13

정답 ④

선웅이는 $4+1=5$일마다 일을 시작하고 정호는 $5+3=8$일마다 일을 시작하므로 두 사람은 5와 8의 최소공배수인 40일마다 동시에 일을 시작한다.

한편, 선웅이의 휴무일은 $5n$일이고 정호의 휴무일은 $(8m-2)$일, $(8m-1)$일, $8m$일이다(단, n, m은 자연수이다).

- $m=2$일 때, $8\times2-1=15=5\times3$이므로 동시에 일을 시작한 지 15일 후 동시에 쉰다.
- $m=4$일 때, $8\times4-2=30=5\times6$이므로 동시에 일을 시작한 지 30일 후 동시에 쉰다.
- $m=5$일 때, $8\times5=40=5\times8$이므로 동시에 일을 시작한 지 40일 후 동시에 쉰다.

처음으로 동시에 일을 시작한 후 다시 동시에 일을 시작하기까지 휴무일이 같은 날은 모두 3일이다.

$500=40\times12+20$이므로 500일 동안 두 사람의 휴무일은 $12\times3=36$일에 남은 20일 동안 휴무일이 같은 날이 하루 더 있다.

따라서 500일 동안 휴무일이 같은 날은 $36+1=37$일이다.

14

정답 ②

이 문구점의 연필, 지우개, 공책 가격을 각각 x원, y원, z원이라고 하면 다음과 같은 식이 성립한다.

$2x+y=z \cdots \bigcirc$

$y+z=5x \cdots \bigcirc\!\bigcirc$

$\bigcirc$을 $\bigcirc\!\bigcirc$에 대입하여 정리하면 다음과 같은 식이 성립한다.

$2x+2y=5x \rightarrow x=\dfrac{2}{3}y$, $z=\dfrac{7}{3}y$

$\therefore 10x+4z=\dfrac{20}{3}y+\dfrac{28}{3}y=16y$

따라서 연필 10자루의 가격과 공책 4권의 가격을 더하면 지우개 16개의 가격과 같다.

15

정답 ③

50원, 100원, 500원짜리 동전의 개수를 각각 x개, y개, z개라고 하면 다음과 같은 식이 성립한다.

$x+y+z=14 \cdots \bigcirc$

$50x+100y+500z=2,250 \rightarrow x+2y+10z=45 \cdots \bigcirc\!\bigcirc$

$\bigcirc$과 $\bigcirc\!\bigcirc$을 연립하면 다음과 같은 식이 성립한다.

$y+9z=31 \cdots \bigcirc\!\bigcirc\!\bigcirc$

이때 $\bigcirc$의 조건에 의해 $\bigcirc\!\bigcirc\!\bigcirc$을 만족하는 경우는 $y=4$, $z=3$이다.

따라서 50원짜리는 7개, 100원짜리는 4개, 500원짜리는 3개이다.

16

정답 ②

327보다 작으면서 가장 큰 2^n g의 추는 $2^8=256$ g이다. 그 다음에 남는 무게는 71g인데 이 역시 앞의 과정과 마찬가지로 하면 필요한 추는 $2^6=64$ g, 그 다음에 남는 무게인 7g에는 2^2 g, 2^1 g, 1g의 추가 필요하다. 따라서 최소로 필요한 추의 개수는 5개이다.

17

정답 ④

적어도 한 번은 앞면이 나올 확률은 1에서 모두 뒷면이 나올 확률을 뺀 값과 같으므로 다음과 같은 식이 성립한다.

$1-\left(\dfrac{1}{2}\right)^5=\dfrac{31}{32}$

따라서 구하고자 하는 확률은 $\dfrac{31}{32}$이다.

18

정답 ④

- 밥을 먹고 설거지를 할 확률 : $\dfrac{4}{5}\times\dfrac{3}{7}=\dfrac{12}{35}$
- 밥을 먹지 않고 설거지를 할 확률 : $\dfrac{1}{5}\times\dfrac{2}{7}=\dfrac{2}{35}$

따라서 효민이가 오늘 설거지를 할 확률은 $\dfrac{12}{35}+\dfrac{2}{35}=\dfrac{14}{35}$이다.

19

정답 ④

희진이가 반죽을 만드는 데 걸리는 시간이 12분이므로, 빵을 만드는 데 쓸 수 있는 시간은 48분이다. 그러므로 단팥빵을 x개, 크림빵을 y개 만들었다면, 걸린 시간은 $3x+7y=48$시간이다. 이를 만족하는 x, y를 순서쌍으로 나타내면 $(2, 6)$, $(9, 3)$이다.

- $x=2$, $y=6$인 경우 : $\dfrac{8!}{2!\times6!}=28$가지
- $x=9$, $y=3$인 경우 : $\dfrac{12!}{9!\times3!}=220$가지

따라서 희진이가 빵 굽는 순서를 다르게 할 수 있는 방법은 $28+220=248$가지이다.

20

정답 ⑤

B를 지나는 A에서 C까지 최단경로는 A와 B 사이의 경로와 B와 C 사이의 경로를 나눠서 구할 수 있다.

- A와 B의 최단경로의 경우의 수 : $\dfrac{5!}{3!\times2!}=10$가지
- B와 C의 최단경로의 경우의 수 : $\dfrac{3!}{1!\times2!}=3$가지

따라서 B를 지나는 A에서 C까지 최단경로의 경우의 수는 $3\times10=30$가지이다.

제4영역 언어추리

01	02	03	04	05	06	07	08	09	10
⑤	④	③	④	①	②	②	②	④	①
11	12	13	14	15	16	17	18	19	20
②	①	④	①	①	③	①	⑤	③	②

01
정답 ⑤

병과 정의 말이 서로 모순되므로 둘 중 1명은 거짓을 말한다. 병과 정의 말이 거짓일 경우를 나누어 정리하면 다음과 같다.

i) 병이 거짓말을 할 경우

거짓인 병의 말에 따라 을은 윗마을에 사는 여자이며, 윗마을에 사는 여자는 거짓말만 하므로 을의 말은 거짓이 된다. 참인 정의 말에 따르면 병은 윗마을에 사는데, 거짓을 말하고 있으므로 병은 여자이다. 을과 병 모두 윗마을 사람이므로 나머지 갑과 정은 아랫마을 사람이 된다. 이때 갑과 정은 모두 진실을 말하고 있으므로 여자이다. 따라서 갑, 을, 병, 정 모두 여자임을 알 수 있다.

ii) 정이 거짓말을 할 경우

거짓인 정의 말에 따르면 을과 병은 아랫마을에 사는데, 병은 참을 말하고 있으므로 병은 여자이다. 참인 병의 말에 따르면 을은 아랫마을에 사는 남자이며, 아랫마을에 사는 남자는 거짓말만 하므로 을의 말은 거짓이 된다. 이때 을의 말이 거짓이 되면 을은 윗마을에 살게 되므로 서로 모순된다. 따라서 성립하지 않는다.

02
정답 ④

먼저 갑은 기획 업무를 선호하는데, 만약 민원 업무를 선호한다면 홍보 업무도 선호하게 되어 최소 3개 이상의 업무를 선호하게 된다. 그러므로 갑은 기획 업무만을 선호해야 한다. 다음으로 을은 민원 업무를 선호하므로 홍보 업무도 같이 선호함을 알 수 있는데, 3개 이상의 업무를 선호하는 사원이 없다고 하였으므로 을은 민원 업무와 홍보 업무만을 선호해야 한다.

또한 인사 업무만을 선호하는 사원이 있다고 하였으며(편의상 병), 홍보 업무를 선호하는 사원 모두가 민원 업무를 선호하는 것은 아니라고 하였으므로 이를 통해 홍보 업무를 선호하지만 민원 업무는 선호하지 않는 사원이 존재함을 알 수 있다(편의상 정).

이를 정리하면 다음과 같다.

구분	민원	홍보	인사	기획
갑	×	×		○
을	○	○	×	×
병	×	×	○	×
정	×	○		

ⓛ 을과 정을 통해 최소 2명은 홍보 업무를 선호함을 알 수 있다.

ⓒ 위 표에서 알 수 있듯이 모든 업무에 최소 1명 이상의 신입사원이 배정되어 있음을 알 수 있다.

03
정답 ③

두 번째 진술이 거짓일 경우 A, C, D는 모두 뇌물을 받지 않고, 세 번째 진술이 거짓일 경우 B, C 모두 뇌물을 받게 되므로 두 번째 진술과 세 번째 진술은 동시에 거짓이 될 수 없다.

두 번째 진술 또는 세 번째 진술이 참인 경우를 나누어 정리하면 다음과 같다.

i) 두 번째 진술이 참인 경우

A, C, D 중 적어도 1명 이상이 뇌물을 받았고, 나머지 진술은 모두 거짓이 되어 B와 C는 모두 뇌물을 받았다. 또한 B와 C가 모두 뇌물을 받았으므로 D는 뇌물을 받지 않았다. 한편 첫 번째 진술이 거짓이 되려면 진술의 대우 역시 성립하지 않아야 한다. 즉, 'B가 뇌물을 받았다면, A는 뇌물을 받지 않는다.'가 성립하지 않으려면 A는 뇌물을 받아야 한다. 따라서 뇌물을 받은 사람은 D를 제외한 A, B, C 3명이다.

ii) 세 번째 진술이 참인 경우

A, C, D 모두 뇌물을 받지 않았으며, B와 C 중 적어도 1명 이상은 뇌물을 받지 않았다. 나머지 진술은 모두 거짓이 되어야 하는데, 먼저 첫 번째 진술이 거짓이 되려면 대우 역시 성립하지 않아야 하므로 B는 뇌물을 받지 않아야 한다. 또한 마지막 진술 역시 거짓이 되려면 대우인 'D가 뇌물을 받지 않았다면, B와 C 모두 뇌물을 받지 않았다.'가 성립하지 않아야 한다. 그러나 이때 B와 C는 모두 뇌물을 받지 않았으므로 마지막 진술의 대우가 성립하여 네 번째 진술은 참이 된다. 따라서 참인 진술이 둘이 되므로 조건에 맞지 않는다.

04
정답 ④

제시된 조건을 정리하면 다음과 같다.

구분	내근	외근
미혼	과장 미만	연금 저축 가입
기혼	남성	남성, 과장 이상

최과장이 여성이라면 두 번째 조건과 세 번째 조건에 따라 미혼이면서 외근을 하는 것을 알 수 있다. 이때, 다섯 번째 조건에 따라 최과장은 연금 저축에 가입해 있는 것을 알 수 있다.

제2회 정답 및 해설

05
정답 ①

B, C, D 중 1명의 진술을 거짓으로 보면 E의 진술에 의해 모순이 생긴다. 또 E의 진술이 거짓이라고 하면 B, C, D의 진술에 의해 모순이 생긴다. 따라서 A의 진술이 거짓이어야 모순이 생기지 않고 A, B, C, D, E가 사용하는 카드가 정해진다.

06
정답 ②

A ~ E의 진술에 따르면 C와 E는 반드시 동시에 참 또는 거짓이 되어야 하며, B와 C는 동시에 참이나 거짓이 될 수 없다.

ⅰ) A와 B의 진술이 거짓인 경우
B의 진술이 거짓이 되므로 이번 주 수요일 당직은 B이다. 그러나 D의 진술에 따르면 B는 목요일 당직이므로 이는 성립하지 않는다.

ⅱ) B와 D의 진술이 거짓인 경우
B의 진술이 거짓이 되므로 이번 주 수요일 당직은 B이다. 또한 A, E의 진술에 따르면 E는 월요일, A는 화요일에 당직을 선다. 이때 C는 수요일과 금요일에 당직을 서지 않으므로 목요일 당직이 되며, 남은 금요일 당직은 자연스럽게 D가 된다.

ⅲ) C와 E의 진술이 거짓인 경우
A, B, D의 진술에 따르면 A는 화요일, D는 수요일, B는 목요일, C는 금요일 당직이 되어 남은 월요일 당직은 E가 된다. 이때 E의 진술이 참이 되므로 이는 성립하지 않는다.

따라서 이번 주 수요일에 당직을 서는 사람은 B이다.

07
정답 ②

피아노를 잘 치는 사람의 경우 진실을 말할 수도 있고, 거짓을 말할 수도 있다는 점에 유의한다.

ⅰ) 갑이 진실을 말했을 경우, 병의 말과 모순된다.

ⅱ) 을이 진실을 말했을 경우, 병과 갑이 모두 거짓을 말한 것이 된다. 따라서 을이 조각, 병이 피아노(거짓을 말함), 갑이 테니스를 잘하는 사람이다.

ⅲ) 병이 피아노를 잘 치면서 거짓을 말했을 경우는 을이 조각, 갑이 테니스이다. 반대의 경우는 병의 말 자체가 모순되어 성립되지 않는다.

따라서 바르게 연결된 것은 ②이다.

08
정답 ②

A ~ C 3명 중 가해자가 1명, 2명, 3명인 경우를 나누어 정리하면 각각 다음과 같다.

ⅰ) 가해자가 1명인 경우
- A 또는 C가 가해자인 경우 : 셋 중 2명이 거짓말을 하고 있다는 B의 진술이 참이 되므로 성립하지 않는다.
- B가 가해자인 경우 : B 혼자 거짓말을 하고 있으므로 1명이 거짓말을 한다는 A, C의 진술이 성립한다.

ⅱ) 가해자가 2명인 경우
- A와 B가 가해자인 경우 : A, B 중 1명이 거짓말을 한다는 C의 진술과 모순된다.
- A와 C가 가해자인 경우 : 가해자인 C는 거짓만을 진술해야

하나, A, B 중 1명이 거짓말을 한다는 C의 진술이 참이 되므로 성립하지 않는다.
- B와 C가 가해자인 경우 : 셋 중 1명이 거짓말을 한다는 A의 진술과 모순된다.

ⅲ) 가해자가 3명인 경우
A, B, C 모두 거짓말을 하고 있으므로 A, B, C 모두 가해자이다.

따라서 B가 가해자이거나 A, B, C 모두가 가해자이므로 확실히 가해자인 사람은 B이며, 확실히 가해자가 아닌 사람은 아무도 없다.

09
정답 ④

'공부를 잘하는 사람은 모두 꼼꼼하다.'라는 명제를 통해 '꼼꼼한 사람 중 일부는 시간 관리를 잘한다.'는 마지막 명제가 나오기 위해서는 '공부를 잘한다.'와 '시간 관리를 잘한다.' 사이에 어떤 관계가 성립되어야 한다. 그런데 마지막 명제에서 그 범위를 '모두'가 아닌 '일부'로 한정하였으므로 '공부를 잘하는 어떤 사람은 시간 관리를 잘한다.'는 명제가 필요하다.

10
정답 ①

'시장 경제에 정부가 개입한다.'를 '시', '비용이 줄어든다.'를 '비', '효율성이 늘어난다.'를 '효'라고 하자.

구분	명제	대우
첫 번째 명제	시 → 비	비× → 시×
마지막 명제	시 → 효	효× → 시×

첫 번째 명제가 마지막 명제로 연결되려면, 두 번째 명제는 '비 → 효'나 그 대우인 '효× → 비×'가 되어야 한다. 따라서 빈칸에 들어갈 명제는 '효율성이 줄어들면, 비용이 늘어난다.'인 ①이다.

11
정답 ②

음악을 좋아하는 사람은 미술을 잘하고, 미술을 잘하는 사람은 노래를 잘한다. 즉, 음악을 좋아하는 사람은 노래를 잘한다. 이때, 나는 음악을 좋아하므로 노래를 잘한다. 따라서 빈칸에 들어갈 명제는 ②이다.

12
정답 ①

제시된 명제를 정리하면 '어떤 마케팅팀 사원 → 산을 좋아함 → 여행 동아리 → 솔로'이므로, '어떤 마케팅팀 사원 → 솔로'가 성립한다. 따라서 반드시 참인 명제는 ①이다.

13
정답 ④

첫 번째 명제의 대우와 두 번째 명제를 정리하면 '모든 학생 → 국어 수업 → 수학 수업'이 되어 '모든 학생은 국어 수업과 수학 수업을 듣는다.'가 성립한다. 마지막 명제에서 수학 수업을 듣는 '어떤' 학생들이 영어 수업을 듣는다고 했으므로, '어떤 학생들은 국어, 수학, 영어 수업을 듣는다.'가 성립한다.

14

영희는 가방을 좋아하고, 가방을 좋아하면 바나나를 좋아한다. 즉, 영희는 바나나를 좋아한다. 두 번째 명제의 대우는 '바나나를 좋아하면 비행기를 좋아하지 않는다.'이다.

따라서 '영희는 비행기를 좋아하지 않는다.'를 유추할 수 있다.

오답분석

②·③ 두 번째 명제와 마지막 명제의 대우를 결합하면 '비행기를 좋아하는 사람은 가방을 좋아하지 않는다.'와 그 대우를 유추할 수 있다.

④ 마지막 명제의 대우는 '바나나를 좋아하지 않는 사람은 가방을 좋아하지 않는다.'이다.

⑤ 두 번째 명제의 이이므로 참일 수도 거짓일 수도 있다.

15

정답 ①

'승우가 도서관에 간다.'를 A, '민우가 도서관에 간다.'를 B, '견우가 도서관에 간다.'를 C, '연우가 도서관에 간다.'를 D, '정우가 도서관에 간다.'를 E라고 하면 세 번째부터 여섯 번째까지의 명제에 따라 '~D → E → ~A → B → C'가 성립한다.

따라서 정우가 금요일에 도서관에 가면 민우와 견우도 도서관에 간다.

16

정답 ③

제시된 명제를 정리하면 다음과 같다.

• 첫 번째 명제 : 대우(B 또는 C가 위촉되지 않으면, A도 위촉되지 않는다.)에 의해 A는 위촉되지 않는다.

• 두 번째 명제 : A가 위촉되지 않으므로 D가 위촉된다.

• 다섯 번째 명제 : D가 위촉되므로 F도 위촉된다.

• 세 번째·네 번째 명제 : D가 위촉되었으므로 C와 E는 동시에 위촉될 수 없다.

따라서 위촉되는 외부 전문가는 C 또는 E 중 1명과 D·F 2명이므로 총 3명이다.

17

정답 ①

첫 번째와 두 번째 명제를 통해 1층에는 로비, 8층에는 경영지원부가 있다는 것을 알 수 있다. 또한 마지막 명제를 통해 HRM부는 5층에 위치한다는 것(8-3층)을 알 수 있다. 이에 따라 나머지 명제를 고려하면 다음과 같은 결과를 얻을 수 있다.

8층	←	경영지원부
7층	←	정보보호부
6층	←	시스템관리부
5층	←	HRM부
4층	←	마케팅부
3층	←	회계부
2층	←	고객상담부
1층	←	로비

따라서 고객상담부에 방문하려면 2층으로 가야 한다.

18

정답 ⑤

우선 총 50명이 세 가지 제품에 대해서 우선순위를 매겼으며, 두 상품에 동일한 순위를 매길 수 없으므로 각 제품마다 1~3순위를 매겼다. 마지막 결과에서 자사 제품에 1순위를 부여한 사람이 없다고 하였으므로 순위대로 나열하면 다음과 같은 경우의 수가 도출된다(편의상 자사의 제품을 C라고 한다).

• 경우 1 : A>B>C
• 경우 2 : B>A>C
• 경우 3 : A>C>B
• 경우 4 : B>C>A

이때 다섯 번째 결과인 'C>A : 8'은 경우 4뿐이기 때문에 이 순서로 순위를 매긴 사람은 총 8명이 된다. 그렇다면 네 번째 결과인 'B>C : 26'는 경우 1, 2, 4뿐인데, 경우 4는 8명으로 확정되었으므로 경우 1, 2로 순서로 순위를 매긴 사람은 총 18명이 된다. 여기서 경우 1, 2는 자사 제품(C)을 3순위로 매긴 경우에 해당된다.

따라서 자사 제품(C)을 3순위로 매긴 사람의 수는 총 18명이다.

19

정답 ③

우선 E는 반려동물이 없기 때문에 1층과 2층에는 입주할 수 없다. 그리고 5층에는 D가 살고 있기 때문에 남은 층은 3, 4, 6, 7층이다. A는 개를 키우고 있기 때문에 1층이나 2층에 살고 있을 것이고 남은 B와 C가 어느 층에 살고 있을지를 유추해야 하는데 B는 A보다 높은 홀수 층에 살고 있으므로 3층이나 7층에 살고 있다. 그런데 B의 바로 아래층에 사는 C가 반려동물이 없으므로 C는 6층에 살고 있다. 즉, B는 7층에 산다.

따라서 E가 입주할 수 있는 층은 3층 또는 4층이다.

20

정답 ②

영업 1팀과 마케팅 3팀이 위·아래로 인접해 있다고 하였으므로, 이 두 팀의 위치를 기준으로 파악해야 한다. 만약 영업 1팀이 1층, 마케팅 3팀이 2층이라면 세 번째, 네 번째, 일곱 번째 조건에 따라 1층에는 영업 1·2·3팀과 총무팀, 개발팀이 모두 위치해야 하는데, 개발팀의 한쪽 옆이 비어있어야 하므로 조건에 맞지 않는다. 그러므로 마케팅 3팀이 1층, 영업 1팀이 2층인 경우의 수만 따져가며 모든 조건을 조합하면 다음과 같은 두 가지 경우의 수가 있음을 알 수 있다.

2층	영업 1팀	영업 3팀	영업 2팀	총무팀	−
1층	마케팅 3팀	마케팅 1팀	개발팀	−	마케팅 2팀

2층	−	영업 2팀	총무팀	영업 3팀	영업 1팀
1층	마케팅 2팀	−	개발팀	마케팅 1팀	마케팅 3팀

두 가지 경우에서 총무팀과 영업 3팀은 인접할 수도, 그렇지 않을 수도 있다. 따라서 ②는 항상 옳지 않다.

01	02	03	04	05	06	07	08	09	10
①	②	②	④	①	③	②	③	③	①
11	**12**	**13**	**14**	**15**	**16**	**17**	**18**	**19**	**20**
④	②	④	②	③	①	⑤	⑤	①	②

01
정답 ①

홀수 항과 짝수 항에 각각 $\times\frac{1}{3}$, $\times\frac{5}{7}$, $\times\frac{9}{11}$, … 을 하는 수열이다.

따라서 ( ) $=\frac{10}{77}\times\frac{13}{15}=\frac{26}{231}$ 이다.

02
정답 ②

n번째 항이 $\left(\frac{11}{10}\right)^{n\times(-1)^{n+1}}$ 인 수열이다.

따라서 ( ) $=\left(\frac{11}{10}\right)^{3\times(-1)^{(3+1)}}=\frac{1,331}{1,000}$ 이다.

03
정답 ②

분모는 +2, +4, +6, …, 분자는 +2, +4, +8, …을 하는 수열이다.

따라서 ( ) $=\frac{19+16}{15+8}=\frac{35}{23}$ 이다.

04
정답 ④

대분수를 가분수로 바꾼 후, 분모는 +3, +4, +5, +6, …, 분자는 ×2를 하는 수열이다.

따라서 ( ) $=\frac{(25+23)\times2}{25+7}=\frac{48\times2}{25+7}=\frac{96}{32}=3$ 이다.

05
정답 ①

앞의 두 항의 합이 다음 항이 되는 피보나치 수열이다.

따라서 ( ) $=0.29+0.47=0.76$ 이다.

06
정답 ③

앞의 항에 -1.1^2, -1.2^2, -1.3^2, …을 하는 수열이다.

따라서 ( ) $=96.35-1.3^2=96.35-1.69=94.66$ 이다.

07
정답 ②

앞의 항에 ×30, ÷2, ÷5가 반복되는 수열이다.

따라서 ( ) $=9.45\div5=1.89$ 이다.

08
정답 ③

0.5^2, 1.5^2, 2.5^2, 3.5^2, …을 하는 수열이다.

따라서 ( ) $=8.5^2=72.25$ 이다.

09
정답 ③

앞의 항에 +1, ×(−2)가 반복되는 수열이다.

따라서 ( ) $=3\times(-2)=-6$ 이다.

10
정답 ①

앞의 항에 ×(−3), +10이 반복되는 수열이다.

따라서 ( ) $=-3+10=7$ 이다.

11
정답 ④

홀수 항은 +1, 짝수 항은 +1, +2, +3, +4, …를 하는 수열이다.

따라서 ( ) $=4+3=7$ 이다.

12
정답 ②

앞의 항에서 뒤의 항을 뺀 후 +7을 한 값이 다음 항이 되는 수열이다.

따라서 ( ) $=38-(-39)+7=84$ 이다.

13
정답 ④

앞의 항에서 뒤의 항을 뺀 값이 다음 항이 되는 수열이다.

따라서 ( ) $=-65-(-25)=-40$ 이다.

14
정답 ②

홀수 항은 +2, 짝수 항은 −2를 하는 수열이다.

따라서 ( ) $=19-2=17$ 이다.

15
정답 ③

항을 3개씩 묶었을 때, 각 묶음의 첫 번째 항은 분자와 분모가 3씩 증가하고, 두 번째 항은 분자와 분모가 1씩 증가하며, 세 번째 항은 첫 번째 항과 두 번째 항의 차인 수열이다.

따라서 ( ) $=2-\frac{4}{5}=\frac{6}{5}$ 이다.

16
정답 ①

항을 3개씩 묶었을 때, 각 묶음의 첫 번째 항은 3씩 증가하고, 두 번째 항은 1씩 증가하며, 세 번째 항은 첫 번째 항과 두 번째 항의 차에 0.01을 곱한 값을 더한 값인 수열이다.

따라서 ( )$=(18+27)+(27-18)\times 0.01=45.09$이다.

17
정답 ⑤

행의 평균과 열의 평균이 가운데 수인 수열이다.

따라서 ( )$=\dfrac{41+37+29+33}{4}=\dfrac{32+46+58+4}{4}=35$이다.

18
정답 ⑤

수열의 규칙은 다음과 같다.

- 1번째 항, 4번째 항, 7번째 항, $\cdots$: $+2$, $+2^2$, $+2^3$, $\cdots$씩 증가하는 수열
- 2번째 항, 5번째 항, 8번째 항, $\cdots$: $+3$, $+3^2$, $+3^3$, $\cdots$씩 증가하는 수열
- 3번째 항, 6번째 항, 9번째 항, $\cdots$: $+5$, $+5^2$, $+5^3$, $\cdots$씩 증가하는 수열

그러므로 수열의 일반항을 a_n이라고 하면 $a_{14}=40+3^4=40+81=121$, $a_{17}=121+3^5=121+243=364$, $a_{20}=364+3^6=364+729=1,093$이다.

따라서 20번째 항의 값은 1,093이다.

19
정답 ①

홀수 항은 $+3$, $+7$, $+11$, $\cdots$을 더하고, 짝수 번째 항은 -5, -9, -13, $\cdots$을 하는 수열이다. m번째 홀수 항의 값을 a_{2m-1}이라고 하면 $a_{2m-1}=400+\sum\limits_{k=1}^{m-1}(4k-1)$

$=400+\left\{4\times\dfrac{m(m-1)}{2}-(m-1)\right\}=400+2m^2-3m+1$

$=2m^2-3m+401$이다.

따라서 31번째 항의 값은 $2\times 16^2-3\times 16+401=865$이다.

20
정답 ②

앞의 항에 -8, -2, $+4$, $+10$, $+16$, $+22$, $\cdots$씩 더하는 수열이다. 수열의 일반항을 a_n이라고 하면 $a_n=156+\sum\limits_{k=1}^{n-1}(6k-14)=156+\{3n(n-1)-14(n-1)\}=170+3n(n-1)-14n$이다.

따라서 20번째 항의 값은 $170+(3\times 20\times 19)-(14\times 20)=1,030$이다.

제3회 모의고사 정답 및 해설

제 **1** 영역 언어이해

01	02	03	04	05	06	07	08	09	10
①	③	④	①	③	④	③	④	④	⑤
11	12	13	14	15	16	17	18	19	20
②	②	④	②	④	②	②	③	①	④

01
정답 ①

제시문은 치매의 정의, 증상, 특성 등을 말하고 있으므로 '치매의 의미'가 글의 주제로 적절하다.

02
정답 ③

'최고의 진리는 언어 이전 혹은 언어 이후의 무언(無言)의 진리이다.', '동양 사상의 정수(精髓)는 말로써 말이 필요 없는 경지'라고 한 부분을 보았을 때 동양 사상은 언어적 지식을 초월하는 진리를 추구한다는 것이 제시문의 핵심 내용이다.

03
정답 ④

신부와 달리 대리인을 통하지 않고 직접 결혼 의사를 공표할 수 있는 신랑은 결혼이 성립되기 위한 필수조건으로 '마흐르'라고 불리는 혼납금을 신부에게 지급해야 한다.

04
정답 ①

북몽골, 남몽골로 부른다면 귀속 의식을 벗어난 객관적인 표현이겠지만 중국과의 불화는 불가피한 상황이다. 따라서 예민한 지명 문제는 정부가 나서는 것보다 학계 목소리로 남겨 두는 것이 좋다.

05
정답 ③

세슘은 공기 중에서도 쉽게 산화하며 가루 세슘 또한 자연발화를 한다. 특히 물과 만나면 물에 넣었을 때 발생하는 반응열이 수소 기체와 만나 더욱 큰 폭발을 일으킨다. 또한, 제시문에서 액체 상태의 세슘을 위험물에서 제외한다는 내용은 제시되어 있지 않다.

06
정답 ④

제시문은 '느낌'의 동질성 판단 방법을 주제로 삼아 느낌이라는 현상을 철학적인 관점에서 분석하고 있다. 자신의 느낌이 타인의 느낌과 같은지 판단하는 방법으로 유추적 방법과 과학적 방법을 검토한 뒤 새로운 접근 방법으로 다양한 가설과 합리적인 해결책을 찾아야 한다고 주장하고 있다. (라) 문단에서는 (다) 문단에서 제기한 고전적인 해결책의 한계를 해결하기 위해 두뇌 속 뉴런을 관찰하는 과학적인 방법을 소개하고 있지만, 이러한 과학적인 방법에도 한계가 있다고 설명하고 있다. 따라서 ④는 적절하지 않다.

07
정답 ③

언론매체에 대한 사전 검열은 항상 표현의 자유와 개인의 알 권리를 침해할 가능성을 배제할 수 없다는 논지로 반박을 전개해야 한다.

08
정답 ④

㉠ 파울은 언어가 진화하고 변화한다고 보았으므로 언어를 연구하려면 언어가 역사적으로 발달해 온 방식을 고찰해야 한다고 주장한다.

㉡ 소쉬르는 언어가 역사적인 산물이라고 해도 변화 이전과 변화 이후를 구별해서 보아야 한다고 주장하고, 언어는 구성 요소의 순간 상태 이외에는 어떤 것에 의해서도 규정될 수 없다고 보았다. 따라서 소쉬르는 화자가 발화한 당시의 언어 상태를 연구 대상으로 해야 하며, 그 상태에 이르기까지의 모든 과정을 무시해야 한다고 주장했다.

09
정답 ④

제시문은 인간의 문제를 자연의 힘이 아니라 인간의 힘으로 해결해야 한다는 생각으로 정나라의 재상인 자산(子産)이 펼쳤던 개혁 정책의 특징과 결과를 설명한다. 보기는 통치자들의 무위(無爲)를 강조하고 인위적인 규정의 해체를 주장하는 노자의 사상을 설명한 것으로, 이에 따른 노자의 입장에서는 인간의 힘으로 문제를 해결하려는 자산의 개혁 정책은 인위적이라고 반박할 수 있다. 즉, 이러한 자산의 정책의 인위적 성격은 엄한 형벌과 과중한 세금 수취로 이어지는 폐단을 낳을 뿐이며, 사회를 해체해야 할 허위로 가득 차게 한다고 비판할 수 있는 것이다.

오답분석

①·③·⑤ 자산을 비판하는 입장이 아니라 자산의 입장에서 주장할 수 있는 내용이다.

② 자산의 입장에서 주장할 수 있는 내용이며, 보기의 노자는 오히려 인위적 사회 제도의 해체를 주장했다.

10

네 번째 문단에 따르면 공장식 축산의 문제를 개선하기 위한 동물 복지 운동은 1960년대 영국을 중심으로 시작되었으며, 한국에서도 2012년부터 '동물 복지 축산농장 인증제'를 시행하고 있다고 하였다. 따라서 동물 복지 축산농장 인증제는 영국이 아닌 한국에서 시행하고 있는 제도이다.

11
정답 ②

바퀴의 성능은 전쟁용 수레인 전차가 발달하면서 크게 개선되었고, 그 뒤 산업혁명기에 발명된 고무타이어가 바퀴에 사용되면서 한층 더 개선되었다. 따라서 전차의 발달과 고무타이어의 발명이 바퀴의 성능 개선에 기여했음을 알 수 있다.

오답분석
① 자동차용 공기압 타이어는 가솔린 자동차가 발명된 1885년의 10년 후인 1895년 즉, 19세기 후반에 개발되었음을 알 수 있다. 따라서 19세기 초반은 공기압 타이어가 개발되기 전이므로 자동차에 사용될 수 없다.
③ 원판 모양의 나무바퀴가 기원전 5000년경부터 사용된 것으로 추정되므로 적절하지 않다.
④ 바퀴의 존재조차 몰랐던 아메리카 원주민들은 유럽인이 바퀴를 전해준 다음에도 썰매를 계속 이용했으므로 적절하지 않다.
⑤ 바퀴의 일종인 물레는 우리나라에서 4000년 전부터 사용했으므로 산업혁명기 이전에 이미 바퀴가 다른 용도로 사용되고 있었음을 알 수 있다.

12
정답 ②

주주 자본주의가 등장하면서 과거에 생산수단을 소유할 수 없었던 노동자들이 잘게 쪼개진 생산수단의 일부를 구입할 수 있게 됨에 따라 노동자의 지위가 변하게 되었다.

오답분석
① 주주 자본주의에서는 주주의 이윤을 극대화하는 것을 회사 경영의 목표로 하므로 주주의 이익과 사회적 공헌이 상충한다면 기업은 주주의 이익을 우선적으로 선택할 것이다.
③ 이해관계자 자본주의에서는 기업과 연계되어 있는 노동자, 소비자, 지역사회 등 이해관계자들 전체를 고려해야 한다고 주장할 뿐, 지역사회의 일반 주민이 기업 경영에서 주도적인 역할을 담당하는지는 제시문을 통해 알 수 없다.
④ 주주 자본주의와 이해관계자 자본주의가 혼합되면 기업의 사회적 공헌활동은 주주 자본주의에서보다 강화될 것이다.
⑤ 주주 자본주의와 이해관계자 자본주의가 혼합된 형태의 기업은 사회적 활동을 위해 노력하기도 하지만, 주주의 이익을 최우선적으로 고려한다.

13
정답 ④

탄소배출권거래제는 의무감축량을 초과 달성했을 경우 초과분을 거래할 수 있는 제도이다. 따라서 온실가스의 초과 달성분을 구입 혹은 매매할 수 있음을 추측할 수 있으며, 빈칸 이후 마지막 문단에서도 탄소배출권을 일종의 현금화가 가능한 자산으로 언급함으로써 이러한 추측을 뒷받침하고 있다. 따라서 ④가 빈칸에 들어갈 내용으로 가장 적절하다.

오답분석
① 제시문에서 탄소배출권거래제가 6대 온실가스 중 이산화탄소를 줄이는 것을 특히 중요시한다는 내용은 확인할 수 없다.
② 제시문에 탄소배출권거래제가 가장 핵심적인 유연성제제라고는 언급되어 있지 않다.
③ 탄소배출권거래제가 탄소배출권이 사용되는 배경이라고는 볼 수 있으나, 다른 감축의무국가를 도움으로써 탄소배출권을 얻을 수 있다는 내용은 제시문에서 확인할 수 없다.
⑤ 청정개발체제에 대한 설명이다.

14
정답 ②

제시문에서 '당분 과다로 뇌의 화학적 균형이 무너져 정신에 장애가 왔다고 주장'한 것과 '정제한 당의 섭취를 원천적으로 차단'한 실험 결과를 토대로 '과다한 정제당 섭취는 반사회적 행동을 유발'할 수 있다는 것을 추론할 수 있다.

15
정답 ④

알려지지 않은 것에서는 불안정, 걱정, 공포감이 뒤따라 나오기 때문에 우리 마음의 불안한 상태를 없애고자 한다면 알려지지 않은 것을 알려진 것으로 바꿔야 한다. 이러한 환원은 우리의 마음을 편하게 해주고 만족하게 한다. 이 때문에 우리는 이미 알려진 것, 체험한 것, 기억에 각인된 것을 원인으로 설정하게 되고, 낯설고 체험하지 않았다는 느낌을 빠르게 제거해 버려 특정 유형의 설명만이 남아 우리의 사고방식을 지배하게 만든다. 따라서 빈칸에는 낯설고 체험하지 않았다는 느낌을 제거해 버린다는 내용이 들어가는 것이 가장 적절하다.

16
정답 ②

수직 계열화에서 사용자 중심으로 산업 패러다임이 변화되고 있음을 제시하는 (나) 문단이 가장 먼저 오는 것이 적절하며, 다음으로 가스 경보기를 예로 들어 수평적 연결에 대해 설명하는 (다) 문단이 적절하다. 그 뒤를 이어 이러한 수평적 연결이 사물인터넷 서비스로 새롭게 성장한다는 (가) 문단이, 마지막으로는 다양해지는 사물인터넷 서비스에 대해 설명하는 (라) 문단이 오는 것이 적절하다.

17
정답 ②

제시문은 언어가 주변 지역으로 전파되는 원리 중 한 가지인 파문설을 소개하고 이것에서 사용되는 용어와 이에 대한 구체적인 설명을 하고 있다. 따라서 (다) 언어가 주변 지역으로 퍼져 나가는 원리 - (가) 이러한 원리대로 언어의 전파 과정을 설명하는 파문설 - (라) 파문설에서 사용되는 용어 - (나) 파문설에서 사용되는 용어의 구체적인 설명 순으로 나열되어야 한다.

18
정답 ③

제시문은 풀기 어려운 문제에 둘러싸인 기업적 · 개인적 상황을 제시하고, 위기의 시대임을 언급하고 있다. 그리고 그 위기를 이겨내는 자가 성공하는 자가 될 수 있음을 말하며, 위기를 이겨내기 위해서 지혜가 필요하다는 것에 대해 설명하고 있는 글이다. 따라서 (나) 풀기 어려운 문제에 둘러싸인 현재의 상황 - (라) 위험과 기회라는 이중의미를 가지는 '위기' - (다) 위기를 이겨내는 것이 필요 - (가) 위기를 이겨내기 위해 필요한 지혜와 성공이라는 결과 순으로 나열되어야 한다.

19
정답 ①

보기의 '이 둘'은 제시문의 산제와 액제를 의미하므로 이 둘에 대해 설명하고 있는 위치에 들어가야 함을 알 수 있다. 또 상반되는 사실을 나타내는 두 문장을 이어 줄 때 사용하는 접속어 '그러나'를 통해 산제와 액제의 단점을 이야기하는 보기 문장 앞에는 산제와 액제의 장점에 대한 내용이 와야 함을 알 수 있다. 따라서 (가)에 들어가는 것이 적절하다.

20
정답 ④

(가) : 첫 번째와 두 번째 문단은 완전국가에서 귀족정치체제, 과두체제로 퇴화하는 내용을 단계별로 제시하고 있다. 또 (가) 뒤의 문장이 그 첫 단계를 언급하고 있으므로 (가)에는 '타락해 가는 네 가지 국가형태'에 대한 개괄적인 진술이 와야 한다. 따라서 ⓒ이 들어가는 것이 적절하다.

(나) : (나) 뒤의 내용은 명예정치체제의 불완전성인 정치가의 야심과 명예욕에 대해 설명하고 있다. 따라서 ⓒ이 들어가는 것이 적절하다.

(다) : 마지막 문단은 민주에 대한 플라톤의 기술(記述)을 설명하고 있으므로 '민주체제에 대한 플라톤의 기술'을 언급하고 있는 ㉠이 들어가는 것이 적절하다.

제**2**영역 자료해석

01	02	03	04	05	06	07	08	09	10
②	③	②	⑤	④	④	⑤	②	②	①
11	12	13	14	15	16	17	18	19	20
③	①	⑤	③	③	⑤	④	③	②	②

01
정답 ②

미술과 수학을 신청한 학생의 비율 차이는 $16-14=2$%p이고, 신청한 전체 학생은 200명이므로 수학을 선택한 학생 수는 미술을 선택한 학생 수보다 $200 \times 0.02=4$명 더 적다.

02
정답 ③

- 1인 1일 사용량에서 영업용 사용량이 차지하는 비중
  : $\dfrac{80}{282} \times 100 ≒ 28.37$%

- 1인 1일 가정용 사용량의 하위 두 항목이 차지하는 비중
  : $\dfrac{20+13}{180} \times 100 ≒ 18.33$%

03
정답 ②

통신 비용은 2021년에 전년 대비 감소하였음을 알 수 있다.

오답분석

① 2021년 4인 가족의 주거/수도/광열 비용은 $271.2-(12.8+16.4+134.2+42.5)=65.3$만 원이다.

③ 제시된 자료에서 확인할 수 있는 바와 같이 2020 ~ 2023년 동안 전년 대비 음식/숙박 비용은 매년 증가하였다.

④ 2020 ~ 2022년 동안 전년 대비 주류/담배 비용과 의류/가정용품 비용의 증감 추이는 '감소 – 증가 – 증가'로 같다.

⑤ 전체 지출액에서 2022년과 2023년의 주류/담배 비용이 차지하는 비중은 각각 다음과 같다.

- 2022년 : $\dfrac{17.0}{278.3} \times 100 ≒ 6.1$%

- 2023년 : $\dfrac{17.4}{283.3} \times 100 ≒ 6.1$%

또한 2023년 주류/담배 비용이 2022년 주류/담배 비용보다 4,000원 더 많이 든다.

04
정답 ⑤

제시된 자료를 보면 판매량이 4개일 경우 평균 비용은 5만 원, 평균 수입은 6만 원이다. 따라서 총비용은 20만 원, 총수입은 24만 원으로 이윤은 4만 원이다. 판매량을 3개로 줄일 경우 평균 비용은 4만 원, 평균 수입은 6만 원이다. 따라서 총비용은 12만 원, 총수입은 18만 원으로 6만 원의 이윤이 발생한다. 따라서 이윤을 증가시키기 위해서는 판매량을 3개로 줄이는 것이 합리적이다.

오답분석

① 판매량이 1개일 때와 5개일 때 이윤은 0원이다.

② 판매량이 4개일 경우의 이윤은 $(6 \times 4)-(5 \times 4)=4$만 원이고, 판매량이 3개일 경우의 이윤은 $(3 \times 6)-(3 \times 4)=6$만 원이다. 따라서 판매량을 줄여야 이윤이 극대화된다.

③ 판매 개수를 늘리면 평균 수입은 변화가 없지만 평균 비용이 높아지므로 이윤이 감소한다.

④ 현재 평균 수입은 평균 비용보다 높다.

05
정답 ④

2018년과 2023년을 비교했을 때, 국유지 면적의 차이는 $24,087-23,033=1,054$km^{2}이고, 법인 면적의 차이는 $6,287-5,207=1,080$km^{2}이므로 법인 면적의 차이가 더 크다.

오답분석

① 전체 국토면적은 매년 증가하고 있는 것을 확인할 수 있다.

② 전년 대비 2023년 전체 국토면적의 증가율은 $\dfrac{100,033-99,897}{99,897} \times 100 ≒ 0.14$%이므로 1% 미만이다.

③ 국유지 면적은 매년 증가하고, 민유지 면적은 매년 감소하는 것을 확인할 수 있다.

⑤ 전년 대비 2019 ~ 2023년 군유지 면적의 증가량은 각각 다음과 같다.

- 2019년 : $4,788-4,741=47$km^2
- 2020년 : $4,799-4,788=11$km^2
- 2021년 : $4,838-4,799=39$km^2
- 2022년 : $4,917-4,838=79$km^2
- 2023년 : $4,971-4,917=54$km^2

따라서 전년 대비 군유지 면적의 증가량은 2022년에 가장 많다.

06
정답 ④

- 이주임 : 전체 연구기술직 인력 중 기업체 연구기술직 인력이 차지하는 비율은 $\dfrac{3,242}{4,117} \times 100 ≒ 78.7$%이므로 옳은 설명이다.

- 김대리 : 기타로 분류된 인원은 419명으로, 사무직 인원 1,658명의 25%인 $1,658 \times 0.25=414.5$명보다 많으므로 옳은 설명이다.

오답분석

- 김사원 : 기업체의 연구기술직 인원은 3,242명으로, 기업체 사무직 인원의 2배인 $1,622 \times 2=3,244$명 미만이므로 옳지 않은 설명이다.

- 박주임 : 연구기관의 사무직 인력은 36명으로, 전체 사무직 인력 1,658명 중 차지하는 비율은 $\dfrac{36}{1,658} \times 100 ≒ 2.2$%이므로 옳지 않은 설명이다.

07

세 지역 모두 핵가족 가구 비중이 더 높으므로, 핵가족 수가 더 많다.

오답분석

① 핵가족 가구의 비중이 가장 높은 곳은 71%인 B지역이다.
② 1인 가구는 기타 가구의 일부이므로, 1인 가구만의 비중은 알 수 없다.
③ 확대가족 가구의 비중이 가장 높은 곳은 C지역이지만 이 수치는 어디까지나 비중이므로 가구 수는 알 수가 없다.
④ 부부 가구의 비중이 가장 높은 지역은 B지역이다.

08

정답 ②

예식장 사업 형태별 수익률은 각각 다음과 같다.

(단위 : %)

구분	수익률
개인경영	$\left(\dfrac{238,789}{124,446}-1\right)\times100\fallingdotseq92$
회사법인	$\left(\dfrac{43,099}{26,610}-1\right)\times100\fallingdotseq62$
회사 이외의 법인	$\left(\dfrac{10,128}{5,542}-1\right)\times100\fallingdotseq83$
비법인 단체	$\left(\dfrac{791}{431}-1\right)\times100\fallingdotseq84$

따라서 수익률이 가장 높은 예식장 사업 형태는 개인경영 형태이다.

오답분석

① 사업체 수를 보면 다른 예식장 사업 형태보다 개인경영 형태 사업체 수가 많은 것을 확인할 수 있다.
③ 제시된 자료에서 예식장 사업 합계를 보면 매출액은 292,807백만 원이며 비용은 매출액의 절반 정도인 157,029백만 원이므로 매출액의 절반 정도가 수익이 되는 사업이라고 할 수 있다.
④ 사업체당 평균 면적은 각각 다음과 같다.

• 개인경영 : $\dfrac{1,253,791}{1,160}\fallingdotseq1,081\text{m}^2$

• 회사법인 : $\dfrac{155,379}{44}\fallingdotseq3,531\text{m}^2$

• 회사 이외의 법인 : $\dfrac{54,665}{91}\fallingdotseq601\text{m}^2$

• 비법인 단체 : $\dfrac{3,534}{9}\fallingdotseq393\text{m}^2$

따라서 사업체당 평균 면적이 가장 작은 예식장 사업 형태는 비법인 단체 형태이다.

⑤ 사업체당 매출액은 각각 다음과 같다.

• 개인경영 : $\dfrac{238,789}{1,160}\fallingdotseq206$백만 원

• 회사법인 : $\dfrac{43,099}{44}\fallingdotseq980$백만 원

• 회사 이외의 법인 : $\dfrac{10,128}{91}\fallingdotseq111$백만 원

• 비법인 단체 : $\dfrac{791}{9}\fallingdotseq88$백만 원

따라서 사업체당 평균 매출액이 가장 큰 예식장 사업 형태는 회사법인 형태이다.

09

정답 ②

3호선과 4호선의 7월 승차인원은 같으므로 1 ~ 6월 승차인원만 비교하면 다음과 같다.
• 1월 : 1,692-1,664=28만 명
• 2월 : 1,497-1,475=22만 명
• 3월 : 1,899-1,807=92만 명
• 4월 : 1,828-1,752=76만 명
• 5월 : 1,886-1,802=84만 명
• 6월 : 1,751-1,686=65만 명
따라서 3호선과 4호선의 승차인원 차이는 3월에 가장 컸다.

오답분석

①·⑤ 제시된 자료를 통해 확인할 수 있다.
③ 8호선의 1월 대비 7월 승차인원 증가율은 $\dfrac{566-548}{548}\times100$ $\fallingdotseq3.28\%$이다.
④ • 2호선의 전월 대비 2 ~ 7월의 증감 추이
  : 감소 - 증가 - 감소 - 증가 - 감소 - 증가
  • 8호선의 전월 대비 2 ~ 7월의 증감 추이
  : 감소 - 증가 - 감소 - 증가 - 감소 - 증가
  따라서 증감 추이는 동일하다.

10

정답 ①

2021년부터 컴퓨터가 제외된 자리에 전자응용기기가 포함되었다.

오답분석

②·③·④ 제시된 자료를 통해 쉽게 확인할 수 있다.
⑤ 반도체 비중이 가장 큰 해는 2023년이며, 2023년에는 철강판이 전자응용기기에 이어 두 번째로 적은 비중을 차지했다.

11

정답 ③

전체 수출액 중 로봇 부품이 차지하는 비율은 2022년 $\dfrac{1,007}{9,336}\times100$ $\fallingdotseq10.8\%$에서 2023년 $\dfrac{1,072}{10,984}\times100\fallingdotseq9.8\%$로 감소하였다.

오답분석

① 제조용 로봇 수출 비중은 2019년(80.9%), 2020년(84.6%), 2021년(83%), 2022년(72.9%), 2023년(80.7%)으로 2020년이 가장 높다.
② 2023년에 10,984억 원으로 1조 원을 돌파하였다.
④ 2023년 연구개발 설비와 생산 설비의 투자 금액의 차는 1,334-1,275=59억 원이다.
⑤ 생산 설비 투자금액이 2019년부터 2022년까지 매년 가장 많았으므로 투자 비율이 가장 높다.

12 정답 ①

전년 대비 1분기 평균기온 변화량의 차이는 서울의 경우 2020년 0.5℃(=5.2-4.7) 2021년 1.2℃(=4.7-3.5), 2022년 1.4℃(=3.5-2.1), 2023년 1.6℃(=2.1-0.5)로 증가하는 반면, 대구의 경우 2020년 1.1℃(=4.2-3.1), 2021년 0.7℃(=3.1-2.4), 2022년 0.5℃(=2.4-1.9), 2023년 0.4℃(=1.9-1.5)로 감소하고 있다.

오답분석

ⓒ 2019년 2분기의 경우에는 서울(14.9℃)이 대구(14.7℃)보다 높았다.

ⓒ 2019년부터 2023년까지의 1분기와 2분기의 차이를 구하면, 2019년에는 14.9-(-5.2)=20.1℃, 2020년에는 14.5-(-4.7)=19.2℃, 2021년에는 14.2-(-3.5)=17.7℃, 2022년에는 14.4-(-2.1)=16.5℃, 2023년에는 15.4-(-0.5)=15.9℃이다. 따라서 서울의 1분기와 2분기 차이가 가장 큰 해는 2019년이다.

ⓔ 대구의 분기별 평균기온이 가장 높은 해는 모든 분기가 2023년으로 동일하나, 분기별 평균기온이 가장 낮은 해는 1분기와 2분기의 경우 2019년, 3분기의 경우 2021년, 4분기의 경우 2020년으로 동일하지 않다.

(단위 : ℃)

분기 연도	1분기 (1~3월)	2분기 (4~6월)	3분기 (7~9월)	4분기 (10~12월)
2023년	-1.5	16.9	36.9	13.8
2022년	-1.9	16.1	35.8	12.7
2021년	-2.4	16.3	33.2	12.5
2020년	-3.1	15.4	34.1	11.9
2019년	-4.2	14.7	33.9	12.1

13 정답 ⑤

2023년 전년 대비 멕시코 지식재산권 사용료 지급 증가율은 $\frac{292-277}{277}\times100≒5.4\%$, 2022년 전년 대비 콜롬비아 지식재산권 사용료 수입 감소율은 $\frac{52-46}{52}\times100≒11.5\%$이다. 따라서 11.5-5.4=6.1%p 더 높다.

오답분석

① 2021~2023년 동안 지적재산권 사용료 수입이 지급보다 많은 국가는 미국과 파라과이이다.

② 2022~2023년 동안 미국의 지식재산권 사용료 지급과 수입의 비율은 각각 다음과 같다.

- 2022년 : $\frac{44,392}{124,454}\times100≒35.7\%$
- 2023년 : $\frac{48,353}{127,935}\times100≒37.8\%$

따라서 2022~2023년 동안 미국의 지식재산권 사용료 지급은 수입의 30% 이상을 차지한다.

③ 2021년 캐나다 지식재산권 사용료 수입은 4,105백만 달러이고, 미국을 제외한 국가들의 총수입인 7+42+52+33+7+38=179백만 달러의 약 23배이다.

④ 2022~2023년 동안 전년 대비 지식재산권 사용료 수입과 지급이 모두 증가한 국가는 미국이다.

14 정답 ③

성인의 탄수화물 평균섭취량이 가장 적은 국가는 영국(284g)이다. 영국의 단백질 평균섭취량 64g에서 동물성 단백질은 42g, 지방 평균섭취량 55g에서 동물성 지방은 32g이므로 단백질과 지방 평균섭취량에서 각각 동물성이 차지하는 비율은 50% 이상이다. 따라서 단백질과 지방 평균섭취량의 합에서 식물성이 차지하는 비율보다 동물성이 차지하는 비율이 높다.

오답분석

㉠ 탄수화물의 '성인기준 하루 권장 섭취량'의 범위는 300~400g이다. 최대량 400g 초과인 국가는 '브라질(410g), 인도(450g), 멕시코(425g)', 3개국이고, 최소량 300g 미만인 국가는 '미국(295g), 영국(284g)'으로 2개국이다.

㉡ 단백질의 '성인기준 하루 권장 섭취량'의 범위 56~70g을 초과하는 국가는 '인도(74g), 프랑스(71g), 멕시코(79g), 중국(76g)'이다. 이 중 인도와 프랑스는 식물성 단백질 섭취량이 동물성 단백질 섭취량보다 많다.

㉢ 국가별 지방 평균섭취량과 권장 섭취량(51g)의 차이가 가장 적은 국가는 51-49=2g인 인도이다. 인도의 지방 평균섭취량(49g) 중 동물성 지방 섭취량(21g)이 차지하는 비율은 $\frac{21}{49}\times100≒42.9\%$로 40%를 초과한다.

15 정답 ③

2022년 E강사의 수강생 만족도는 3.2점이므로 2023년 E강사의 시급은 2022년과 같은 48,000원이다. 2023년 시급과 수강생 만족도를 참고하여 2024년 강사별 시급과 2023년과 2024년의 시급 차이를 구하면 다음과 같다.

구분	2024년 시급	(2024년 시급) -(2023년 시급)
A강사	55,000×1.05=57,750원	57,750-55,000 =2,750원
B강사	45,000×1.05=47,250원	47,250-45,000 =2,250원
C강사	54,600×1.1=60,060원 → 60,000원(∵ 최대 시급)	60,000-54,600 =5,400원
D강사	59,400×1.05=62,370원 → 60,000원(∵ 최대 시급)	60,000-59,400 =600원
E강사	48,000원	48,000-48,000 =0원

따라서 2023년과 2024년 시급 차이가 가장 큰 강사는 C이다.

16

정답 ⑤

초·중·고등학교 전체 학생 수는 점점 감소하고, 전체 다문화가정 학생 수는 점점 증가하고 있으므로 초·중·고등학교 전체 학생 수 대비 전체 다문화가정 학생 수의 비율은 계속 증가하고 있다.

오답분석

① 초·중·고등학교 전체 학생 수는 계속 감소하는 것을 확인할 수 있다.
② 초·중·고등학교 전체 학생 수가 6백만 명대로 감소한 해는 2019년인 것을 확인할 수 있다.
③ 2014년의 전체 다문화가정 학생 수는 9,389명이고, 2023년의 전체 다문화가정 학생 수는 82,536명이므로 2014년 대비 2023년 전체 다문화가정 학생 수의 증가폭은 82,536 - 9,389 = 73,147명이다.
④ 2023년의 고등학교 다문화가정 학생 수는 8,388명이고, 2014년의 고등학교 다문화가정 학생 수는 340명이므로 2023년의 고등학교 다문화가정 학생 수는 2014년의 고등학교 다문화가정 학생 수의 $\frac{8,388}{340} \fallingdotseq 24.7$배이다.

17

정답 ④

전체 고용인원의 반은 16,177÷2=8,088.5명이다. 태양광에너지 분야에 고용된 인원은 8,698명이므로 전체 고용인원의 반 이상을 차지한다.

오답분석

① 폐기물에너지 분야의 기업체 수가 가장 많다.
② 전체 매출액 대비 전체 투자액의 비율은 $\frac{7,966}{113,076} \times 100 \fallingdotseq$ 7.04%로 7.5% 미만이다.
③ 전체 수출액에서 바이오에너지 분야의 수출액이 차지하는 비율은 $\frac{506}{40,743} \times 100 \fallingdotseq 1.24\%$로 1%를 넘는다.
⑤ 전체 매출액에서 풍력에너지 분야의 매출액이 차지하는 비율은 $\frac{14,571}{113,076} \times 100 \fallingdotseq 12.89\%$이므로 15%를 넘지 않는다.

18

정답 ③

대치동의 증권자산은 23.0 - 17.7 - 3.1 = 2.2조 원, 서초동의 증권자산은 22.6 - 16.8 - 4.3 = 1.5조 원이므로 옳은 설명이다.

오답분석

① 이촌동의 가구 수가 2만 가구 이상이려면 총자산이 7.4× 20,000 = 14.8조 원 이상이어야 한다. 그러나 이촌동은 총자산이 14.4조 원인 압구정동보다도 순위가 낮으므로 이촌동의 가구 수는 2만 가구 미만이다.
② 여의도동의 부동산자산은 12.3조 원 미만이므로 여의도동의 증권자산은 최소 3조 원 이상이다.

④ 압구정동의 가구 수는 $\frac{14.4조}{12.8억} = 11,250$가구, 여의도동의 가구 수는 $\frac{24.9조}{26.7억} \fallingdotseq 9,326$가구이므로 압구정동의 가구 수가 더 많다.
⑤ 도곡동의 총자산 대비 부동산자산의 비율은 $\frac{12.3}{15.0} \times 100 = 82\%$이고, 목동의 총자산 대비 부동산자산의 비율은 $\frac{13.7}{15.5} \times 100 \fallingdotseq 88.39\%$이므로 적절하지 않은 설명이다.

19

정답 ②

처리 건수 중 인용 건수 비율은 2020년은 $\frac{3,667}{32,737} \times 100 \fallingdotseq$ 11.2%, 2023년은 $\frac{3,031}{21,080} \times 100 \fallingdotseq 14.38\%$로 2023년과 2020년 처리 건수 중 인용 건수 비율의 차이는 14.38 - 11.2 = 3.18%p이다.
따라서 처리 건수 중 인용 건수 비율은 2023년이 2020년에 비해 3%p 이상 높다.

오답분석

㉠ 연도별 기타처리 건수의 전년 대비 감소율은 각각 다음과 같다.
- 2021년 : $\frac{12,871 - 16,674}{16,674} \times 100 \fallingdotseq -22.81\%$
- 2022년 : $\frac{10,166 - 12,871}{12,871} \times 100 \fallingdotseq -21.02\%$
- 2023년 : $\frac{8,204 - 10,166}{10,166} \times 100 \fallingdotseq -19.3\%$

따라서 매년 감소하였다.
㉢ 연도별 처리 건수 대비 조정합의 건수 비율은 각각 다음과 같다
- 2021년 : $\frac{2,764}{28,744} \times 100 \fallingdotseq 9.62\%$
- 2022년 : $\frac{2,644}{23,573} \times 100 \fallingdotseq 11.22\%$

따라서 2021년 처리 건수 대비 조정합의 건수의 비율이 2022년보다 낮다.
㉣ 연도별 조정합의 건수 대비 의견표명 건수 비율은 각각 다음과 같다.
- 2020년 : $\frac{467}{2,923} \times 100 \fallingdotseq 15.98\%$
- 2021년 : $\frac{474}{2,764} \times 100 \fallingdotseq 17.15\%$
- 2022년 : $\frac{346}{2,644} \times 100 \fallingdotseq 13.09\%$
- 2023년 : $\frac{252}{2,567} \times 100 \fallingdotseq 9.82\%$

이에 따라 조정합의 건수 대비 의견표명 건수 비율이 높은 순서로 나열하면 '2021년 - 2020년 - 2022년 - 2023년'이다. 또한, 평균처리일이 짧은 해 순서로 나열하면 '2021년 - 2023년 - 2020년 - 2022년'이다.
따라서 평균처리일 기간과 조정합의 건수 대비 의견표명 건수 비율의 순서는 일치하지 않는다.

20

정답 ②

응시자 중 불합격자 수는 응시자에서 합격자 수를 제외한 값이다.

- 2019년 : $2,810-1,310=1,500$명
- 2020년 : $2,660-1,190=1,470$명
- 2021년 : $2,580-1,210=1,370$명
- 2022년 : $2,110-1,010=1,100$명
- 2023년 : $2,220-1,180=1,040$명

오답분석

① 미응시자 수는 접수자 수에서 응시자 수를 제외한 값이다.

- 2019년 : $3,540-2,810=730$명
- 2020년 : $3,380-2,660=720$명
- 2021년 : $3,120-2,580=540$명
- 2022년 : $2,810-2,110=700$명
- 2023년 : $2,990-2,220=770$명

제**3**영역 창의수리

01	02	03	04	05	06	07	08	09	10
④	②	③	④	③	④	③	③	⑤	⑤
11	12	13	14	15	16	17	18	19	20
④	④	③	④	②	①	①	⑤	③	③

01

정답 ④

산책로의 길이를 x m라 하면 40분 동안의 민주와 세희의 이동거리는 다음과 같다.

- 민주의 이동거리 : $40\times40=1,600$m
- 세희의 이동거리 : $45\times40=1,800$m

40분 후에 두 번째로 마주친 것이므로 다음과 같은 식이 성립한다.

$1,600+1,800=2x$

→ $2x=3,400$

∴ $x=1,700$

따라서 산책로의 길이는 1,700m이다.

02

정답 ②

처음 속력을 x km/h라 하면(단, $x>0$) 차에 이상이 생긴 후의 속력은 $0.5x$ km/h이다.

전체 걸린 시간은 1시간 30분이므로 다음과 같은 식이 성립한다.

$$\frac{60}{x}+\frac{90}{0.5x}=\frac{3}{2}$$

→ $60+180=\dfrac{3}{2}x$

∴ $x=160$

따라서 차가 고장이 나기 전 처음 속력은 160km/h이다.

03

정답 ③

열차의 길이를 x m라고 하면 360m 다리를 완전히 지나는 데 걸린 시간이 24초이므로 속력은 $\dfrac{360+x}{24}$ m/s이다. 또한 터널의 길이는 다리 길이의 3배이므로 $360\times3=1,080$m이고 터널을 완전히 지나는 데 걸린 시간이 60초이므로 속력은 $\dfrac{1,080+x}{60}$ m/s이다.

두 속력이 같으므로 다음과 같은 식이 성립한다.

$$\frac{360+x}{24}=\frac{1,080+x}{60}$$

→ $1,800+5x=2,160+2x$

∴ $x=120$

따라서 열차의 길이는 120m이고 열차의 속력은 $\dfrac{360+120}{24}=$ 20m/s이다.

04

정답 ④

더 넣어야 하는 녹차가루의 양을 xg이라고 하면 다음과 같은 식이 성립한다.

$$\frac{30+x}{120+30+x} \times 100 \geq 40$$

$$\rightarrow 3,000+100x \geq 6,000+40x$$

$$\rightarrow 60x \geq 3,000$$

$$\therefore x \geq 50$$

따라서 더 넣어야 하는 녹차가루의 양은 최소 50g이다.

05

정답 ③

농도 10% 소금물의 양을 xg, 농도 4% 소금물의 양을 yg라 하면 다음과 같은 관계가 성립한다.

$$\frac{10}{100} \times x + \frac{4}{100} \times y = \frac{8}{100} \times (x+y) \cdots ㉠$$

$$\frac{8}{100}(x+y-100)+20 = \frac{12}{100}(x+y-100+20) \cdots ㉡$$

두 식을 간단히 정리하면

$$x=2y \cdots ㉠'$$

$$x+y=540 \cdots ㉡'$$

㉡'에 ㉠'을 대입하면 $y=180$, $x=360$이다.

따라서 농도 10% 소금물의 양은 360g이다.

06

정답 ④

증발시킨 물의 양을 xg이라고 하면 다음과 같은 식이 성립한다.

$$\frac{10}{100} \times 300 = \frac{30}{100} \times (300-x)$$

$$\rightarrow 300=900-3x$$

$$\rightarrow 3x=600$$

$$\therefore x=200$$

따라서 증발시킨 물의 양은 200g이다.

07

정답 ③

어떤 일의 양을 1이라고 가정하면 A, B, C가 하루에 할 수 있는 일의 양은 각각 $\frac{1}{6}$, $\frac{1}{4}$, $\frac{1}{8}$이다.

어떤 일의 2배를 A와 C가 먼저 시작하고 나머지를 A와 B가 끝냈다고 할 때 2배의 양을 끝내는 데 걸린 시간이 6일이다. A와 C가 같이 일한 기간을 x일이라고 하면 다음과 같은 식이 성립한다.

$$\left(\frac{1}{6}+\frac{1}{8}\right)x + \left(\frac{1}{6}+\frac{1}{4}\right) \times (6-x) = 2$$

$$\rightarrow \left(\frac{1}{6}+\frac{1}{8}-\frac{1}{6}-\frac{1}{4}\right)x + \left(1+\frac{3}{2}\right) = 2$$

$$\rightarrow -\frac{1}{8}x = -\frac{1}{2}$$

$$\therefore x=4$$

따라서 A와 C가 같이 일한 기간은 4일이다.

08

정답 ③

채워진 물의 양을 xL, 빠져나가는 물의 양을 yL라고 하자. 3시간 동안 세면대에 채워진 양은 $3x$L이므로 $\{3x+10(x-y)\}$L가 세면대에 물이 가득 채워진 양이다. 16시간 후 세면대 모든 물의 양이 다 빠져나갔다고 했으므로 다음과 같은 식이 성립한다.

$$3x+10(x-y)=16y$$

$$\rightarrow 13x=26y$$

$$\therefore x=2y$$

따라서 물이 채워지는 속도는 구멍으로 물이 빠져나가는 속도의 2배이다.

09

정답 ⑤

1분당 식당에 들어오는 학생 수를 x명, 직원이 1분당 배식하는 학생 수를 y명이라고 하면 다음과 같은 식이 성립한다.

• 4분 동안 1명의 직원이 배식을 할 때
  : $25+4x-4y=35 \cdots ㉠$

• 능률이 동일한 3명의 직원이 배식을 할 때
  : $35+14x-14 \times 3y=0 \cdots ㉡$

㉠과 ㉡을 연립하면 $x=5$, $y=\frac{5}{2}$이다.

따라서 처음부터 배식하는 직원 수가 2명이었다면 배식하는 데 걸리는 시간은 $35+x-2y=35+5-2 \times \frac{5}{2}=35$분이다.

10

정답 ⑤

현재 상사 A 나이의 일의 자릿수와 후임 B 나이의 일의 자릿수가 동일하고, 둘의 나이 합은 76세라고 했으므로 일의 자릿수로는 3이나 8이 적절하다.

과거 상사 A와 후임 B가 처음 만났을 때의 후임 B의 나이의 4배는 현재 상사 A의 나이와 동일하다. 만약 후임 B의 과거 나이가 19세 이상이면 상사 A의 현재 나이는 76세, 80세가 되므로 현재 나이의 합이 76세라는 조건이 성립하지 않는다. 그러므로 후임 B의 과거 나이는 11 ~ 18세 사이이고, 이에 따라 가능한 상사 A와 후임 B의 현재 나이 순서쌍을 구하면 다음과 같다.

(72, 4), (68, 8), (64, 12), (60, 16), (56, 20), (52, 24), (48, 28), (44, 32)

이때, 후임 B의 현재 나이는 최소 11세보다 많아야 하고, 일의 자릿수는 상사 A와 동일해야 한다. 즉, 상사 A의 현재 나이는 48세이고, 후임 B의 나이는 28세이다. 과거 후임 B의 나이는 12세였으므로 현재까지 16년이 흘렀다.

따라서 과거 상사 A의 나이는 48-16=32세이다.

11

정답 ④

중국인 중 관광을 목적으로 온 사람을 x명이라 하고, 문제의 설명대로 표를 만들면 다음과 같다.

(단위 : 명)

구분	중국인	중국인이 아닌 외국인	합계
인원	30	70	100
관광을 목적으로 온 외국인	x	14	20

관광을 목적으로 온 외국인은 20%이므로 중국인 중 관광으로 온 사람은 6명이어야 한다. 즉, $x=6$이다.
따라서 중국인 1명을 조사할 때 그 사람이 관광을 목적으로 왔을 확률은 $\dfrac{6}{30}=\dfrac{1}{5}$이다.

12

정답 ④

(적어도 1개는 하얀 공을 꺼낼 확률)=1−(모두 빨간 공을 꺼낼 확률)
• 전체 공의 개수 : $4+6=10$개
• 2개의 공 모두 빨간 공을 꺼낼 확률 : $\dfrac{_4C_2}{_{10}C_2}=\dfrac{2}{15}$

따라서 적어도 1개는 하얀 공을 꺼낼 확률은 $1-\dfrac{2}{15}=\dfrac{13}{15}$이다.

13

정답 ③

피겨 스케이팅 경기 대진표의 경우의 수는 $_4C_2\times_2C_2\times\dfrac{1}{2!}=3$가지이다.
쇼트트랙 경기 대진표의 경우의 수는 $_8C_2\times_6C_2\times_4C_2\times_2C_2\times\dfrac{1}{4!}=105$가지이다.
따라서 두 경기 대진표의 경우의 수의 합은 $3+105=108$가지이다.

14

정답 ④

서로 다른 n개에서 중복을 허락하여 r개를 뽑아 일렬로 배열하는 중복순열의 수는 다음과 같다.
$$_n\Pi_r=n\times n\times n\times\cdots\times n=n^r$$
따라서 서로 다른 3개의 우체통에 4통의 엽서를 넣는 방법은 $_3\Pi_4=3^4=81$가지이다.

15

정답 ②

$40=2^3\times5$, $12=2^2\times3$이므로 최소공배수는 $2^3\times3\times5=120$이다. 12명의 학생이 10일 동안 돌아가면서 정리하면 처음 같이 정리했던 부원과 함께 정리할 수 있다.
따라서 6월 7일에 정리한 학생들이 처음으로 도서관을 정리하는

날이 같아지는 날은 6월 7일로부터 $10+4=14$일 후인 6월 21일이다.

16

정답 ①

30분까지의 기본료를 x원, 1분마다 추가요금을 y원이라고 하면, 1시간 대여료와 2시간 대여료에 대해 다음과 같은 식이 성립한다.
$x+30y=50,000\cdots$㉠
$x+90y=110,000\cdots$㉡
㉠과 ㉡을 연립하면 $x=20,000$, $y=1,000$이다.
따라서 기본료는 20,000원, 30분 후 1분마다 추가요금은 1,000원이므로 3시간 대여료는 $20,000+150\times1,000=170,000$원이다.

17

정답 ①

• 작년 정규직 남성의 수를 x명, 여성의 수를 y명이라고 하면,
$x+y=1,275\rightarrow\dfrac{4}{100}x+\dfrac{2}{100}y=40$이다.
위의 식을 정리하면 다음과 같은 식이 성립한다.
$x+y=1,275\cdots$㉠
$4x+2y=4,000\cdots$㉡
㉡$-2\times$㉠을 하면 $x=725$이다.
따라서 올해의 남성의 정규직 수는 $725+\dfrac{4}{100}\times725=754$명이다.

• 작년 계약직 남성의 수를 a명, 여성의 수를 b명이라고 하면,
$a+b=410\rightarrow\dfrac{6}{100}a-\dfrac{5}{100}b=-4$이다.
위의 식을 정리하면 다음과 같은 식이 성립한다.
$a+b=410\cdots$㉠
$6a-5b=-400\cdots$㉡
$5\times$㉠$+$㉡을 하면 $a=150$이다.
따라서 올해의 남성의 계약직 수는 $150+\dfrac{6}{100}\times150=159$명이다.

18

정답 ⑤

입구와 출구가 같고, 둘레의 길이가 456m인 호수 둘레를 따라 4m 간격으로 일정하게 심겨 있는 가로수는 $456\div4=114$그루이다. 입구에 심겨 있는 가로수를 기준으로 6m 간격으로 가로수를 옮겨 심으려고 할 때, 4와 6의 최소공배수인 12m 간격의 가로수 $456\div12=38$그루는 그 자리를 유지하게 된다. 이때 호수 둘레를 따라 6m 간격으로 일정하게 가로수를 심을 때, 필요한 가로수는 $456\div6=76$그루이고 그대로 두는 가로수는 38그루이다.
따라서 옮겨 심어야 하는 가로수는 $76-38=38$그루이다.

19 정답 ③

작년 TV와 냉장고의 판매량을 각각 $3k$대, $2k$대, 올해 TV와 냉장고의 판매량을 각각 $13m$대, $9m$대라고 하자.

작년 TV와 냉장고의 총판매량은 $5k$대, 올해 TV와 냉장고의 총판매량은 $22m$대이다.

올해 총판매량이 작년보다 10% 증가했으므로 다음과 같은 식이 성립한다.

$$5k\left(1+\frac{10}{100}\right)=22m$$

$$\rightarrow \frac{11}{2}k=22m$$

$$\therefore k=4m$$

따라서 작년 냉장고 판매량은 $2\times 4m=8m$대이고, 올해 냉장고의 판매량은 작년보다 $\frac{9m-8m}{8m}\times 100=12.5\%$ 증가했다.

20 정답 ③

무게가 1kg, 2kg, 3kg인 추의 개수를 각각 x개, y개, z개라고 하면 다음과 같은 식이 성립한다.

$x+y+z=30\cdots\text{㉠}$

$x+2y+3z=50\cdots\text{㉡}$

$y\geq 2z\cdots\text{㉢}$

$x>y>z\cdots\text{㉣}$

㉠을 ㉡에 대입하면

$y+2z=20\rightarrow y=20-2z\cdots\text{㉤}$

㉤을 ㉢에 대입하면

$20-2z\geq 2z\rightarrow z\leq 5$

따라서 두 번째 조건에 의해 3kg 추의 개수는 2개 또는 4개이다. 그러므로 추의 개수로 가능한 경우는 다음과 같다.

ⅰ) 1kg : 12개, 2kg : 16개, 3kg : 2개

ⅱ) 1kg : 14개, 2kg : 12개, 3kg : 4개

이때 ⅰ)은 마지막 조건을 만족하지 못한다.

따라서 무게가 2kg인 추의 개수는 12개이다.

제4영역 언어추리

01	02	03	04	05	06	07	08	09	10
①	①	②	④	②	②	④	④	④	⑤
11	12	13	14	15	16	17	18	19	20
④	③	④	①	②	③	①	②	④	②

01 정답 ①

수필
소설
동화
그림책
잡지
시집
사전

시집＜잡지＜그림책, 소설, 수필이고 사전＜동화인데, 시집의 위치가 맨 아래가 아니라고 하였으므로 사전＜시집＜잡지＜그림책, 소설, 수필이다. 또한, 잡지와 동화는 책 하나를 사이에 두고 있다고 하였는데, 만약 잡지 아래에 있는 시집을 사이에 둘 경우 사전＜동화＜시집＜잡지가 되어 두 번째 조건에 어긋난다. 따라서 잡지＜?＜동화가 되어야 하는데, 수필과 소설은 서로 맞닿아 있어야 하고 소설은 맨위가 아니므로, 잡지＜그림책＜동화＜소설＜수필이 된다. 이를 정리하면 왼쪽과 같다.

오답분석

② 정중앙에 위치한 책은 그림책이다.

③ 동화는 그림책보다 위에 있다.

④ 시집은 아래에서 두 번째에 있다.

⑤ 그림책은 동화와 맞닿아 있다.

02 정답 ①

가장 먼저 물건을 고를 수 있는 동성이가 세탁기를 받을 경우와 컴퓨터를 받을 경우 두 가지로 나누어 생각해 볼 수 있다.

ⅰ) 동성이가 세탁기를 받을 경우 : 현규는 드라이기를 받게 되고, 영희와 영수는 핸드크림 또는 로션을 받게 되며, 미영이는 컴퓨터를 받게 된다.

ⅱ) 동성이가 컴퓨터를 받을 경우 : 동성이의 다음 순서인 현규가 세탁기를 받을 경우와 드라이기를 받을 경우로 나누어 생각해 볼 수 있다.

　－ 현규가 세탁기를 받을 경우 : 영희와 영수는 로션 또는 핸드크림을 각각 받게 되고, 미영이는 드라이기를 받게 된다.

　－ 현규가 드라이기를 받을 경우 : 영희와 영수는 로션 또는 핸드크림을 각각 받게 되고, 미영이는 세탁기를 받게 된다.

따라서 미영이가 드라이기를 받는 경우도 존재한다.

03 정답 ②

조건에 따르면 A는 3반 담임이 되고, E는 2반 또는 4반, B는 1반 또는 5반의 담임이 된다. 따라서 B가 5반을 맡을 경우 C는 1반, 2반, 4반 중 하나를 맡게 되므로 반드시 1반을 맡는다고는 할 수 없다.

SK그룹 SKCT 42 / 63

04
정답 ④

우선 세 번째 조건에 따라 '윤지 – 영민 – 순영'의 순서가 되는데, 첫 번째 조건에서 윤지는 가장 먼저 출장을 가지 않는다고 하였으므로 윤지 앞에는 먼저 출장을 가는 사람이 있어야 한다. 따라서 '재철 – 윤지 – 영민 – 순영'의 순이 되고, 마지막으로 출장을 가는 순영의 출장지는 미국이 된다. 또한 재철은 영국이나 프랑스로 출장을 가야 하는데, 영국과 프랑스는 연달아 갈 수 없으므로 두 번째 출장지는 일본이며, 첫 번째와 세 번째 출장지는 영국 또는 프랑스로 재철과 영민이 가게 된다.

구분	첫 번째	두 번째	세 번째	네 번째
사원	재철	윤지	영민	순영
나라	영국 또는 프랑스	일본	영국 또는 프랑스	미국

따라서 영민은 반드시 세 번째로 출장을 가게 된다.

오답분석

① 윤지는 일본으로 출장을 간다.
② 순영은 네 번째로 출장을 간다.
③ 재철은 영국으로 출장을 갈 수도, 프랑스로 출장을 갈 수도 있다.
⑤ 윤지와 순영의 출장 순서는 두 번째와 네 번째로, 연이어 출장을 가지 않는다.

05
정답 ②

주어진 조건을 다음의 다섯 가지 경우로 정리할 수 있다.

구분	1층	2층	3층	4층	5층	6층
경우 1	C	D	A	F	E	B
경우 2	F	D	A	C	E	B
경우 3	F	D	A	E	C	B
경우 4	D	F	A	E	B	C
경우 5	D	F	A	C	B	E

따라서 B는 항상 F보다 높은 층에 산다.

오답분석

① A는 항상 D보다 높은 층에 산다.
③ C는 B보다 높은 곳에 살 수도 낮은 곳에 살 수도 있다.
④ C는 1, 4, 5, 6층에 살 수 있다.
⑤ E는 F와 인접해 있을 수도 인접하지 않을 수도 있다.

06
정답 ②

첫 번째 조건과 두 번째 조건에 따라 물리학과 학생은 흰색만 좋아하는 것을 알 수 있으며, 세 번째 조건과 네 번째 조건에 따라 지리학과 학생은 흰색과 빨간색만 좋아하는 것을 알 수 있다. 전공별로 좋아하는 색을 정리하면 다음과 같다.

경제학과	물리학과	통계학과	지리학과
검은색, 빨간색	흰색	빨간색	흰색, 빨간색

이때 검은색을 좋아하는 학과는 경제학과뿐이므로 C가 경제학과임을 알 수 있으며, 빨간색을 좋아하지 않는 학과는 물리학과뿐이므로 B가 물리학과임을 알 수 있다. 따라서 항상 참이 되는 것은 ②이다.

오답분석

① A는 통계학과이거나 지리학과이다.
③ C는 경제학과이다.
④ D는 통계학과이거나 지리학과이다.
⑤ C는 빨간색을 좋아하지만 B는 흰색을 좋아한다.

07
정답 ④

B와 C는 반드시 같이 가야 하는데, 월요일에는 A가 자원봉사를 가야 하므로 B와 C는 수요일에 가게 된다. F는 G와 함께 가며 월요일은 A, 수요일은 B와 C, 목요일은 E가 가야 하므로 화요일 또는 금요일에 갈 수 있다. 그런데 G는 화요일에 중요한 회의가 있으므로 금요일에 F와 G가 함께 자원봉사를 가게 된다. 조건들을 정리하면 다음과 같고, H, I, J는 해당 조건들로는 어느 요일에 가는지 알 수 없다.

월요일	화요일	수요일	목요일	금요일
A		B	E	F
		C	D	G

따라서 금요일에 자원봉사를 가는 직원은 F와 G이다.

08
정답 ④

A ~ E 중 살아남은 A, B, C에서 2명은 늑대 인간이며, 남은 1명은 드라큘라이다. 또한 D, E의 캐릭터는 서로 같지 않으므로 D와 E는 각각 늑대 인간 또는 드라큘라를 선택하였다. 따라서 이 팀의 3명은 늑대 인간 캐릭터를, 2명은 드라큘라 캐릭터를 선택하였다.

오답분석

① B는 드라큘라일 수도 늑대 인간일 수도 있다.
② C는 늑대 인간일 수도 드라큘라일 수도 있다.
③ D와 E는 서로 다른 캐릭터를 선택했을 뿐 어떤 캐릭터를 선택하였는지는 알 수 없다.
⑤ 늑대 인간의 수가 드라큘라의 수보다 많다.

09
정답 ④

'주장을 잘한다.'를 '주', '발표를 잘한다.'를 '발', '시험을 잘 본다.'를 '시'라고 하자.

구분	명제	대우
첫 번째 명제	주× → 발×	발 → 주
마지막 명제	발 → 시	시× → 발×

첫 번째 명제가 마지막 명제로 연결되려면, 첫 번째 명제의 대우가 '발 → 주'이기 때문에 두 번째 명제는 '주 → 시'가 되어야 한다. 따라서 빈칸에 들어갈 명제로 적절한 것은 '주장을 잘하는 사람은 시험을 잘 본다.'이다.

10

정답 ⑤

'어휘력이 좋다.'를 A, '책을 많이 읽다.'를 B, '글쓰기 능력이 좋다.'를 C라고 하면 첫 번째 명제는 ~A → ~B, 두 번째 명제는 ~C → ~A이다. 삼단논법에 의해 ~C → ~A → ~B가 성립하므로 마지막 명제는 ~C → ~B나 B → C이다.

따라서 빈칸에 들어갈 명제로 적절한 것은 '글쓰기 능력이 좋지 않으면 책을 많이 읽지 않은 것이다.'이다.

11
정답 ④

'날씨가 좋다.'를 A, '야외활동을 한다.'를 B, '행복하다.'를 C라고 하면 첫 번째 명제는 A → B, 두 번째 명제는 ~A → ~C이다. 두 번째 명제의 대우는 C → A이고 삼단논법에 의해 C → A → B가 성립하므로 마지막 명제는 C → B나 ~B → ~C이다.

따라서 빈칸에 들어갈 명제로 적절한 것은 '야외활동을 하지 않으면 행복하지 않다.'이다.

12
정답 ③

가장 최근에 입사한 사람이 D이므로 D의 이름은 가장 마지막인 다섯 번째에 적혔다. C와 D의 이름은 연달아 적히지 않았으므로 C의 이름은 네 번째에 적힐 수 없다. 또한 E는 C보다 먼저 입사하였으므로 E의 이름은 C의 이름보다 앞에 적는다. 따라서 C의 이름은 첫 번째에 적히지 않았다. 이를 정리하면 다음과 같은 세 가지의 경우가 나온다.

구분	첫 번째	두 번째	세 번째	네 번째	다섯 번째
경우 1	E	C			D
경우 2	E		C		D
경우 3		E	C		D

여기서 경우 2와 경우 3은 A와 B의 이름이 연달아서 적혔다는 조건에 위배된다. 경우 1만 성립하므로 정리하면 다음과 같다.

구분	첫 번째	두 번째	세 번째	네 번째	다섯 번째
경우 1	E	C	A	B	D
경우 2	E	C	B	A	D

E의 이름은 첫 번째에 적혔으므로 E는 가장 먼저 입사하였다. 따라서 B가 E보다 먼저 입사하였다는 ③은 항상 거짓이다.

오답분석

① A의 이름이 세 번째에 적히면 B의 이름은 네 번째에 적히고, A의 이름이 네 번째에 적히면 B의 이름은 세 번째에 적혔다. 따라서 참일 수도, 거짓일 수도 있다.
② B의 이름은 세 번째 또는 네 번째에 적혔고, C는 두 번째에 적혔으므로 항상 옳다.
④ C의 이름은 두 번째로 적혔고 A의 이름은 세 번째나 네 번째에 적혔으므로 항상 옳다.
⑤ E의 이름은 첫 번째에 적혔고 C의 이름은 두 번째로 적혔으므로 항상 옳다.

13
정답 ④

제시된 명제와 그 대우를 정리하면 다음과 같다.

- 원두 소비량 감소 → 원두 수확량 감소
  [대우] 원두 수확량 감소 × → 원두 소비량 감소 ×
- 원두 수확량 감소 → 원두 가격 인상
  [대우] 원두 가격 인상 × → 원두 수확량 감소 ×
- 원두 수확량 감소 × → 커피 가격 인상 ×
  [대우] 커피 가격 인상 → 원두 수확량 감소

따라서 원두 수확량이 감소하지 않으면 원두 소비량이 감소하지 않고 커피의 가격이 인상되지 않는다. 그러나 원두 소비량과 커피 가격 인상 간의 관계는 알 수 없다.

오답분석

① 마지막 명제의 대우와 첫 번째 명제를 다음과 같이 정리하면 옳은 추론이다.
  커피 가격 인상 → 원두 수확량 감소 → 원두 가격 인상
② 마지막 명제의 대우이다.
③ 두 번째 명제의 대우이다.
⑤ 첫 번째 명제의 대우이다.

14
정답 ①

철수가 민수보다, 영희가 민수보다, 철수가 영희보다 결승선에 먼저 들어왔다. 따라서 철수 – 영희 – 민수 순으로 결승선에 들어왔다.

15
정답 ②

D는 A, B, C와 같은 요일에 면접을 보지 않으므로 월요일 또는 수요일에 면접을 본다. 또한 A는 B, C와 같은 요일에 면접을 보지 않으므로 월요일 또는 수요일에 면접을 본다. 따라서 B와 C는 화요일에 면접을 본다.

16
정답 ③

A가 4명 중 가장 먼저 면접을 본다면 월요일에 면접을 보게 되며, B와 C는 화요일, D는 수요일에 면접을 본다.

17
정답 ①

5명 중 2명이 소희보다 적은 수의 볼링 핀을 쓰러뜨렸으므로 소희는 3등이 되며, 2명 이상이 정희보다 많은 볼링 핀을 쓰러뜨렸으므로 정희는 4등 또는 5등이 된다. 이때, 정희가 민정이보다 볼링 핀을 더 많이 쓰러뜨렸으므로 정희가 4등, 민정이는 5등이 된다. 또한 미희는 진희보다 더 많은 볼링 핀을 쓰러뜨렸으므로 미희가 1등, 진희는 2등이 된다. 따라서 볼링 핀을 많이 쓰러뜨린 사람을 순서대로 나열하면 '미희 – 진희 – 소희 – 정희 – 민정'이 된다.

18

정답 ②

모두 서로 다른 수의 볼링 핀을 쓰러뜨렸으므로 소희가 8개의 볼링 핀을 쓰러뜨렸다면, 미희가 1등, 진희가 2등이므로 미희는 10개, 진희는 9개의 볼링 핀을 쓰러뜨려야 한다. 또한 4등인 정희가 쓰러뜨린 볼링 핀의 수는 8개보다 적어야 하며, 꼴찌인 민정이는 7개보다 적어야 한다. 따라서 정희와 민정이가 쓰러뜨린 볼링 핀의 합은 13개 이하여야 한다. 그러나 정희가 쓰러뜨린 볼링 핀은 최대 7개에서 최소 2개까지 모두 될 수 있으므로 정확한 수를 알 수 없다.

19

정답 ④

C는 3층에 내렸으므로 다섯 번째 조건에 의해 B는 6층, F는 7층에 내린 것을 알 수 있다. 네 번째 조건에서 G는 C보다 늦게, B보다 빨리 내렸다고 하였으므로 G는 4층 또는 5층에 내렸다. 그리고 I는 D보다 늦게, G보다는 일찍 내렸으며, D는 A보다 늦게 내렸으므로 A는 1층, D는 2층, I는 4층이 된다. 그러므로 G는 5층에서 내렸다. 두 번째 조건에 의해 H는 홀수 층에서 내렸으므로 H는 9층, E는 8층에서 내렸다. 따라서 짝수 층에서 내리지 않은 사람은 G이다.

20

정답 ②

A는 수험서를 구매한 다음 바로 에세이를 구매했는데 만화와 소설보다 잡지를 먼저 구매했고 수험서는 가장 먼저 구매하지 않았다고 했으므로 잡지가 가장 첫 번째로 구매한 것이 되므로 순서는 잡지 – (만화, 소설) – 수험서 – 에세이 – (만화, 소설)이다.
에세이나 소설은 마지막에 구매하지 않았으므로 만화를 마지막으로 구매한 것이 되고, 에세이와 만화를 연달아 구매하지 않았으므로 소설이 네 번째로 구매한 책이 된다.
따라서 A가 구매한 순서는 잡지 – 수험서 – 에세이 – 소설 – 만화이므로 세 번째로 구매한 책은 에세이이다.
이를 정리하면 다음과 같다.

첫 번째	두 번째	세 번째	네 번째	다섯 번째
잡지	수험서	에세이	소설	만화

제 **5**영역 수열추리

01	02	03	04	05	06	07	08	09	10
②	⑤	④	②	②	③	②	⑤	①	④
11	12	13	14	15	16	17	18	19	20
④	②	⑤	②	⑤	⑤	③	④	③	②

01

정답 ②

분모는 $\times 3$, $\times 4$, $\times 5$, $\times 6$, $\times 7$, $\cdots$, 분자는 피보나치 수열을 적용하는 수열이다.

따라서 (　) $= \dfrac{5+8}{5,040\times 8} = \dfrac{13}{40,320}$ 이다.

02

정답 ⑤

자연수는 $+1$, 분모는 $+2$, $+3$, $+4$, $\cdots$, 분자는 $+2$를 하는 수열이다.

따라서 (　) $= (4+1)\dfrac{7+2}{12+5} = 5\dfrac{9}{17}$ 이다.

03

정답 ④

분모는 앞의 항의 분자와 분모의 합이고, 분자는 차인 수열이다.

따라서 (　) $= \dfrac{22-10}{22+10} = \dfrac{12}{32}$ 이다.

04

정답 ②

분모는 $+5$, $+2$가, 분자는 $+2$, $+5$가 반복되는 수열이다.

따라서 (　) $= \dfrac{11+5}{10+2} = \dfrac{16}{12}$ 이다.

05

정답 ②

앞의 항에 -1.25, $+1.5$, -1.75, $+2$, $\cdots$ 를 하는 수열이다.
따라서 (　) $= 13.75 - 2.25 = 11.50$이다.

06

정답 ③

앞의 항에 $+1.25$, $+1.26$, $+1.27$, $\cdots$ 을 하는 수열이다.
따라서 (　) $= 8.25 + 1.26 = 9.510$이다.

07 정답 ②

n번째 항일 때, $n+(n^2+1)\times0.01$인 수열이다.

따라서 (   )$=7+(7^2+1)\times0.01=7.5$이다.

08 정답 ⑤

앞의 항에 $+0.35$, $\times3$, -0.05가 반복되는 수열이다.

따라서 (   )$=31.35\times3=94.05$이다.

09 정답 ①

앞의 항에 $\times3$, $+0.07$이 반복되는 수열이다.

따라서 (   )$=54.84+0.07=54.91$이다.

10 정답 ④

앞의 항에 $+(0.01\times1^2)$, $+(0.01\times3^2)$, $+(0.01\times5^2)$, $+(0.01\times7^2)$, $\cdots$ 을 하는 수열이다.

따라서 (   )$=0.85+(0.01\times9^2)=0.85+0.81=1.66$이다.

11 정답 ④

앞의 항에 $\times4+1$, $\times4+2$, $\times4+3$, $\cdots$ 을 하는 수열이다.

따라서 (   )$=2,928\times4+5=11,717$이다.

12 정답 ②

앞의 항에 3을 곱하는 수열이다.

따라서 (   )$=81\times3=243$이다.

13 정답 ⑤

앞의 항에 $+3$, $+5$, $+7$, $+9$, $\cdots$ 를 하는 수열이다.

따라서 (   )$=41+3=44$이다.

14 정답 ②

앞의 항에 $+3$, $\times3$, -3, $\div3$이 반복되는 수열이다.

따라서 (   )$=33-3=30$이다.

15 정답 ⑤

항을 3개씩 묶었을 때, 각 묶음의 첫 번째 항은 분모와 분자가 2씩 감소하고, 두 번째 항은 분모와 분자가 2씩 증가하며, 세 번째 항의 분모는 [(첫 번째 항의 분모)+(두 번째 항의 분모)×2], 분자는 [(첫 번째 항의 분자)+(두 번째 항의 분자)×2]인 수열이다.

따라서 (   )$=\dfrac{17+3\times2}{18+5\times2}=\dfrac{23}{28}$이다.

16 정답 ⑤

항을 3개씩 묶었을 때, 각 묶음의 첫 번째 항은 3씩 증가하고 두 번째 항은 1씩 증가하며, 세 번째 항은 [(첫 번째 항의 제곱)×0.1]+[(두 번째 항의 제곱)×0.01]인 수열이다.

따라서 (   )$=(9^2\times0.1)+(4^2\times0.01)=8.1+0.16=8.26$이다.

17 정답 ③

바깥쪽에 있는 4개의 수의 합과 안쪽에 있는 4개의 수의 합의 차가 가운데 수인 수열이다.

따라서 (   )$=22+(16+7+8+13)-(18+15+23)=22+44-56=100$이다.

18 정답 ④

수열의 n번째 항의 값을 a_n이라 할 때, $a_n=4+2^{n-1}$이다.

따라서 10번째 항의 값은 $a_{10}=4+2^{10-1}=516$이다.

19 정답 ③

홀수 항은 $\times2+1$, 짝수 항은 $\times2-5$를 하는 수열이다.

15번째 항의 값은 홀수 번째 항이고, $a_{11}=175\times2+1=351$, $a_{13}=351\times2+1=703$이다.

따라서 15번째 항의 값은 $a_{15}=703\times2+1=1,407$이다.

20 정답 ②

분모는 $+3$, $+9$, $+27$, $+81$, $\cdots$, 분자는 $+4$, $+8$, $+16$, $+32$, $\cdots$ 을 하는 수열이므로 $a_n=\dfrac{2^{n+1}-1}{\dfrac{3^n+1}{2}}$이다.

따라서 8번째 항의 값은 $a_8=\dfrac{2^{8+1}-1}{\dfrac{3^8+1}{2}}=\dfrac{512-1}{\dfrac{6,561+1}{2}}=\dfrac{511}{3,281}$

이다.

제4회 모의고사 정답 및 해설

제 1영역 언어이해

01	02	03	04	05	06	07	08	09	10
⑤	⑤	③	③	①	①	②	②	①	③
11	12	13	14	15	16	17	18	19	20
②	①	③	④	③	④	③	②	①	④

01
정답 ⑤

제시문은 동영상 압축 기술 중 하나인 허프만 코딩 방식의 과정을 예를 들어서 설명하고 있다. 따라서 제시문의 주제로 '허프만 코딩 방식의 과정'이 가장 적절하다.

오답분석

① MPEG의 종류 중 하나인 허프만 코딩 방식에 대한 글일 뿐, MPEG의 종류를 설명하는 글은 아니다.
② 데이터의 표현 방법은 언급되지 않았다.
③ · ④ 해당 내용이 제시문에 언급되었지만 부분적인 내용이므로 주제로 적절하지 않다.

02
정답 ⑤

제시문은 검무의 정의와 기원, 검무의 변천 과정과 구성, 검무의 문화적 가치를 설명하는 글이다. 따라서 제시문의 표제와 부제로 ⑤가 가장 적절하다.

03
정답 ③

오답분석

① 두 번째 문장에서 확인할 수 있다.
② · ⑤ 마지막 문장에서 확인할 수 있다.
④ 세 번째와 네 번째 문장에서 각각 확인할 수 있다.

04
정답 ③

수소 원자와 헬륨 원자는 양성자 및 헬륨 원자핵과 전자가 결합해야 만들어지는 것이지, 양성자와 헬륨 원자핵이 결합하여 만들어지는 것이 아니다.

오답분석

① '대폭발 우주론에서는 우주가 약 137억 년 전 밀도와 온도가 매우 높은 상태의 대폭발로부터 시작하였다고 본다.'에서 알 수 있다.
② '양(+)의 전하를 가지고 있는 양성자 및 헬륨 원자핵'이라는 설명에서 알 수 있다.
④ '온도가 높은 상태에서는 전자가 원자핵에 쉽게 붙들리지 않기 때문에 양성자 및 헬륨 원자핵과 전자가 결합해야 만들어지는 수소 원자와 헬륨 원자가 잘 만들어지지 않았지만, 온도가 내려가자 자유 전자가 양성자 및 헬륨 원자핵에 붙들려 결합된다.'는 설명에서 알 수 있다.
⑤ '전자가 양성자에 붙들리지 않은 채 자유롭게 우주공간을 움직일 수 있다가 온도가 내려가자 자유 전자가 양성자 및 헬륨 원자핵과 결합했다.'는 설명에서 알 수 있다.

05
정답 ①

첫 번째 문단에 따르면 종전의 공간 모형은 암세포들 간 유전 변이를 잘 설명하지 못한다. 반면, 두 번째 문단에 따르면 컴퓨터 설명 모형은 왜 모든 암세포들이 그토록 많은 유전 변이들을 갖고 있으며, '주동자 변이'가 어떻게 전체 종양에 퍼지게 되는지를 잘 설명해 준다. 따라서 컴퓨터 설명 모형이 종전의 공간 모형보다 암세포의 유전 변이를 더 잘 설명한다는 ㉠은 적절하다.

오답분석

㉡ 첫 번째 문단에 따르면 종전의 공간 모형은 종양의 3차원 공간 구조를 잘 설명한다. 그러나 공간 모형이 컴퓨터 설명 모형보다 더 잘 설명하는지는 제시문만으로 알 수 없다.
㉢ 두 번째 문단에서 종전의 공간 모형에 따르면 암세포는 다른 세포를 올라타고서만 다른 곳으로 옮겨갈 수 있다고 하였으므로 암세포의 자체 이동 능력을 인정하지 않음을 알 수 있다.

06
정답 ①

제시문은 첫 번째 문단에서 유행에 따라 변화하는 흥행 영화 제목의 글자 수에 대한 이야기를 언급한 뒤 두 번째 문단에서 2000년대에 유행했던 영화의 제목 글자 수와 그 예시를, 세 번째 문단에서는 2010년대에 유행했던 영화의 제목 글자 수와 그 사례, 그리고 흥행에 실패한 사례를 예시로 들고 있다.

07   정답 ②

첫 번째 문단에 따르면 철학은 지적 작업에 포함되고, 두 번째 문단에 따르면 귀추법은 귀납적 방법이다. 따라서 철학의 일부 논증에서 귀추법의 사용이 불가피하다는 주장은 모든 지적 작업에서 귀납적 방법의 필요성을 부정하는 견해인 (나)를 반박한다.

오답분석

ⓘ (가)는 귀납적 방법이 철학에서 불필요하다는 견해이므로 과학의 탐구가 귀납적 방법에 의해 진행된다는 주장은 이를 반박한다고 볼 수 없다.

ⓒ (가)는 철학이라는 지적 작업에서 귀납적 방법의 필요성을, (나)는 모든 지적 작업에서 귀납적 방법의 필요성을 부정하는 견해이다. 따라서 연역 논리와 경험적 가설 모두에 의존하는 지적 작업이 있다는 주장은 (나)를 반박할 수 있지만 (가)는 철학에 한정된 주장이므로 이를 반박한다고 볼 수 없다.

08   정답 ②

전선업계는 구릿값이 상승할 경우 기존 계약금액을 동결한 상태에서 결제를 진행하고, 반대로 구릿값이 떨어지면 그만큼의 차액을 계약금에서 차감해줄 것을 요구하는 불공정거래 행태를 보여주고 있다. 따라서 자신의 이익만을 꾀하는 행위를 한다는 뜻인 ②가 비판으로 적절하다.

오답분석

① 가까이에 있는 것을 도리어 알아보지 못한다는 뜻이다.

③ 일이 이미 잘못된 뒤에는 손을 써도 소용이 없다는 뜻이다.

④ 지난 일은 생각지 못하고 처음부터 그랬던 것처럼 잘난 체한다는 뜻이다.

⑤ 상대방은 생각지도 않는데 미리부터 다 된 줄로 알고 행동한다는 뜻이다.

09   정답 ①

마지막 문단에 따르면 와이츠가 말하는 예술의 '열린 개념'은 '가족 유사성'에 의해 성립하며, 무한한 창조성이 보장되어야 하는 예술에 적합한 개념이라고 주장한다. 따라서 예술 개념이 '아무런 근거 없이 확장된다.'는 것은 적절하지 않다.

오답분석

② 마지막 문단에 따르면 와이츠는 예술을 본질이 아닌 가족 유사성만을 갖는 '열린 개념'으로 보았다. 즉, 예술의 근거를 하나의 공통적 특성이 아닌 구성원 일부의 유사성으로 보았으므로 예술 내에서도 두 대상이 서로 닮지 않을 수 있다.

③ 마지막 문단에 따르면 와이츠는 전통적인 관점에서의 표현이나 형식은 예술의 본질이 아니라 좋은 예술의 기준으로 이해되어야 한다고 보았다.

④·⑤ 마지막 문단에 따르면 와이츠가 말하는 '열린 개념'은 '주어진 대상이 이미 그 개념을 이루고 있는 구성원 일부와 닮았다면, 그 점을 근거로 하여 얼마든지 그 개념의 새로운 구성원이 될 수 있을 만큼 테두리가 열려 있는 개념'이다. 따라서 와이츠의 이론은 현대와 미래의 예술의 새로운 변화를 유용하게 설명할 수 있다.

10   정답 ③

제시문은 조상형 동물의 몸집이 커지면서 호흡의 필요성에 따라 아가미가 생겨났고, 호흡계 일부가 변형된 허파는 식도 아래쪽으로 생성되었으며, 이후 폐어 단계에서 척추동물로 진화하면서 호흡계와 소화계가 겹친 부위가 분리되기 시작하여 결국 하나의 교차점을 남기면서 인간의 음식물로 인한 질식 현상과 같은 단점을 남겼다고 설명하고 있다. 또한 마지막 문장에서 이러한 과정이 '당시에는 최선의 선택'이었다고 하였으므로, 진화가 순간순간에 필요한 대응일 뿐 최상의 결과를 내는 과정이 아님을 알 수 있다.

11   정답 ②

중국 범종과 한국 범종은 서양 종보다 종신이 크다는 점에서 유사하지만, 종구 모양에서 서로 차이가 있다. 중국 범종은 종신의 중앙 부분에 비해 종구가 나팔처럼 벌어져 있는 반면, 한국 범종은 종구가 항아리처럼 오므라져 있다. 따라서 중국 범종의 종신 중앙 부분의 지름은 종구보다 작을 것이며, 반대로 한국 범종의 종신 중앙 부분의 지름은 종구보다 클 것임을 알 수 있다.

오답분석

① 신라 범종인 상원사 동종, 성덕대왕 신종, 용주사 범종 모두 국보로 지정되어 있으므로 한국 범종 중 최소 세 개 이상이 국보로 지정되어 있음을 알 수 있다.

③ 한국 범종의 바닥에 파놓은 반구형의 구덩이는 100헤르츠 미만의 저주파를 땅속으로 스며들게 하는데, 이때 범종의 종신이 뒤에서 받쳐 주는 지지대인 뒷판의 역할을 한다.

④ 세 번째 문단에 따르면 한국 범종의 바닥에 파놓은 반구형의 구덩이는 종소리의 조음에 영향을 미쳐 독특한 음향을 내게 한다.

⑤ 마지막 문단에 따르면 에밀레종(성덕대왕 신종)을 포함한 한국 범종의 여음은 땅을 거쳐 나온 저주파 성분과 음통관을 거쳐 나온 고주파 성분과 조화를 이루면서 발생한다.

12   정답 ①

회전 반지름의 변화가 속도에 영향을 주었다.

오답분석

ⓒ 회전체의 질량이 변한 것이 속도에 영향을 주었다.

ⓔ 속도에 영향을 준 것은 회전체의 반지름이나 질량과는 상관없다.

13   정답 ③

고급 수준의 어휘력을 습득하기 위해서는 광범위한 독서를 해야 하므로 평소에 수준 높은 좋은 책들을 읽어야 한다는 결론이 와야 한다. 따라서 빈칸에 들어갈 내용으로 ③이 가장 적절하다.

14
정답 ④

제시문은 오브제의 정의와 변화 과정에 대한 글이다. 마지막 문단의 빈칸 앞에서는 예술가의 선택에 의해 기성품 그 본연의 모습으로 예술작품이 되는 오브제를, 빈칸 이후에는 나아가 진정성과 상징성이 제거된 팝아트에서의 오브제 기법에 대하여 서술하고 있다. 따라서 빈칸에는 예술가의 선택에 의해 기성품 본연의 모습으로 오브제가 되는 ④의 사례가 오는 것이 가장 적절하다.

15
정답 ③

첫 번째 문단에서 얼음이 물이 될 때까지 지속적으로 녹아내릴 것이라는 상식이 사실과 다르다는 것을 제시하였으므로, 빈칸에는 이와 반대되는 내용이 들어가야 한다. 따라서 ③이 가장 적절하다.

오답분석

④ 실험 결과에서 −38℃와 −16℃에서 하나의 분자 층이 준 액체로 변한 것을 알 수 있지만, 그다음 녹는 온도는 언급하지 않았다.

⑤ −16℃ 이상의 온도에 대한 결과는 나와 있지 않다.

16
정답 ④

(가) : 개혁주의자들은 중국의 정신을 서구의 물질과 구별되는 특수한 것으로 내세운 것이므로 ⓒ이 들어가는 것이 적절하다.

(나) : 개혁주의자들은 서구의 문화를 받아들이는 데는 동의하면서도, 무분별하게 모방하는 것에 대해 반대하는 입장이므로 ㉠이 들어가는 것이 적절하다.

(다) : 정치 부분에서는 사회주의를 유지한 가운데, 경제 부분에서 시장경제를 선별적으로 수용하자는 입장이다. 즉, 기본 골격은 사회주의를 유지하면서 시장경제(자본주의)를 이용하는 것이므로 ⓛ이 들어가는 것이 적절하다.

17
정답 ③

보기의 '이'는 앞 문장의 내용을 가리키므로, 기업의 이익 추구가 사회 전체의 이익과 관련된 결과를 가져왔다는 내용이 앞에 와야 한다. (다) 앞의 '가장 저렴한 가격으로 좋은 품질의 상품 공급'이 '사회 전체의 이익'과 연관되므로 보기는 (다)에 들어가는 것이 가장 적절하다.

18
정답 ②

(나)는 '다원주의적 문화 정체성'에 대해 긍정적으로 평가하며 반드시 필요한 것이라고 하였으므로 영어 공용화 국가를 긍정적 측면에서 설명하는 (다)의 뒤에 오는 것이 자연스럽다. 그리고 (마)는 영어 공용화 국가의 예시에 해당하므로 (나)의 뒤에 이어져야 하며, (가)의 '이'는 싱가포르인들의 다양한 민족어 수용정책을 뜻하므로 (마) 다음에 배치해야 한다. 또한 (라)는 영어 공용화 국가와 대비되는 단일 민족 단일 모국어 국가의 예로 한국을 들며 또 다른 화제를 제시하고 있으므로 가장 마지막에 배치되어야 한다. 따라서 (다) − (나) − (마) − (가) − (라) 순으로 나열되어야 한다.

19
정답 ①

제시문은 세종대왕이 한글을 창제하고 반포하는 과정을 설명하고 있다. 따라서 (가) 세종대왕이 글을 읽고 쓰지 못하는 백성들을 안타깝게 여김 − (라) 훈민정음을 만들었지만 신하들의 반대에 부딪힘 − (다) 훈민정음을 세상에 알림 − (나) 훈민정음의 해설서인 『훈민정음 해례본』과 『용비어천가』를 펴냄 순으로 나열되어야 한다.

20
정답 ④

제시문은 우리나라가 인구감소 시대에 돌입함에 따른 공공재원의 효율적 활용 필요성에 대해 설명하고 있다. 따라서 (나) 문제제기 : 인구감소 시대에 돌입 − (라) 문제분석 : 공공재원 확보・확충의 어려움 − (가) 문제해결 : 공공재원의 효율적 활용 방안 − (다) 향후과제 : 공공재원의 효율적 활용 등에 관한 논의 필요 순으로 나열되어야 한다.

제 **2**영역 자료해석

01	02	03	04	05	06	07	08	09	10
③	①	④	④	④	⑤	⑤	③	①	⑤
11	12	13	14	15	16	17	18	19	20
③	③	④	③	③	③	④	②	②	②

01   정답 ③

(사교육에 참여한 학생의 시간당 사교육비)

$= \dfrac{(\text{참여 학생 1인당 월 평균 사교육비})}{(\text{한 달간 사교육 참여 시간})}$

$= \dfrac{(\text{참여 학생 1인당 월 평균 사교육비})}{[\text{사교육 참여 시간(주당 평균)}] \times 4}$

$= \dfrac{61.1}{4.8 \times 4} = 3.2$만 원

따라서 일반 고등학교 학생의 시간당 교육비는 약 32,000원이다.

02   정답 ①

E모델은 데이터가 없는 휴대폰이므로 E모델을 제외한 각 모델의 휴대폰 결정 계수를 구하면 다음과 같다.

- A모델 결정 계수
  : $24 \times 10,000 + 300,000 \times 0.5 + 34,000 \times 0.5 = 407,000$
- B모델 결정 계수
  : $24 \times 10,000 + 350,000 \times 0.5 + 38,000 \times 0.5 = 434,000$
- C모델 결정 계수
  : $36 \times 10,000 + 250,000 \times 0.5 + 25,000 \times 0.5 = 497,500$
- D모델 결정 계수×
  : $36 \times 10,000 + 200,000 \times 0.5 + 23,000 \times 0.5 = 471,500$

따라서 S씨는 결정 계수가 가장 낮은 A모델을 구입한다.

03   정답 ④

부서별 총 투입시간을 구하면 다음과 같다.

구분	인원(명)	개인별 투입시간(시간)	총 투입시간(시간)
A부서	2	$41 + 3 \times 1 = 44$	$44 \times 2 = 88$
B부서	3	$30 + 2 \times 2 = 34$	$34 \times 3 = 102$
C부서	4	$22 + 1 \times 4 = 26$	$26 \times 4 = 104$
D부서	3	$27 + 2 \times 1 = 29$	$29 \times 3 = 87$
E부서	5	$17 + 3 \times 2 = 23$	$23 \times 5 = 115$

표준 업무시간은 80시간으로 동일하므로 업무효율이 가장 높은 부서는 총 투입시간이 가장 적은 D부서이다.

04   정답 ④

연령별 경제활동 참가율을 구하면 다음과 같다.

- 15 ~ 19세 : $\dfrac{265}{2,944} \times 100 = 9.0\%$
- 20 ~ 29세 : $\dfrac{4,066}{6,435} \times 100 = 63.2\%$
- 30 ~ 39세 : $\dfrac{5,831}{7,519} \times 100 = 77.6\%$
- 40 ~ 49세 : $\dfrac{6,749}{8,351} \times 100 = 80.8\%$
- 50 ~ 59세 : $\dfrac{6,238}{8,220} \times 100 = 75.9\%$
- 60세 이상 : $\dfrac{3,885}{10,093} \times 100 = 38.5\%$

경제활동 참가율이 가장 높은 연령대는 40 ~ 49세이고, 가장 낮은 연령대는 15 ~ 19세이다.

따라서 두 연령대의 경제활동 참가율 차이는 $80.8 - 9.0 = 71.8\%$p 이다.

05   정답 ④

- 2023년 구성비가 2021년의 2배 이상인 것은 D이다.
- 2021년 대비 2023년에 재료비가 약 46% 증가한 것은 B이다.
- 2022년 대비 2023년에 구성비가 하락한 것은 A이다.
- 2021년 대비 2023년에 약 1.8배 증가한 것은 C이다.

따라서 'A – 노무비, B – 재료비, C – 외주가공비, D – 보험료'이다.

06   정답 ⑤

2019 ~ 2023년의 남성 근로자 수와 여성 근로자 수 차이를 구하면 다음과 같다.

- 2019년 : $9,061 - 5,229 = 3,832$천 명
- 2020년 : $9,467 - 5,705 = 3,762$천 명
- 2021년 : $9,633 - 5,902 = 3,731$천 명
- 2022년 : $9,660 - 6,103 = 3,557$천 명
- 2023년 : $9,925 - 6,430 = 3,495$천 명

따라서 2019 ~ 2023년 동안 남성 근로자 수와 여성 근로자 수의 차이는 매년 감소한다.

오답분석

① · ④ 제시된 자료를 통해 알 수 있다.

② 2022년 대비 2023년 여성 근로자 수의 증가율
: $\dfrac{6,430 - 6,103}{6,103} \times 100 = 5.4\%$

③ 성별 2019년 대비 2023년 근로자 수의 증가율은 다음과 같다.

- 남성 : $\dfrac{9,925 - 9,061}{9,061} \times 100 = 9.54\%$
- 여성 : $\dfrac{6,430 - 5,229}{5,229} \times 100 = 22.97\%$

따라서 여성의 증가율이 더 높다.

07
정답 ⑤

5년 동안 전체 사고 발생 수는 $262,814+270,646+284,286+$
$273,097+266,051=1,356,894$건이고, 자전거사고 발생 수는
$6,212+4,571+7,498+8,529+5,330=32,140$건이다.
따라서 전체 사고 발생 수 중 자전거사고 발생 수의 비율은
$\dfrac{32,140}{1,356,894}\times100≒2.37\%$로 3% 미만이다.

오답분석

① 매년 사고 발생 총건수를 구하면 다음과 같다.

(단위 : 건)

구분	사고 발생 총건수
2019년	$215,354+40,932+72+244+6,212$ $=262,814$
2020년	$223,552+42,135+72+316+4,571$ $=270,646$
2021년	$232,035+44,435+72+246+7,498$ $=284,286$
2022년	$220,917+43,413+122+116+8,529$ $=273,097$
2023년	$216,335+44,178+121+87+5,330$ $=266,051$

따라서 2019 ~ 2023년까지 사고 발생 수는 증가했다가 감소
하는 추세이다.
② 환경오염사고 발생 수는 2021년부터 2023년까지 전년보다 감
소하므로 옳지 않다.
③ 환경오염사고 발생 수는 2022년부터 가스사고 발생 수보다
적다.
④ 연도별 화재사고 발생 수의 5배와 도로교통사고 발생 수를 비
교하면 다음과 같다.

(단위 : 건)

구분	화재사고 건수의 5배	도로교통사고 건수
2019년	$40,932\times5=204,660$	215,354
2020년	$42,135\times5=210,675$	223,552
2021년	$44,435\times5=222,175$	232,035
2022년	$43,413\times5=217,065$	220,917
2023년	$44,178\times5=220,890$	216,335

2023년에는 화재사고 건수의 5배가 도로교통사고 발생 수보
다 많으므로 옳지 않다.

08
정답 ③

2020 ~ 2023년 전년 대비 가계대출과 기업대출의 증가액은 다음
과 같다.
- 2020년
  - 가계대출 증가액 : $583.6-535.7=47.9$조 원
  - 기업대출 증가액 : $546.4-537.6=8.8$조 원
- 2021년
  - 가계대출 증가액 : $620-583.6=36.4$조 원
  - 기업대출 증가액 : $568.4-546.4=22$조 원
- 2022년
  - 가계대출 증가액 : $647.6-620=27.6$조 원
  - 기업대출 증가액 : $587.3-568.4=18.9$조 원
- 2023년
  - 가계대출 증가액 : $655.7-647.6=8.1$조 원
  - 기업대출 증가액 : $610.4-587.3=23.1$조 원

따라서 2023년 기업대출의 전년 대비 증가액은 가계대출 증가액
보다 높다.

오답분석

① 2017년 은행대출은 $459+462=921$조 원이며, 2020년 은행
대출은 $583.6+546.4=1,130$조 원이므로 2017년의 은행대
출은 2020년 은행대출의 $\dfrac{921}{1,130}\times100≒81.5\%$를 차지한다.
② 2019년 대비 2023년 부동산담보대출 증가율은
$\dfrac{341.2-232.8}{232.8}\times100≒46.6\%$이며, 가계대출 증가율은
$\dfrac{655.7-535.7}{535.7}\times100≒22.4\%$이므로 부동산담보대출 증가
율이 가계대출 증가율보다 더 높다.
④ 연도별 전년 대비 주택담보대출 증가액은 다음과 같다.
- 2016년 : $300.9-279.7=21.2$조 원
- 2017년 : $309.3-300.9=8.4$조 원
- 2018년 : $343.7-309.3=34.4$조 원
- 2019년 : $382.6-343.7=38.9$조 원
- 2020년 : $411.5-382.6=28.9$조 원
- 2021년 : $437.2-411.5=25.7$조 원
- 2022년 : $448-437.2=10.8$조 원
- 2023년 : $460.1-448=12.1$조 원

따라서 2016 ~ 2023년 동안 전년 대비 주택담보대출이 가장
많이 증가한 해는 2019년이다.
⑤ 주택담보대출이 세 번째로 높은 연도는 2021년이며, 이때 부
동산담보대출(284.4조 원)은 기업대출의 50%인 $\dfrac{568.4}{2}=$
284.2조 원보다 많다.

09
정답 ①

제주공항 화물은 김해공항 화물의 $\dfrac{23,245}{14,469}≒1.6$배이다.

② 인천공항 운항은 전체 공항 운항의 $\frac{31,721}{70,699}\times100\fallingdotseq44.9\%$를 차지한다.

③ 제주공항, 대구공항은 도착 여객보다 출발 여객의 수가 많다.

④ 김해공항 운항은 9,094편, 제주공항 운항은 14,591편이다. 김해공항 운항과 제주공항 운항을 합하면 $9,094+14,591=$ 23,685편이므로, 김포공항 화물의 23,100보다 많다.

⑤ 도착편이 두 번째로 많은 공항은 제주공항이다. 그러나 도착 화물이 두 번째로 많은 공항은 김포공항이다.

10 정답 ⑤

아시아·태평양의 전년 대비 인터넷 이용자 수의 증가량은 다음과 같다.

- 2017년 : $872-726=146$백만 명
- 2018년 : $988-872=116$백만 명
- 2019년 : $1,124-988=136$백만 명
- 2020년 : $1,229-1,124=105$백만 명
- 2021년 : $1,366-1,229=137$백만 명
- 2022년 : $1,506-1,366=140$백만 명
- 2023년 : $1,724-1,506=218$백만 명

따라서 전년 대비 아시아·태평양의 인터넷 이용자 수의 증가량이 가장 큰 해는 2023년이다.

①·④ 제시된 표를 통해 알 수 있다.

② 2019년 아프리카의 인터넷 이용자 수는 124백만 명이고, 2023년 아프리카의 인터넷 이용자 수는 240백만 명이다. 따라서 2023년의 아프리카의 인터넷 이용자 수는 2019년 대비 $240\div124\fallingdotseq1.9$배 증가했다.

③ 2016년 중동의 인터넷 이용자 수는 66백만 명이고, 2023년 중동의 인터넷 이용자 수는 161백만 명이다. 따라서 2023년 중동의 인터넷 이용자 수는 2016년 대비 $161-66=95$백만 명이 늘었다.

11 정답 ③

미국과 중국의 생산자 물가지수 추이는 '증가 – 증가 – 증가 – 감소 – 증가 – 증가'의 추이를 보이지만 일본은 2022년에 전년 대비 감소하였다.

①·④ 2017년 대비 2023년 생산자 물가지수가 가장 낮게 상승한 나라는 5.81 상승한 일본이며, 일본의 $5.81\times4=23.24$ 이상 상승한 나라는 한 곳도 없다.

② 전년 대비 2018년 물가지수 상승폭이 가장 큰 나라는 독일로 5.06 상승했다.

⑤ 2020년 대비 2023년 우리나라의 생산자 물가지수 상승률은 $\frac{119.35-108.60}{108.60}\times100\fallingdotseq9.89\%$로 다른 나라에 비해 높다.

12 정답 ③

2018년부터 공정자산총액과 부채총액의 차를 순서대로 나열하면 952억 원, 1,067억 원, 1,383억 원, 1,127억 원, 1,864억 원, 1,908억 원이다. 따라서 차가 가장 큰 해는 2023년이다.

① 2021년에는 자본총액이 전년 대비 감소했다.

② 총액 규모가 가장 큰 것은 공정자산총액이다.

④ 2018 ~ 2021년의 자본총액 중 자본금의 비율을 구하면 다음과 같다.

- 2018년 : $\frac{464}{952}\times100\fallingdotseq48.7\%$

- 2019년 : $\frac{481}{1,067}\times100\fallingdotseq45.1\%$

- 2020년 : $\frac{660}{1,383}\times100\fallingdotseq47.7\%$

- 2021년 : $\frac{700}{1,127}\times100\fallingdotseq62.1\%$

따라서 2019년에는 자본총액 중 자본금의 비중이 감소했다.

⑤ 직전 해에 비해 당기순이익이 가장 많이 증가한 해는 2022년이다.

13 정답 ④

연령대별 조사 대상자 중 개인컵 사용자 수를 구하면 다음과 같다.

- 20대 미만 : $4,200\times0.17=714$명
- 20대 : $5,800\times0.29=1,682$명
- 30대 : $6,400\times0.26=1,664$명
- 40대 : $3,600\times0.24=864$명

따라서 조사 대상자 중 개인컵 사용자 수가 가장 많은 연령대는 20대이며, 개인컵 사용률이 가장 높은 연령대도 20대이다.

① 조사 대상자 중 20 ~ 30대는 각각 5,800명, 6,400명으로 총 12,200명이다. 이는 전체 조사 대상인 20,000명의 $\frac{12,200}{20,000}\times100=61\%$이다.

② 남성과 여성의 조사 대상자 중 개인컵 사용자 수를 구하면 다음과 같다.
- 남성 : $11,000\times0.1=1,100$명
- 여성 : $9,000\times0.22=1,980$명

따라서 조사 대상자 중 개인컵 사용자 수는 여성이 남성의 $\frac{1,980}{1,100}=1.8$배이다.

③ 수도권 지역의 개인컵 사용률은 37%이고, 수도권 외 지역은 23%이므로 전자는 후자보다 14%가 아닌 14%p 더 높다.

⑤ 40대 조사 대상자에서 개인컵 사용자 수는 $3,600\times0.24=864$명으로 이 중 288명이 남성이라면, 여성은 $864-288=576$명이다. 따라서 개인컵을 사용하는 여성의 수는 남성의 $\frac{576}{288}=2$배이다.

14 정답 ③

ⓒ • 15세 이상 외국인 중 실업자의 비율

  : $\dfrac{15.6+18.8}{695.7+529.6}\times100\fallingdotseq2.8\%$

• 15세 이상 귀화허가자 중 실업자의 비율

  : $\dfrac{1.8}{52.7}\times100\fallingdotseq3.4\%$

  따라서 15세 이상 외국인 중 실업자의 비율이 더 낮다.

ⓒ 외국인 취업자 수는 560.5+273.7=834.2천 명이므로, 귀화허가자 취업자 수의 834.2÷33.8≒24.68배이다.

오답분석

㉠ $\dfrac{695.7+529.6+52.7}{43,735}\times100\fallingdotseq2.9\%$이므로, 국내 인구 중 이민자의 비율은 4% 이하이다.

㉣ 국내인 여성의 경제활동 참가율이 제시되어 있지 않으므로 알수 없다.

15 정답 ③

㉠ 현재 성장을 유지할 경우 4.7천 건의 도입량은 48MW, 도입을 촉진할 경우 4.2천 건의 도입량은 49MW이므로 천 건당 도입량은 각각 48÷4.7≒10.2MW, 49÷4.2≒11.67MW이다. 따라서 도입을 촉진할 경우에 현재 성장을 유지할 경우보다 건수당 도입량이 커짐을 알 수 있다.

ⓒ 현재 성장 유지할 경우의 신축주택 10kW 이상의 비중은 4.7÷(165.3+4.7)×100≒2.76%이며, 도입 촉진 경우의 신축주택 10kW 이상의 비중은 4.2÷(185.2+4.2)×100≒2.22%이므로 2.76−2.22=0.54%p가 되어 0.5%p 이상 하락함을 알 수 있다.

오답분석

ⓒ 2020년 기존주택의 10kW 미만의 천 건당 도입량은 454÷94.1≒4.82MW이며, 10kW 이상의 천 건당 도입량은 245÷23.3≒10.52MW이므로 10kW 이상의 도입량이 더 많다.

㉣ $\dfrac{165-145.4}{145.4}\times100\fallingdotseq13.48\%$이므로 15%를 넘지 않는다.

16 정답 ③

6건 가입한 사례 수를 비교할 때, 서비스 종사자 가입 건수는 259×$\dfrac{4.1}{100}\fallingdotseq$10.6건, 기능원 및 관련 종사자 가입 건수는 124×$\dfrac{6.2}{100}\fallingdotseq$7.7건으로 기능원 및 관련 종사자 가입 건수가 더 적다.

오답분석

① 3건 가입한 사례 수를 비교할 때, 판매 종사자 가입 건수는 443×$\dfrac{14.5}{100}\fallingdotseq$64.2건, 서비스 종사자 가입 건수는 259×$\dfrac{20.5}{100}\fallingdotseq$53건으로 판매 종사자 가입 건수가 더 많다.

② 직업별로 5건 가입한 사례 수를 비교할 때, 사무 종사자 가입 건수는 410×0.189≒77.5건으로 가장 많다.

④ 2건 가입한 비율을 볼 때, 전문가 및 관련 종사자는 20.1%, 단순 노무 종사자는 33.8%로 다른 가입 건수보다 비율이 높다. 따라서 둘 다 2건 가입한 사례 수가 가장 많다.

⑤ 기계조작 및 조립 종사자의 평균 가입 건수는 3.7건이고, 단순 노무 종사자의 평균 가입 건수는 2.8건이다. 따라서 전자에 비해 후자가 평균적으로 생명보험에 많이 가입한다고 할 수 있다.

17 정답 ④

ⓒ B작업장은 생물학적 요인에 해당하는 바이러스의 사례 수가 가장 많다.

ⓒ 화학적 요인에 해당하는 분진은 집진 장치를 설치하여 예방할 수 있다.

오답분석

㉠ A작업장은 물리적 요인(소음, 진동)에 해당하는 사례 수가 6건으로 가장 많다.

18 정답 ②

㉠ 2,141×1.3≒2,783<2,925이므로 옳다.

ⓒ 2023년 4월 미국인 제주도 관광객 수는 2,056명으로 2022년 4월 홍콩인 제주도 관광객 수의 35%인 6,066×0.35≒2,123명보다 적다.

오답분석

ⓒ 제시된 자료는 2023년 4월의 전년 대비 증감률에 대한 것이므로, 제시된 자료만으로는 2023년 3월과 4월을 비교할 수 없다.

㉣ 기타를 제외한 2023년 4월 제주도 관광객이 전년 동월 대비 25% 이상 감소한 아시아 국가는 홍콩, 싱가포르, 말레이시아, 인도네시아 4개국이다.

19 정답 ②

㉠ 가구별 보험 가입 목적에서 항목들의 비율의 합을 구하면 210.0%이다. 따라서 모든 가구가 2개 이상의 항목에 응답하였다면 3개 항목에 복수 응답한 가구는 10.0%를 차지함을 알 수 있다. 이는 조사 대상 6,000가구의 10%이므로 600가구이다. 또한 만약 1개의 항목에만 응답한 가구가 있다면 3개 항목에 복수 응답한 가구 수는 600가구보다 많을 것이다. 따라서 조사 대상 가구 중 복수 응답한 가구 수는 최소 600가구임을 알 수 있다.

㉣ 사고나 질병 시 본인의 의료비 보장을 위해 보험에 가입한 가구의 비율은 59.3%이므로, 6,000×0.593=3,558가구이다. 세금혜택을 받기 위해 보험에 가입한 가구의 비율은 5.0%이므로, 6,000×0.05=300가구의 11배인 3,300가구를 초과한다.

오답분석

ⓛ 설계사의 권유로 보험에 가입한 가구와 평소 필요성을 인식하여 보험에 가입한 가구는 표에 6,000가구 중 비율이 제시되어 있으므로 제시된 비율만을 이용하여 확인할 수 있다. 설계사의 권유로 보험에 가입한 가구 수 대비 평소 필요성을 인식하여 보험에 가입한 가구 수의 비율은 $\frac{15.9}{34.2} \times 100 \fallingdotseq 46.5\%$이므로 옳지 않다.

ⓒ 가구별 보험 가입 목적에 대한 자료는 복수 응답이 가능하고, 노후의 생활자금과 자녀의 교육 결혼자금에 대하여 복수 응답을 한 가구 수를 알 수 없으므로 알 수 없다.

20
정답 ②

전년 대비 난민 인정자 증감률을 구하면 다음과 같다.

• 2021년
  − 남자 : $\frac{35-39}{39} \times 100 \fallingdotseq -10.3\%$
  − 여자 : $\frac{22-21}{21} \times 100 \fallingdotseq 4.8\%$

• 2022년
  − 남자 : $\frac{62-35}{35} \times 100 \fallingdotseq 77.1\%$
  − 여자 : $\frac{32-22}{22} \times 100 \fallingdotseq 45.5\%$

• 2023년
  − 남자 : $\frac{54-62}{62} \times 100 \fallingdotseq -13.0\%$
  − 여자 : $\frac{51-32}{32} \times 100 \fallingdotseq 59.4\%$

따라서 2022년 남자와 2023년 남자와 여자의 증감률이 잘못 표기되었음을 알 수 있다.

제3영역 창의수리

01	02	03	04	05	06	07	08	09	10
①	②	④	①	②	②	②	③	②	③
11	12	13	14	15	16	17	18	19	20
①	①	③	④	④	③	④	④	②	④

01
정답 ①

기차의 길이를 xm, 기차의 속력을 ym/s라고 하면 다음과 같은 식이 성립한다.

$\frac{x+400}{y} = 10 \rightarrow x+400=10y \rightarrow 10y-x=400 \cdots$ ㉠
$\frac{x+800}{y} = 18 \rightarrow x+800=18y \rightarrow 18y-x=800 \cdots$ ㉡

㉠과 ㉡을 연립하면 $x=100$, $y=50$이다.
따라서 기차의 길이는 100m이고, 기차의 속력은 50m/s이다.

02
정답 ②

집으로 다시 돌아갈 때 거리 2.5km를 시속 5km로 걸었기 때문에 이때 걸린 시간은 $\frac{2.5}{5}=0.5$시간(30분)이고, 회사로 자전거를 타고 출근하는 데 걸린 시간은 $\frac{5}{15}=\frac{20}{60}$ 시간(20분)이다.

따라서 총 50분이 소요되어 회사에 도착한 시각은 오전 7시 10분 +50분=오전 8시이다.

03
정답 ④

평지의 거리를 $x$km, 평지에서 언덕 꼭대기까지의 거리를 $y$km라고 하자.

$\frac{x}{4} + \frac{y}{3} + \frac{y}{6} + \frac{x}{4} = 6$
$\rightarrow \frac{x}{2} + \frac{y}{2} = 6$
$\therefore x+y=12$

따라서 철수가 걸은 총거리는 왕복 거리이므로 $12 \times 2 = 24$km이다.

04
정답 ①

세 사람은 $2+2=4$, $3+3+4=10$, $7+3=10$의 최소공배수인 20분에 1번씩 출발 지점에서 동시에 출발한다. 20분 동안 세 사람이 걷는 시간을 'O', 쉬는 시간을 '×'로 표시하면 다음과 같다.

구분	세정	소희	지은
1	○	○	○
2	○	○	○
3	×	○	○
4	×	○	○
5	○	○	○
6	○	○	○
7	×	×	○
8	×	×	×
9	○	×	×
10	○	×	×
11	×	○	○
12	×	○	○
13	○	○	○
14	○	○	○
15	×	○	○
16	×	○	○
17	○	×	○
18	○	×	×
19	×	×	×
20	×	×	×

세 사람이 20분간 동시에 쉬는 시간은 8분, 19분, 20분이다.
1시간 30분은 90분이므로 80분 동안 세 사람이 동시에 쉬는 시간은 $3 \times 4 = 12$분이고 남은 10분 동안 1분을 더 함께 쉴 수 있다.
따라서 1시간 30분 동안 세 사람이 동시에 쉬는 시간은 $12 + 1 = 13$분이다.

05
정답 ②

100g의 식염수의 농도를 x%라고 하자.
$$100 \times \frac{x}{100} + 400 \times \frac{20}{100} = (100 + 400) \times \frac{17}{100}$$
$$\rightarrow x + 80 = 85$$
$$\therefore x = 5$$
따라서 100g의 식염수의 농도는 5%이다.

06
정답 ②

농도가 6%인 설탕물의 양과 더 넣은 물의 양의 비가 3:1이므로 더 넣은 물의 양은 $\frac{y}{3}$g이고 다음과 같은 식이 성립한다.
$$x + y + \frac{y}{3} = 600 \cdots \bigcirc$$
$$\frac{15}{100}x + \frac{6}{100}y = \frac{8}{100} \times 600 \cdots \bigcirc$$
$\bigcirc$에 $\bigcirc$을 대입하여 정리하면 $y = 300$이다.
따라서 15% 설탕물의 양은 $600 - \frac{4}{3} \times 300 = 200$g이다.

07
정답 ②

30% 설탕물의 양을 xg이라 하면, 설탕의 양은 증발시킨 후와 같으므로 다음과 같은 식이 성립한다.
$$\frac{30}{100}x = \frac{35}{100} \times (x - 50)$$
$$\therefore x = 350$$
즉, 35% 설탕물의 양은 $350 - 50 = 300$g이다.
여기에 더 넣을 설탕의 양을 yg이라 하면,
$$300 \times \frac{35}{100} + y = (300 + y) \times \frac{40}{100}$$
$$\rightarrow 10{,}500 + 100y = 12{,}000 + 40y$$
$$\therefore y = 25$$
따라서 설탕 25g을 더 넣어야 한다.

08
정답 ③

2시간에 2,400L를 채우려면 1분에 20L씩 넣으면 된다. 즉, 20분 동안 채운 물의 양은 400L이고, 수영장에 있는 물의 양은 $2{,}400 \times \frac{1}{12} = 200$L이므로 20분 동안 새어나간 물의 양은 $400 - 200 = 200$L이다. 그러므로 1분에 10L의 물이 새어나간 것을 알 수 있다.
남은 1시간 40분 동안 $2{,}400 - 200 = 2{,}200$L의 물을 채워야 하므로 1분에 붓는 물의 양을 xL라 하면 다음과 같은 식이 성립한다.
$$(x - 10) \times 100 \geq 2{,}200$$
$$\therefore x \geq 32$$
따라서 찬형이는 남은 시간 동안 1분에 최소 32L 이상의 물을 부어야 한다.

09
정답 ②

전체 일의 양을 1이라고 하면 A, B가 각각 1시간 동안 할 수 있는 일의 양은 각각 $\frac{1}{2}$, $\frac{1}{3}$이다.
A 혼자 일하는 시간을 x시간, B 혼자 일하는 시간을 y시간이라고 하면 다음과 같은 식이 성립한다.
$$x + y = \frac{9}{4} \cdots \bigcirc$$
$$\frac{1}{2}x + \frac{1}{3}y = 1 \cdots \bigcirc$$
$\bigcirc$과 $\bigcirc$을 연립하면 $x = \frac{3}{2}$, $y = \frac{3}{4}$이다.
따라서 A 혼자 일한 시간은 1시간 30분이다.

10
정답 ③

최저 합격 점수를 x점이라고 하면 30명의 평균 점수는 $(x + 5)$점, 합격자의 평균 점수는 $(x + 30)$점, 불합격자의 평균 점수는 $\left(\frac{x + 2}{2}\right)$점이므로 다음과 같은 식이 성립한다.
$$30(x + 5) = 20(x + 30) + 10\left(\frac{x + 2}{2}\right)$$

→ $30x+150=20x+600+5x+10$
→ $30x-20x-5x=600+10-150$
→ $5x=460$
∴ $x=92$
따라서 최저 합격 점수는 92점이다.

11
정답 ①

경수의 나이를 A살이라고 하면, 경진이의 나이는 (A−2)살이다.
$A^2=(A-2)^2\times3-2$
→ $A^2=3A^2-12A+12-2$
→ $2A^2-12A+10=0$
→ $A^2-6A+5=0$
→ $(A-1)(A-5)=0$
∴ $A=5(∵\ A-2>0)$
따라서 경수는 5살이다.

12
정답 ①

여성 가입 고객 중 예금을 가입한 인원은 35명, 적금을 가입한 인원은 30명이고, 여성 전체 고객은 50명이다. 그러므로 여성 가입 고객 중 예·적금 모두 가입한 인원은 (35+30)−50=15명이다.
남성 전체 고객 50명 중 예·적금 모두 가입한 인원은 20%라고 했으므로 50×0.2=10명이다.
따라서 전체 가입 고객 100명 중 예·적금 모두 가입한 고객은 15+10=25명이므로 전체의 $\frac{25}{100}\times100=25\%$이다.

13
정답 ③

각자 걷은 금액을 x원이라고 하면, 총금액은 $8x$원이다.
숙박비는 $8x\times0.3=2.4x$원, 외식비는 $2.4x\times0.4=0.96x$원, 남은 경비는 92,800원이므로 다음과 같은 식이 성립한다.
$8x-(2.4x+0.96x)=92,800$
→ $4.64x=92,800$
∴ $x=20,000$
따라서 각자 걷은 금액은 20,000원이다.

14
정답 ④

A, B, C, D가 저녁 식사 후 낸 금액을 각각 a원, b원, c원, d원이라 하고 주어진 조건을 정리하면 다음과 같다.
- $(b+c+d)\times\frac{20}{100}=a \to b+c+d=5a\cdots$①
- $(a+b)\times\frac{40}{100}=c \to a+b=2.5c\cdots$②

- $a+b=c+d\cdots$③
- $d-16,000=a\cdots$④
②와 ③을 연립하면 $c+d=2.5c \to d=1.5c\cdots$㉠
㉠을 ④에 대입하면 $a=1.5c-16,000\cdots$㉡
㉠, ㉡을 ③에 대입하면
$b=2.5c-a=2.5c-1.5c+16,000=c+16,000\cdots$㉢
㉠, ㉡, ㉢을 이용해 ①을 정리하면
$c+16,000+c+1.5c=7.5c-80,000$
→ $3.5c+16,000=7.5c-80,000$
→ $16,000+80,000=7.5c-3.5c$
→ $96,000=4c$
∴ $c=24,000$
따라서 C가 낸 금액은 24,000원이다.

15
정답 ④

아이들의 수를 x명이라고 하면 노트의 개수에 대하여 다음과 같은 식이 성립한다.
$7(x-14)+2=6(x-11)+2$
∴ $x=32$
즉, 아이들의 수는 32명, 노트의 개수는 $7\times(32-14)+2=128$권이다.
따라서 1명당 나누어줄 노트의 개수는 128÷32=4권이다.

16
정답 ③

A물건의 개수를 a개, B물건의 개수를 b개라고 하면 다음과 같은 식이 성립한다.
$a+b=7\cdots$㉠
$1,000a+1,200b<8,000\cdots$㉡
㉠에 의해 구할 수 있는 경우의 수는 다음과 같다.
$(a,\ b)=(1,\ 6),\ (2,\ 5),\ (3,\ 4),\ (4,\ 3),\ (5,\ 2),\ (6,\ 1)$
ⅰ) (1, 6) : 1,000+7,200=8,200>8,000
ⅱ) (2, 5) : 2,000+6,000=8,000⋯0
ⅲ) (3, 4) : 3,000+4,800=7,800⋯200
ⅳ) (4, 3) : 4,000+3,600=7,600⋯400
ⅴ) (5, 2) : 5,000+2,400=7,400⋯600
ⅵ) (6, 1) : 6,000+1,200=7,200⋯800
ⅰ)은 구매 가능 금액인 8,000원을 초과하였으므로 조건에 맞지 않고, ⅱ)과 ⅴ)은 구매 금액이 거스름돈으로 나누어떨어진다는 조건에 맞지 않는다.
따라서 가능한 ⅲ), ⅳ), ⅵ) 중 A물건의 최소 구매 개수는 3개이다.

17

동전을 던져서 앞면이 나오는 횟수를 x회, 뒷면이 나오는 횟수를 y회라고 하면

$x+y=5 \cdots$ ㉠

0에서 출발하여 동전의 앞면이 나오면 $+2$만큼 이동하고, 뒷면이 나오면 -1만큼 이동하므로

$2x-y=4 \cdots$ ㉡

㉠과 ㉡을 연립하면 $x=3$, $y=2$이므로

동전의 앞면이 나올 확률과 뒷면이 나올 확률은 각각 $\dfrac{1}{2}$ 이다.

따라서 동전을 던져 수직선 위의 A가 4지점으로 이동할 확률은

${}_5C_3 \times \left(\dfrac{1}{2}\right)^3 \times \left(\dfrac{1}{2}\right)^2 = \dfrac{5}{16}$ 이다.

18

첫 번째 날 또는 일곱 번째 날에 총무부 소속 팀이 봉사활동을 하게 될 확률은 1에서 마케팅 소속 팀이 첫 번째 날과 일곱 번째 날에 봉사활동을 반드시 하는 확률을 제외한 것과 같다.

마케팅부의 5팀 중 첫 번째 날과 일곱 번째 날에 봉사활동을 할 팀을 배치하는 순서의 경우의 수는 ${}_5P_2 = 5 \times 4 = 20$가지이고, 총무부 2팀을 포함한 5팀을 배치하는 경우의 수는 $5!$가지이므로 총 $20 \times 5!$가지이다.

첫 번째 날과 일곱 번째 날에 마케팅팀이 봉사활동을 하는 확률은

$\dfrac{20 \times 5!}{7!} = \dfrac{20 \times 5 \times 4 \times 3 \times 2 \times 1}{7 \times 6 \times 5 \times 4 \times 3 \times 2 \times 1} = \dfrac{10}{21}$ 이다.

따라서 첫 번째 날 또는 일곱 번째 날에 총무부 소속 팀이 봉사활동을 하는 확률은 $1 - \dfrac{10}{21} = \dfrac{11}{21}$ 이다.

19

총 9장의 손수건을 구매했으므로 B손수건 3장을 제외한 나머지 A, C, D손수건은 각각 $\dfrac{9-3}{3} = 2$장씩 구매하였다. 먼저 3명의 친구들에게 서로 다른 손수건을 3장씩 나눠줘야 하므로 B손수건을 1장씩 나눠준다. 나머지 A, C, D손수건을 서로 다른 손수건으로 2장씩 나누면 (A, C), (A, D), (C, D)로 묶을 수 있다. 이 세 묶음을 3명에게 나눠주는 방법은 $3! = 3 \times 2 \times 1 = 6$가지이다.

따라서 친구 3명에게 종류가 다른 손수건을 3장씩 나눠주는 경우의 수는 6가지이다.

20

한 번에 5장을 뽑아 두 자리 짝수와 세 자리 홀수를 만들어야 하므로 카드 중 홀수와 짝수가 각각 1장씩 필요하다.

ⅰ) 두 자리 짝수의 일의 자리가 0이고, 세 자리 홀수의 일의 자리가 홀수 카드 숫자인 경우

카드 중 홀수는 1, 3, 5, 7, 9로 5장의 카드 중 1장을 뽑고, 1장은 0이 적힌 카드를 뽑는다. 나머지 8장 중 3장을 뽑는 경우의 수는

${}_8C_3 = \dfrac{8 \times 7 \times 6}{3 \times 2} = 56$가지이며, 3장을 짝수와 홀수의 일의 자리를 제외한 자리에서 서로 바꾸는 방법은 $3! = 3 \times 2 = 6$가지이다.

따라서 5장의 카드로 짝수와 홀수를 만들 수 있는 경우의 수는 $5 \times 56 \times 6 = 1,680$가지이다.

ⅱ) 두 자리 짝수의 일의 자리가 0을 제외한 짝수 카드 숫자인 경우

두 자리 짝수의 일의 자리로 2, 4, 6, 8이 적힌 카드 4가지가 되고, 세 자리 홀수의 일의 자리는 1, 3, 5, 7, 9가 적힌 카드 5가지가 가능하다. 또한 짝수의 십의 자리와 홀수의 백의 자리는 0이 올 수 없으므로 0을 제외한 7장 카드 중에서 2장을 뽑아 배치하고 순서는

바꿀 수 있으므로 ${}_7C_2 \times 2 = \dfrac{7 \times 6}{2} \times 2 = 42$가지가 나온다.

홀수의 십의 자리에는 나머지 0을 포함한 6장의 카드 중 1장을 뽑는다. 따라서 5장의 카드로 만들 수 있는 경우의 수는 $4 \times 5 \times 42 \times 6 = 5,040$가지이다.

따라서 10장의 카드 중 5장을 뽑아서 만들 수 있는 경우의 수는 $1,680 + 5,040 = 6,720$가지이다.

제4영역 언어추리

01	02	03	04	05	06	07	08	09	10
④	⑤	③	③	④	①	③	③	③	④
11	12	13	14	15	16	17	18	19	20
③	③	①	①	②	②	③	⑤	②	⑤

01
정답 ④

제시된 다섯 가지 조건을 차례대로 정리하면 다음과 같다.
A−C, A−B−D, B&D−C, D−E, A−E−C
이를 정리하면 진행 순서는 'A−B−D−E−C'이다.
따라서 세 번째로 워크숍을 진행하는 부서는 D부서이다.

02
정답 ⑤

갑, 을, 병 가운데 1명만 진실을 말했으므로, 갑과 을 중 1명이 진실을 말했다면 서로 모순이 되기 때문에 병의 말이 진실이 된다. 따라서 횡령자는 '정'이므로 귀가 조치된 사람은 '갑, 을, 병'이다.

03
정답 ③

㉠ 만약 세 종류의 자격증을 가진 후보자가 존재한다면 그 후보자는 A와 D를 모두 가지고 있어야 한다. 그런데 두 번째 조건에 의해 이 후보자는 B를 가지고 있지 않으므로 만약 이 후보자가 세 종류의 자격증을 가지기 위해서는 C도 가지고 있어야 한다. 그런데 세 번째 조건에 의해 이는 참이 될 수 없으므로 세 종류의 자격증을 가진 후보자는 존재할 수 없다.

㉡ 확정된 조건이 없으므로 후보자를 갑, 을로 가정하고 가능한 경우를 따져보면 다음과 같다(갑은 ㉠을 통해 확정할 수 있음).

구분	A	B	C	D
갑	○	×	×	○
을	○	○	×	×

네 번째 조건을 통해서 A와 B를 모두 가지고 있는 후보자가 존재한다는 것을 확인할 수 있으며, 두 번째 조건을 통해서 이 후보자가 D를 가지고 있지 않음을, 세 번째 조건을 통해서 C를 가지고 있지 않음을 확정할 수 있다.
이에 따르면 갑은 B를 가지고 있지 않으며, 을은 D를 가지고 있지 않다.

오답분석

㉢ 조건을 정리하면 ~D → ~C로 나타낼 수 있으며, 이의 대우 명제는 C → D이다. 따라서 C를 가지고 있다면 D 역시 가지고 있어야 하므로 C만 가지고 있는 후보자는 존재하지 않는다. 그런데 이는 어디까지나 조건에 불과할 뿐이므로 반드시 참인 것은 ㉡의 갑과 을이 존재한다는 것뿐이다.

04
정답 ③

A와 D는 상태 오그라듦 가설을 받아들이기 때문에 세 번째와 네 번째 정보에 따라 코펜하겐 해석이나 보른 해석을 받아들인다. 이미 B가 코펜하겐 해석을 받아들이므로 만약 A와 D가 받아들이는 해석이 다르다면 둘 중 1명은 코펜하겐 해석을, 다른 1명은 보른 해석을 받아들인다는 것이므로 코펜하겐 해석을 받아들이는 사람은 적어도 2명임을 알 수 있다.

오답분석

① 주어진 정보에 따르면 학회에 참가한 8명 중 코펜하겐 해석, 보른 해석, 아인슈타인 해석을 받아들이는 이가 있음은 알 수 있지만 많은 세계 해석을 받아들이는 사람이 있는지는 알 수 없다.

② 주어진 정보에 따라 상태 오그라듦 가설과 코펜하겐 해석 또는 보른 해석은 필요충분관계에 있다는 것을 알 수 있다. 상태 오그라듦 가설을 받아들이는 이는 5명이고 알려진 A, B, C, D 이외에도 1명이 더 존재한다. B는 코펜하겐 해석을, C는 보른 해석을 받아들이므로 만약 A, D가 같이 코펜하겐 해석을 받아들인다고 해도 남은 1명이 보른 해석을 받아들인다면 보른 해석을 받아들이는 이는 2명이 되므로 반드시 참이 되지 않는다.

④ 학회에 참석한 8명 중 5명이 상태 오그라듦 가설을 받아들이고 이들은 코펜하겐 해석 또는 보른 해석을 받아들인다. 따라서 남은 3명 중에 아인슈타인 해석을 받아들이는 이가 존재한다. 만약 오직 1명만이 많은 세계 해석을 받아들인다고 해도 첫 번째 조건에 따라 아인슈타인 해석, 많은 세계 해석, 코펜하겐 해석, 보른 해석 말고도 다른 해석들이 존재하므로 아인슈타인 해석을 받아들이는 이는 1명일 수 있다.

⑤ 상태 오그라듦 가설을 받아들이는 5명 중에서 B는 코펜하겐 해석을, C는 보른 해석을 받아들이므로 남은 3명은 코펜하겐 해석 또는 보른 해석을 받아들인다. 만약 코펜하겐 해석을 받아들이는 이가 3명이라면 B와 C를 제외한 3명 중에 2명이 존재해야 하고 이 경우 A와 D가 함께 코펜하겐 해석을 받아들일 수도 있으므로 반드시 참이 되지 않는다.

05
정답 ④

제시된 대화 내용을 벤다이어그램으로 정리하면 다음과 같다.

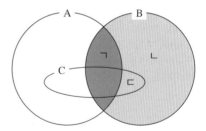

서희의 첫 번째, 두 번째 대화를 통해 ㄱ은 공집합이라는 것과 ㄴ이 공집합이 아니라는 것을 알 수 있다. 여기에 종범의 대화를 추가하여 ㄷ이 공집합이라는 결론을 얻어낼 수 있다면, 대화 내용은 모두 참이 된다. 따라서 ㄷ이 공집합이라는 결론을 얻어낼 수 있는 ④가 ㉠의 내용으로 적절하다.

06
정답 ①

제시된 조건에 따르면 최소한 수학자 1명, 논리학자 1명, 과학자 2명이 선정되어야 하고, 그 외 나머지 2명을 선정해야 한다. 예를 들어 물리학, 생명과학, 화학, 천문학을 전공한 과학자 총 4명을 선정하는 경우 천문학 전공자는 기하학 전공자와 함께 선정되고, 논리학자는 비형식논리 전공자를 선정하면 가능하다.

② 논리학자는 3명이 선정될 수 있다. 예를 들어, 다음과 같이 선정될 수 있다.
  논리학자 3명 – 형식논리 전공자 1명, 비형식논리 전공자 2명
  수학자 1명 – 기하학 전공자
  과학자 2명 – 천문학 전공자, 물리학 전공자
③ 같은 전공을 가진 수학자가 2명 선정될 수 있다. 예를 들어, 다음과 같이 선정될 수 있다.
  논리학자 1명 – 비형식논리 전공자
  수학자 2명 – 기하학 전공자, 기하학 전공자
  과학자 3명 – 물리학 전공자, 생명과학 전공자, 천문학 전공자
④ 형식논리 전공자가 1명 선정되면 비형식논리 전공자도 1명 선정된다. 따라서 논리학자는 2명 선정된다. 그러나 형식논리 전공자가 먼저 선정된 것이 아니라면 반드시 그렇지 않을 수 있다.
⑤ 통계학 전공자를 포함하면 수학자는 3명이 선정될 수 있다. 예를 들어, 다음과 같이 선정될 수 있다.
  논리학자 1명 – 비형식논리 전공자
  수학자 3명 – 통계학 전공자, 대수학 전공자, 기하학 전공자
  과학자 2명 – 천문학 전공자, 기계공학 전공자

07
정답 ③

세 번째 조건에 따라 파란색을 각각 왼쪽에서 두 번째, 세 번째, 네 번째에 칠할 때로 나누면 다음과 같다.
ⅰ) 파란색을 왼쪽에서 두 번째에 칠할 때
  • 노랑 – 파랑 – 초록 – 주황 – 빨강
ⅱ) 파란색을 왼쪽에서 세 번째에 칠할 때
  • 주황 – 초록 – 파랑 – 노랑 – 빨강
  • 초록 – 주황 – 파랑 – 노랑 – 빨강
ⅲ) 파란색을 왼쪽에서 네 번째에 칠할 때
  • 빨강 – 주황 – 초록 – 파랑 – 노랑
따라서 ⅱ)에 따라 ③은 항상 옳다.

08
정답 ③

두 번째, 세 번째, 네 번째 조건에 의해 K는 최소 7개(최소 금액 510원＝100원 4개, 50원 2개, 10원 1개)를 가지고 있다. 또한 두 번째 조건에 의해, S는 동전을 최소 3개를 가지고 있다. 두 번째, 네 번째 조건을 만족하면서 J가 가질 수 있는 동전의 최대 개수는 8개이며 그 경우의 수를 나타내면 다음과 같다.
• 100원 4개, 50원 1개, 10원 2개
• 100원 3개, 50원 3개, 10원 2개
K와 J가 가질 수 있는 동전의 최소 개수는 각각 7개이므로 S는 최대 4개의 동전을 가질 수 있다. 따라서 두 번째 조건을 만족하면서 S가 가질 수 있는 동전의 최대 금액은 260원이다.

① J는 50원을 3개 가질 수 있다.
② J는 최대 8개의 동전을 가진다.
④ K가 가질 수 있는 최소 금액은 470원이다.
⑤ K가 8개의 동전을 가지고 있다면, 금액은 최소 480원이다.

09
정답 ③

철학은 학문이고, 모든 학문은 인간의 삶을 의미 있게 해준다. 따라서 철학은 인간의 삶을 의미 있게 해준다.

10
정답 ④

탄수화물은 영양소이고, 영양소는 체내에서 에너지원 역할을 한다. 따라서 탄수화물은 체내에서 에너지원 역할을 한다.

11
정답 ③

'인기가 하락했다.'를 A, '호감을 못 얻었다.'를 B, '타인에게 잘 대하지 않았다.'를 C라고 할 때, 주어진 명제를 정리하면 A → B, A → C이다. 삼단논법이 성립하려면 B → C 또는 대우 명제인 ~ C → ~ B가 필요하다. 따라서 빈칸에는 '타인에게 잘 대하면 호감을 얻는다.'는 명제가 적절하다.

12
정답 ③

모든 조개는 공처가이고, 모든 공처가는 거북이다. 따라서 모든 조개는 거북이다.

13
정답 ①

어떤 남자는 경제학을 좋아하고, 경제학을 좋아하는 남자는 국문학을 좋아하고, 국문학을 좋아하는 남자는 영문학을 좋아한다. 따라서 어떤 남자는 영문학을 좋아한다.

14
정답 ①

진수는 레드벨벳을 좋아하고, 레드벨벳을 좋아하는 사람은 에이핑크를 좋아한다. 따라서 진수는 에이핑크를 좋아한다.

15
정답 ②

(가)작업을 수행하면 A – B – C – D 순으로 접시 탑이 쌓인다.
(나)작업을 수행하면 철수는 D접시를 사용한다.
(다)작업을 수행하면 A – B – C – E – F 순으로 접시 탑이 쌓인다.
(라)작업을 수행하면 철수는 C, E, F접시를 사용한다.
따라서 (라)작업 이후 B접시가 접시 탑의 맨 위에 있게 된다.

16

정답 ②

두 번째 조건에서 A는 2층, C는 1층, D는 2호에 살고 있음을 알 수 있다. 또한 네 번째 조건에서 A와 B는 2층, C와 D는 1층에 살고 있음을 알 수 있다.

세 번째 조건에 따라 1층 1호에는 C, 1층 2호에는 D, 2층 1호에는 A, 2층 2호에는 B가 살고 있음을 알 수 있다.

따라서 옳은 것은 ㉠, ㉢이다.

17

정답 ③

ⅰ) 'D는 이번 주에 당직을 한다.'는 다섯 번째 조건에 따라 D를 언급한 세 번째 조건을 먼저 살펴본다. 세 번째 조건의 대우는 'E나 D가 당직을 하면 G는 당직을 하지 않는다.'이다. 따라서 G는 당직을 하지 않는다.

ⅱ) 네 번째 조건의 대우는 'G가 당직을 하지 않으면 F는 당직을 하지 않는다.'이다. 따라서 F도 당직을 하지 않는다.

ⅲ) 첫 번째 조건의 대우는 'B나 F가 당직을 하지 않으면 A도 당직을 하지 않는다.'이다. 따라서 A도 당직을 하지 않는다.

ⅳ) 두 번째 조건에서 'A가 당직을 하지 않으면 E는 당직을 한다.'가 도출되므로, D, E가 당직을 하게 된다.

18

정답 ⑤

주어진 조건에 의하면 D면접자와 E면접자는 각각 2번, 3번 의자에 앉아 있고, A면접자는 1번과 8번 의자에 앉을 수 없다. B면접자는 6번 또는 7번 의자에 앉을 수 있다는 점과 A면접자와 C면접자 사이에는 2명이 앉지 않는다는 조건까지 모두 고려하면 A면접자와 B면접자가 서로 이웃해 있을 때, 다음과 같은 두 가지 경우를 확인할 수 있다.

ⅰ) B면접자가 6번 의자에 앉을 경우

구분	1	2	3	4	5	6	7	8
경우 1		D	E		A	B		C
경우 2		D	E	C		B	A	
경우 3		D	E	A		B	C	
조건	A (×) C (×)							A (×)

ⅱ) B면접자가 7번 의자에 앉을 경우

구분	1	2	3	4	5	6	7	8
경우 1		D	E	C (×)		A	B	
경우 2		D	E			A	B	C (×)
경우 3		D	E		A		B	C
조건	A (×) C (×)							A (×)

B면접자가 7번 의자에 앉는 경우 1과 경우 2에서는 A면접자와 C면접자 사이에 2명이 앉는다는 조건이 성립되지 않는다.

따라서 A면접자와 B면접자가 서로 이웃해 앉는다면 C면접자는 4번 또는 8번 의자에 앉을 수 있다.

오답분석

① 주어진 조건을 살펴보면 A면접자는 1번, 8번 의자에 앉지 않는다고 하였고 2번과 3번 의자는 D면접자와 E면접자로 확정되어 있다. 그리고 C면접자와의 조건 때문에 6번 의자에도 앉을 수 없다. 따라서 A면접자는 4번, 5번, 7번 의자에 앉을 수 있으므로 A면접자가 4번 의자에 앉는 것이 항상 옳다고 볼 수 없다.

② 주어진 조건에서 C면접자는 D면접자와 이웃해 앉지 않는다고 하였다. 따라서 D면접자는 2번 의자로 확정되어 있으므로 C면접자는 1번 의자에 앉을 수 없다.

③ C면접자가 8번 의자에 앉는 것과는 상관없이 B면접자는 6번 또는 7번 의자에 앉을 수 있다. 따라서 B면접자가 6번 의자에 앉는다는 것은 항상 옳다고 볼 수 없다.

④ B면접자가 7번 의자에 앉고 A면접자와 B면접자 사이에 2명이 앉도록 하면, A면접자는 4번 의자에 앉아야 한다. 따라서 A면접자와 C면접자 사이에 2명이 앉아 있다는 조건이 성립되려면 C면접자는 1번 의자에 앉아야 하는데, C면접자는 D면접자와 이웃해 있지 않다고 하였으므로 옳지 않다.

19

정답 ②

제시된 진료 현황을 각각의 명제로 보고 이들을 기호로 나타내면 다음과 같다(단, 명제가 참일 경우 그 대우도 참이고, ~A라는 기호는 A병원이 진료를 하지 않는다는 뜻이다).

- B병원이 진료를 하지 않으면 A병원이 진료한다(~B → A / ~A → B).
- B병원이 진료를 하면 D병원은 진료를 하지 않는다(B → ~D / D → ~B).
- A병원이 진료를 하면 C병원은 진료를 하지 않는다(A → ~C / C → ~A).
- C병원이 진료를 하지 않으면 E병원이 진료한다(~C → E / ~E → C).

이를 하나로 연결하면 다음과 같다.

D병원이 진료를 하면 B병원이 진료를 하지 않고, B병원이 진료를 하지 않으면 A병원은 진료를 한다. A병원이 진료를 하면 C병원은 진료를 하지 않고, C병원이 진료를 하지 않으면 E병원은 진료를 한다(D → ~B → A → ~C → E).

명제가 참일 경우 그 대우 명제도 참이므로 ~E → C → ~A → B → ~D도 참이다.

E병원은 공휴일에 진료를 하지 않으므로 위의 명제를 참고하면 C와 B병원만이 진료를 하게 된다.

따라서 공휴일에 진료를 하는 병원은 2곳이다.

20

한 사람의 말이 거짓이므로 서로 상반된 주장을 하고 있는 박과장과 이부장을 비교해본다.

ⅰ) 박과장이 거짓일 경우 : 김대리와 이부장이 참이므로 이부장은 가장 왼쪽에, 김대리는 가장 오른쪽에 위치하게 된다. 이 경우 김대리가 자신의 옆에 있다는 박과장의 주장이 참이 되므로 모순이 된다.

ⅱ) 이부장이 거짓일 경우 : 김대리와 박과장이 참이므로 이부장은 가장 왼쪽에 위치하고, 이부장이 거짓이므로 김대리는 가운데, 박과장은 가장 오른쪽에 위치하게 된다. 이 경우 이부장의 옆에 주차하지 않았으며 김대리 옆에 주차했다는 박과장의 주장과도 일치한다.

따라서 주차장에 주차된 순서는 이부장 – 김대리 – 박과장 순이다.

제5영역 수열추리

01	02	03	04	05	06	07	08	09	10
③	③	①	①	③	③	②	①	③	③
11	12	13	14	15	16	17	18	19	20
②	③	⑤	③	①	②	④	②	③	④

01

분모는 $+3^1$, $+3^2$, $+3^3$, $+3^4$, $\cdots$, 분자는 $\times 2$를 하는 수열이다.

따라서 ( ) $= \dfrac{16 \times 2}{122 + 3^5} = \dfrac{32}{365}$ 이다.

02

분모는 $+2$, $\times 2$, $+2$, $\times 2$, $\cdots$, 분자는 $\times 2$, $+2$, $\times 2$, $+2$, $\cdots$를 하는 수열이다.

따라서 ( ) $= \dfrac{32 + 2}{12 \times 2} = \dfrac{34}{24}$ 이다.

03

대분수를 가분수로 바꾸었을 때 앞의 항의 분모는 $+3$, 분자는 $+7$을 하는 수열이다.

따라서 ( ) $= \dfrac{44 + 7}{22 + 3} = \dfrac{51}{25} = 2\dfrac{1}{25}$ 이다.

04

분자와 분모가 홀수 항은 $\times 2 - 1$, 짝수 항은 $\times 2 + 1$을 하는 수열이다.

따라서 ( ) $= \dfrac{3 \times 2 + 1}{7 \times 2 + 1} = \dfrac{7}{15}$ 이다.

05

분모는 $\times 3$, $+3$, $\times 3$, $+3$, $\cdots$, 분자는 $+2$, $\times 2$, $+2$, $\times 2$, $\cdots$를 하는 수열이다.

따라서 ( ) $= \dfrac{16 \times 2}{90 + 3} = \dfrac{32}{93}$ 이다.

06

분모는 $\times 2 - 1$, $\times 2 + 1$, $\times 2 - 1$, $\times 2 + 1$, $\cdots$, 분자는 $+2$, $+4$, $+8$, $+16$, $\cdots$을 하는 수열이다.

따라서 ( ) $= \dfrac{18 + 16}{21 \times 2 + 1} = \dfrac{34}{43}$ 이다.

07

가분수를 대분수로 바꾸었을 때 앞의 항의 자연수, 분모, 분자 모두 +2를 하는 수열이다.

따라서 (   )$=(11+2)\dfrac{9+2}{13+2}=13\dfrac{11}{15}=\dfrac{206}{15}$ 이다.

08

분모는 +6, +10, +14, +18, …, 분자는 +3, +5, +7, +9, …를 하는 수열이다.

따라서 (   )$=\dfrac{37+13}{75+26}=\dfrac{50}{101}$ 이다.

09

정수 부분은 2의 배수이고, 소수 부분은 앞의 두 항의 합이 다음 항이 되는 피보나치 수열이다.

따라서 (   )$=20+(0.21+0.34)=20+0.55=20.55$이다.

10

앞의 항에 +3.03을 하는 수열이다.

따라서 (   )$=98.99+3.03=102.02$이다.

11

홀수 항은 +0.24, 짝수 항은 −0.42를 하는 수열이다.

따라서 (   )$=7.47-0.42=7.05$이다.

12

n번째 항일 때 $n+(0.01\times n^3+0.01)$인 수열이다.

따라서 (   )$=8+(0.01\times 8^3+0.01)=8+(5.12+0.01)=13.13$ 이다.

13

앞의 항에 $\times 2$, -2.22, $\times 3$, -3.33, $\times 4$, -4.44, …를 하는 수열이다.

따라서 (   )$=4.83\times 4=19.32$이다.

14

앞의 항에 +1.23, −2.34, +3.45, −4.56, …을 하는 수열이다.

따라서 (   )$=27.34-4.56=22.78$이다.

15

항을 3개씩 묶었을 때, 각 묶음의 첫 번째 항은 분모와 분자가 5씩 증가하고, 두 번째 항은 분모와 분자가 3씩 증가하며, 세 번째 항은 첫 번째 항과 두 번째 항의 곱인 수열이다.

따라서 (   )$=\dfrac{13}{17}\times\dfrac{11}{9}=\dfrac{143}{153}$ 이다.

16

항을 3개씩 묶었을 때, 각 묶음의 첫 번째 항은 0.55씩 감소하고, 두 번째 항은 0.5씩 감소하며, 세 번째 항은 첫 번째 항을 두 번째 항으로 나눈 값인 수열이다.

따라서 (   )$=3.7+0.55=4.25$이다.

17

모든 항의 양의 제곱근이 각 행과 열에 따라 등차수열을 이루는 수열이다. 5, 100, 125, 625의 양의 제곱근은 5, 10, 15, 25이다.

따라서 (   )$=20^2=400$이다.

18

홀수 항은 +3, +7, +11, +15, …, 짝수 항은 +2, +4, +8, +16, …을 하는 수열이다.

따라서 18번째 항의 값은 짝수 9번째 항이고, 짝수 k번째 항의 값은 $b_k=13+2^k$이므로 $a_{18}=b_9=13+2^9=13+512=525$이다.

19

앞의 항에 −1, −6, −11, −16, −21, …을 하는 수열이다.

수열의 일반항을 a_n이라 하면 $a_n=500-\displaystyle\sum_{k=1}^{n-1}(5k-4)=500-\left\{\dfrac{5n(n-1)}{2}-4(n-1)\right\}=496+4n-\dfrac{5n(n-1)}{2}$ 이다.

따라서 11번째 항의 값은 $a_{11}=496+(4\times11)-\dfrac{5\times11\times10}{2}=496+44-275=265$이다.

20

앞의 항에 −3, −7, −11, −15, −19, …을 하는 수열이다.

수열의 일반항을 a_n이라 하면 $a_n=15-\displaystyle\sum_{k=1}^{n-1}(4k-1)=15-\{2n(n-1)-(n-1)\}=14+n-2n(n-1)$이다.

따라서 14번째 항의 값은 $a_{14}=14+14-(2\times14\times13)=28-364=-336$이다.